普通高等教育系列教材

企业财务风险管理

张曾莲　编著

机　械　工　业　出　版　社

本教材共十二章，内容包括财务风险管理概论、筹资风险管理、投资风险管理、营运资金风险管理、并购风险管理、跨国经营风险管理、财务困境风险管理、成本风险管理、预算风险管理、财务报告风险管理、衍生品风险管理和金融环境风险管理。每种风险管理都从识别、评估和控制三个角度进行介绍，都有基本理论阐释和相应的案例分析。

本教材资料丰富、内容完整、重点突出，紧密结合实际，既可作为会计学专业本科生和研究生教材，也可作为其他相关人员进一步学习或培训的参考用书。

图书在版编目（CIP）数据

企业财务风险管理/张曾莲编著. —北京：机械工业出版社，2014.4（2025.1重印）
普通高等教育系列教材
ISBN 978-7-111-46180-7

Ⅰ.①企… Ⅱ.①张… Ⅲ.①企业管理-财务管理-风险管理-高等学校-教材 Ⅳ.①F275

中国版本图书馆CIP数据核字（2014）第053157号

机械工业出版社（北京市百万庄大街22号 邮政编码100037）
策划编辑：曹俊玲 责任编辑：曹俊玲 何 洋
版式设计：常天培 责任校对：郭明磊
封面设计：鞠 杨 责任印制：邓 博
北京盛通数码印刷有限公司印刷
2025年1月第1版第7次印刷
184mm×260mm · 21.5印张 · 530千字
标准书号：ISBN 978-7-111-46180-7
定价：55.00元

电话服务
客服电话：010-88361066
010-88379833
010-68326294
封底无防伪标均为盗版

网络服务
机 工 官 网：www.cmpbook.com
机 工 官 博：weibo.com/cmp1952
金 书 网：www.golden-book.com
机工教育服务网：www.cmpedu.com

前 言

企业在经营中面临各种风险，例如筹资风险、投资风险、营运资金风险、并购风险、跨国经营风险、财务困境风险、成本风险、预算风险、财务报告风险、衍生品风险和金融环境风险等。随着经济的不断发展，风险形式越来越多样化，风险控制难度也越来越大，企业的风险管理变得日益重要。这要求企业要能够识别自身存在哪些风险，采用适当的方法评估各种风险的严重程度，并采取适当的措施来应对风险。这不仅需要掌握风险管理的基本理论，而且要有可以借鉴的案例。

本教材分十二章介绍企业财务风险管理，内容包括财务风险管理概论、筹资风险管理、投资风险管理、营运资金风险管理、并购风险管理、跨国经营风险管理、财务困境风险管理、成本风险管理、预算风险管理、财务报告风险管理、衍生品风险管理和金融环境风险管理。每种风险管理都从识别、评估和控制三个角度进行介绍，都有基本理论阐释和相应的案例分析。

本教材资料丰富、内容完整、重点突出，紧密结合实际，既可作为会计学专业的本科生和研究生教材，也可作为其他相关人员进一步学习或培训的参考用书。

本教材的出版得到了多项基金的资助：教育部本科教学工程－专业综合改革试点项目经费和北京科技大学教材建设基金；北京高等学校“青年英才计划”项目“企业风险信息披露的质量评价、影响因素、经济后果、国际比较与综合治理研究”；北京科技大学研究型教学示范课程建设项目“企业财务风险管理”；北京科技大学 2014 年度校教育教学改革与研究面上项目“‘企业财务风险管理’教学内容与教学方法的优化研究”。在此深表感谢！

本教材的最终完成得益于可供参考借鉴的大量研究资料，在此特向有关机构和会计同行表示由衷的感谢！

限于学识和水平，教材中存在错误与疏漏在所难免，恳请广大会计同行和读者批评指正，以便能够取得更大的进步。

编　者

目录

第一章

财务风险管理概论

不确定性不等于风险。不确定性既可能是机遇，也可能是风险；既可能增加企业的价值，也可能减损企业的价值。不确定性是机遇还是风险，取决于其对企业目标的实现将产生有利的还是不利的影响。对企业目标实现会产生有利影响的不确定性是机遇，反之则是风险。企业在加强风险管理的同时，必须作好对机遇的管理，努力去识别机遇。

企业的全部经营活动可分为业务活动和财务活动两大类，相应地，企业的风险也可分为业务风险和财务风险。企业经营失败，大多与财务风险管理不当有关，因此，对企业而言，加强对财务风险的管理尤为重要。

企业在进行财务风险管理时，特别要注意以下几点：根据企业的行业特点、发展现状和经营策略，确定企业重大的财务风险；将追求资产运营的效率与效果作为优先目标；以预算管理为中心统领企业的财务风险管理制度建设；大力提升企业的信息管理与沟通能力；坚持实质重于形式，注意成本和收益的权衡，设计并执行适当的内部控制制度。

第一节　财务风险概述

一、风险的含义与特征

尽管各学者对风险的定义各不相同，但都强调风险的不确定性：风险是指预期结果的不确定性。风险不仅可能带来超出预期的损失，也可能带来超出预期的收益。

风险具有五个特征：①客观性。风险的存在与发生不以人的意志为转移。②不确定性。它是风险最本质的特征。由于客观环境的不断变化，以及人们对未来环境认识的不充分性，导致人们对事件未来的结果不能完全确定。③可控性。虽然风险具有不确定性和偶然性，但大量风险事件的发生具有必然性，并呈现出一定的规律性与可测性。因此，风险的发生可用概率等方法加以测度，并可对其进行有意识的控制。④两面性。风险不仅具有损失的不确定性，而且具有收益的不确定性。因此，在实际工作中应树立正确的风险意识，既要尽力避免风险损失，也要努力创造风险收益。⑤动态可变性。虽然风险可以转换，但在不同阶段，新的风险仍然不断产生。

二、风险的分类

通常，按照不同的原则，风险可以有多种分类。

1. 按风险产生的不同原因分类

风险按产生的不同原因分类，可以分为自然风险、社会风险、政治风险、经济风险、法律风险和技术风险。自然风险是指由于自然现象或物理现象所导致的风险。社会风险是指由于个人行为反常或不可预测的团体过失、疏忽、侥幸、恶意等不当行为所导致的损害风险。政治风险是指由于政治原因引起社会动荡而造成损害的风险。经济风险是指在产销过程中，由于有关因素变动或估计错误而导致的产量减少或价格涨跌的风险。法律风险是指由于颁布新的法律法规或对原有法律法规进行修改等原因而导致经济损失的风险。技术风险是指伴随着科技的发展、生产方式的改变而发生的风险。

2. 按风险的性质分类

风险按性质分类，可以分为纯粹风险和投机风险。纯粹风险是指只会造成损失而不会带来收益的风险。它导致的结果只有损失和无损失。纯粹风险是普遍存在的，但这种风险何时发生、后果有多严重，往往无法事先确定。投机风险是指既可能造成损失也可能创造额外收益的风险。它产生的结果有三种：损失、无损失和盈利。该风险具有一定的诱惑性，使冒险者愿意“铤而走险”。纯粹风险与投机风险的重大区别在于：在相同条件下，纯粹风险重复出现的概率较大，呈现某种规律性，因而人们能较为成功地预测其发生的概率，相对容易采取管理措施。

3. 按风险损害的对象分类

风险按损害的对象分类，可以分为财产风险、人身风险、责任风险和信用风险。财产风险是指导致财产发生毁损、灭失和贬值的风险。人身风险是指因生、老、病、死、残等原因而导致经济损失的风险。责任风险是指因侵权或违约，依法对他人遭受的人身伤亡或财产损失应负赔偿责任的风险。信用风险是指在经济交往中，权利人与义务人之间，由于一方违约或犯罪而造成对方经济损失的风险。

4. 按风险是否可分散分类

风险按是否可分散，可以分为系统风险和非系统风险。系统风险又称市场风险或不可分散风险，是指由于政治、社会环境等企业外部因素的不确定性而产生的风险。它存在于整个市场中，对所有企业都会产生影响。非系统风险又称企业特有风险或可分散风险，是指由于企业内部因素所引起的只发生在个别企业内的风险。它产生的原因主要是一些直接影响企业经营的因素，以及个别企业发生的不可预测的天灾人祸等。

5. 按风险影响的范围分类

风险按影响范围的大小分类，可以分为基本风险和特定风险。基本风险是指损害波及整个经济或大多数人群的风险。特定风险是指与特定的人有因果关系的风险，即由特定的人所引起，而且损失仅涉及个人的风险。其影响范围小，不具有普遍性。基本风险与特定风险的界定有时需要从具体的出发点来考虑，在某些情况下，两者很难严格区分。

三、财务风险的含义与特征

1. 财务风险的含义

财务风险是企业财务活动风险的集中体现，它有狭义和广义之分。

（1）狭义的财务风险。狭义的财务风险即传统财务风险，是指企业用货币资金偿还到期债务的不确定性，又称融资风险或筹资风险。该观点从货币资金的运营来界定财务风险，认为财务风险是因偿还到期债务而引起的，即财务风险源于企业负债融资。

(2) 广义的财务风险。企业的财务活动是一个复杂的系统过程。从财务活动的内容来看，企业财务活动是企业生产经营活动的前提条件，是资金筹集、投资、占用、耗费、收回、分配等活动环节的有机统一。对财务风险的认识，必须从财务活动的全过程、财务的整体观念出发，并最终联系到财务收益上来。因此，广义的财务风险是指在企业财务活动的过程中，由于各种难以或无法预料、控制的因素作用，使企业的实际收益与预期收益发生偏离的不确定性。因此，广义的财务风险既包括筹资风险、投资风险、资金收回风险、收益分配风险、营运资金管理风险等，还包括期货风险、并购风险和存货风险等。

2. 财务风险的特征

作为一种风险，财务风险既具备风险的本质特征，还有一些特殊性。具体而言，财务风险具有以下六大特征：

(1) 客观性。财务风险不以人的意志为转移而客观存在，其客观性取决于形成财务风险动因的客观性。其客观性还表现为财务风险的不可避免性，只要企业开展经营和财务活动，财务风险就是必然事件。

(2) 不确定性。其具体表现为：财务风险内涵的肯定性和外延的偶然性；财务风险发生的概率难以准确计算；财务风险的后果是潜在的。

(3) 可控性。大量财务风险事件的发生呈现出一定的规律性和可预测性，财务风险是可控的。例如，企业可以采取不同的方式实现并购。通过比较可以发现，股权并购能有效解决一些法律限制。

(4) 全面性。财务活动本身是一项综合活动。在企业经营管理过程中，资金筹集、资金运用、资金积累分配、运营资金管理等所有财务活动，均会产生财务风险。

(5) 两面性。财务风险既有损失的一面，又有风险收益的一面。通常，风险与收益成正比，风险越大收益越高。企业既要看到财务风险的危害性，提高风险的控制能力，又要加强对财务风险规律的探索，进行科学决策。

(6) 相关性。财务风险发生与否以及产生何种风险结果，与行为者的行为及决策紧密相关，即财务风险与管理人员的主观意识、能力素质等密切相关。针对某一财务风险事件，同一行为者由于制定的决策或采取的措施不同，风险结果也不同。

四、财务风险的分类

在不同的财务环境、不同的企业成长周期中，财务风险针对不同的经营主体和财务目标有不同的表现形式和风险种类。

1. 按财务风险后果的严重程度分类

按照企业财务风险后果的严重程度，财务风险可分为以下三类：①轻微财务风险。它是指损失较小、后果不很严重、对企业生产经营管理活动不构成重要影响的各类风险。②一般财务风险。它是指损失适中、后果明显，但尚不构成致命威胁的各类风险。③重大财务风险。它是指损失较大、后果较为严重的风险。其后果通常会直接导致重大损失，并难以恢复，甚至威胁到企业的存续。

按照企业财务风险后果的严重程度分类，是为了针对不同类型的风险，采取不同等级的处理措施。当然，各种财务风险的划分并不绝对，它们在一定条件下会相互转化。对财务风险的防范和控制，主要针对重大财务风险和一般财务风险。

2. 按照公司理财活动的内容分类

按照公司理财活动的内容分类，财务风险可分为以下四类：

（1）筹资风险。它是指企业在筹资过程中，在筹资时机、筹资方式、筹资规模等方面，由于筹资环境和筹资决策失误而产生的风险。筹资风险分为收益变动风险和偿债风险。

（2）投资风险。它是指投资不能达到预期效益，从而影响企业的盈利水平和偿债能力的风险。它包括两部分：一部分来自长期投资，具体包括股票投资风险、债券投资风险、证券投资组合风险、外汇投资风险及其他投资风险；另一部分来自短期投资，如存货价格变化风险。

（3）资金回收风险。它是指企业销售产品，从成品资金转化为结算资金，再从结算资金转化为货币资金这两个转化过程在时间和金额上的不确定性。它包括存货风险和应收账款风险。

（4）收益分配风险。它是指由于收益分配可能给企业今后的生产经营活动带来的风险。它主要体现在收益确认风险和分配风险两方面。收益确认风险是指由于客观环境因素的影响和会计方法选择不当，使企业当期少计了成本、多计了收益而产生的风险。收益分配风险是指由于对投资者分配收益的形式、时间和数额选择不当而产生的风险。

3. 按相关财务活动的普遍性分类

根据相关财务活动的普遍性，企业财务风险可分为以下两类：

（1）普通时期财务风险。它是指企业的日常财务活动所涉及的财务风险，如筹资风险、投资风险、资金收回风险和收益分配风险等。

（2）特殊时期风险。它是指企业在日常经营活动之外，在特殊情况下，进行重大的财务活动时所涉及的财务风险，如并购风险、衍生金融工具风险、跨国经营财务风险及担保风险等。判断一种风险是不是财务风险，主要看该活动会不会引起企业的财务状况发生变化或带来某种不确定性。并购风险是指企业为求生存和发展，在对企业的现有规模和组织机构进行调整的过程中，在重组内容、重组方式等方面出现的风险。衍生金融工具风险中，衍生金融工具是现代企业进行资本运营的典型方式，其为企业拓宽融资渠道的同时，也为企业带来更多的风险。其跨期的不确定性、投机套利、保值等功能，使参与交易的主体要承担未来金融市场价格变动带来的高额损失。在跨国经营财务风险中，跨国经营活动是一项风险性很强的国际经营活动，公司在跨国经营过程中会遇到汇率风险，利率风险、政治风险等多种风险，各种不稳定因素最终都体现在企业的财务结果中。担保风险是指为其他企业的举债提供担保，却因其他企业无力还款而代其偿还债务的风险。

五、财务风险的成因

对于企业财务风险的成因，可采用二层次多维度分析模式进行分析：第一层次为企业的外部经营环境因素和内部管理因素；第二层次为财务风险表征因素，即企业会计要素及其结构。通过二层次多维度分析，企业财务风险产生的原因可分为外部因素和内部因素。

（1）外部因素。企业财务活动的外部环境因素包括自然环境、政治法律环境和经济环境等，它们虽然存在于企业之外，但对企业的财务活动产生重大影响。具体包括：自然环境的不确定性；政治法律环境的不确定性；经济环境的不确定性。企业不能简单地、被动地适应环境，应针对外部环境的变化，积极发挥主观能动作用。在一定范围内，对企业经济环境的发展和变化应有充分的把握，并在各种复杂的因素中，确定对企业发展有利和不利的因素，适时调整企业的财务管理战略。

（2）内部因素。企业内委托代理关系的存在、相关机构设置和制度建设的不完善等因素，也是导致财务风险发生的原因。具体表现在：所有权结构产生的委托代理；企业管理人员素质的高低；财务风险防范的制度建设；企业生命周期的不同发展阶段；企业财务风险表征要素的复杂性。

总之，企业外部环境的不确定性和内部管理因素的复杂性都可能给企业带来财务风险（见表 1-1），而且，企业外部经营环境也会给内部管理因素带来影响。每个企业应根据自身的风险情况，针对财务风险成因，采取科学的财务手段，将财务风险控制到最低。

表 1-1　企业财务风险形成的原因

原因类型		原因分析
外部原因	外界宏观环境的复杂多变	企业外部宏观环境因素包括经济、法律、市场、社会文化、资源等
		这些存在于企业之外的环境因素会对企业财务管理产生巨大的影响
		宏观环境的变化对企业而言难以准确预见和改变
		宏观环境的变化必然会给企业带来一定的财务风险
		企业外部宏观环境具有复杂性和多变性，外部环境变化会给企业带来两种可能性：机会或威胁
		企业财务管理系统如果不能适应复杂多变的外部环境，必然会给企业理财带来困难
内部原因	企业财务管理人员对财务风险的客观性认知不足	财务风险是客观存在的，但凡有财务活动，就必然存在财务风险
		在实践中，许多企业的财务管理人员风险意识较低，认为只要管好用好资金就不会产生财务风险
	企业财务决策失误	财务决策缺乏科学性导致决策失误
		实现财务决策科学化是避免财务决策失误的首要前提
		由于企业财务决策普遍存在着经验决策及主观决策的现象，因此导致决策失误经常发生，从而产生财务风险
	企业内部财务关系混乱	企业内部各部门之间在资金管理及使用、利益分配等方面存在权责不明、管理混乱的现象，造成企业资金使用效率低下，资金流失严重，资金的安全性、完整性无法得到保证
	企业资本结构不合理	根据资产负债表，财务状况可以分为三类，即正常型、预警型、资不抵债型
		正常型企业资本结构是指企业大部分流动资产的购置由流动负债筹集，小部分由长期负债筹集，由长期自有资金和大部分长期负债筹集固定资产
		预警型是指企业资产负债表中累计结余是红字，表明一部分自有资本被亏损吃掉，从而总资本中自有资本比重下降，这说明已出现财务危机
		资不抵债型是指企业不仅亏损了全部自有资本，而且也侵蚀了一部分负债。这种情况下，企业必须采取有效措施加以防范

第二节 财务风险管理

企业财务风险管理是指企业为应对和改变所面临的各种财务风险状况而事先采取的一系列管理措施和行为。企业应在充分认识其所面临的财务风险的基础上，采取各种科学、有效的手段和方法，对各种风险加以预测、识别、评价和控制，以最低的成本确保企业资金运行的连续性、稳定性和效益性。

一、财务风险管理的作用

企业对财务风险管理的能力与企业的兴衰息息相关。曾经连创佳绩轰动全国的巨人集团，没几年就陷入了严重的财务危机；而格兰仕公司由于实施严格的财务风险管理制度，企业不断发展壮大。

在市场经济中，财务风险对每个企业而言都是客观存在的，进行财务风险管理对企业具有重要意义：有利于提高企业及整个社会资源配置效率；有利于稳定企业的财务与生产经营活动；有利于降低企业的财务危机成本；有利于增进股东财富。

二、财务风险管理的原则

詹姆斯 T. 格里森（James T. Gleason）在其《财务风险管理》（Financial Risk Management）一书中提出了实施综合风险防范的十大要求：与公司策略相结合；与公司能力相结合；提供支持与资助；追求实在利益；设计开放的窗口；公开分析，公开结果；创建相匹配的模型；为经常性事物做计划；开发数据；启发全面支持团队。

国际金融同行业协会由 30 人组成的小组（G-30）强调风险防范过程应注意七个重要因素：高层管理部门在风险防范中的角色；逐日盯市；市场风险度量；应力模拟；独立的信用风险防范；总的信用风险防范；专业技能。

借鉴这些原则，财务风险管理应遵循以下原则：①与战略目标相融合。在企业战略管理中，财务风险管理是一项重要的工作，可以在战略规划过程中就考虑财务风险管理以实现战略目标。②适度承担风险。它是指通过承担最小风险实现既定的财务目标进而实现战略目标。企业适度承担风险的胆量应当与风险管理能力和盈利能力相适应。③风险与收益匹配。在风险管理中，必须考虑企业所承担的各种风险，并对各种不同的风险实施不同的风险管理。

三、财务风险管理的程序

财务风险管理的基本程序体现了管理工作的内在联系和运行规则。它包括财务风险管理目标确定、财务风险识别、财务风险估计与评价、财务风险决策和财务风险处理五个步骤（见图 1-1）。

1. 财务风险管理目标确定

这是整个财务风险管理的起点，对整个财务风险管理过程起着根本性的决定作用。企业财务风险管理目标应与企业总体目标相一致；企业财务风险管理目标应具有层次性；企业财务风险管理目标应具有明确性；企业应处理好成本与收益的关系。企业应根据实际情况，制定具体的财务风险管理目标。对于有些财务风险的发生，企业若无能为力、不能预防，就要采取措施，力求在风险发生之后把损失降到最低。

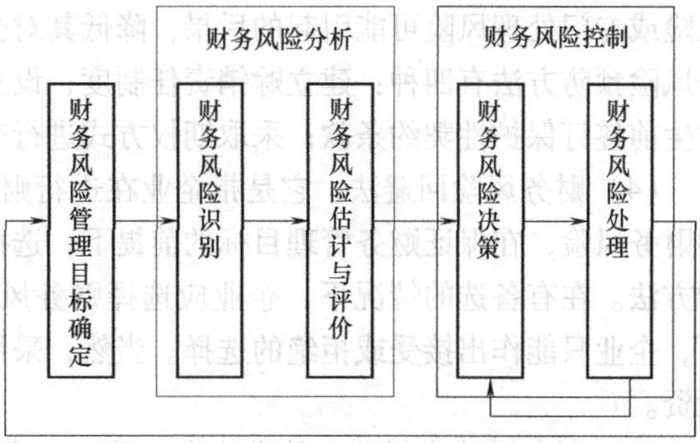

图 1-1　财务风险管理的基本程序

2. 财务风险分析

它是企业财务风险管理的首要环节。通过准确地发现和判断企业所面临的各种财务风险，确定风险发生的概率及损失程度，可为进行风险管理决策及选择有效的风险管理技术提供可靠的依据。财务风险分析包括财务风险识别、财务风险估计与评价两个步骤。

（1）财务风险识别。它是在风险事故发生之前运用各种方法和工具，找出研究对象所面临的各种潜在风险以及风险事故可能发生的原因。由于影响企业财务风险的因素众多且错综复杂，一般主要采取定性分析的方法来识别具体的财务风险，如风险清单分析法、财务报表分析法、流程图、因果树和事故树等。通常企业较多使用的方法是专家调查法。

（2）财务风险估计与评价。它是在风险识别的基础上，对财务风险发生的可能性及其造成损失的程度进行估计和计算，并揭示财务风险发生的可能性和破坏程度的过程。对财务风险的估计与评价有三种方法：①根据财务指标估测。它主要适用于可借助财务指标衡量其水平的风险资产或风险活动。具体步骤为：选择适当的财务指标；确定财务指标基准；利用现有的资料对财务指标进行测算；与财务指标基准进行比较；对财务风险进行量化描述。②概率估测法。它是利用概率分析法，通过计算相关收益的期望值及其标准差和变异系数来衡量财务风险的方法。该方法更适用于对项目风险和非系统风险的估测。具体步骤为：预测各种可能的结果及其相应的概率；计算期望收益率；计算标准离差；计算标准离差率；评价。③财务诊断法。它是利用企业的经验数据，得到反映企业财务风险的经验模型，来对企业的财务风险情况进行诊断的方法。它一般选择一些比较敏感的财务指标建立预警模型来对公司面临的财务风险进行预警分析，进而进行有效的管理和化解。财务诊断法有单变量分析和多变量分析。

3. 财务风险控制

根据风险识别和评价的结果，企业会从众多的财务风险控制策略中选择出最佳方案，以科学有效地抑制风险损失的发生或增加风险收益。财务风险控制包括财务风险决策和财务风险处理两个步骤。财务风险控制技术体系一般由多元化风险控制法、财务风险转移法、财务风险预防法、财务风险回避法和财务风险降低法等方法构成。

（1）多元化风险控制法。它是指企业通过多种经营及对外投资多元化等方式来分散财务风险的方法。该方法主要运用于产品生产、对外投资和业务结算。

（2）财务风险转移法。它是指企业通过某种手段将部分或全部财务风险转移给其他经济实体或个人承担的方法。转移风险的方式很多，主要有保险转移和非保险转移。企业应根据不同的风险采用不同的风险转移方式。在实务中，财务风险转移方法还有国际信贷工具、远期外汇交易、货币和利率互换等。

（3）财务风险预防法。它是指在财务活动中，企业积极采取防护性措施，以专门应对风险或专门处理风险可能引起的后果，降低其对公司财务的不良影响的方法。企业常见的财务风险预防方法有四种：建立赊销责任制度；设立财务风险准备金；与相关企业在风险业务发生前签订保护性契约条款；采取期权方式进行交易。

(4) 财务风险回避法。它是指企业在进行财务决策时，应综合评价各种方案可能产生的财务风险，在保证财务管理目标的前提下，选择风险小的方案，以达到回避财务风险目的的方法。在有备选的情况下，企业应选择财务风险较小的项目或方式；在单一选择的情况下，企业只能作出接受或拒绝的选择。当然，采用风险回避法并不是说企业不能进行风险性投资。

(5) 财务风险降低法。其措施有三种：一是通过支付一定的代价以减少风险损失出现的可能性，或降低损失程度；二是采取措施增强风险主体抵御风险损失的能力；三是通过制定有关管理制度和办法来减少损失出现的可能性。

四、财务风险管理的职能

财务风险管理职能也称财务风险管理功能，是财务风险管理本质的反映，也是财务风险管理的内在功用。

(1) 财务风险警戒。它是指对财务风险保持高度的警惕和严密的戒备，对资金运动过程中可能出现的风险要素保持合理的怀疑，对理财活动持有谨慎态度，提高对或有风险的重视，并建立必要的监控机制。

(2) 财务风险定位。财务风险定位包括财务风险定性和财务风险定量。它是指对存在于企业内部和外部的各种财务风险进行分类、过滤、剖析，弄清哪些属于企业财务风险，哪些尚不构成企业财务风险。财务风险定量是指对财务风险进行数量界定，分析财务风险对企业的威胁程度及企业的承受力，可能造成的危害以及影响。

(3) 财务风险防范。它是指对于面临的财务风险，根据识别和定位的结果，果断地采取措施进行必要的准备和防范。这种准备和防范是对风险有针对性的回应，是从众多应对财务风险的策略中选择出的最佳方案。

(4) 财务风险处置。它是指对已发生的财务风险进行应急处理，或者对已造成损失的风险进行补救，对自身损失进行反思，并对有关责任进行惩戒，同时总结经验教训，制定相应的防范措施。

(5) 财务风险应对。财务风险警戒、定位、防范和处置都属于财务风险管理的防御性、平衡性职能，而应对风险的能力则属于财务风险管理的建设性职能。它要求企业通过财务风险管理提高自身察觉风险、判断风险、估计风险的综合能力，从而提高自身的业务素质。

五、财务风险管理的策略

财务风险管理的策略包括规避、布控、承受、转移和对抗等。

(1) 规避。规避是风险对策中较为常用的一种方法，就是对财务风险采取消极躲闪、回避、放弃的态度，以降低或消除风险的侵害，减少或避免损失。规避策略操作简便易行、安全可靠，效果有保障。

(2) 布控。布控是指有针对性地采取防范、保全和应急措施，对财务风险进行控制，最大限度地消除和减少风险可能带来的损失。这是一种主动、积极的风险管理方法，适用于财务风险发生之前或发生之时。

(3) 承受。承受是指企业出于风险管理全局考虑所作出的局部牺牲。承受是风险管理中的一项被动措施，即由于对某项财务风险无法回避或想要达到盈利的目的而需要冒险，自愿承担风险及其后果。承受就意味着要发生实际经济损失，并由企业内部资财进行补偿。承受风险既有物质承受，也有心理承受；既包括主动承受，也包括被动承受。

(4) 转移。转移是“共同下水”财务风险管理法。它的核心是采取各种办法将财务风险全部或部分地转嫁、推卸出去，使风险的承受者由一家企业变为多家企业，进而相对消除和减少企业的风险损失。转移最普遍和常见的方法是保险，通过保险将已辨识的财务风险予以承保，根据保险合同的规定，由被保险人缴纳一定数额的保险费用，当财务风险实际发生时，由保险人全部或部分地承担赔偿责任。

(5) 对抗。对抗是指针对财务风险主动出击，以破坏风险源或改变风险的作用方向，释放风险能量，减少财务风险对股份制企业生产经营活动的影响和损失，也就是从财务风险中“虎口脱险”。对抗的本质就是以风险对付风险，以风险抵消风险。对抗是财务风险策略中的一项强硬措施，具有较强的技术难度，其本身也要冒较大风险。如对抗措施失败，可能会遭受成倍的损失，但成功也将会得到较大盈利。采用对抗策略是有条件的，并非所有情形都适用。如当企业资本抵债、濒临破产时，为挽救企业生命，经营者常会不惜孤注一掷，设法再注入一批资金。而一旦此举失利，企业将雪上加霜；但若成功，企业便可重获新生、再创辉煌。

总之，企业财务风险在企业经营中是必然存在的，企业应根据自身的实际情况采用正确的风险管理方法，制订严格的控制计划，使风险降到最低，从而为企业创造最大的收益。

(1) 注重科学投资策略。投资策略是企业重大经营决策的主要内容之一，直接影响企业的经营效益及资金结构。投资决策正确，会给整个企业带来生机和活力，使企业得以迅速发展；投资决策失误，则会给企业带来损失，甚至使企业陷入破产、倒闭的局面。

(2) 加强企业经营管理。企业应从以下三方面加强经营管理：①以市场为导向，抓好产业、产品结构调整，不断开发适销对路的新产品，同时狠抓企业内部改造，强化质量管理，不断扩大企业市场占有份额；②建立良好的激励机制、开发机制和销售机制，自觉地向管理要效益，向技术进步要效益，向市场要效益；③实行多角化经营，不管哪一类产品遭受冲击、损失，都可以用另一类未受到冲击的产品的经营成果进行弥补。

(3) 从财务风险的各主要环节进行防范和控制。无论是由企业外部原因引发的系统性风险，还是由企业内部原因引发的非系统性风险，企业都可以从财务风险的各主要环节有针对性地对风险进行防范和控制。

第三节 案例分析：中航油（新加坡）的财务风险管理㊀

一、案例资料

中国航油（新加坡）股份有限公司（简称中航油）是中国航油集团公司的海外控股子

㊀ 资料来源：李仲飞．从风险管理视角解析中航油事件［J］．系统工程理论与实践，2007（1）．

公司。其主营业务为石油实业投资、国际石油贸易和进口航油采购等。1997 年，陈久霖任总裁兼任集团公司副总经理。他上任后说服母公司将中航油转为石油贸易公司并获取采购石油的垄断权，为母公司系统的所有石油用户采购石油。借母公司之便，中航油的采购量占中航油总公司系统全部用油量的 98%，而且中航油总公司的所有下属公司都必须通过中航油在海外进行采购。就这样，中航油逐步建立起中国航油垄断进口商的地位，净资产从 1997 年的 16.8 万美元飙升至 2000 年 9 月的 1.5 亿美元，并于 2001 年 11 月在新加坡挂牌上市。

中航油在 1998—2003 年的 6 年间收入增长 14 倍，净利润增长 8.44 倍，股东权益增长 33.52 倍，平均净资产收益率为 46.31%。其市值名列新加坡 600 多家上市公司的第 23 位，被标准普尔评为中国海内外上市公司的第 40 位，是新加坡唯一入选的中资企业；被美国《财富》杂志评为中国百家上市企业的第 47 名，还先后被列为美国道琼斯和英国《金融时报》蓝筹股，成为中资企业在海外的一面旗帜。2003 年 7 月 18 日，中航油与十家国际银行签署了 1.6 亿美元的银行贷款协议。2004 年 10 月，控股股东中国航空油料集团公司以每股 1.35 新元的价格将其所拥有的 15% 的中航油股份 14520 万股股票配售给机构投资者，75 家机构投资者参与配售，认购率为 2.5 倍，募集资金 19602 万新元。

另外，中航油在我国航油消费量最大的经济发达地区上海拥有强大的商业网络和极高的市场占有率，它还拥有北京首都机场航油有限公司的独家航油供应权。2002 年，中航油收购了上海浦东国际航空油料有限公司 33% 的股权；2004 年 2 月，收购了英国富地石油公司所持有的中国华南蓝天航空油料有限公司 24.5% 的股权。此外，它还拥有西班牙最大的石油设施公司 CLH 公司 5% 的股权。在进口航油采购市场上，中航油占有 1/3 以上的中国进口航油的市场份额，具有垄断地位。

2004 年 11 月 30 日，中航油发表声明，称由于操作风险较高的原油期货期权等金融衍生工具不当，导致公司总计亏损 5.5 亿美元（其中已亏 3.9 亿美元，潜亏 1.6 亿美元）。净资产不过 1.45 亿美元的中航油（新加坡）因严重资不抵债，已向新加坡最高法院申请破产保护。

自从 2003 年以来，中航油新加坡公司就无视中国证券监督管理委员会、原国家经济贸易委员会（2003 年 3 月被撤销，设立商务部）、原对外贸易经济合作部（2003 年 3 月整合为商务部）、国家工商行政管理总局和国家外汇管理局联合发布的《国有企业境外期货套期保值业务管理办法》的规定，擅自扩大经营范围，违规从事风险程度极高的石油衍生品期权交易业务，并使用自有资金进行投机交易。2003 年年底，公司的盘位是空头 200 万桶，并有盈利。但后来石油价格一路攀升，3 月底纽约轻油已突破了每桶 28 美元。到 2004 年 3 月 28 日为止，公司已经出现了 580 万美元的账面亏损。此时公司可以斩仓，把亏损额限制在当前水平，账面亏损由此转为实际亏损。但是，公司采取了展期和无限开放头寸的办法来掩盖当期账面亏损，押赌石油价格下跌。两天后，公司公布 2003 年年报，全年盈利 3289 万美元，股价冲至 1.76 新元高位。账面亏损虽然消失了，然而油价并没有停止上涨。为了翻本，公司的盘位继续放大。到 2004 年 6 月，因期权交易导致的账面亏损已扩大至 3000 万美元。此时，公司管理层的大部分人仍然觉得可以展期持仓，陈久霖决定把所购期权的到期时间全部后挪至 2005 年和 2006 年。这种做法已远远超过了《国有企业境外期货套期保值业务管理办法》规定的只允许炒 12 个月期货的上限。

2004 年 10 月，中航油持有的期货总交易量已达到 5200 万桶，超过了公司每年实际进口量1700万桶的2倍还多。而此时国际油价大幅飙升，中航油的账面亏损量已达到1.8亿美元，还出现了8000万美元保证资金缺口需要填补。但是，中航油仍未考虑收手，而是向母公司请求资金支持。母公司当时接纳了中航油提出的“内部救助方案”，并通过股份减持、放弃收购的方式为中航油筹款补仓。2004年10月26日，中航油的竞争对手日本三井公司发出违约函，催缴保证金，中航油被逼在油价高位部分斩仓，为未平仓的衍生品仓位注入数额巨大的保证金，造成实际亏损1.32亿美元；至2004年11月8日，公司再度被逼斩仓，又亏损1亿美元。面对越来越难把握的局面，中航油集团着手向主管部门请示，国务院国有资产监督管理委员会最终决定不对中航油进行无原则救助，使中航油的资金链断裂。

截至2004年11月29日，中航油的损失达5.54亿美元，折合成人民币高达近50亿元，几乎相当于其全部市值。2004年12月1日，中航油宣布向法院申请破产保护，而其股票遭新交易所停牌。

二、案例分析

一个企业面临的财务风险可分为外部风险和内部风险。外部风险可由国际商品市场的波动造成，也可由衍生金融品市场造成。内部风险则主要由企业自身风险控制机制存在的问题所造成。中航油的巨额亏损，归根结底是其财务风险管理的失败。中航油的教训令人充分体会到企业财务风险管理的重要性。

1. 外部风险

金融衍生产品作为一种新兴的金融工具，其本身具有高风险的特性。金融衍生产品交易的成败取决于投资者对未来价格的预测和判断。然而，国际金融市场对世界经济、政治等因素敏感度极高。这些因素常常瞬息万变，即使是最高明的投资专家也难以稳操胜券。金融市场的不确定性在很大程度上决定了金融衍生产品市场的高风险。2004年10—11月油价的非理性狂涨就是造成中航油巨额亏损的原因之一。金融衍生产品的风险性不仅如此，国际实践也表明，金融衍生工具经常成为金融灾难的发源地。这主要是因为金融衍生工具具有很高的杠杆效应，少量资金即可达成几十倍、上百倍的交易。期权交易的杠杆效应大于期货交易。因为购买期权合约的最高投资额限定在支付的权利金之内，而收益却是无限的；期货合约的投资额则由合约价值本身决定。

另外，在国际市场环境中，复杂的交易环境和强有力的国际竞争对手都会给企业带来风险。若在市场交易中，对交易对手及交易环境的估计不充分，或者高估自身的竞争和应对能力，就有可能带来损失。在中航油事件中，中航油对自己的竞争对手以及自身实力的估计都存在很大偏差，不仅大大高估了自身实力，而且对国际竞争对手的估计严重不足。事实上，国际竞争对手有意挤压中资企业，甚至有人说，中航油事件是国际炒家的一次逼仓行为。陈久霖在给新加坡高庭的一份资料中说，法国兴业银行鼓励他进行期货交易，并提供优厚的贷款条件。另一个明显的例证是，日本三井银行、美国高盛公司等先是给中航油“放账”操作期权（即在一定金额范围内不用收取保证金），后又允许挪移盘位操作期权，对挪移盘位也没有说明。后来等到油价冲到历史高点时，突然取消放账、提高保证金比例，逼迫中航油斩仓。在这种极大的外部压力下，中航油缺乏足够的保证金支持，导致负债累累。

2. 内部风险

（1）金融衍生产品投机带来的风险。近年来，石油价格波动频繁且波动幅度大，这种石油价格波动形成的风险已经成为公司面临的主要风险。为规避石油价格波动带来的风险，中航油采取了互换、期货和期权等衍生金融工具，在石油的采购和销售业务中进行套期保值，以减少公司的市场风险。这种做法对于面临价格波动风险的企业来说是相当必要的。虽然在衍生产品的交易过程中，包含着衍生品与现货基差风险，但是通过对冲、及时平仓以及和其他衍生产品的组合，也完全可以实现控制。另外，由于衍生产品市场保证金交易的特性，要实施这种交易策略成本也是比较低的。

与此同时，公司还在从事衍生金融工具的投机交易，这就使衍生产品由对冲风险的手段逆转为承担风险的投机甚至赌博的工具。据统计，中航油从事衍生金融工具交易规模逐年快速增长，交易额从2001年的5亿多新元增长到2003年的20多亿新元，未实现的损益额也逐渐增长。但公司用于套期保值目的的交易额在2003年大幅度减少，仅为2002年的一半，为公司以投机交易为目的的衍生金融工具交易额的2.5倍，2003年增加到6.6倍。这表明投机交易实际成为公司衍生金融工具交易的重点，这与公司利用衍生金融工具来对冲经营风险的宗旨发生背离。

尽管对冲和投机在理论上有本质区别，但在实践中二者的差别往往仅有一步之遥，甚至模糊难辨。对冲是两笔交易的组合，是对冲交易与基础交易风险的冲抵。如果基础交易不存在，衍生产品交易就成了以承担风险、获取收益为目的的投机交易。在5%的保证金制度下，5.5亿美元亏损意味着中航油的衍生产品交易规模至少高达110亿美元。以每桶50美元的强行平仓价格计算，这相当于中航油要购买3000万t燃油现货。但实际上，中航油所供应的91家机场全年仅有500万t燃油需求。由此可见，中航油的石油衍生产品交易已经成为纯粹的投机行为。

众所周知，虽然看涨期权卖方的收益是固定的，但风险却是无限的。国际上，期权的卖方一般是具有很强市场判断能力和风险管理能力的大型商业银行和证券机构，而中航油（新加坡）不具备这种能力。其巨亏的关键在于对油价走势作出了错误判断，大量做空，但没有想到油价经过短暂的回调后持续攀升，投机的亏损也随着油价的上升日渐增加。这种投机发展到最后，就变成了赌博行为。而且在亏损一再扩大的情形下，中航油并没有及时止损，而是继续加码，导致了最后无可挽回的巨额损失。

（2）子公司自身的风险控制制度未能得到严格执行。中航油（新加坡）爆仓之后，很多人怀疑其公司内部根本就没有财务风险控制体系。其实，该公司的风险控制体系在形式上一直存在，并且是较为完整的。中航油的《风险管理手册》由安永会计师事务所制定，与其他国际石油公司操作规定基本一致。公司内部也有风险管理委员会，由7人组成，包括4名专职人员、1名运作部主任、1名财务部主任和1名财务经理。根据安永的设计，风险控制的基本结构是通过交易员→风险管理委员会→内审部交叉检查→CEO（总裁）→董事会，层层上报。每名交易员亏损20万美元时，交易员要向风险管理委员会汇报；亏损达37.5万美元时，向CEO汇报；亏损50万美元时，必须斩仓。普华永道的调查报告证实："中航油拥有一个由部门领导、风险管理委员会和内部审计组成的三层内部控制监督结构。"因此，中航油具备风险控制制度，并且具备足够的能力来控制风险。

当然，中航油（新加坡）风险管理流程自身存在一定的问题。例如财务监管方面，从其过去的财务报表来看，其投资收入占盈利部分较大份额，理应引起上级主管部门的足够重视，对其投资收入结构和金额进行分析，如为投机所得，则必然面临巨大风险。此外，陈久霖在接受新华社专访时承认：中航油《风险管理手册》的内容让人引起歧义的地方很多，也没有体现中国关于限制期货操作的规定。尽管提出了最高风险的数额限制，却并没有制定超过限额和仓位的有效应急机制。但是，中航油的根本问题不在其风险控制制度本身，而在其建立的风险控制制度没有得到执行。公司决策的制定和执行由长官意志替代规章制度，这在某种程度上是我国部分企业集团的通病。

中航油总裁陈久霖同时又是中国航油集团副总经理，实际掌控中航油董事会。其在获悉2004年第一季度已出现580万美元的账面亏损后，竟然决定不按照内部风险控制的规则进行斩仓。权力制衡的缺失导致制度约束失效和个人权力滥用。随着油价上涨，公司账面亏损进一步加大。为了避免实际亏损，陈久霖将交割日延后至2005年和2006年，并继续扩大仓位，没有作出必要的风险对冲处理，也没有设立交易头寸上限。直至2004年10月，公司累计亏损1.8亿美元。由此可以看到，完善的风险管理流程必须由具备风险意识的管理者来执行，这也是有效的公司治理的重要环节。但是，陈久霖却缺乏最基本的风险常识和技术能力。他甚至认为自己没有违背公司的风险管理规定："亏损是指实际亏损，不是账面亏损，我们当时只是账面亏损。"这种解释让行家啼笑皆非。新加坡法国巴黎银行（BNP Paribas）一位从事衍生品交易的资深人士指出：50万美元就是一条停止线，亏损超过50万美元就必须自动斩仓。中航油（新加坡）的最后损失已超过5.5亿美元，这意味着"要撞到这条停止线110次"。他的结论是要么风险控制体系没有启动，要么就是有人在说谎。

（3）母公司缺乏有效的监管。一般来说，对于国内母公司的海外机构，在体制结构上母公司都应有一套完整的财务管理规定。但由于地域的相对独立和监督机制的不完善，海外公司在财务管理方面还是存在着很多人为的风险。中航油事件的原因之一就是母公司监督的缺位。

中航油的大股东中国航油集团公司作为一家中央级企业，本应严格执行国家有关制度规定，严格规范子公司行为，实施全面有效的内部控制制度，确保国有资产保值增值。而且作为政府监管和海外子公司的中间环节，集团公司起着一个政策传递和监督执行的作用，责任重大。然而披露的资料显示，中国航油集团对中航油（新加坡）的监控严重缺位。

从2003年下半年起，中航油开始从事以营利为目的的石油衍生品投机交易，并且在风险极大的场外市场进行交易，交易总量大大超过现货总量。以上三个方面均明显违背国家2001年颁布实施的《国有企业境外期货套期保值业务管理办法》。但是其从事交易一年多，交易量从期初的200万桶上升到5200万桶，一直未向集团公司报告，集团公司也未提出任何警示。直到保证金支付问题难以解决、经营难以维持下去，中航油（新加坡）才向集团公司紧急报告，但仍然没有说明实情。

在形式上，集团公司向中航油董事会派驻了4名人员，但实际上，集团公司出于对陈久霖个人能力和成就的信任，任命其为集团公司派驻中航油（新加坡）的全权代表和实际监管者。监管者和被监管者合一，就造成了"自己监管自己"的局面。陈久霖以"英语差不能胜任"为名，将集团公司派来的财务经理安排从事其他工作，而从新加坡当地雇用人员任财务经理一职。此事并未引起集团公司的重视。可见，母公司作为决策层与监管层，未对中航油形成有效的权力制衡。任何不受约束的权力必然使内部控制制度失效，进而带来极大风险。

总之，作为企业的管理者，不仅自己要有足够的风险防范意识和能力，还要在整个企业范围内建立有效的财务风险监控体系，对高风险的下属部门要设立垂直领导的监控岗位。否则，自己管理的企业很可能会因为某个下属的失足而带来毁灭性的后果。风险无时无刻不存在于企业经营的方方面面，风险管理对于企业的生死存亡发挥着重大作用。因此，企业应当充分重视风险管理，确实将风险管理落实到经营的各个环节。中航油的案例为诸多企业敲响了警钟。企业应树立正确的风险观，积极主动地识别、估计和评价财务风险，并作出适当的财务风险管理决策，为企业成功提供必要保障。

本章小结

本章首先阐述了风险的含义、特征、分类等基本知识。风险是预期结果的不确定性。它不仅是指损失的不确定性，而且还包括收益的不确定性。认识风险的两面性，有利于人们在实际工作中树立正确的风险意识，不仅要尽力地避免风险损失，也要努力创造风险收益。风险的出现，在可能为企业带来收益的同时，也意味着将企业置于更大的挑战面前。如果企业风险管理得当，不仅经济上能获取超乎同类企业的收益，还能以风险管理意识激励完善企业各项机制。而那些在财务活动中故步自封、一味回避风险的企业，只能落到在激烈竞争中被淘汰的结局。然而，当今很多企业风险意识不强，风险管理工作薄弱。

其次，深入探讨了财务风险管理的基本知识，包括企业财务风险的含义与特征、财务风险的分类与成因等。狭义的财务风险是指企业用货币资金偿还到期债务的不确定性。广义的财务风险是指企业在财务活动过程中，由于各种难以或无法预料、控制的因素的作用，使企业的实际收益与预期收益发生偏离的不确定性。明确狭义与广义的财务风险之分，有利于人们建立科学的风险管理制度。作为风险的一种，财务风险除了具有风险的本质特征之外，还具有其独有的特征，如全面性和行为相关性等。明确财务风险的基本特征及其与一般风险的差异，有利于人们有意识地采取有效的风险控制与管理策略和措施，实施有针对性的财务风险管理。

再次，阐述了财务风险管理的主要作用，并在此基础上深入探讨了财务风险管理的基本原则。

最后，详细阐述了财务风险管理的基本程序。财务风险管理的目标是整个财务风险管理过程的起点。具体的财务风险管理程序包括财务风险分析和财务风险控制两个步骤。其中，财务风险分析包括财务风险识别和财务风险的估计与评价两个阶段。

习　题

1. 深物业 A（000011. SZ）是一家房地产开发与经营企业，在其 2011 年年报中披露了财务风险：调控政策严格限制商业银行等金融机构的房地产开发贷款，数据表明，2011 年全年房地产企业开发资金来源中，国内贷款增长为零；商品房销售持续低迷，成交面积萎缩、成交均价回调，销售资金回笼大大减缓，房地产企业的资金周转率下降明显。预计 2012 年，销售回款不力、外部融资被限制的情况将继续双向挤压房地产企业资金链，提高企业资金成本，增加财务风险。企业同时披露了相应的对策：公司一贯坚持稳健经营，把确保资金安全放在首位，动态监控财务风险；合理把握投资、销售节奏，保持资金链畅通；加强内部管理，严格控制各项成本费用；促进辅业发展，千方百计拓展融资渠道，争取获得外部资金支持。请对深物业 A 采取的财务风险管理对策进行评估和补充。

2. 南京中北（000421. SZ）是一家公共设施服务企业，在其2011年年报中披露了财务风险：①随着公司出租车辆大规模更新，公司对资金的需求进一步加大；②充足的现金流对房地产企业的发展至关重要，随着公司的发展，开发储备土地需求进一步加大，对公司的融资能力提出了更高的要求。企业同时披露了相应的对策：管好用活资金，提高资金统筹调度能力，加强银企合作，拓展融资渠道；加大存量资产盘活和存货销售力度，争取获得更多的资金流入，缓解资金紧张的状况。请对南京中北采取的财务风险管理对策进行评估和补充。

第二章

筹资风险管理

第一节　筹资风险管理概述

我国加入世界贸易组织（WTO）以后，市场经济的发展日趋成熟和国际化。企业作为市场的主体参与市场竞争，必须认清面临的各种风险，正确理解风险的存在，这样才能在市场竞争中识别、防范、化解和规避风险，避免运营中不可预见的损失，从而达到预期的经营发展目标。为了在激烈的市场竞争中求得生存和发展，很多企业选择不断扩张经营，向多元化发展，筹资活动日益增加。正确认识筹资风险，并加以防范和控制，是企业亟待解决的重要课题。

一、筹资风险概述

（一）筹资风险的含义

筹资风险是指企业在筹资活动中由于资金供需市场、宏观经济环境的变化或筹资来源结构、币种结构、期限结构等因素而给企业带来的预期结果与实际结果的差异。筹资活动是企业生产经营活动的起点。企业筹集资金的主要目的是扩大生产经营规模，提高经济效益。由于市场行情瞬息万变，企业之间的竞争日益激烈，可能出现投资决策失误、管理措施不当等情形，从而使得筹集资金的使用效益具有很大的不确定性，由此便产生了筹资风险。

通常，企业的筹资风险是由内、外两种因素造成的。内部因素包括企业筹资结构、资金成本高低等；外部因素包括企业经营状况风险、现金及资产流动状况、金融市场及政策调整。内、外因素紧密联系，它们之间相互作用可以一起诱发筹资风险。

（二）筹资的原则

企业的生产经营活动离不开资金的运动。一个企业必须拥有与其生产经营规模相适应的一定比例的资金，才能维持正常的生产经营活动。筹集资金的方式有很多种，但总的筹资原则如下：

（1）最低需求原则。筹集资金的目的是满足生产经营需要。企业筹集资金的数量上限为生产经营对资金的需要，其最低需要量一方面要考虑建立在高经济效益的必要投资项目基础上的资金需求，另一方面考虑建立在对企业现有资金充分利用基础上的资金需求。在数量上，企业筹集的资金一般应多于实际需要量。

（2）优化投资条件原则。企业筹集资金的工作实际上就是吸引资金所有者到企业进行投资。要取得投资者的偏好，就必须具备良好的投资条件。作为投资者，不论是银行、企业还是个人，在确定资金投向时，都想把资金投向投资条件好的企业和好的投资项目。因此，企业只有具备良好的投资条件，才可能争取到外来的投资。

（3）费用最低原则。企业要通过对不同筹资方式和策略的比较分析，选择费用率最低的作为决策方案。既要比较不同方案的费用率水平，又要与企业投资方案预期收益率进行比较，绝不能选择费用率大于经营利润率的方案。

（4）配套资源保障原则。企业资金的增加，常常要求物资、技术、生产场地、市场需求及销售渠道等相关配套资源的保障。如果不具备相关条件，筹集到的资金就无法发挥作用。所以，在企业筹集资金的同时，要落实需要的物资，解决相关技术问题，调整生产场所，开发市场，理顺销售渠道。这样才能充分发挥筹集资金的作用，取得最理想的经济效果。

二、筹资风险的类型

从资金来源来看，企业的筹资行为可分为债务筹资、权益筹资和混合筹资。债务筹资包括银行贷款、债券筹资、租赁筹资、商业信用筹资等；权益筹资包括股权筹资和内部留存收益。混合筹资是指同时具有债务筹资和权益筹资特点的筹资方式。传统的财务理论认为筹资风险就是债务风险，事实上，企业筹资风险还包括权益筹资风险等其他筹资方式产生的风险。企业筹资风险的分类如图 2-1 所示。

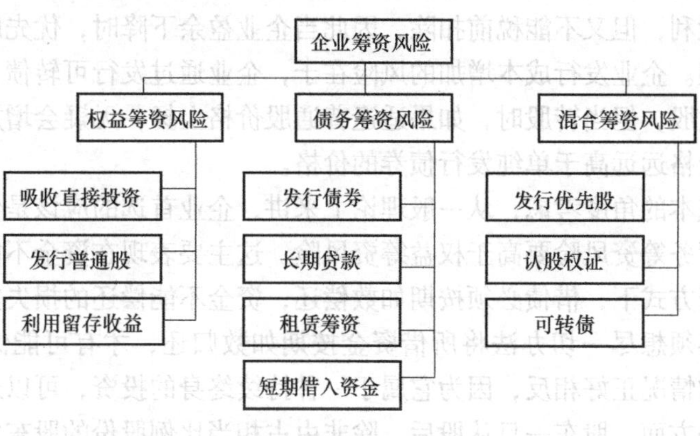

图 2-1 企业筹资风险的分类

1. 权益筹资风险

它是企业筹资风险的一大组成部分，不存在还本付息的问题。这部分筹入资金的风险具体表现在两方面，即企业控制权分散的风险和企业资金成本增加的风险。如果企业采用吸收直接投资的方式筹集资金，一般需要付出一定的代价，即投资者常常要求获得与投资数量相适应的经营管理权。如果外部投资者的投资较多，则投资者会有相当大的管理权，甚至会对企业实行完全控制。而企业采用发行普通股的方式筹资时，表现为出售新股票，引进新股东，此时就很容易分散企业的控制权。由于企业内部筹集到的自有资金的使用效益存在不确定性，因此决定了其采用内部自有筹集资金的方式具有一定风险。这常常表现为企业资金使用效率低下时，无法满足投资者的投资报酬期望，从而引起企业股票价格下跌，使融资难度加大，最终导致企业资金成本上升等问题。留存收益筹资是指企业将留存收益转化为投资的过程，将企业生产经营所实现的净收益留在企业，而不作为股利分配给股东。其实质为原股东对企业追加投资。留存收益筹资具有三个优点：不发生实际的现金支出；保持企业举债能力；企业的控制权不受影响。留存收益筹资也具有两个缺点：期间限制；需与股利政策权衡成本与收益。

2. 债务筹资风险

在企业债务筹资过程中，受资金供需情况和宏观经济环境等不确定因素的影响，给企业盈利带来损失的可能性，这就是债务筹资风险。这种筹集资金的方式通常有两种风险影响，即企业破产倒闭的风险和企业再融资能力降低的风险。原因在于，不管企业采用的是发行债券、取得长期或短期贷款，还是采用借入资金等方式，都必须按期还本付息。如果不能产生经济效益，企业最终不能按时还债，就很可能造成企业财务陷入不能偿付的恶性循环中，有的还可能导致企业倒闭。另外，如果企业负债过度，则会出现非常重的债务负担，在债务到期时不能按时足额还本付息，这将直接影响到企业信誉。这样一来，结果就不容乐观了，那些金融企业或其他企业就不会再愿意向该企业贷款或借出资金，最终给企业带来的是再融资能力降低的风险。

3. 混合筹资风险

混合筹集资金通常也会给企业带来风险，表现为企业财务负担增加的风险和企业发行成本增加的风险。企业财务负担增加的风险在于，企业若通过发行优先股筹集资金，由于优先股需要支付固定股利，但又不能税前扣除，因此当企业盈余下降时，优先股的股利通常会增加企业的财务负担。企业发行成本增加的风险在于，企业通过发行可转债，虽然可以使其以较高股价出售普通股，但当转股时，如果适逢普通股价格上扬，无疑会增加企业实际的发行成本，这时发行价格远远高于单纯发行债券的价格。

从控制筹资成本的角度考虑，从一般理论上来讲，企业首选的应该是债务筹资方式。但需要注意的是，债务筹资风险要高于权益筹资风险。这主要表现在资金不能按期如数偿还的风险。在债务筹资方式下，借债必须按期如数偿还，资金不能偿还的损失完全是由企业自身来负担的。企业必须想尽一切办法将所借资金按期如数归还，才有可能保证其持续经营下去。而权益筹资的情况正好相反，因为它属于一种持续终身的投资，可以永久使用，无须考虑偿还的问题。一方面，股东一旦认股后，除非由占相当比例股份的股东发起，并经法定程序对企业进行清算，否则任何单个股东都无权要求退股，只能通过转售股权来变现；另一方面，企业盈利好则多分红，盈利不好则少分红，甚至可以不分红。作为筹资主体的企业如果采取债务筹资方式，必须考虑到期能否还本付息，以防止筹资风险的发生。如果企业预期难以还本付息，只能转向权益筹资。显然，企业是把股东出资作为防止筹资风险的“避风港”来运用的，也可以说，企业是把权益资本作为其自身还债风险的担保物或稀释物来筹措的。因此，在实际筹资过程中，企业应在筹资风险和筹资成本之间进行权衡，确定一个最优资本结构，使得筹资的综合资金成本较小的同时，将筹资风险保持在适当的范围内。只有恰当的筹资风险与筹资成本相配比，才能使企业价值最大化，实现长期可持续的良性发展。

企业筹资风险类别的特点与地位如表 2-1 所示。

三、筹资风险的特征

筹资风险的特征可以概括如下：

（1）客观性。在企业的生产经营活动中，只要使用了外源性资金，就会产生筹资成本，

表 2-1 企业筹资风险类别的特点与地位

企业筹资风险类别	特 点	地 位
债务筹资风险	风险较大，资金成本较低	主要
权益筹资风险	风险较小，资金成本较高	次要
混合筹资风险	风险居中，资金成本居中	次要

这是因为任何外源性资金都是要求回报的。企业为了取得和使用资金，就必须支付一定的代价，具体包括筹资费用和资金使用费用两项内容。所以，筹资风险是客观存在的。企业如果达不到投资者所要求的回报水平，就会面临筹资风险。

（2）潜在性。筹资风险的潜在性是指筹资风险的可能性和不确定性。企业在筹资、用资的过程中必然要面临一定的筹资风险，但风险发生的时间、空间却是具有偶然性的，表现出一定的潜在性。另外，由于筹资风险发生的概率是难以准确计算出的，因此对筹资风险的测定不能单纯依靠数理统计方法来计算其大小强弱，实际工作中对筹资风险大小的评价在一定程度上还要依据经验进行估计。

（3）相对性。筹资风险的大小不是一成不变的，而是随着一定条件而发生转化的。也就是说，筹资风险不是一个常数，而是一个动态变化的数，是相对于不同的企业及其抗衡风险的能力而言的。

（4）复杂性。筹资风险的复杂性体现在筹资风险的形成原因、表现形式以及对企业的利弊影响都是较复杂的，而且对筹资风险的测定也不可能单纯依靠数理统计方法就能准确计算。

四、筹资风险程度识别

筹资风险程度识别是对企业筹资风险状况的总体反映，主要通过对企业面临的某种风险因素发生的可能性及其影响程度的综合考虑，来判断该风险的总体情况。企业内部及外部市场环境影响下的风险是随时间而变化的，所以筹资风险是动态变化的。这种动态表现在内在和外在两个方面。内在动态是指债务或者权益本身的纵向时间推移；外在动态是指债务流程环节的推移。不同的流程环节下，某项债务随时间的推移表现的风险强度不一样。例如，当完成筹资需求，承担相应债务成本之后，筹资环节的信用风险就几近固化。因此要特别注意的是，筹资风险程度识别估计结果应根据实际情况的演变不断进行调整。风险按照其结果发生的可能性，可分为基本确定、很可能、可能、极小可能这四种等级。各种筹资风险因素导致的风险损失的严重程度可以大致分为五种级别：轻微、较小、中等、较大、极大。根据风险因素发生的可能性及其影响程度来确定风险程度，风险可表示为低、中等、显著、高四种程度。每一种筹资风险的程度可以通过表 2-2 来反映。通过识别，可以判断筹资风险程度上的高低，以便进一步评价和应对。

五、筹资风险的管理

（一）风险防控技术

1. 选择最佳资本结构

选择最佳资本结构是企业筹资管理的主要任务之一。最佳资本结构是指在企业可接受的

表 2-2 筹资风险程度识别

程度 可能性	轻 微	较 小	中 等	较 大	极 大
基本确定	高	高	高	高	高
很可能	中等	显著	显著	高	高
可能	低	中等	中等	显著	高
极小可能	低	低	中等	显著	显著

筹资风险之内，使得加权平均资金成本最低、企业价值最大的资本结构。资金成本的高低是企业筹集资金决策的核心，是决策方案选择时的重要指标。企业财务人员必须分析比较各种来源的资金成本，并结合风险因素将其合理配置，确定一种最优筹资方案。权益资金和债务资金，二者相辅相成。一个企业如果只有权益资金而没有债务资金，虽然筹资风险相对较小，但筹资成本相对较高，也不能利用财务杠杆所带来的收益，自然也就不能实现收益的最大化；没有权益资金的存在，企业也就失去了借到债务资金的可能；但是如果债务资金过多，虽然企业的筹资成本可以降低，收益也可以提高，筹资风险却加大了。因此，确定资本结构时，应在权益资金和债务资金之间进行权衡，只有恰当的筹资风险与筹资成本相配合，才能使企业价值最大化。确定合理的资本结构要考虑多方面的因素，如资金成本、资金期限、偿还方式、限制条件和财务风险等。其中要解决的一个主要问题就是债务筹资的规模和结构，它对企业总体资金成本和企业的财务风险都有着重要的影响。

确定最佳资本结构的方法有每股收益无差别点法、比较资金成本法和公司价值分析法。每股收益无差别点法是根据计算每股收益无差别点，分析判断在什么样的销售水平下适合采用哪种资本结构。比较资金成本法是计算不同资本结构的加权平均资金成本，并以此为标准相互比较，综合资本成本最低的资本结构为最佳。公司价值分析法是在充分反映公司财务风险的前提下，通过测算公司价值来确定最佳资本结构。

2. 选择适当的筹资方式

企业在经济发展的不同时期应选择不同方式筹集资金。一般来讲，对于规模较大、实力较强的企业，可选择债务筹资方式，这样既可实现补充资金，又不至于对企业控制权有大的影响。新建企业或者规模较小的企业，若想补充自有资金的不足，迅速筹集资金，扩大生产经营规模，选择发行股票方式较为理想。针对不同行业，也应考虑选择不同的筹资方式。

（1）制造业企业的资金需求是比较多样和复杂的，资金周转相对较慢，经营活动和资金使用涉及的面也相对较宽，因此风险相应较大，筹资难度也要大一些，可选择的筹资方式主要有银行贷款、融资租赁等。在筹资期限上，可考虑流动性资产采用短期负债，固定性资产采用长期负债。

（2）商业企业的资金需求主要是库存商品所需的流动资金贷款和促销活动上的经营性开支借款。其特点是频率高、贷款周期短、贷款随机性大。因此，银行贷款是其最佳选择，以短期筹资方式为主。

（3）高科技型和服务型企业的主要特点是成本低、高风险、高收益。此类企业除可通过一般企业采用的筹资渠道融资外，还可采用吸收风险投资公司投资、科技型企业投资基金等进行创业。

3. 合理安排筹资期限组合方式

长、短期筹资各有其优势和劣势。短期借款成本低、弹性大、风险大；而长期借款成本高、弹性小，风险相对较小。因此，企业在安排两种筹资方式的比例时，必须在风险与收益之间进行权衡。一般来说，企业对筹资期限结构的安排主要有三种方式：中庸筹资法、保守筹资法和风险筹资法。

（1）中庸筹资法。这是大部分企业经常采用的筹资方法，是指企业根据资产的变现日期，安排相应的筹资期限结构，使资产的偿付日期与资产的变现日期相匹配。采用这种方法的企业，对风险持有既不回避也不主动追求的中立态度。企业在采用这种方法时，流动资产的短期性变动部分中的季节性变动部分用短期负债筹措资金，长期性流动资产部分及固定资产则可采用长期负债、股东权益和长期性流动负债等长期性资金的方式。在采用中庸筹资法的当年，除安排长期借款外，在淡季无须进行短期借款，短期借款将用多余的现金偿还；当企业经营进入旺季需要资金时，可以进行短期借款，这样企业只有在需要资金时才去筹资。这种方式可使企业降低其无法偿还即将到期负债的风险。

（2）保守筹资法。采用保守筹资法，企业不但以长期资金来满足永久性流动资产和固定资产，而且还以长期资金来满足由于季节性或循环性波动而产生的部分或全部暂时性资产的资金需求，也就是以长期资金来满足几乎所有的资金需求。采用这种方法的企业，对风险持有尽量回避的态度。这样企业在淡季时，由于对资金的需求下降，可以将闲置的资金进行短期投资，比如投资到短期有价证券上。通过这种方式，企业不但可以获得一定的短期收益，还可以将其部分变现，储存起来以备资金需求增加的旺季时使用。但到了旺季时，企业除可出售所持有的有价证券外，还需要使用少量的短期信用才能筹措到足够的资金，以满足其临时性的资金需求。

（3）风险筹资法。采用风险筹资法的企业的长期资金来源不能满足长期资产的需求，要靠短期资金来源来弥补。用短期借款筹措所需长期资金的数量越大，筹资的风险性也就越大，但同时短期资金成本较低，在利率不变的情况下，企业支付的利息费用越少，得到的利润就越大。因此，这是一种更积极但风险也更大的融资政策。企业不仅要承担更高的贷款不能展期与筹资困难的风险，而且还要面临利率上涨而可能导致支出更多利息的风险。

这三种筹资方式的运用应根据各企业的不同情况来采纳，没有绝对的优劣之分。企业要结合自身具体情况和经济形势的要求，灵活运用不同期限的筹资方式。

4. 提高资金的使用效率

（1）保持合理的现金持有量，确保企业的正常支付和意外需要。现金是流动性最强的资产。现金持有量过少，不能保证企业的正常支出；现金持有量越多，企业支付能力就越强，但同时也失去了这部分现金的投资机会，造成资金的机会成本过大。因此，企业必须预测企业经营过程中的现金需求和支付情况，以确定合理的现金储备量。

（2）加强应收账款管理，加快货币资金回笼。应收账款是被债务人无偿占用的企业资产。如果不能及时收回应收账款，不仅影响企业的资金周转和使用效率，还可能造成坏账损失。因此，企业应通过建立稳定的信用政策、设定客户的资信等级、维持合理的应收账款比例、制定有效的收账政策等措施，加强对应收账款的管理，减少应收账款的资金占用风险。

（3）加强存货管理，提高存货周转率。存货是企业流动资产中变现能力较弱的资产。如果存货在流动资产中比重过大，一方面会使速动比率过低，影响企业的短期变现能力；另一方面增加了存货的机会成本和储存管理费用，影响企业的获利能力。因此，要通过完善企业的内部控制和生产经营流程，计算经济订货批量，使企业存货保持在一个合理的水平上。

5. 加强对筹资风险的阶段性控制

（1）事前控制。①企业应做好财务的预测、计划与预算工作。在对外部资金的选择上，应从具体的投资项目出发，运用销售增长百分比法确定外部筹资需求。可以借鉴以往的经验，结合对财务报表的分析，确定外部资金需求规模，使各项数据直观、准确。企业应根据短期的生产经营活动和中长期的企业发展规划，提前做好财务预算工作，安排企业的融资计划，估计需要筹集的资金量。在编制具体财务预算过程中，企业可以依据行业特点和宏观经济运行情况，保持适当的负债比率。根据生产经营的需求，合理安排筹集资金的时间和数量，使筹资时间、资金的投放运用紧密衔接，及时调度，降低空闲资金占用额，提高资金收益率，避免由于资金未落实或无法偿还到期债务而引发的筹资风险。②确定资本结构，合理安排权益资本金与借入资金的比例，选择适当的筹资组合以降低资金成本。企业在经营过程中，要根据所处的行业特点和企业自身情况，确定最佳的资产负债结构。主要通过动态地监控流动比率、速动比率、资产负债率等反映企业偿债能力的财务指标，保持适当的短期变现能力和长期偿债能力，提高企业抵抗筹资风险的能力及企业的市场竞争力。

（2）事中控制。事中控制应重点强调资金的使用效率，增强企业使用资金的责任感，从根本上降低筹资风险，提高收益。很多企业长期以来缺乏资金使用效率的意识，缺少资金靠借贷，资金投入时较少考虑投资风险、投资回报以及投资回收期的长短，以致企业资金越借越多，自身“造血”功能越来越差。因此，企业应加强资金使用意识，把资金管理作为重点，加强对流动资金的动态管理，确保投资效益，优化资本结构，减少企业收不抵支的可能性和破产风险。另外，在还款期限和还款额度方面，应尽可能地将还款期限推迟到最后，同时保持企业良好的信誉。这样虽然没有现实的现金流入，但却获得了货币时间价值，节省了一定的使用成本。保持适当的还款额度可以减少企业资金使用风险，使企业不至于因还款额度过大而承担较大的财务风险。

（3）事后控制。事后控制主要是对本次筹资过程进行财务分析。企业筹资是为了投资，而投资又是为了获得利润。资金从筹集到使用的整体过程结束后，企业必须要对本次项目运作的全过程进行全面系统的分析，主要分析企业各种资金的使用效率和各项财务比率，重点应放在对财务报表的分析上，总结经验教训以指导今后的筹资工作。

（二）风险管理制度

1. 建立筹资风险管理制度

企业应从自身的实际情况出发，建立筹资风险管理责任制度，将筹资风险防控纳入企业财务管理活动中。在认为必要、可行之时，企业可在财务部门下专设筹资风险管理小组，以控制筹资成本和降低筹资风险为目标。其主要职责是分析本企业现有资本结构，分析筹资风险的来源，拟定风险管理策略，与债权人及权益资本所有者进行接洽，建立切实可行的筹资风险管理体系。

2. 强化经营管理人员的风险意识

在社会主义市场经济体制下，企业成为自主经营、自负盈亏、自我约束、自我发展的独立的商品生产者和经营者，必须独立承担风险。企业在从事生产经营活动时，内、外部环境的变化导致实际结果与预期效果相偏离的情况是难以避免的。加强经营者和财务管理人员对风险的职业判断能力，培养他们的风险意识和对风险的灵敏嗅觉，及时发现和估计潜在的风险，对于企业防范风险来说具有重要的意义。企业的经营管理人员必须首先树立风险意识，正确认识风险，科学估测风险，预防潜在风险，有效应付风险，必须立足于市场，在充分考虑影响筹资风险因素的基础上，制订适合企业实际情况的风险规避方案。例如，企业的领导人员应避免由于决策失误造成支付危机；在企业面临筹资风险时，应积极采取措施，利用延期付款、降低利率、债务重组、动员债权人将企业部分债务转作投资等形式，适时与债权人进行协商，给企业持续经营创造条件，避免因债权人采取不当措施而影响企业的生产经营。企业的经营管理人员必须将防范筹资风险贯穿于财务管理工作的始终，统筹协调生产经营各个环节，建立财务预警机制，用系统的、动态的方法随时监控企业的筹资风险，力争做到高收益、低风险。

3. 建立健全风险预警机制

企业必须立足市场，建立一套完善的风险预警机制和财务信息网络，及时地对筹资风险进行预测和防范，制订适合企业实际情况的风险规避方案，通过合理的筹资结构来分散风险。例如，通过控制经营风险来减少筹资风险，充分利用财务杠杆原理来控制投资风险，使企业按市场需要组织生产经营，及时调整产品结构，不断提高企业的盈利水平，避免由于决策失误造成财务危机，把风险减少到最低限度。风险预警系统是指为防止企业财务系统运行偏离预期目标而建立的报警系统。它是企业对可能发生的风险和危机进行事先预测和防范的一种战略管理手段。企业风险预警系统作为一种行之有效的财务风险控制工具，其灵敏度越高，就能越早地发现问题并告知企业经营者，从而越能有效地防范与解决问题，规避风险。具体来讲，可对涉及筹资活动的重要指标进行分析，并利用这些变量进行筹资风险分类和识别，并在此基础上构建筹资风险预警模型以预防和控制财务风险。在这个过程中，应注意加强信息管理、健全筹资风险分析与处理机制、建立筹资风险预警的计算机辅助管理系统等方面的工作，充分发挥该系统在风险识别与管理控制上的重要作用。

4. 努力实现科学的筹资决策

通过建立切实可行的筹资决策机制，可以提高筹资决策的科学化水平，降低决策风险。一方面，要规范筹资方式和程序，作好筹资决策可行性研究，尽量采用定量计算及分析方法，并运用科学的决策模型进行决策，防止因筹资决策失误而产生的财务风险；另一方面，在筹资决策中不仅要考虑筹资机会和风险、企业发展目标和阶段、现有资本结构及经营管理状况，还必须考虑财务匹配因素，即在企业经营或投资项目所需资金量相匹配的前提下安排筹资，防止过度筹资或筹资不足，从而保证公司资金的良性循环，使公司业务成长得到稳健财务的支持，正常开展生产经营活动。

5. 加强经营管理者的水平

完善资金管理体制，提高企业财务管理和财务控制水平，加强企业资金管理；按照市场需要组织生产，及时调整产品结构，完善企业生产经营流程，使存货保持在一个合理的水平上，不断提高存货周转速度；深入调查了解客户的资信等级，建立稳定的信用政策，确定合理的应收账款比例，严格企业收款责任制，积极催收货款，加速应收账款的周转，减少和控制坏账损失的发生；采用商业信用的形式，合理利用客户的资金，努力降低筹资成本；掌握财务分析方法，结合企业各方面的实际情况认真研究资金使用计划，利用财务分析方法对企业的财务状况、经营成果、现金流量进行综合分析与评价，不断提高企业的经营管理水平。

第二节 债务筹资风险管理

一、债务筹资风险概述

债务筹资也称为借入资金筹资，是指企业通过向金融机构借款、发行债券和融资租赁等方式筹集所需资金。债务筹资是现代企业普遍采用的筹资方式之一。债务筹资风险是指企业的债务筹资行为给企业带来的风险。它是由于企业举债经营而导致流动性不足进而丧失偿债能力的风险，或由于企业举债后资金使用不当而导致企业遭受损失的可能性。只要举债借入资金，就会给企业带来融资风险。如果借入资金但不能产生效益，就会导致企业不能按时还本付息或定期支付租金，从而使其付出更高的经济和社会代价。

（1）按照形成原因不同，债务筹资风险分为现金性筹资风险和收支性筹资风险。两种不同债务筹资风险的比较如表2-3所示。

表2-3　两种不同债务筹资风险的比较

项目＼风险类别	现金性筹资风险	收支性筹资风险
定义	企业在特定时间内，由于现金流量出现负数而造成的不能按期支付债务本息的风险	企业在收不抵支时出现的到期无力偿还债务本息的风险
产生原因	是由于企业理财不当造成的	产生的原因不仅是企业理财不当，更重要的原因是企业经营不当引起企业净资产总量减少
表现	执行不力或现金预算的安排出现问题，造成财务方面的危机	企业债权人权益受到一定程度的威胁
	企业债务期限结构不合理，引发了企业某段时间出现偿债高峰等情况	企业面临更多的风险和压力
影响	对企业未来的筹资影响不大	其风险进一步延伸将导致企业破产，假设不及时控制这种风险，将对企业的未来筹资和经营产生重大影响
	受会计应计制的影响，即使企业当期投入大于支出，也并不等于企业就有现金流入，即它与企业收支是否盈余无直接关系	企业经营中的收不抵支，意味着经营亏损和净资产总量减少，从而对企业按期偿还债务造成影响
风险定位	暂时风险，局部风险	终极风险，总体风险

（2）债务到期要归还本金和利息，所以债务筹资还是有风险和代价的，主要表现为：利息率风险、期限结构风险、流动性风险、筹资数量不当风险、偿还风险和资本结构风险。

1）利息率风险。企业通过借款或发行债券等方式进行债务筹资，必须按期向债权人支付本金和利息，而不管企业当时的经营状况如何。在经营不利的情况下，这会给企业造成固定的利息负担，影响资金周转。如果利息率较高，则会导致财务杠杆系数增大，造成企业较高的财务风险，企业付息的压力和破产的可能性也随之增大。

2）期限结构风险。企业债务筹资按使用期限长短可分为短期债务筹资和长期债务筹资。短期债务筹资是指采用短期借款、商业信用、短期融资券、应收账款转让等方式筹集资金；长期债务筹资是指采用长期借款、发行债券、融资租赁等方式筹资。一般来说，长期债务利率较高，短期债务利率较低但波动较大，如果债务期限结构安排不合理，如还款期过于集中而导致资金流断裂，就会增加企业的筹资风险。

3）流动性风险。资产的流动性反映的是潜在偿债能力。企业为了还债或防止破产，可将其资产变现。由于各种资产的流动性不一样，它们在资产总额中所占的比重也不相同，因而与企业的财务风险关系甚大。当企业拥有较多变现能力强的资产时，其财务风险就较小；反之，其财务风险就较大。

4）筹资数量不当风险。筹资数量是指负债总额或负债在资金总额中所占比重的大小。过度负债，不仅要支付大量的利息，而且降低了企业的安全性和竞争能力，危及企业的生存与发展；筹资数量过少，则会因资金不足而影响企业的正常经营。

5）偿还风险。偿还风险包括长期偿债能力风险和短期偿债能力风险。企业往往重视长期偿债能力而忽视短期偿债能力，其实短期债务也会影响长期债务。即使一个盈利不错的企业，如果因资金调度不当而不能及时还款，可能致使其信用下降，进而也会有破产的危险。所以，无法保持一定短期偿债能力的企业，同时在长期偿债能力方面也存在问题。

6）资本结构风险。关于债务筹资，如果长期债务过多，会降低企业的偿债能力和筹资能力，增大财务风险；如果长期债务过少，虽能提高偿债能力和筹资能力并减小财务风险，但放弃了借款利息的抵税作用。这两种情况都将导致企业的资本结构不合理。

二、债务筹资风险的识别

债务筹资风险受到很多因素的影响，包括内因和外因。债务筹资风险是内部因素和外部因素共同作用的结果。内部因素和外部因素相互联系、相互作用。一方面，企业只有在债务经营的情况下，其经营风险、预期现金流量和资产的流动性风险及金融市场等因素才有可能导致筹资风险，而且债务越多、债务资金在资金总额中所占比重越大，债务的期限结构越不合理，企业丧失偿债能力的可能性就越大；另一方面，虽然企业的负债比率高，但如果企业已进入平稳发展阶段，经营风险比较低，而且金融市场的波动也不大，这时企业的融资风险就相对较小。

1. 内因分析

（1）债务的规模及资本结构。从绝对量上看，企业债务的规模越大，利息费用支出越高，企业丧失偿债能力或破产的可能性越大；从相对量上看，企业的负债比率越高，企业面临的偿债压力就越大，债务筹资风险就越高。

（2）债务的利率及利率结构。在债务规模一定时，利息率越高，利息费用支出越高，企业陷入支付危机的可能性越大，债务筹资风险就越大。债务的利率结构是指企业以不同的利率借入资金之间的比例关系。利率的高低体现了筹资成本的高低。债务筹资时，所采用的利率有固定利率和浮动利率，两者的利率风险也不同。企业应综合考虑以上因素，有效地降低企业债务筹资的利率风险。

（3）债务的期限结构。它是指企业所使用的长、短期债务的相对比重。如果债务的期限结构不合理，会增加企业的筹资风险。

（4）债务的类型结构。它是指企业采取不同筹资方式筹集的资金的相对比重。不同的债务筹资方式有不同的成本和风险，企业在利用债务筹集资金时，应尽可能利用多渠道筹资，避免债务资金来源集中于少数筹资方式带来的风险。

2. 外因分析

（1）经营风险。它泛指企业由于经营上的原因而导致收益变动的不确定性，尤其是指企业利用营业杠杆而导致息税前利润变动的风险。经营风险不同于筹资风险，又影响筹资风险。企业的筹资风险通常需要与经营风险相匹配。如果企业的经营风险很大，企业应避免采取高风险的筹资方式，否则很容易陷入支付危机。

（2）预期现金流量状况与资产流动性状况。债务的本息通常要求以货币资金偿付。即使企业的盈利状况良好，但其能否按照合同规定定期偿还本息，不仅要看企业预期的现金流是否足额并且及时，还要看企业资产的整体流动性如何。

（3）金融市场。金融市场中利率、汇率的变动会对企业的债务筹资风险带来影响。

三、债务筹资风险的评估

债务筹资风险的评估有五种常用方法：杠杆分析法、财务指标分析法、概率分析法、资金周转表分析法和定期财务分析法。

（一）杠杆分析法

1. 经营杠杆分析

经营风险不同于筹资风险，但它在很大程度上影响着筹资风险。企业通过分析其经营风险来对筹资风险进行辅助判断。企业在进行筹资决策时，应充分考虑企业的经营风险，合理选择债务筹资策略。当企业经营风险较低时，可以考虑采用风险较高的筹资方式；反之，应尽量避免采用高风险的筹资方式，做到筹资风险与经营风险相匹配。

经营杠杆是衡量经营风险的一种常用指标，它是指某一固定成本比重下，销售量的变动对企业息税前利润所产生的作用。经营杠杆的大小用经营杠杆系数来衡量。经营杠杆系数是指企业息税前利润变化的百分比与营业收入变化的百分比的比率。其公式可表示为以下几种形式：

$$\mathrm{DOL}=\frac{\text{息前税前利润变化的百分比}}{\text{营业收入变化的百分比}}=\frac{\Delta\mathrm{EBIT}/\mathrm{EBIT}}{\Delta S/S}$$

式中，DOL 是经营杠杆系数；EBIT 是息税前利润；S 是销售额。

$$\mathrm{DOL}_Q=\frac{Q(P-V)}{Q(P-V)-F}$$

式中，P 为产品单位销售价格；V 为产品单位变动成本；F 为总固定成本；Q 为销售量。

$$\mathrm{DOL}_S=\frac{S-\mathrm{VC}}{S-\mathrm{VC}-F}=\frac{\mathrm{EBIT}+F}{\mathrm{EBIT}}$$

式中，S 为销售额；VC 为变动成本总额。

第一个公式是根据定义计算经营杠杆系数；第二个公式根据销售量（Q）计算适用于单一产品的经营杠杆系数；第三个公式根据销售额（S）计算适用于多种产品的经营杠杆系数。

从上述公式可以看出，经营杠杆系数说明销售额增减所引起的息税前利润的增减幅度。经营杠杆系数大，意味着息税前利润的不稳定性大，风险也大；当产品销售情况较好时，经营杠杆系数较小，财务风险也较小；当企业的销售处于盈亏平衡点时，经营杠杆系数趋于无穷大，此时风险异常大。总之，根据经营对筹资决策的影响，借助经营风险的测定结果，最终明确筹资风险的大小。

2. 财务杠杆分析

财务杠杆是衡量企业筹资风险的一个基本方法。它是指由于固定利息费用的存在，当企业息税前利润增大时，单位利润所负担的利息就会减少，企业每股收益会有更大幅度的增加。财务杠杆越大，企业债务筹资风险越大。财务杠杆通常用财务杠杆系数表示，它是指每股税后利润变动率相当于息税前利润变动率的倍数。它可以用以下公式表示

$$\mathrm{DFL}=\frac{\text{每股收益变化的百分比}}{\text{息前税前利润变化的百分比}}=\frac{\Delta \mathrm{EPS}/\mathrm{EPS}}{\Delta \mathrm{EBIT}/\mathrm{EBIT}}$$

式中，DFL 是财务杠杆系数；EPS 是普通股每股收益。

$$\mathrm{DFL}=\frac{\mathrm{EBIT}}{\mathrm{EBIT}-I-\mathrm{PD}/(1-T)}$$

式中，I 为债务利息；PD 为优先股股利；T 为所得税税率。

$$\mathrm{DFL}=\frac{Q(P-V)}{Q(P-V)-F-I-\mathrm{PD}/(1-T)}$$

从上述公式可知，财务杠杆系数越高，息税前利润下降时，每股收益下降的幅度越大，企业面临的风险也越大。出现这种放大效应是因为债务利息的存在，债务利息的支付具有一定的刚性，无论企业的经营情况如何，企业都需要支付固定的债务利息。

（二）财务指标分析法

财务指标分析法通常分为单变量分析和多变量分析。

1. 单变量分析

单变量分析是指通过分析单个财务指标来分析企业面临的债务筹资风险。衡量这种风险的指标主要分为短期偿债能力指标和长期偿债能力指标。

（1）短期偿债能力指标。净营运资本、流动比率、速动比率都属于流动性指标，反映企业短期偿债能力，计算短期筹资风险。通常，这几个指标越高，表明企业偿付本息的可能性越大，筹资风险越小。但具体分析时，还要结合行业平均水平、营业周期长短、流动资产的构成、作价以及流动负债的构成因素等。由于这几个指标中存货变现能力较差，真正用于偿还债务的是现金流量，所以还需引入对现金流量的估测指标：现金比率、现金流量比率、到期债务本息偿付比率。

（2）长期偿债能力指标。它包括资产负债率、产权比率、权益乘数、有形净值债务比率、偿债保障比率和利息保障倍数。通过对这些比率进行计算，并将其与参照标准相对照，便可对企业的债务筹资风险进行识别和评估。通常，资产负债率、产权比率和权益乘数越低，企业长期负债能力越强，筹资风险越小；利息保障倍数越大，筹资风险越小。

2. 多变量分析

多变量分析是指通过采用多种指标，如偿债能力、营运能力、盈利能力等指标综合分析，构建综合评价体系，对企业财务形势进行判断。

（1）Z 判别分析法。判别分析可以根据已知类别事物的性质建立判别函数，然后通过该函数对未知类别的新事物进行类别判断。1968 年，阿尔特曼（Altman）运用多变量分析

(MDA) 技术，选取了五个变量组，建立了 Z 计分模型以评估公司财务风险。该模型是

$$Z = 1.2X_1 + 1.4X_2 + 3.3X_3 + 0.6X_4 + X_5$$

式中，X_1 = 营运资本/总资产；X_2 = 留存收益/总资产；X_3 = 息税前利润/总资产；X_4 = 股东权益的市场价值/债务的账面价值；X_5 = 销售额/总资产。

Z 计分模型从企业的资产规模、获利能力、财务结构、偿债能力、资产利用效率等方面综合反映了企业的财务状况，进一步推动了财务预警的发展。通过对 Z 计分模型的研究分析得出：Z 值越大，说明公司财务风险越小，财务状况越好；反之，Z 值越小，说明公司财务状况越差。阿尔特曼还提出了判断企业破产的临界值：$Z < 1.81$ 时，企业面临很大的破产危机；$1.81 \leqslant Z \leqslant 2.675$ 时，企业存在一定的财务危机，财务状况极不稳定；$Z > 2.675$ 时，企业财务状况良好，破产的可能性极小。

(2) F 计分模型。由于 Z 计分模型没有充分考虑现金流量的变动等方面的情况，因而具有一定的局限性。作为对 Z 判别分析法的补充，F 计分模型用现金流量替换 Z 判别分析法中的利润，作为预测的自变量，重新建立财务风险识别模型。其模型如下

$$F = -0.1774 + 1.1091X_1 + 0.1074X_2 + 1.9271X_3 + 0.0302X_4 + 0.4961X_5$$

一般认为，F 预测模型的临界值为 0.0274。如果企业的 F 值低于 0.0274，则认为企业财务风险大，企业破产的可能性很大；否则，则认为企业的财务风险小，企业将继续存在。

(3) 主成分法。主成分法是通过数学变换，将给定的一组相关变量通过线性变换转换成另一组不相关的变量，而后选取几个方差较大的主成分代替原始指标。主成分模型的构建步骤为：第一步，使用 Z 判别分析法对数据进行标准化处理，对于某一变量值 X，其总体均值为 L，标准差为 R，转换公式为 $X = (X - L)/R$；第二步，计算标准化后数据的协方差矩阵 R；第三步，求协方差矩阵的前几个特征值以及对应的特征向量；第四步，完成现行转换关系；第五步，计算各主成分的方差贡献率及累计方差贡献率；第六步，以贡献率作为相应主成分的权值构建主成分模型。主成分法构造的模型使用贡献率作为权值，避免了人为赋权重的主观任意性，因而评价结果更加客观、准确。

(三) 概率分析法

概率分析法是指在评价债务筹资风险时，可考虑特定指标的标准利差率。在分析债务筹资风险时，常用的指标是自有资金利润率的标准离差率。企业负债率越高，自有资金利润率的标准离差率越大，筹资风险也越大。

(四) 资金周转表分析法

为了提高企业的资金清偿能力，就要保证企业有足够的现金流。资金周转表分析法就是通过制定资金周转表，使企业关注资金周转计划，经常检查结转下月额与总收入的比率、销售额与付款票据兑现额的比率、短期内应负担的筹资成本，以及考虑资金周转等问题，促进企业预算管理，保证企业的资金清偿能力，降低筹资风险。

(五) 定期财务分析法

与企业筹资风险有关的定期财务分析法主要是杜邦财务分析法，这是一种经典的、实用性很强的财务分析法。杜邦财务分析是逐层地进行分析，适宜于由“症状”探寻“病根”的过程。通常，警情预报都是较为综合的指标。杜邦财务分析体系就是把这样一项综合指标发生升降的原因具体化，为采取措施指明方向。一般杜邦分析是以净资产收益率为综合指标进行层层分解，鉴于现金流量分析的重要性，还可以使用现金流量分析的“杜邦”系统。

四、债务筹资风险的管理

（一）债务筹资风险决策

在债务筹资风险决策中，通常应遵循以下五条基本原则：

（1）债务筹资与权益筹资相结合。债务筹资与权益筹资各有利弊，最佳资本结构的确定没有一定之规，企业可以选择行业平均水平或企业历史经验数据作为资本结构决策的参照。

（2）财务杠杆与经营杠杆结合。对于经营杠杆较大从而经营风险较大的企业，通常不宜大量举债，应采用较小的财务杠杆。

（3）综合应用多种债务筹资方式，避免负债资金集中于一两种筹资方式而带来风险。如果资金筹集过于集中于一两种筹资方式，一旦筹资方式出现问题，企业便容易陷入财务困境。

（4）长期债务与短期债务相结合。长、短期债务意味着不同的风险和收益。在进行债务筹资计划时，应对两者的比例进行权衡。企业的债务筹资策略有以下三种基本类型：①稳健型债务筹资决策。它是指企业以短期债务筹资的方式为短期资金的运用筹集资金，用长期债务筹资和权益资本筹资的方式为长期资金的运用筹集资金。资产和负债的到期时间能够相互匹配，降低了企业无法偿还到期负债的风险，筹资成本也较为均衡。从理论上讲，企业可以对资产和负债的到期期间作出完美的匹配，但实际上，很多因素存在不确定性。这种筹资组合是理想化的。②激进型债务筹资策略。它是指企业除了以长期债务筹资的方式为长期资金的运用筹集资金以外，还利用短期债务筹资方式为长期资金的运用筹集资金。短期债务筹资比例相对较高，使企业在增加收益的同时也增加了风险。③保守型债务筹资策略。它是指企业除了以短期债务筹资的方式为短期资金的运用筹集资金以外，还将利用长期债务筹资的方式为短期资金的运用筹集资金。长期资金的运用主要以长期债务和权益资本来筹集资金。短期债务筹资所占比例较小，资本成本相对较高，收益相对较低。从风险角度看，长期资金所占比例较大，从短期看，企业无法偿还到期债务的风险较小；但企业较少地受到因短期利率变动而增加企业资本成本风险的影响。总之，企业在进行债务筹资风险计划时，应充分考虑企业资产的期限结构，合理安排长期债务和短期债务的比例，使其与企业资产的期限结构相匹配，避免过于保守或过于激进的债务筹资安排。

（5）债务筹资成本与投资回报率相结合。如果债务筹资成本高于投资回报率，意味着企业进行投资所获取的回报尚不足以支付债务利息，企业就可能面临较大的还本付息压力。很多企业存在严重的“资金饥渴症”，为了筹集到资金会不惜一切代价，这是非常危险的，它忽视了筹集资金后资金的投资回报率。

（二）债务筹资风险处理

企业应当根据债务筹资风险管理决策的制定原则，制定相应的风险管理决策与计划，然后实施计划，同时对计划的实施过程进行监督，及时调整，从而更好地控制风险。当由于筹资安排不够周密或有关条件发生了变化，导致筹资不成功的风险时，企业应及时寻求其他筹资渠道。当实际资金筹集偏离了计划时，企业应全面评估这种偏离所产生的影响，并衡量企业的承担能力，在此基础上采取进一步措施。

当企业出现债务支付危机时，通常可以采取三种措施：①积极争取外界支持。寻求支持的外部力量可以是股东、关联方、合作伙伴或当地政府，还可以是内部员工。企业应采取一切办法争取所有可能的资金来源，以解决燃眉之急。②债务重组。企业在发生债务支付危机时，可以直接与债权人进行协商，共同寻求解决办法。通常，债权人会采取合作的态度，并尽量通过合作的方式解决问题。③资产重组。这是对陷入财务困境的企业进行改组调整，具体方式包括兼并、收购、解散、分拆、放弃等。

（三）利用衍生金融工具防范债务筹资风险

随着衍生金融工具的发展，利用衍生金融工具管理企业风险越来越得到企业的重视。风险对冲是金融衍生工具的最基本也是最重要的一个作用。金融衍生工具可以将风险转移给愿意承担或是有能力承担风险者。当然，这种风险转移并非是无偿的，通常风险转移的成本即为衍生金融工具的价格。衍生金融工具包括期权、远期合约、期货、互换等。

1. 期权

期权在债务筹资风险管理中的应用主要体现在以下两个方面：

（1）发行具有隐含期权特征的债券进行债务筹资风险管理。在实务中，具有这种隐含期权特征的债券主要有可转换债券、可回售债券和可赎回债券等。

1）可转换债券。可转换债券的持有人有权在给定的时期内将其转换成特定数量的发行公司的股票。企业利用可转换债券筹资，相当于在发行普通债券的同时售出一种以公司股票为标的资产的看涨期权。企业因此承担了一种义务，并获得了其他的好处：首先，可转换债券的利率通常低于相同级别的其他债券的利率；其次，发行可转换债券可以使得企业的筹资成本与其现金流量相匹配，这对那些希望与风险并存的高速成长型公司尤为重要；最后，可转换债券同时具有债务和权益的特点，能有效降低股东和债权人之间的代理成本。

2）可回售债券。企业发行可回售债券意味着企业在发行普通股的同时，出售了一种以该债券为标的资产的看跌期权，赋予债券持有人在债券价格下跌时按预定价格出售债券的权利。企业在承担一项义务的同时也获得了一些好处：可回售条款增加了债券的吸引力；票面利率通常较低。

3）可赎回债券。可赎回债券相当于企业在发行普通债券的同时，买入了一种以该债券为标的资产的看涨期权，当债券价格上升较大时，可按预先设定的价格赎回债券，避免因市场利率下降所带来的利率损失。

（2）利用利率期权进行债务筹资风险管理。利用利率期权，筹资人可以规避利率不利变动所导致的损失，同时保留从利率有利变动中获取收益的机会。

1）利率上限。在利率上限合约中，如果合约约定的实际利率在合约期限内的任意利息期间超过了执行利率，则合约卖方将向合约买方支付两个利率之间的差价。在债务筹资风险防范中，企业可以通过买入利率上限合约，在市场利率超过执行利率时，从合约卖方那里得到补偿，从而将债务筹资成本锁定在执行利率上；相反，当市场利率低于执行利率时，企业并不会丧失相应的筹资成本节约。

【例 2-1】 企业以浮动利率即 6 个月 LIBOR（伦敦银行同业拆借利率）加 5% 借入 5 年期 1000 万美元借款。为了防止利率大幅上升带来的融资成本上升，企业决定买入利率上限合约。具体条件为：合约本金为 1000 万美元；合约期限为 5 年；基准利率为 6 个月 LIBOR；利率上限为 13%；利率上限费用为 0.3%/年。考虑 6 个月 LIBOR 的不同情形，企业的实际筹资成本如表 2-4 所示。

表 2-4 美元债务年筹资成本

6个月 LIBOR	原始筹资成本	利率上限支付利差	利率上限费用	实际筹资成本
6%	11%	0	0.30%	11.30%
7%	12%	0	0.30%	12.30%
8%	13%	0	0.30%	13.30%
9%	14%	1%	0.30%	13.30%
10%	15%	2%	0.30%	13.30%
11%	16%	3%	0.30%	13.30%

由表 2-4 可知，在没有购买利率上限时，企业债务筹资成本最高可能达到 16%；通过购买利率上限，企业可以将其融资成本锁定在 13.3% 以下。不过，企业为防止利率上升带来融资成本过高也支付了高昂的代价——每年需支付 0.3% 的费用。按借款期限 5 年计算，这笔费用达 15 万美元。

2）利率下限。在利率下限合约中，如果合约中约定的实际利率在合约期限内的任意利息期间低于执行利率，则合约卖方将向合约买方支付两个利率之间的差价。利率下限在投资风险防范中运用较多。

3）利率双限。利率上限与利率下限的组合称为利率双限，它是由利率上限多头和利率下限空头组合而成的，是在买入一个利率上限的同时卖出一个利率下限，用出售利率下限的收益来全部或部分冲销利率上限的成本。通过利率双限，企业的筹资成本可以限定在一定的范围内。

2. 远期与期货

远期合约是指一方同意在未来的特定时间以特定价格购买商品，而另一方同意按此条件出售商品的合约。期货合约与远期合约类似，但有三点不同：①期货合约采取的是逐日盯市，违约风险大大降低；②期货合约的标的资产交割通常不会实际发生，双方仅需在到期日结清合同价与实际价的差额；③期货合约在交易所内交易。利用远期合约和期货合约可以有效规避汇率变动引起的债务筹资风险。

【例 2-2】 考虑企业债务筹资中的商业信用情况。假设中国盛唐公司于 2013 年 6 月 30 日从美国供应商处购买了一批设备，价值为 1000 万美元，当时汇率为 1 美元 = 6.1 元人民币。根据供货合同，该设备有 3 个月的试用期，盛唐公司应于 2013 年 9 月 30 日前向供货商支付全额货款。考虑到汇率水平波动较大，预期美元可能升值。为了应对汇率波动风险，盛唐公司决定购买 3 个月期以固定汇率 1 美元 = 6.15 元人民币交割 1000 万美元的远期合约。这样，若 3 个月后美元大幅升值，盛唐公司可以将支付成本锁定在 1 美元 = 6.15 元人民币的汇率水平上。不过，一旦美元贬值，则采取这种方式的盛唐公司将会支付更多的人民币。

3. 互换

互换合约是指两个交易对手之间签订的在未来某一时期交换现金流量的协议。其具体形式多种多样。

（1）利率互换。它赋予持有者在未来的某个时间，按照特定的期限和利率进行利率互换的权利。在到期结算日，利率互换可以用现金结算，也可以用实物结算。

【例 2-3】 假设南方公司账面有一笔 8 年期 1000 万美元的长期债务，年利率固定为

10%。因此，南方公司每年需支付 100 万美元的固定利息，同时于第 8 年末偿还本金。同时，南方公司的资产所产生的收益率的波动与市场利率的波动正相关：市场利率越高，其收益率越高；反之，其收益率则越低。这时，出现了该笔债务的偿债支付对利率的敏感性与其资产不匹配。南方公司如何通过利率互换来改变偿债支付对利率的敏感性，从而使之与其资产相匹配？假设南方公司通过利率互换，以 8 年固定利率为 10% 的债务交换同样期限利率按 LIBOR 加 1% 计的债务，其债务期限内的现金流量如表 2-5 所示。通过利率互换，南方公司将其固定利率债务转换为浮动利率债务，实现了与其资产收益具有相同的利率敏感性。

表 2-5 南方公司的固定利率对浮动利率互换下的现金流量

时 间	第 1 年	第 2 年	第 3 年	第 4 年	第 5 年	第 6 年	第 7 年	第 8 年
固定利率	10%	10%	10%	10%	10%	10%	10%	10%
固定利息支付/万美元	100	100	100	100	100	100	100	1100
LIBOR 基准	8.0%	8.5%	9%	9.5%	8.5%	10%	10.5%	11%
LIBOR 浮动（LIBOR 基准 +1%）	9.0%	9.5%	10%	10.5%	9.5%	11%	11.5%	12%
利率互换支付/万美元	−10	−5	0	5	−5	10	15	20
实际利息支付/万美元	90	95	100	105	95	110	115	1120

（2）货币互换。它是以按一种货币支付现金流量的债务交换按另一种货币支付现金流量的债务。货币互换通常在国际贸易中被广泛运用。

【例 2-4】 USJP 公司是一家跨国公司，同时在美国和日本拥有业务。为简便起见，假设该公司预计未来 10 年内每年需支付 1000 万美元的债务利息，同时未来 10 年内每年可以获取 101400 万日元的固定收益，无其他收入和支出。在当前（2014 年 2 月）汇率（1 美元 = 101.4 日元）的情况下，USJP 公司正好实现收支平衡。但是一旦日元贬值，USJP 公司将面临极大的汇率风险，并会立即陷入支付危机。针对这种情况，USJP 公司决定签订货币互换合约，即每年以 101400 万日元交换 1000 万美元，期限为 10 年。通过货币互换合约，USJP 公司有效地化解了在未来 10 年内汇率变动的风险。

值得注意的是，衍生金融工具是一把双刃剑。利用衍生金融工具进行债务筹资风险防范，在消除一种风险的同时，会加大相反情况的风险。一种金融工具不可能管理所有的风险。企业财务人员需要根据自身的专业判断，选择合适的金融工具，进行风险管理。虽然衍生金融工具提供了风险管理的有力工具，但如果利用衍生金融工具去投机而非进行风险管理，那么结果可能是灾难性的。

（四）防范现金性筹资风险和收益性筹资风险

防范现金性筹资风险需要从其产生的根源入手，侧重资金运用与负债的合理期限搭配，科学安排企业的现金流量。如果企业的负债期限与负债周期能够与生产经营周期相匹配，则企业就能利用借款来满足其资金需要。在实际操作过程中，由于企业不同，或者在同一企业的不同时期，具体情况可能会有所差别。因此，企业财务决策人员应在总原则前提下，针对当时的具体情况来制定对策，以达到防范风险的目的（见表 2-6）。

表2-6 防范现金性筹资风险方法说明

说明	策略
策略	按资金运用期限的长短来安排和筹集相应期限的负债资金
作用	产生适量的现金流量，以适度地规避风险
	提高企业利润
要求	采用适当的筹资策略
	尽量用所有者权益和长期负债来满足企业永久性流动资产及固定资产的需要
	临时性流动资产的需要通过短期负债实现
	避免冒险型政策下的高风险压力
	避免稳健型政策下的资金闲置和浪费

防范收支性筹资风险也需要从其产生的根源入手，确定相应的防范对策。通常，主要从两个方面入手，即资本结构状况和债务重组。从财务角度看，资本结构状况是收支性筹资风险产生的前提，这说明总体上规避和防范筹资风险首先应从优化资本结构入手，因为资本结构安排不当是形成收支性风险的主要原因之一。在实际情况下，企业一旦面临风险，其所有者和债权人的利益势必也将面临风险，如果处理不当，双方都会遭受损失，此时，就需进行债务重组。企业要采取积极措施做好债权人的工作，避免债权人采取不当措施，使其明确企业持续经营是保护其权益的最佳选择，从而动员债权人将企业部分债务转作投资或降低利率。适时进行债务重组有利于降低企业的债务筹资风险，这是避免债权人因企业破产而遭受损失的较好对策。此外，企业重组计划的实施关键在于对重组和破产的理解，以及对企业重组后持续经营的信心。债务经营是现代企业的主要经营手段之一，运用得当会给企业带来收益，成为发展经济的有力杠杆。但是，债务筹资如果运用不当，则会使企业陷入困境，甚至会将企业推到破产的境地。因此，企业对负债经营的风险应有充分的认识，必须采取防范负债经营风险的措施。

（五）确定适度的负债规模，制订负债财务计划

负债经营能获得财务杠杆利益，同时企业还要承担由负债带来的筹资风险损失。为了在获取财务杠杆利益的同时避免筹资风险，企业一定要根据自身的资产规模，根据需要与可能，做到适度负债经营。在实际工作中，对一些经营业绩好、前景乐观、产品适销对路、资金周转快的企业，负债比率可以适当高些；对经营不理想、产销不畅、资金周转缓慢的企业，其负债比率应适当低些，否则会使企业在原来商业风险的基础上，又增加了筹资风险。所以，企业还应在制订负债计划的同时制订出还款计划。目前我国企业资产负债率普遍过高，而速动比率不宜低于1:1，流动比率也应保持在2:1左右的安全区域。为了增强抵御外界环境变化的能力，有效的途径是收缩投资规模，补充自有流动资本，尽可能采用较为经济、安全的负债资金。

（六）针对利率变动，作出筹资安排

针对因利率变动带来的筹资风险，企业应认真研究资金市场的供求状况，把握利率发展趋势，据此作出相应的筹资安排。在利率较高时期，应尽量少筹资或只筹急需的短期资金；在利率处于由高向低的过渡时期，也应尽量少筹资，不得不筹的资金应采用浮动利率的计息方式；在利率处于低水平时，筹资较为有利；在利率处于由低向高的过渡时期，应积极筹集长期资金，并尽量采用固定利率的计息方式，以降低负债利息率。

（七）债务筹资风险应对策略

当公司预测到债务风险时，应采取有效措施规避风险。这些措施包括：债务组合策略，债务期限结构与现金流量、盈利共变策略，债务结构与资产结构匹配策略。

（1）债务组合策略。债务组合策略的基本思想是：为了降低债务风险，筹资时将所筹债务分散到不同来源和不同期限结构的债务中，使债务筹资分散、债务风险最低。这是针对筹资需求量大且债务资金投资结果具有很大不确定性的筹资行为实施的策略。债务组合虽然分散了债务风险，却不一定能实现债务成本最小化。根据实际组合方式不同，债务组合策略可分为债务来源组合策略、债务期限结构组合策略以及两种策略的组合。

（2）债务期限结构与现金流量、盈利共变策略。其原理为：当盈利较高时，净利润会被公司较高的利息成本所抵消，从而降低净利润的增加幅度；当盈利较低时，净利润承受较低的利息成本压力。虽然不能准确计量各期的盈利能力，但财务人员能够根据经济繁荣和公司发展的程度，估算公司的盈利能力，作出正确的债务决策，实现债务期限与现金流量、盈利能力相匹配，降低流动性风险和再融资风险。

（3）债务结构与资金结构匹配策略。该策略源于合理选择债务筹资政策。不同的资金需求应选择不同的筹资方式，既应避免激进型债务筹资政策的高风险压力，又应避免稳健型债务筹资政策对资金的闲置和浪费。

（八）企业债务筹资风险管理的误区与改进

企业必须规避筹资风险管理中可能出现的误区。

（1）筹资规模控制不当。很多企业把财务管理的重点放在筹资上，认为资金越多越好。事实上，相当一部分企业并不缺乏资金，但其在运营资金及运用资金能力以及风险管理方面存在误区，导致这些企业劣质资产多、资产变现能力差，使得财务风险进一步加大。还有部分企业难以科学评价其资金需求，导致所筹集资金不能满足企业生产的需要，从而给企业经营带来不利的影响。

（2）筹资结构安排不合理。如果企业的筹资结构安排不合理，就会付出一定的代价。不同的筹资方式会产生高低差异不同的资金成本。许多企业的财务人员并不追求较高的资产负债率，但是他们对高负债率也是熟视无睹，好像负债越多财务杠杆效应就越大。其实，企业举债的财务杠杆作用只有在债务成本率小于总资产报酬率的前提条件下才能实现。

（3）筹资期限过长或过短。这两种情况对企业都不利。有的企业难以合理把握筹资需求，不能根据投资的用途进行筹资，结果导致筹资渠道和方式选择不当，给自身带来诸多不利的影响。

（4）筹资时机把握不到位。有些企业不能及时把握外界市场的变化情况，也不分析研究资金市场的供求情况，作出的筹资安排就会出现严重的偏差。例如，在利率处于高水平状态时进行筹资，会导致因筹资时机把握不当而使得筹资成本上升或给企业带来损失。

（5）筹资方案选择不恰当。当企业的筹资规模控制、筹资结构安排及筹资期限选择和时机掌握确定好之后，就需要对筹资方案进行选择。有些企业不能结合前四者的情况，从而采用了不恰当的筹资方案，这就会给企业造成财务周转困难。

针对以上筹资风险管理的误区，只要措施得当，企业还是可以将其化解的。

（1）确定适当的筹资规模。企业相关财务人员应科学认真地分析企业的实际情况，采用有效的方法来确定适当的筹资规模（见表2-7）。

表2-7 有效确定筹资规模

筹资分类标准	说　明	债务筹资安排情况
生产周期	周期长的，债务包袱比较沉重	债务筹资要少些
	周期短的，债务包袱比较轻	债务筹资可多些
产品结构	结构单一的，选择余地小些	债务筹资要少些
	结构多样的，选择余地大些	债务筹资可多些
销售收入利润率	低，利润在销售收入中比例小	债务筹资要少些
	高，利润在销售收入中比例大	债务筹资可多些

（2）使用最佳筹资结构。根据企业自身情况，认真分析各种筹资方式，选出最为经济、实用且可行的筹资方式，使用最佳筹资结构，以降低筹资成本，减少筹资风险。

（3）选择合理的筹资期限。企业在筹资前，首先确定资金的需求量及投资方向或效果，再选择筹资的具体方式和渠道（见表2-8）。

表2-8 有效确定合理筹资方式

筹 资 用 途	适宜的筹资方式	例　如	债 务 比 例
流动资产	短期	商业信用、短期贷款	流动债务比例要大些
长期投资	长期	长期贷款	长期债务比例要大些
购置固定资产	长期	长期贷款	长期债务比例要大些

（4）抓住有利的筹资时机。企业可综合分析资金市场的供求状况，依据金融政策的变动及时把握发展趋势，根据分析结论选用相应的筹资时机（见表2-9）。

表2-9 根据利率变动情况有效抓住筹资时机

市场利率变动情况	适合选用的筹资方向	选用计息方式说明
高利率	不利于筹资	若已筹资，可采用浮动利率
低利率	利于筹资	可采用固定利率
利率由高向低过渡	尽量少筹资	若已筹资，可采用浮动利率
利率由低向高过渡	以筹集长期资金为主	尽量少选用固定利率

（5）选择恰当的筹资方案。只有确定合理的筹资规模、使用最佳的筹资结构、选定适当的筹资期限和抓住有利的筹资时机进行综合分析，企业才能选择恰当的筹资方案。

五、银行借款筹资风险管理

银行借款筹资风险是指经营者利用银行借款方式筹集资金时，由于利率、汇率及有关筹资条件发生变化，而使企业盈利遭受损失的可能性。具体来说，银行借款有固定的到期日，并定期支付利息，有承担还本付息的义务。如果企业由于一些不确定的因素，造成财务状况紧张，到期不能偿还本息，则会给企业带来更大的困难，甚至可能会导致企业破产，由此便产生了银行借款筹资风险。

（一）银行借款筹资风险的特点

（1）可估计性，即风险可以根据观测宏观经济形势、货币政策走向等估计利率、汇率等变动趋势。

（2）一定的可控性，如资金来源结构中自有资金和借入资金的比例可以主观控制。

（3）有些风险有短期性，如利率调整。

（4）具有一定的客观性，如利率的调整取决于国家的意志。

（二）银行借款风险的种类

（1）利率风险。在筹措资金时，由于有多种类型的银行（中央银行和各种商业银行），而且各银行有各种不同类型的贷款可供选择，其利率不尽相同，企业可以根据自己的实际情况和条件进行选择。

（2）汇率风险。汇率风险又称外汇风险，其带来的价值变化有两种可能性：汇率波动使以外币计量的贷款价值增加；汇率波动使以外币计量的贷款价值减少。无论是哪一种可能性，对于企业或个人来说，都是一种不确定因素，是一种风险。这种风险可能给企业或个人带来意外损失，也可能给企业或个人带来额外收益。作为企业，首先应考虑的是汇率变化带来损失的可能性。

（3）资本结构不合理，即自有资金和借入资金比例不当造成的风险。当企业资金总额中自有资金和借入资金（如银行借款）的比例不恰当时，企业收益产生负面影响，形成筹资风险。现在我国大多数企业生产经营资金主要依靠自有资金和借入资金，借入资金比例越大，财务杠杆利益越大，财务风险也越大。

（4）企业自有资金经济效益不稳定的风险。这反映在资金利润率与借款利率的关系上。只有当全部资金利润率大于借款利率时，企业的经营活动才真正有经济效益，企业所选择的筹资方案才能达到预期目标。如果全部资金利润率小于借款利率，这种负债经营将导致企业的财务状况恶化；如果全部资金利润率等于借款利率，企业的经营活动没有经济效益，就整个社会来说，这是以有限的资源做无增值和无贡献的浪费。就银行借款这种筹资方式来讲，企业的借款利息随着银行借款的增加而增加，从而导致费用总水平的上升。在企业息税前资金利润率下降或息税前资金利润率小于借款利率时，企业的自有资金利润率就会以更快的速度降低，甚至发生亏损。这是一种由于借款而可能使企业经济效益下降的风险。

（三）银行借款风险的管理

（1）对利率风险的防范。在签订信贷协议时，一般选择贷款利率种类的准则是：当国际金融市场利率处于下降趋势时，应力争以浮动利率成交；当国际金融市场利率处于上升趋势时，应力争以固定利率成交；当国际金融市场利率变动无常，没有规律可循时，应采用以浮动利率成交。采用浮动利率时，在贷款合同中应向贷方声明，在整个借贷期间保留依次调整为固定利率的机会，以避免利率再次上扬而遭受利息损失。

（2）对汇率风险的防范。首先，应在企业的融资决策中进行防范。例如，国内企业需要从国外银行或其他银行等金融机构取得一笔外币资金。在融资决策中，确定借入货币时，不仅要考虑利率等信贷条件，还要考虑该种货币币值变化的可能性，使风险降到最低。

1）对汇率进行预测。当企业向国外银行或金融机构贷款时，它们可能有好几种货币可供选择。它们借入的货币最理想的情况应该是：首先，利率低；其次，融资期间币值趋软。例如，一家国内企业借入一笔美元贷款，而美元在融资期间对人民币升值，该企业到期就必须用较多的人民币偿还贷款。所以，这一融资决策就要受到对有关货币汇率预测的影响。

2）汇率风险的主要防范对策。首先，妥善选择贷款的货币。为避免和防范外汇风险，在协议中应写明贷款的货币及还款的货币，重要的还是还款的货币。借入资金时，应尽量选择趋于升值的货币，即硬货币外汇；还款时，应尽量争取趋于贬值的货币，即软货币外汇。如果借贷双方对货币不能达成协议，可以考虑软硬货币搭配使用。其次，使用外汇保值条款。把签订合同之日的外汇汇率固定下来，将来实际付款时仍用此汇率，以避免外汇风险。

（3）确定合理的借款额度和还款期限。银行借款的资金成本低，是企业的主要筹资来源之一。但必须有一个合理的期限，资金过剩也会影响使用效果。筹资要以投资需求为依据，根据企业最低必要资金需求进行。同时，要考虑不同的筹资组合给企业的报酬和风险带来的不同影响。在资金总额不变的情况下，短期资金，如现金、商业票据增加，比较多地使用了成本较低的资金，企业的利润也会增加。但此时如果流动资产的水准保持不变，则流动负债的增加会使流动比率下降，增加企业的筹资风险。筹资期限结构可以分为三种，企业可以根据自身的情况进行选择：①积极型期限结构。它以短期筹资方式所筹集的资金不仅用来满足临时性流动资产占用，而且还用来满足永久性流动资产占用，只有固定资产才用长期筹资来解决。这种期限结构的资金成本较低，但筹资风险较大。②中庸型期限结构。它是对临时性流动资产占用通过短期筹资来解决，而对永久性流动资产和固定资产的资金占用以长期筹资方式来解决。③稳健型期限结构。在这种结构下，不仅永久性流动资产和固定资产的占用，而且临时性流动资产的占用，都以长期筹资方式解决，只把余下的一小部分临时性流动资产占用以短期筹资方式来筹集资金。这种期限结构的筹资风险较小，但成本较高，会使企业的利润减少。无论企业如何选择其筹资期限结构，都必须确保现代企业的最终目标——企业价值最大化的实现。

六、债券筹资风险管理

（一）债券筹资风险的特点与分类

1. 债券筹资风险的特点

债券筹资风险是指企业利用债券筹资时，因发行价格、时机等不当而给企业带来损失的可能性。债券筹资风险具有两个特点：①债券融资的风险相对较大。由于债券必须偿还本息的义务性、固定性和难以展期性，决定了债券融资必须充分依托企业的偿债能力和获利能力。因此，相对于股本的无偿性，股息红利支付的非义务性、非固定性，债券融资的风险要大得多。②债券融资的风险具有主观性。债券的各种发行条件，如偿还期、利率等因素均是发行者主观确定的。

2. 债券筹资风险的种类

（1）发行风险。企业债券筹资在发行债券阶段，由于发行单位的信誉、债券发行总量以及债券发行时机等因素的影响，可能会导致债券发行不成功而形成风险。由于债券发行时的经济条件、公众的购买能力和购买偏好、其他的债券发行数量、同期的银行存款利率、个人收入调节税税率、企业形象、企业债券的可转让性等影响因素，有可能会导致企业花费大量发行的费用、广告宣传费用、各种手续费用等，却没有筹集到需要的资金。

（2）经济环境风险。企业对所处的经营环境总是无法把握或确定其变化规律。影响宏观经济环境的政治、文化、金融、税收、政府政策等都会影响到企业的经营。

(3) 通货膨胀风险。通常，在适度的通货膨胀下，企业可以通过筹集债券来实现资金保值，从而增加了对债券的需求，导致债券市场价格上涨。但是因受到债券本身利率及市场利率的制约，这种上涨是有限的。如果遇到过度的通货膨胀，任何市场都不会起到保值的作用，从而导致债券市场价格的下跌。

(4) 经营风险。例如，企业销售和盈余是否稳定；企业是否面临原材料、能源、电力等的短缺；员工是否有不安定情况或存在罢工的潜在因素；债券期限安排是否合理。

(5) 派生性风险。它是指由于市场外部的其他因素的变异而引发出来的市场风险。它通常是无法预期或无法预防的。

(二) 债券筹资风险的识别

(1) 债券利率不稳定会造成筹资风险。①没有恰当地估计企业的生产经营状况，对生产经营的长远趋势估计不足。如果按现在的情况确定的债券利率是正常的，而发行债券后，企业的生产经营不景气，资金利润率下降，但企业仍须按照债券固定的利率支付债息，这将给企业财务带来更大的压力。企业一旦出现财务危机，濒临破产时，债权人有权优先索偿本息，这样就会加重企业的财务危机，加速企业破产。②确定债券利率时，没有与企业的销售、利润指标衔接。一般地讲，当企业的销售、利润等指标比较稳定，预计未来的销售和利润将会有所增长且增资的收益率大于债券利率时，企业没有筹资风险；当未来销售和利润收益率增长低于债券利率时，企业将会面临筹资风险。

(2) 债券发行时机欠佳造成筹资风险。债券发行恰逢经济不景气时，会降低投资人的收入水平，削弱投资人的购买欲望，对债券的销售带来不利影响，难以筹到资金，面临筹资风险；债券发行时，债券的利率应该高于同期银行存款利率水平，如果债券发行后，银行存款利率下调以及贷款利率下调，就会使企业发行债券筹资的成本相对偏大，从而带来筹资风险。

(3) 债券筹资顺序安排欠妥造成筹资风险。这主要针对的是股份有限企业。在筹资顺序上，要求发行债券必须置于普通股票融资之后，即必须先行筹措一定数额比例的股本，然后才可以利用发行债券筹措资金，并且要注意保持间隔期。如果发行时间不当或筹资顺序超前，那么必将带来筹资上的困难，对后面的筹资带来不利影响。

(4) 债券发行条件考虑欠周造成筹资风险。一是债券发行额应考虑发行者的资格、信用、知名度以及债券的种类等因素。发行额定得过高，不仅会造成销售困难，而且也会对该债券发行后的流通市场的价格产生不利影响，造成筹资困难。二是发行人对综合市场形势缺乏判断也会造成筹资风险。三是债券发行价格与票面利率相配合，来调整认购者的实际收益率，以与当时的市场利率保持一致。如果债券票面利率相对较低，而发行价格没有做到相对较低，则会使得债券难以出售，造成筹资风险。四是债券期限的确定与债券销售情况也有一定的关系。如果期限较长、销售较困难，也会有筹资风险。

(三) 债券筹资风险的评估

债券筹资风险的计量通常采用定性和定量相结合的方法，即将情况的分析判断和数据的整理计算结合进行。债券筹资风险的计量分析常用概率分析法。由于风险与概率有直接联系，筹资风险程度可以用概率论的方法，即引用期望值、均方差和变异系数来计算。

(四) 债券筹资风险的管理

(1) 合理安排筹资期限。如果企业的筹资期限和使用周期能与生产经营周期相匹配，则企业就可以避免因债务筹资而产生的到期不能支付的偿债风险。对于债券筹资来说，一般多属于长期投资，由于投资是分阶段进行的，企业可以按照投资的进度合理安排筹资期限，即通过资金占用与资金来源期限的合理搭配，用较短期的资金来满足长期资产占用的需要，也同样能使风险保持在适当的水平，同时减少资金不必要的闲置，且能降低资金成本。

（2）注重企业信誉，提高信誉等级。企业信誉对企业的竞争地位是非常重要的，只有恪守信誉的企业才能有长远的发展。企业需要积极参与信誉等级评估，努力提高信誉等级，让企业走向市场。这样才能为企业在资金市场筹集债券创造条件，并增加投资者的投资信心，从而有效地降低资金成本。

（3）提高筹资效率。首先，正确制订债券筹资计划，企业既要掌握债券筹资的基本法规、筹资程序，还要周密安排债券发行的数量、时间，以制定具体的实施步骤，节省时间和费用；其次，组织专人负责具体实施，以保证筹资工作的顺利开展。

七、租赁筹资风险管理

租赁主要包括经营租赁和融资租赁两种形式。在实际操作中，还会经常遇到售后回租、销售租赁、杠杆租赁、混合租赁等形式，但从实质上看，这些形式都是经营租赁和融资租赁的变形或两者的组合。租赁筹资风险是指企业利用租赁方式筹资时，因租金过高等原因给企业经营生产带来损失的可能性。

（一）租赁筹资风险的识别

（1）决策风险。决策风险是指融资企业租赁决策失误而产生的风险。它包括租赁还是购买租赁公司，设备选择，以及租期、租金和租金支付方式的确定。由于租期内设备的维修和保养等风险由承租人承担，并需要定期支付确定的租金，因而企业应通过科学的财务分析合理决策，减少因决策失败给企业造成的不利影响。

（2）违约风险。违约风险又称信用风险，是指出租人或供货方不能按合同规定，如期提供租赁设备和维修服务等风险。对于承租人来说，违约风险来自两方：一是出租方的违约风险，即因出租方未按时出资购买设备，造成融资企业不能及时取得设备的使用权而延误工时的风险；二是供货方的违约风险，它源于供货方交付设备不及时或交付质量不符合合同规定的风险。无论哪种违约风险，都会影响融资企业正常的生产经营。

（3）财务风险。财务风险是企业不能按期支付租金的风险。据调查，目前融资企业在承租期内交付的租金总额一般是设备价款或者更高，这使企业的固定支出增加。尤其在企业处于财务困难时期，支付固定的租金将构成一项沉重的负担，而通过其他途径，如贷款支付租金只会增加租赁成本，加剧企业的财务危机。

（4）经营风险。经营风险是租赁设备运用失败的可能性。经营风险通常是决策风险的延伸，租赁决策的不科学导致设备在使用期间出现偏差，达不到预期效果。经营风险的产生阻碍了中小企业的成长壮大。

（5）流动性风险。流动性风险是指承租人对不需要的租赁设备不能终止租赁合同的风险。由于租赁融资是出租人为承租人的使用而特定购买的设备，租赁合同通常规定非特殊情况不得随意变更和中止。该项规定无疑加大了融资企业的风险。而融资企业应充分考虑租赁设备的市场价值，防止出现流动性风险。

（6）利息率风险。利息率风险是指由于利息率的变动，直接或间接造成租赁成本增加而发生损失的可能性。利息率风险的存在既给企业提供了机会，也是对企业的挑战。因为利息率在租赁期间呈上升趋势实质上会加大企业的租赁成本，而呈下降趋势则能使企业达到节省资金的目的。因而融资企业需要利用科学的技术方法，合理地对未来利率变动进行预测，减少利息率风险给企业成长带来的负面影响。

（二）租赁筹资风险的管理

因为利用融资租赁筹资存在很多缺点，如租赁成本高、租期长、在租赁期内发生意外的可能性大等，利用融资租赁进行筹资的风险也应运而生。所以，如何避免和防范各种风险，越来越成为筹资者重视的问题。针对不同的筹资风险，可采用不同的防范措施：

1. 融资租赁筹资风险管理

（1）信用风险。信用风险也称违约风险，是指因为出租人违约而给承租人带来损失的风险。为防范这种风险，企业在决定采取融资租赁方式进行筹资前，应尽可能通过各种渠道对出租人的信用情况进行深入调查，在此基础上，决定是否与之签订契约。企业应根据自身需要，选择在特定领域拥有专长且资质良好的公司作为出租人。

（2）技术进步风险。在融资租赁时，该风险由承租人承担。从某种意义上说，该风险不可避免。为降低该风险，承租人在确定是否采取该方式筹资时，应密切关注技术市场的变化及发展趋势，确定融资租赁设备的技术进步风险的大小。

（3）融资决策风险。利用融资租赁进行筹资时，必须保证决策的充分性、科学性，只有这样才能使筹资工作顺利进行。融资租赁决策包括筹资方式选择、租赁公司选择、设备选择、租赁期限及租赁选择等内容。

1）租赁方式选择风险及其管理。选择融资租赁方式的原则是：成本最低、风险最低、以“投”定“筹”。在科学分析的基础上，对设备的取得选择购买方式还是租赁方式；决策是利用自有资金租赁，还是负债租赁，并选择租赁的具体形式：直接租赁、转租赁、卖而后租、杠杆租赁、百分比式租赁。决策时需考虑如下因素：企业资金是否充足，有无融资必要；此项投资可选择何种筹资战略；哪种融资方式更便于预测、管理。将上述各因素综合比较，运用科学程序进行分析，选择最佳融资方式，有效地化解融资风险。在租赁决策中，首先要确定是利用自有资金租赁，还是利用负债租赁。融资方式不同，企业面临的风险也不同，包括债务利息支付风险、租金支付风险和设备管理风险等。企业在选择时，应综合考虑这些风险，以选择最佳的租赁方式。

2）租赁设备选择风险及其管理。在进行租赁设备选择时，承租企业必须做好项目技术性能的考察和论证工作。

3）租赁期限及租金确定风险及其管理。企业进行融资租赁时，应合理预期设备的使用寿命及经济效益，并结合自身的现金流量状况确定租赁期限及租金支付方式。通常，每期支付的租金由租赁设备当期预期产生的经济效益所覆盖比较合适。租赁期限过短，企业会面临较大的租金偿付压力；租赁期限过长，容易引发与出租方的冲突。

4）租赁公司选择风险防范。融资租赁合同是由出租人和承租人两方面当事人签订的，出租人的信用状况直接影响合同是否能正常履行，所以在利用融资租赁筹资时，必须慎重选择租赁公司。我国目前已有多家中外合资融资租赁公司及内资租赁公司。中外合资的融资租赁公司全部经商务部批准设立，其外方股东大多是西方发达国家的大型银行、金融机构或租赁公司，其国内股东大都是国内商业银行和国有全国性集团公司。上述这些公司一般都有强有力的融资能力，是企业界在选择租赁公司时的首选。

（4）金融风险。作为一种表内融资，融资租金在资产负债表中表现为一种负债的增加，这时企业将面临金融风险。

（5）自然灾害风险。防范自然灾害风险最直接的办法是向保险公司投保相应险种的财产险。但在实际操作中，若租赁设备价值较高，则保险费也较高。这时，企业需要预计发生自然灾害的可能性，以决定是否投保。

（6）汇率风险防范。我国目前外币与人民币的换算及结算大都是以美元为基础进行的。为避免长时间租赁期内的汇率风险，要尽可能以美元签订进口合同，只有这样才可能以美元签订租赁合同。因为如果以美元以外的货币签订进口合同，也要用此种货币签订租赁合同，那就要承担此种货币在几年内大幅上涨的风险。在目前承租企业还不方便作外汇保值业务的时候，最好以美元签约，以防范汇率风险。

（7）利率风险防范。利率选择的原则是：在世界性贷款利率处于上升趋势时，尽可能采用固定利率；在利率变化处于下降趋势时，尽可能采用浮动利率。采用浮动利率时，应在租赁合同中声明，在整个租赁期内，保留一次调整为固定利率的权利，以防止利率再次上升遭受损失。

2. 经营租赁筹资风险管理

它跟融资租赁筹资风险基本相同，只是设备的技术进步风险由出租人承担。

（三）案例分析：中国南方航空股份公司融资租赁的风险管理

1. 案例资料

中国南方航空股份有限公司（简称南航）是中国南方航空集团公司下属的航空运输主业公司，总部设在广州，有新疆、北方、北京、深圳等13家分公司和厦门、广西等5家控股子公司；在广州、北京、上海等地共设有17个国内营业部，在新加坡、东京、首尔、阿姆斯特丹、洛杉矶、悉尼、巴黎、沙迦等地设有38个国外办事处。

南航是国内运输飞机最多、航线网络最密集、年客运最大的航空公司。截至2006年5月底，南航经营包括波音777、747、757、737，空客A330、321、320、319、300在内的客货运输飞机259架。目前，国际国内航线600余条，通往全球142个大中城市，形成了以广州、北京为中心枢纽，密集覆盖国内，全面辐射亚洲，连接欧洲、美洲、大洋洲的强大航线网络。2005年，公司旅客运输量4412万人次，连续27年居国内各航空公司之首。

自2000年至2004年，南航运输周转量、客运量分别年均增长16.7%、14.2%。1997年，中国南方航空股份有限公司分别在纽约和我国香港证券交易所同步上市，2003年在上海证券交易所成功上市。南航先后联合重组、控股参股多家国内航空公司。2004年8月，南航与全球著名的航空联盟——“天合联盟”签署了加盟意向书。2005年1月，南航与空客公司签约，订购的5架空客A380超大型飞机将落户南航北京分公司。2005年8月30日，南航与波音公司签约，引进10架波音787-8型“梦想”飞机，成为我国引进此型号飞机最多的航空公司。

受航空运输业经营性质的影响，南航经营的飞机中90%都是采用融资租赁的方式引进的。由于飞机融资租赁业务具有涉及相关部门单位多、形式多样、金额大、期间长、币种繁多等特点，带来的各种风险也较大。南航为了对融资租赁中的风险进行管理，制定并实施了严格的内部管理制度——《南航飞机融资管理规则》。其中有关风险管理的内容有效地降低了融资租赁的风险。

在《南航飞机融资管理规则》的第三部分"飞机租赁项目的成本控制与风险管理"中有如下条款：

目前，公司飞机租赁的相关成本是公司营运总成本的1/3左右。飞机租赁项目的所有相关成本应严加控制、加强管理，所有租赁结构应力求争取经济效益最大化与融资结构风险最小化，同时兼顾经营灵活性，为公司稳健经营、持续发展创造有利的条件。

（1）飞机租赁项目的实施应严格遵循公司招标、择优去劣的原则。招标邀请书应结合以往经验，力求全面地陈列与项目有关的一切经济数据假设、商务经营要求、法律要求、机务维修、返机条款要求，确保所有重大问题都提到委托阶段解决，从而避免日后的无谓争吵，省时省力，并从根本上解决实际问题。

（2）飞机租赁项目各出租人、贷款人、安排人的投标书评估应遵循公平、公正、公开的原则。务必考虑其商务经济条件、投标人以往安排飞机融资的经验和确实能履行其特定职责的可能性与可靠性、结构风险以及投标人对公司招标邀请书所列项目基本要求的满足程度等综合水平，并在科学分析的基础上择优决标。

（3）飞机租赁项目商务经济条件的经济评估务必科学、公正、客观全面。不同的建议书分析应设置不同的分析程序，力求全面地反映其特殊的经济报价结构；不同的建议书评估应采用同样的经济假设条件，力求使方案具有可比性；各分析方法应尽可能采用净现值好处分析法；以求可比与公正；内部隐含利率方法的采用必须以同样的假设为前提，并兼顾不可比因素的转化统一。

（4）飞机租赁项目中的贷款利率应实行风险管理及有效控制，以确保飞机租赁成本最小化的根本实现。不同期限贷款利率的选择应与飞机租赁项目中的租期一致，贷款利率应以项目的平均年薪为准，防止任何使用长期贷款利率对飞机预付款等短期租赁项目的融资，以及任何使用短期贷款利率对飞机长期租赁项目筹资，以避免公司飞机折旧费、租金等不必要的增加，以及飞机长期租赁项目融资来源无着落的风险。

公司飞机租赁项目贷款利率的总体应选择使用固定利率，以求锁定贷款利率不确定的风险。加强公司租赁项目贷款利率的总体风险分布、权衡管理，制定公司固定、浮动利率分布的比率曲线。结合市场利率走势，对部分飞机租赁项目贷款利率实行动态管理，优化整体贷款利率的不同来源，银行市场与资本市场兼顾，促使公司租赁项目的整体利率组成更具有多元化，降低利率来源单一、过于集中的风险。

飞机租赁项目具体贷款利率的选取应视不同的筹资结构，选用相应的基准利率；税务租赁中的存款利率应争取采用公开招标、择优取高的原则，确保净现值好处最大化的实现；融资租赁项目各案固定利率的确定务必采用公开招标、择优取低的原则，其决定过程应融入交易整体融资安排的公开招标与各建议书经济评估的过程。经营租赁的飞机应力求使用固定租金，以求锁定租金随市场利率上下波动的风险。

（5）飞机融资租赁项目中的融资货币应力求使用与公司销售收入相同的货币，以求达到自然对冲货币风险的目的；不足者再考虑使用硬通货货币如美元等；不得已使用不稳定货币如日元等时，则应考虑其汇率不稳定对公司财务费用的影响，适时达成货币掉期，以避免公司成本随汇率变化大幅波动的风险。已完成的融资租赁项目，应密切注视汇率的市场变化，根据公司融资租赁飞机不同货币的加权平均汇率水平，抓住市场汇率变化的机会，在长远计划上实行远期汇率锁定的风险管理，在短期计划上也可适时进行动态管理。

(6) 飞机租赁项目中各种不同租赁方式的配比应结合公司机队部属、租赁成本、灵活营运与经营风险等因素，找出最佳配比率，实行风险、成本控制管理。对于融资中各种不同的结构，也应采取同样的风险分散策略。

2. 案例分析

从以上风险管理的条款中可以看出，南航公司对租赁这一筹资渠道十分重视，并在经营实践中总结经验，对租赁筹资实施一整套科学、严格的管理措施，且卓有成效。尽管南航的飞机租赁管理具有一定的行业特殊性，但就其基本管理思想与原则，仍对我国企业这一管理内容的强化具有普遍的借鉴意义。

对于南航这样的航空公司，其运营资产，即飞机的购置资金，需求巨大。自有资金显然不可能满足其需求，其他筹资渠道也存在筹资额度难以获得、要求公司资产抵押、信用等级要求高等限制。而融资租赁则正好在“融物”与“融资”的结合过程中满足了其特殊需求，成为公司最主要的筹资渠道——公司 90% 的飞机都是通过融资租赁的方式取得的。而且他们在租赁过程中还针对公司不同时期的具体需求与条件，广泛选用了经营租赁、融资租赁、日本杠杆租赁、售后回租、转租等多种租赁方式，合理设计公司的融资结构。

作为企业的一项特殊业务，租赁融资不仅涉及的金额大、期限长，而且直接关系到企业的长期发展，所以企业必须重视对租赁融资业务的风险管理与控制。在融资租赁过程中，企业面临的主要风险包括信用分享、技术风险、决策风险和金融风险等，而南航在这几方面风险的管理上都有相应措施。

首先，在租赁融资的决策阶段，企业面临租赁公司选择风险和设备选择风险，因此必须建立并实施严格的可行性分析与审批制度。南航的飞机租赁项目就始终坚持先可行性研究后报批的原则：根据公司批准，按照国家发改委、民航局、外汇管理局、税务局、担保银行、保险公司的相关规定与要求，及时办理并完成与各具体飞机租赁项目相关的一切引进、融资、外债、负税、担保、保险、报关等申报及审批手续，确保公司各可行的飞机租赁项目的合法、合规及顺利实施。同时，南航还加强租赁项目的资料及日常管理，为融资租赁决策提供充分有效的信息。主要包括及时编制、整理、归档一切与飞机租赁项目有关的信息、资料、档案本，并适时更新相关信息资料，力求租赁信息、资料计算机化并实现资源共享，以满足公司内外各业务部门决策、分析、参考等的需求。另外，南航还要求不同的建议书评估应采用同样的经济假设条件，力求使方案具有可比性，各分析方法尽可能采用净现值好处分析法，以求可比与公正。这也为制定最优化的决策提供了帮助。

其次，在租赁期间，由于租赁业务的金额大、期限长，租赁期间的金融风险难以管理，所以，租赁期间对金融风险管理是企业财务管理的重要内容。金融风险主要包括利率风险和汇率风险。

利率风险是指在浮动利率方式下，由于利率上涨造成承租企业租金负债增加、成本提高的风险。南航对利率风险的有效控制提供了一个成功范例。公司要求不同期限贷款利率的选择与飞机租赁项目的租期相一致，贷款利率期限以项目平均年限为准；南航飞机租赁项目的贷款利率一般都选择固定利率，以锁定利率风险；公司还加强租赁项目贷款利率的总体风险分布、权衡管理，制定公司固定、浮动利率分布比率曲线，结合市场利率走势，对部分飞机租赁项目的贷款利率实行动态管理，优化整体贷款利率的不同来源；银行市场与资本市场兼顾，促使公司租赁组成更具多元化，降低利率来源单一、过于集中的风险。

汇率风险是指因市场汇率波动而导致承租企业以外币支付的租金负担过重、成本增加的风险。对于汇率风险，南航公司针对其国际租赁业务比重大的特点，也加强了这方面的管理，使公司的汇率风险最小化，为国际融资租赁业务提供了更广阔的空间。

总之，通过南航的案例可以看出，融资租赁项目作为租赁公司在大型项目上解决融资问题较好的方法之一，能为公司带来较好的收益。但是，前提条件是公司在作出融资决策之前需要对随之而来的各种风险有所防范。只有在筹资的各个环节均注意进行风险防范，公司才能真正利用此筹资渠道创造利润和价值。

八、案例分析：洛阳豫港电力开发有限公司的债务筹资风险管理

（一）洛阳豫港电力开发有限公司简介

洛阳豫港电力开发有限公司，是由我国香港亨龙有限公司（25%）及河南龙泉天松投资有限公司（75%）两方投资兴建的火力发电企业。其项目总投资108000万元人民币，生产规模为2×135MW机组，经营范围为煤洁净燃烧技术火力发电、售电，现有职工300人。目前公司注册资本为35640万元人民币。其中，河南龙泉天松投资有限公司出资26730万元人民币，占注册资本的75%；香港亨龙有限公司出资8910万元人民币，占注册资本的25%。

2007年，国家发改委在电力工业“上大压小，节能减排”计划实施后，公司的135MW机组尽管已经实施了环保脱硫改造，但能耗高、用水量大、污染严重，与“上大压小，节能减排”的产业政策依然不相符合。根据国家有关政策要求，结合公司规划布局的实际，在不占用耕地的前提下预计将投资46亿元，建设两台600MW超临界纯凝汽式发电机组替代原有135MW机组。

截至2008年年底，公司累计完成发电量3099125万kW·h，完成供电量2856788万kW·h，总利税31.45亿元，取得了良好的经济效益和社会效益。2009年，两台600MW发电机组建成后，在发电量相等的情况下可向大气减少二氧化硫排放2600t，在能耗上每千瓦时可节约标准煤耗108g左右。

（二）案例分析

以洛阳豫港电力开发有限公司相关财务数据为例分析多变量模型的运用，利用Z计分模型进行总体财务预警分析。根据资产负债表和利润表计算该企业的有关指标（见表2-10），可以得到：$Z_1=1.13$，$Z_2=1.19$，$Z_3=1.33$。据三年的计分都远远小于1.81可以判断，该企业2006年已经出现低效益，存在很大的破产风险，因此，企业在2006年年末就应启动财务风险处理机制，合理安排现金流量，避免企业陷入财务危机。

表2-10　洛阳豫港电力开发有限公司相关财务数据

年份 \ 指标	X_1	X_2	X_3	X_4	X_5	Z
2006年	53.03	8.20	6.03	32.22	21.66	1.13
2007年	56.10	9.40	6.36	34.88	22.60	1.19
2008年	62.15	12.16	7.11	42.78	23.93	1.33

1. 风险形成的内因

（1）负债不适度使得财务风险加大。一般在期望资金利润率高于借入资金利息率的情况下，借入资金在全部资金中所占比例越小，企业自有资金收益率就越低，自有资金收益率标准差越小，从而企业财务风险也越小。从电力公司的财务报表中可以得出，流动资产与流动负债的比率，即流动比率为1.2∶1，而一般认为流动比率应保持在200%左右，因此该指标低，说明企业短期偿债能力不好。企业负债越多、财务压力越重，越有可能无法及时偿还债务。即使企业盈利能力很强，也存在着过度举债、利息包袱沉重而不能到期偿还本息的财务风险。另外，债务偿还期限越短，企业偿债时间越紧迫，面临的财务风险就越大，极易出现偿债危机。

（2）负债利息过高。企业借入资金与自有资金比例一定，借入资金的利息率越高，期望自有资金的收益率就越低，这样造成的财务风险就会越大。电力公司每年的财务费用基本保持在5000～6000万元，如果企业因经营不善或其他原因难以偿付到期本金和利息，便会陷入财务危机。而负债的企业为了生存和发展，必须使盈利能完全补偿借入的资金成本。否则，企业将无利可图，更谈不上发展。

（3）资金流动性差，偿还能力不足。偿还债务通常情况下采取流动资金支付的方式，因为只有流动资金才能随时变现偿还债务。因此，即使企业的盈利状况良好，其能否按合同、契约的规定按期偿付本息，还要看预期现金流入量是否足额、及时，以及资产的整体流动性如何。现金流入量反映的是现实的偿债能力；资产流动性反映的是潜在的偿债能力。当企业资产的整体流动性较弱、变现能力弱的资产较多时，其财务风险就较大，甚至不得不宣布破产。由分析知，电力集团流动资产周转率为0.28，总资产周转率为0.23，固定资产周转率为1.4，存货周转率为7.30。可以看出其流动资产周转率较低，影响了企业资产的质量，揭示了企业利用资金经营的效率差。

2. 风险形成的外因

（1）企业盈利的不确定性。因为在市场经济条件下，经营环境、市场的供求关系和价格是经常变化的，这些因素对企业的盈利水平都会产生一定的影响，而且是难以分散和控制的。对于豫港电力开发有限公司而言，近几年煤价持续高涨，比以往几乎高出一倍多，其生产成本极大增加，盈利水平下降，甚至出现亏损。另外，企业内部技术装备、产品结构和设备利用率的变化，人工生产率和原材料利用情况的变化，可能出现的事故以及企业人员的素质和应变能力等，也给企业带来一定的风险。

（2）还债不适时造成筹资风险。一个企业筹资能力的强弱表明企业应对财务风险能力的强弱。企业经营状况好，其筹资能力强，应对风险的能力也强；反之，如果企业的经营状况恶化，其筹资能力就会减弱，而应对风险的能力也会相应减弱。随着负债经营的每况愈下，豫港电力开发有限公司的效益明显走下坡路，2009年3月两个冷却塔被成功爆破拆除，使得集团仅有两个发电机组，生产能力大大减弱，投资者纷纷收回资金。拖欠债务使企业不仅丧失了信誉，断送了再借债的机会，同时也失去了扩大生产经营规模的机会。

（3）经济发展状况。一个国家和地区的发展存在周期性的波动。在经济高涨时期，银根放松，市场购销两旺，经济一片繁荣，企业效益普遍上升；反之，在经济萧条时期，资金短缺，市场疲软，企业亏损面扩大、亏损额上升。因此，经济萧条时期较之繁荣时期，负债经营的风险更大。2008年的金融危机使我国经济一度受到影响，豫港电力开发有限公司也出现了利润负增长。

（三）风险防范对策

（1）建立和完善财务风险预警体系。控制负债经营风险的有效方法之一是建立一套规范、全面的预警管理程序和预警体系，加强风险的发现、监控和预警管理。财务预警体系应包括：①财务信息的收集、传递机制。确保财务信息的及时性、准确性和有效性。②财务预警组织机构。确保财务预警分析工作能有专人负责，并且不受其他组织机构的干扰和影响。③财务风险分析机制。通过财务风险分析，能够迅速排除对财务影响较小的风险，从而将主要精力放在有可能造成重大影响的风险上。④财务风险处理机制。它包括应急措施、补救办法和改进方案。其中，应急措施主要是指面对财务危机和财务风险，应该采用何种方法去规避，以控制事态的进一步发展；补救办法主要是指如何采取有效措施，尽可能减少损失，将损失控制在一定范围内；改进方案主要是指如何改进企业经营管理中的薄弱环节，杜绝和避免类似的财务风险再度发生。建立一套行之有效的财务风险防范机制，能够使企业对风险防患于未然并从容面对。

（2）根据企业实际情况，制订负债财务计划。根据企业资产数额，按照需要与可能安排适量的负债，同时，还应根据负债的情况制订出还款计划。如果举债不当、经营不善，到了债务偿还日无法偿还，就会影响企业信誉。因此，企业利用负债经营加速发展，就必须在加强管理、加速资金周转上下工夫，努力降低资金占用额，尽力缩短生产周期，提高产销率，降低应收账款，增强对风险的防范意识，使企业在充分考虑影响负债各项因素的基础上，谨慎负债。在制订负债计划的同时须制订出还款计划，使其具有一定的还款保证。企业负债后的速动比率不低于1:1，流动比率应保持在2:1左右的安全区域。只有这样，才能最大限度地降低风险，提高企业的盈利水平。同时还要注意，在借入资金中，长、短期资金应根据需要合理安排，使其结构趋于合理，要防止还款期过分集中。

（3）确定合理的负债规模和负债结构。负债规模是指企业负债总额的大小或负债在资金总额中所占比重的大小。负债规模通常由资产负债率来表示；资产负债率的大小与企业的安全程度直接相关。在财务杠杆的正面作用下，企业举债越多，利润越大，资本利润率越高。这种结构对于企业所有者来说是理想的，因为企业用别人的钱经营，而增加了其所有者的权益；但对于债权人来说，企业的资产负债率越高，债权人承担的贷款风险就越大。一般情况下，普遍认为资产负债率在30%时，为安全；在40%时，较合适；超过50%，资金周转将出现困难，债权人将考虑不再增加贷款。对于不同企业，该比例的确定会略有差别。负债结构是指企业负债中各种负债数量的比例关系。在企业负债总额一定的情况下，究竟安排多少流动负债、多少长期负债，需要考虑企业的销售状况、资产结构、利率状况、现金流量等因素对负债结构的影响。同时，还要考虑不同筹资方式的特点。比如，长期借款可以固定其利息支出水平，但融资速度慢，而且还会有一些限制性条款；如果采用短期借款来筹资，则利息费用可能会有大幅度的波动，财务风险也会增加。

第三节　股权筹资风险管理

权益筹资风险是指企业的权益筹资行为给企业带来的风险。它包括股权筹资风险和内部留存收益风险。

一、股权筹资风险概述

（一）股权筹资风险的特点

权益筹资也称为自有资金筹资，是指企业通过发行股票、吸收直接投资、使用留存收益等方式筹集资金。本书所讨论的权益筹资风险主要是股权筹资风险。股权筹资风险是指由于股票发行时机选择欠佳、发行数量不当、发行价格不合理、筹资成本过高及股利分配政策不当等给公司造成经营成果损失的可能性。发行股票是股份有限公司筹措资金普遍且重要的手段，它能使企业在短时间筹集到大量的社会闲散资金。虽然股权筹资无须还本，但也要考虑风险因素。其风险主要具有以下特点：

（1）风险的客观性。企业利用权益资金经营时，会受到生产、供销、市场、物价、税收等一系列不确定性因素的影响。这些因素的客观存在及其变化是企业无法避免的，导致企业无法对权益资金的经营结果进行准确判断，这就使得权益筹资客观上存在风险。

（2）风险的隐蔽性。企业的权益资金属于自有资金，可以永久使用，不存在因不能按期偿还而导致破产的风险。同时，在法制仍有待进一步完善的经济环境下，当企业因投资失误或经营失败而给所有者造成经济损失时，也并未追究管理者相应的经济与法律责任，从而掩盖了权益筹资的实质性风险。并且权益筹资风险往往表现为慢性的、将在未来释放的衰退性风险，是企业各种问题日积月累造成的结果，因而具有隐蔽性。问题一旦爆发，将会给所有者带来惨重损失。

（3）风险的双重性。权益筹资风险的双重性是针对筹资风险所导致结果的不确定性而言的。当结果向不利的方面转化时，会给所有者带来损失，表现为企业权益资金的实际收益率低于预期收益率，甚至发生亏损，从而导致企业价值下降，或因不能兑现承诺而使企业信用降低；当结果向有利的方面转化时则相反。所以，企业权益筹资风险既可能产生经济损失，又具有创造较大经济利益的能力。

（4）风险与结果的匹配性。权益筹资风险与其导致的结果密切相关。企业权益筹资风险越大，可能产生的经济损失越大，可能带来的经济收益也越高，还可能增加企业的价值。但企业不能为了追求高额经济利益和增加企业的价值，而无限地扩大企业所承担的筹资风险。这种危险的筹资理念必然将导致企业筹资决策的失败。所以，企业的筹资决策目标应该是适度地利用筹资风险，创造预期经济收益。

（5）风险的可控性。权益筹资风险的可控性是指权益筹资风险可以预测、计量和施加影响，这是企业对权益筹资风险进行量化管理的前提。首先，企业能够事先知道哪些因素变化将给企业经营带来正面或负面影响，并对这些因素的变动情况和影响程度进行预测；其次，企业能够根据经营状况和相关财务数据设计风险评价指标，并根据这些指标测量风险大小，为企业对其进行量化管理提供有效依据；最后，企业能够通过自身的行为来控制风险发生频率，降低风险损害程度。

权益筹资的优点表现在：首先，权益性筹资风险较小，不存在还本付息压力。因为筹得的资金可以永续使用，没有偿债时间限制。其次，再筹资功能增强。企业通过发行股票筹集资金，同时增加了企业规模，为债务筹资创造了条件，股份公司还可以通过送配股的方式强制吸纳股东资金，达到筹资的目的。这种方法在我国现阶段上市公司中已被广泛使用。非股份制企业在筹资方面处于明显劣势。最后，企业经营效益的好坏关系着股东个人的经济利益，这就有利于促使投资者更加关心企业经营管理情况，促进企业经济效益的提高。

权益筹资的缺点表现在：首先，增加新股东必然会分散原有股东对企业的控制权。其次，股东以分红形式参与企业税后利润分配，资金成本较高，当企业经营良好盈利较多时，分红付出的资金越多，越会影响原有股东的利益。最后，筹资难度大，由于股票投资只能依法转让而不能抽出，所以投资者投资风险较大，国家管理也偏严。这就需要企业做更多前期的宣传工作，提供详尽的企业经营状况和长远发展目标等资料，并为承销商提供更多费用。

（二）股权筹资存在的风险

随着证券市场的不断完善，越来越多的股份制企业通过发行股票筹措资金，股票筹集资金的难度和风险将大大增加。因而正确选择股票发行时机、发行价格和数量、股利分配政策便成为能否筹资成功的重要条件。股票发行时机选择欠佳将会影响到公司的发行计划不能实现或达不到预期筹资目的。股票发行价格和数量如果与公司经营规模不相适应，会使股份有限公司的资本结构不正常而产生风险。股利分配政策关系到公司股价的变化。从普通股来说，分配的每股股利多，股价就会上涨；反之则下跌。如果以配股的形式分配股利，送配股的比例确定不当，就会使股份总量发生变化，从而使以后的筹资成本改变，出现不同程度的风险。股票筹资风险主要有以下几种表现形式：

（1）股权融资的运作风险。现阶段，我国的证券市场还不完善，证券市场上对股权融资的投向审批不严，部分上市企业的管理者未执行相关的法规法律中的有关规定，而在发行、管理、交易证券的过程中从事扰乱市场的活动，对投资者的合法权益造成了很大的损害。这主要表现在两个方面：①证券欺诈行为。之所以存在欺诈客户、内幕交易的情况，与证券市场的监管不够、市场体制不完善有很大关系。②其他违规行为。在证券市场逐渐发展的背景下，市场的违规行为也表现出了新特点、新形势，比如，部分证券金融机构违反我国相关的法律规定，给予股票交易融资的行为，即提供股票违规交易的融资；上市公司未执行《公司法》的相关规定，在没有获取有关部门批准的情况下，擅自将本企业发行的股票购回等。

（2）股权融资的经营风险。在我国，上市企业更倾向于股权融资的方式，这一偏好带来了很多问题，主要体现在资本使用的效率比较低。也就是说，在上市公司获得大量的比较廉价的权益资本之后，企业在投资方面出现了随意化的倾向。企业在上市之后，将通过发行股票所获得的资金投入和自己的主业没有关系的、自己不熟悉的产业之中，为迎合市场的喜好，甚至背离了自己长期的发展战略。上市企业的这些行为，对公司的盈利、公众投资的收益都造成了不利影响，甚至还会挫伤整个社会的投资积极性。

（3）股权融资的资金风险。对任何一个公司而言，资金都是其生存和发展必不可少的部分。从一定程度上来讲，资金支撑着公司的持续发展与壮大。并且随着公司规模的不断扩大，其对资金的需求会变得越来越大。因而，公司要获得更大的发展，就必须具备出色的融资能力。从这个层面而言，公司上市的一个最大目的就在于融资。通过融资，可以为公司更进一步的发展提供充足的资金保障。股权融资作为上市公司普遍采用的一种主要融资方式，就是通过发行股票的方式来实现融资的目的。股权融资可以使股东获得相应的收益。从短期来看，股权融资不仅可以为公司提供所需资金，而且还能在一定程度上满足投资者的需求，使其在投资的过程中获得投机收益的机会。但是，如果从长远来看，股权融资则会给公众投资和公司盈利带来消极影响，从而为其带来一定的风险。

(4) 股权融资的道德风险。在股权融资过程中之所以存在经营者的道德风险，是因为经营者和所有者间存在契约的不完备性及信息的不完全对称性。同时，经营者并没有完全地掌握上市企业的剩余控制权。

(5) 上市失败风险。如果股票对投资者有吸引力，则易于发行；反之，则可能会带来上市失败的风险。利率的变化直接影响股票的发行。如果利率下降，则股票需求增大，股票价格上升，利于股票发行；反之则不利于股票发行。再者，股票筹资是有成本的。如果股票上市失败筹不到资金，前期投入的费用就成为损失。股票上市后停牌，也属于此类风险。

(6) 支付风险。这是股票筹资活动因支付能力不足而产生不利影响的可能性。比如，股票的高分红派息与企业资产收益的不确定性之间的矛盾所带来的风险。

(7) 股价变动风险。政策的变化（包括税收政策、产业政策、利率政策等）等因素可能对股票价格造成影响。例如，印花税的变化直接影响股票市场的交易量并影响股票的价格。公司发行新股也会影响股票价格。

(8) 收购风险。企业发行股票会稀释原有的股权结构，就存在被控制甚至被收购的风险。

(9) 控制权分散风险。股票发行会增加新股东，这容易导致公司控制权分散，不利于公司的稳定发展。

二、股权筹资风险的识别

股权筹资就是通过发行股票的方式为企业筹集所需的资金。股权筹资是一件复杂的事情，尤其在股票公募时，涉及企业自身、中介机构、监管层、机构投资者以及个人投资者等。因此，需要对风险进行识别。

(1) 发行风险。股权筹资成本通常较高。因为股利的支付略后于债务利息，清算时的财产请求权也在债权人之后。

(2) 代理成本风险。股权筹资会产生股东与管理者之间的代理成本，导致逆向选择和道德风险。

(3) 恶意收购风险。恶意收购是指在目标公司不愿意时，收购方采用各种攻防策略而完成的收购行为。

(4) 退市风险。若上市公司未满足交易所有关财务等其他上市标准，会出现主动或被动终止上市的情形，由上市公司变为非上市公司。

三、股权筹资风险的评估

股权筹资风险可以采用以下指标进行评估：

(1) 现金权益比率。它是指企业一定时期经营现金净流量与平均所有者权益的比率。它是反映获取现金能力的指标，反映了企业资本运营的质量。该指标通用性强、适用范围广，是评价企业股权资本创造净现金流量能力的综合性指标。一般认为，现金权益比率越高，企业使用股权资本获取现金的能力越强，运营质量越好，股权筹资风险越小；反之，股权筹资风险越大。

(2) 权益净利率。它是指企业一定时期净利润与平均所有者权益的比率。它是反映股权资本获取报酬水平的指标，反映了企业资本的综合效益，是企业盈利能力指标的核心。该指标同样通用性强，不受行业局限。一般情况下，权益净利率越高，股权资本获取收益的能力越强，运营效益越好，对企业所有者的保证程度越高，股权筹资风险越小；反之，股权筹资风险越大。

（3）资本保值增值率。它是指企业年末所有者权益与年初所有者权益的比率。它是从动态的角度反映所有者投入企业资本的保全性和增值状况的指标。这一指标充分体现了对所有者权益的保护，能够及时、有效地发现侵蚀所有者权益的现象。在一般情况下，资本保值增值率越高，表明企业资本保全状况越好，所有者权益增长越快，企业发展后劲越强。该指标通常应大于1，若小于1，则表明企业资本受到侵蚀，没能实现资本保全，损害了所有者权益，也妨碍了企业的进一步发展壮大，企业风险加大，应予以充分重视。

（4）盈余现金保障倍数。它是指企业一定时期经营现金净流量与净利润的比值。它是从现金流入和流出的动态角度反映企业当期净利润中现金收益的保障程度的指标，能够真实反映企业收益的质量。一般情况下，盈余现金保障倍数越大，企业收益质量越高，企业股权筹资风险越小；反之，股权筹资风险越大。

以上评价指标从运营质量、收益水平、保值增值程度、收益质量四个角度对企业的股权筹资风险进行客观的考察，基本上能够反映股权筹资风险的大小或者高低。为了进一步完善股权筹资风险评价体系，企业还应建立股权筹资风险预警控制区域，以保障其风险被控制在可控风险区域，增强企业驾驭风险和获取超额收益的能力。由于企业的规模、行业、地域、国别等诸多差异，企业不应拘泥于某一经验数据，而应根据实际情况设计符合本企业要求和特点的评价标准，并根据实际情况变化随时调整评价标准。

四、股权筹资风险的管理

（一）股权筹资风险决策

制订详细可行的股权筹资计划，关系到股权筹资的成败。

（1）股票发行规模确定。它需要考虑三个因素：①企业的资金需要量。它是企业确定发行规模的基础。②企业的目标资本结构。通常，债务筹资具有较低的资金成本，但给企业带来较大的风险，权益筹资则相反。企业筹资时，应在债权筹资和股权筹资之间进行权衡，选择合适的资本结构，即目标资本结构。③法定最低筹资限额。通常监管当局会对单次股权筹资金额规定下限。

（2）股票发行方式的选择。股票发行方式首先可以分为有偿增资和无偿配股。有偿增资是指投资人需要按照股票的面值或市价，以现金资产或其他资产购买股票。它有自销和承销两种推销方式。无偿配股又分为送股、股票股利和股票分割。企业在选择股票发行方式时应考虑三个因素：①企业自身的地位和影响力。如果企业规模较小、声誉不高、影响力有限，最好采取包销方式。②发行成本预算。包销方式所需的发行费用高于代销方式，企业应考虑其成本预算的约束。③企业对资金需求的迫切程度。企业采取包销方式通常能迅速筹集到所需资金。

（3）股票发行价格的制定。股票定价过高或过低都对企业不利。定价时应考虑四个因素：①监督机构的规定。我国股票发行价格不能低于净资产。②发行时的市场行情。若整个市场处于低谷，则企业很难以高价卖出股票。③经济周期和行业周期。若经济处于繁荣阶段，可以将价格定得略高一些。④企业的经营业绩和发展前景。若企业的经营业绩和发展前景较好，则其股票往往可以较高的价格出售。

(4) 股票发行时机选择。企业在确定股票发行的时机时，通常要考虑市场行业、经济周期和行业周期。企业通常应在股票市场行情较好、经济繁荣和行业景气的情况下发行股票。

(5) 中介机构的选择。股票发行涉及的中介机构包括证券承销机构、投资银行、会计师事务所、律师事务所等。

(二) 代理成本风险防范

(1) 内部制度安排。①建立完善的法人治理结构，实现所有者和劳动者对经营者的监督。②依法制定公司章程和内部管理条例，明确股东和公司经营者之间的权利和义务，规范经营者行为。③设计合理的经营者报酬制度。合理的经营者报酬制度必须把经营者个人利益与企业利益联系在一起，使他们的个人收入与经营业绩挂钩。经营者的报酬通常有三种形式：工资、奖金和股息。三种方式各有优缺点，合理的报酬结构是这三种报酬形式的优化组合。股息最能反映经营者的真实业绩，具有较好的激励作用，但风险较大。

(2) 外部环境约束。它是指通过资本市场、商品市场和经理市场的市场机制，使得经营者若不从公司利益出发而不负责任地经营或偷懒，将会受到市场竞争的惩罚，从而达到控制代理成本的目的。①资本市场对代理者的约束。在资本市场上，企业能否获取自己需要的资金，主要取决于企业的财务状况和经营成果。②商品市场对代理者的约束。在商品市场上，企业的产品和市场将受到消费者的评判，质量好的产品和服务因深受用户欢迎而会有较高的市场占有率。③经理市场使经营者优胜劣汰，促使代理成本降低。

(三) 恶意收购风险防范

当由于管理不善或其他原因导致股价下跌时，企业很容易成为被收购的对象。企业可以采取以下方法防范恶意收购：

(1) 剥离。企业可以采取收缩经营战线，剥离附属业务，集中于公司主营业务的策略，以此来提高股价，提高收购者的成本。

(2) 在公司章程中加入特殊条款，增大企业的收购难度。例如，通常若赞成进行兼并的股东达到2/3，就会允许进行兼并。企业可以通过修改公司章程提高该比例，增大收购难度。

(3) 绿色邮件。这是指企业从潜在的收购企业溢价回购本企业股份的策略。企业为此支付的溢价可以被视为阻止恶意收购而付出的代价。

(4) 排他式自我收购。这是指企业向其他股东要约收购企业本身一定数量的股份的策略。企业为此通常需要支付较高的溢价。

(5) 转为非上市。这是对上市公司而言的。企业在面临恶意收购时，可以由某一投资者购买，从而转变为非上市公司，避免被恶意收购。这种收购通常由管理层进行。

(6) 皇冠宝石策略。这是指企业在面临恶意收购威胁时，出售其主要资产，以此降低企业对收购方的吸引力的策略，又称焦土战略。

(7) 毒丸计划。它又称股权摊薄反收购措施。一旦未经认可的一方收购了目标公司的一大笔股份（通常为10%~20%的股份），毒丸计划就会启动，导致新股充斥市场。一旦毒丸计划被触发，其他所有股东就都有机会以低价买进新股，以大大稀释收购方的股权，提高收购代价。

(8) 金降落伞计划。它涉及公司高级管理者的薪酬制度，是指在公司章程中规定重组管理层时，收购者需向公司原来的高级管理层支付巨额的补偿金。

(9) 白衣骑士。它是指企业为免遭受恶意收购而自己寻找的善意收购者，主要是选择与其关系密切的有实力的公司，以更优惠的条件达成善意收购。

(四) 退市风险防范

企业退市风险的管理，从根本上讲是要提高企业的经营业绩，避免出现连年亏损的情况。同时，还要按照有关监管要求及时履行信息披露义务。

发行股票是股份有限公司筹措资金普遍而重要的手段。但要想通过发行股票筹措到所需资金，还应充分认识到股票筹资中存在的风险，同时采取积极有效的措施加以防范，这样才能达到股票筹资的目的。主要从以下几方面考虑：

(1) 股票的发行规模。关于股票发行的数量，除了要符合国家相关规定外，还应注意：①与企业实际的资金需求量相符。企业筹资规模取决于未来发展对资金的需求量。如果超过实际的需求量，就会造成资金的闲置，加大企业的资金成本；如果低于实际的需求量，则会使企业在发展中受到资金短缺的限制，影响企业的发展。②企业的资本结构。企业在发行股票时，还要考虑发行后对企业资本结构及对未来财务状况的影响，以达到资本结构的最优化。企业增发股票、扩大股本，将使股权资本的比重增大，在经济萧条时期可降低企业的风险；但在经济稳定增长时期，较大的股权资本比重会降低财务杠杆效应，增加资金成本，影响企业的盈利状况。③企业控制权的变化。如果股票发行数量不当，将可能导致企业控制权发生变化，还会改变股东的收益水平。股票发行量大，会稀释企业控制权。如果企业使用很大一部分税后利润支付股利，将会降低每股收益水平，进而可能导致股票价格下跌。

(2) 股票的发行方式。我国法律规定，企业在公开发行股票时，应当由证券经营机构承销。因此，企业应当考虑以下影响因素，再决定采用包销还是代销方式：①企业自身的社会知名度和影响力。如果发行企业的社会声誉好、知名度高，其股票质量高，发行成功的把握性大，那么企业就可以选择代销；反之，最好采用包销。②对发行成本的考虑。由于承销机构所面临的风险不同，因此包销和代销这两种发行方式下承销机构的承销费用也不同。由于包销对承销机构的风险较大，因此所需要的费用也比较高；反之，代销的发行费用比较低。此外，在包销发行方式下，股票发行时可能得到的溢价收入将被承销机构获得。所以综合考虑，包销的发行成本较高。③企业自身对资金需求的缓急。如果企业急需该笔资金，那么采用包销的方式更为稳妥。

(3) 股票的发行价格。股票的发行价格是影响企业股票发行成功与否的关键因素，其定价也是拟上市公司最冒险的程序之一。在给拟发行股票定价的时候，除要符合国家相关规定外，还要考虑以下因素：①发行时所处的经济周期。由于社会的经济周期会直接影响股票的发行价格和公众的购买力水平，因此处于经济繁荣期时，可以把股票价格定得略高一些，经济萧条期则相反。②发行时股市行情。发行股票时，如果股市交易活跃、价格指数上扬，那么可以把股价定得高一些，反之，股市低迷时发行价格就要定得低些了。③企业的经营业绩。如果企业的经营业绩良好，有足够的利润支持高额股利，那么企业可以把股价定得相对高些；反之就低一些。④企业的发展前景。如果该公司所属的行业属于国家大力扶植发展的产业，比如国家现在大力发展低碳经济，相关环保企业有广阔的发展前景，如果产品适销对路，那么股价也可以定得高些；反之就低一些。

(4) 股票的发行时机。在选择股票的发行时机时，应考虑的主要因素有：①股市行情。

企业在选择股票的发行时机时，应选择股票交易活跃、价格稳步上涨的时期。②社会经济阶段。股票发行应选择经济繁荣、政府经济政策比较宽松的时期。③银行利率水平。在银行利率水平较高的情况下，会吸引投资者将大量的资金存入银行；而当银行利率较低的时候，一部分投资者就会将其原来存放在银行的资金投到股市中来。

(5) 证券承销机构。根据我国相关的法律规定，企业向社会公开发行股票时，应当由证券经营机构承销。此外，企业在选择证券承销机构时，还应该考虑以下因素：①证券承销机构的资本实力。显然，证券承销机构的资本实力越强，其承担风险的能力越强。②证券承销机构的销售网络。股票的发行与交易大多借助于计算机网络，因此，承销机构的计算机网络遍及范围及网络的稳定性便成为一个影响承销机构实力的因素。如果承销机构的网络遍及范围广、系统稳定、服务周到，便利于股票成功发行。③承销机构员工的素质。由于股票发行工作需要承销机构的大力协作，因此承销机构员工的专业水平、工作经验、敬业态度等都会直接影响股票承销工作的质量。所以，企业应认真地调查了解、比较后再选择承销机构。股票发行是一项复杂且风险较高的工作，所以发行股票的企业应根据自身的实际情况，结合多方面因素，作出合理判断，以保证股票发行的成功。

（五）其他措施

为了最大限度地规避公司在股权融资方面存在的诸多风险，有必要探索一些对策，以此来尽量减轻和避免股权融资风险所带来的消极作用。

(1) 健全上市公司经营方式。在健全上市公司经营方式方面，首先，要形成相对平和的融资心态。企业的违规违法行为给股东带来伤害的同时，也影响到企业的形象，对企业的健康发展带来很大的消极影响。所以，企业应当从长远发展的角度出发，制定有效的经营策略。其次，要健全针对经营者的激励机制。上市企业实行经营者激励机制的主要措施在于让经营者从公司的利润中获取商业利润，比如采用薪酬激励的制度，让经营者持股。最后，培养经营者的股权融资成本的意识。上市公司不应该只重视企业的资本扩张，而应该平衡处理、长远考率，应当选择对股东利益及公司长期发展有利的融资方式。

(2) 完善的证券市场。股权融资的顺利实现有赖于股票市场的整体有效性，而股票市场的整体有效性则有赖于完善的证券市场。因此，完善的证券市场是规避和应对股权融资风险的题中应有之义。完善的证券市场涵盖以下几个方面的内容：①健全的退出机制。健全上市企业的退出机制应当充分发挥市场机制的优胜劣汰机制在证券市场中的作用，不断地推动组织制度的完善，这是优化证券市场资源配置的主要措施。②严格审查股票的发行条件。只有股份有限公司完全符合相应的法定程序及条件时，才能申请上市，这样才能确保正常、稳定的经济秩序，保证股票交易的顺利进行，维护股票持有人的合法权益。③强化证券监督。应当设立股权融资的档案，推进企业的股权融资监督机制的不断健全，对企业的融资行为予以规范，利用提升证券市场运作效率的方式促进企业质量的提高，促进证券市场的规范化、法制化。

(3) 完善的政策法规。现阶段上市企业倾向于股权融资，很大程度上受市场约束、监管体制不健全、有关法规不完善的影响。企业的此种行为从表面看是融资方式的选择问题，实际上反映出企业体制不健全的问题。为优化企业的市场环境，创造企业选择自主、科学的融资策略的环境，应当完善相关的法规政策，推动上市公司体制不断健全，禁止欺诈行为及内幕交易行为的出现，强化对信息质量的处罚与监管力度，促进上市企业的信息披露制度不断健全等。

五、案例分析：华谊兄弟的股票筹资风险管理㊀

（一）公司简介

华谊兄弟传媒集团是我国大陆一家知名综合性娱乐集团，由王中军、王中磊兄弟在1994年创立，开始时是通过投资冯小刚、姜文的电影而进入电影行业，尤其是每年投资冯小刚的贺岁片而声名鹊起，随后全面投入传媒产业，投资及运营电影、电视剧、艺人经纪、唱片、娱乐营销等领域，并在这些领域都取得了不错的成绩，并且在2005年成立华谊兄弟传媒集团。华谊兄弟采用了以下多种融资手段：

（1）与其他影业公司合拍影片。《功夫》和《可可西里》均与美国六大电影公司之一的索尼-哥伦比亚公司合拍；《大腕》也是与哥伦比亚（亚洲）共同投资2500多万元所拍的；《情癫大圣》是与我国香港的英皇电影公司合作的；与我国香港的寰亚电影公司合拍的《天下无贼》《夜宴》投资分别为4000万元、1.28亿元；《墨攻》则采取了亚洲四个主要发行地区的公司联合投资并负责各自区域电影发行的方法。

（2）股权筹资和私募股权投资。此举除了引入资金，更重要的是引入了审计和财务管理制度，引入了资金方对资金使用的有力监管，从而保证了严格的成本控制。

（3）运用版权从银行等金融机构贷款。收编冯小刚、张纪中对于华谊兄弟版权融资意义重大。由于有大牌导演、大牌明星加盟作为票房保证，中国出口信用保险公司帮助《夜宴》从深圳发展银行拿到了5000万元的单片贷款，冯小刚的《集结号》争取到5000万元无抵押贷款，张纪中的《鹿鼎记》也得到银行资金支持。

（4）拓展电影后衍生品市场。长达50年的著作权保护期限，使得电影后衍生产品可以异常丰富，版权交易是个尚待开发的巨大金矿。将《手机》铃声出售给摩托罗拉、《天下无贼》短信满天飞等创新，则是华谊兄弟成功运作电影后衍生品的结果。

（5）通过贴片广告与植入式广告获得收入。由于受众数量巨大，电影及相关场所天生是广告载体。在植入式广告的运用上，华谊兄弟的电影也远远超过其他片商，《大腕》《手机》《天下无贼》等都大量植入了摩托罗拉、淘宝网等广告，由此带来了不菲的收入。目前，华谊兄弟的收入来源日趋多元化，票房仅占30%左右。

（二）华谊兄弟股权筹资分析

1. 华谊兄弟发行股票的具体情况分析

公司于2009年10月15日，采取“网下向询价对象询价配售与网上资金申购定价发行相结合”的方式，公开发行人民币普通股（A股）4200万股人民币普通股A股，每股面值1.00元，发行价为每股人民币28.58元。其中，网下发行占本次最终发行数量的20%，即840万股；网上发行数量为本次最终发行数量减去网下最终发行数量的差。本次发行的股票拟在深交所创业板上市。募集资金总额为人民币1200360000.00元，扣除发行费用人民币52121313.55元，公司募集资金净额为人民币1148238686.45元，其中，增加股本42000000.00元，增加资本公积1106238686.45元。

㊀ 资料来源：余四林. 电影产业融资模式分析［J］. 中国集体经济，2012（8）.

2. 华谊兄弟的股票发行状况

(1) 股票种类：本次发行的股票为境内上市人民币普通股（A股），每股面值人民币1.00元。

(2) 发行数量和发行结构：本次发行股份数量为4200万股。其中，网下发行数量为840万股，占本次发行数量的20%；网上发行数量为本次最终发行数量减去网下最终发行数量之差。

(3) 发行价格：本次发行的发行价格为28.58元/股。

(4) 发行方式：采用网下向询价对象配售与网上资金申购定价发行相结合的方式。本次发行网下配售向询价对象配售的股票为840万股，有效申购为127210万股，有效申购获得配售的配售比例为0.66032544%，超额认购倍数为151.44倍。本次发行网上发行3360万股，中签率为0.6135906494%，超额认购倍数为163倍。本次发行无余股。

(5) 募集资金总额：本次公开发行募集资金总额为120036万元。中瑞岳华会计师事务所有限公司已于2009年10月20日对公司首次公开发行股票的资金到位情况进行了审验，并出具中瑞岳华验字［2009］第212号验资报告。

(6) 募集资金净额：114823.87万元。超额募集资金52823.87万元，其中12966.32万元将运用于影院投资项目，剩余部分将继续用于补充公司流动资金。公司承诺，超募资金将存放于专户管理，并用于公司主营业务。上市公司最晚于募集资金到账后6个月内，根据公司的发展规划及实际生产经营需求，妥善安排超募资金的使用计划，提交董事会审议通过后及时披露。上市公司在实际使用超募资金前，将履行相应的董事会或股东大会审议程序，并及时披露。

(7) 发行后每股净资产：8.50元（按照2009年6月30日经审计的归属于母公司股东权益加上本次发行筹资净额之和除以本次发行后总股本计算）。

(8) 发行后每股收益：0.41元（按照经会计师事务所遵照我国会计准则审计的扣除非经常性损益前后孰低的2008年净利润除以本次发行后总股本计算）。

3. 华谊兄弟发行股票的原因

(1) 营运资金短缺：公司当前遇到的最主要的发展瓶颈就是资本实力与经营目标不相匹配。营运资金瓶颈已成为制约公司进一步良性快速发展的最大障碍。资金是未来娱乐公司能否壮大的重要依托。

(2) 股票筹资的作用：是筹集资金的有效手段，通过发行股票可以分散投资风险，实现创业资本的增值，并且对公司上市起到广告宣传作用。

(3) 股票筹资的优点：没有固定的股利负担；没有固定的到期日；筹资风险小；增加公司的信誉；普通股筹资的限制较少，上市的融资方式显然对华谊兄弟未来的发展具有更加巨大的吸引力。

(4) 与其他融资方式的比较：发行股票融资相对于债务融资来讲，其风险大，资金成本也较高，同时还需承担一定的发行费用，并且发行费用一般也比其他筹资方式高。普通股投资风险很大，因此投资者要求的收益率较高，增加了筹资公司的资金成本；普通股股利由净利润支付，筹资公司得不到抵减税款的好处，公司的控制权容易分散。

(5) 市场前景：公司对募集资金项目的市场前景进行分析时已经考虑到了未来的市场状况，作好了应对规模扩大后市场压力的准备，有能力在规模扩大的同时，实现快速拓展市场的目标。

(6) 根据华谊兄弟现有的规模及股东持股状况，分散控制权和被收购的风险较小。

4. 华谊兄弟股权分析后的公司改变

华谊兄弟2007—2010年的主要财务指标如表2-11所示。

表2-11 华谊兄弟2007—2010年的主要财务指标

时间	2007年	2008年	2009年	2010年
总资产利润率	0.18	0.12	0.05	0.07
每股净资产/元	3.7	4.32	4.63	5.13
净利润/元	58244557.14	68064536.13	83975593.73	150009695.92
利润总额/元	58333018.37	83937571.69	115403383.61	190340079.76
流动比率	1.95	1.71	7.32	3.68
速动比率	1.29	0.96	6.08	3.18

(1) 企业盈利能力分析。①总资产利润率。它是反映企业资产综合利用效果的指标。2007—2010年该公司总资产利润率都大于0，表明其债务本息的偿还有保障。此时负债融资可以利用财务杠杆效应取得更多的税前利润，符合所有者利益最大化的整体财务目标。②每股净资产。2007—2010年公司每股净资产逐年增加，也可以说明市场对其资产质量是给予肯定的，企业偿还能力较强。

(2) 公司上市后盈利能力分析。营业收入稳定且有上升趋势的企业，可以提高负债比重。因为企业营业收入稳定可靠，获利就有保障，现金流量比较好预计和掌握，即使企业债务筹资数额较大，也会因企业资金周转顺畅、获利稳定而能支付到期本息，不会遇到较大的财务风险。相反，如果企业营业收入时升时降，则其现金的回流时间和数额也不稳定，企业的负债比重应当低些。①净利润。净利润是企业获得的最终财务成果，是可供企业所有者使用或分配的财务成果。华谊兄弟的净利润在2007—2010年内逐年上升，其中自2009年股票上市后，2010年的收益比2009年上升了6603410217元，可证明华谊兄弟股票筹资后对净利润的影响颇大。②利润总额。利润总额反映了企业全部活动的财务成果，它不仅包括营业利润，而且还包括非流动资产处置损益及营业外收支净额等一系列财务数据。华谊兄弟公司2007—2010年利润总额逐年增加，这主要是由于营业收入的增加。

(3) 公司上市后偿还能力分析。①流动比例。自2009年股票发行后，华谊兄弟的流动比率比2008年上升了5.61%。流动比率上升，表示公司的偿债能力越来越强。特别是2009年股票上升后，偿债能力最强，2010年开始恢复平稳，但也比2007—2008年高。②速动比率。速动比率是衡量企业流动资产中可以立即变现用于偿还流动负债的能力。

(4) 与可比上市公司市盈率对比分析。选取A股8家传媒行业上市公司作为可比公司，以2008年最新每股收益及截至2009年10月12日收盘价，计算各可比公司的静态市盈率。这8家可比上市公司的平均静态市盈率为99.29倍，剔除异常值（电广传媒）后的静态市盈率均值为59.53倍。发行人以2008年扣除非经常性损益前的净利润所计算的摊薄后每股收益为0.41元，以2008年扣除非经常性损益后的净利润所计算的摊薄后每股收益为0.51元，依据本次发行价格28.58元/股计算，发行市盈率为69.71倍（以扣除非经常性损益前后孰低值计算）。考虑到公司独特的业务模式及未来良好的成长性，本次定价与可比公司均值相比溢价 17.10%。

（5）发行价格计算的预计募集资金量拟投资项目实际资金需要量的对比分析。公司本次预计募集资金数额为 62000 万元，将用于补充影视剧业务营运资金。如果本次发行实际募集资金量超出预计募集资金数额，则公司将超额部分资金运用于影院投资项目，该项目总投资额为 12966.32 万元。若用于影院投资项目后仍有余额，则将剩余资金继续用于补充公司流动资金。如果实际募集资金量不能满足募集资金项目需求，则不足部分公司将自筹解决。根据 28.58 元/股的发行价格及 4200 万股的发行股数计算，本次公开发行实际募集资金为 120036 万元，较 62000 万元的募集资金投资项目资金需求多出 58036 万元，超募比率为 93.61%。本次发行实际募集资金量扣除发行费用后的募集资金净额约为 114806 万元，其中，62000 万元将用于补充影视剧业务营运资金，12966.32 万元用于影院投资项目，剩余约 39839.68 万元用于补充公司流动资金。上述分析显示华谊兄弟发行股票是成功的，并且在融资市场上发展空间很大。

（三）华谊兄弟发行股票的启示

华谊兄弟成功上市增加了公司信誉，提高了知名度，有足够的资金投资影院建设，盈利来源增加，有能力提高核心竞争力，并且为我国文化产业作出了很大的贡献。公司应该抓紧产业链的发展，将电影电视及艺人经纪服务业很好地结合起来。另外，从制度、文化、合作方式、激励机制等多个方面巩固旗下明星股东对企业的忠诚度，是华谊兄弟的重要工作之一。面对传媒业强大的竞争，要妥善安排资金。综上所述，华谊兄弟股份有限公司采取发行股票的筹资方式的发展趋势是可行的。

第四节　混合筹资风险管理

一、可转换债券筹资风险管理

（一）可转换债券存在的风险

可转换债券作为一种成熟的国际金融品种，在我国资本市场的运用只有 10 余年时间。分析可转换债券在我国实际运用的情况发现，可转换债券作为企业的融资“新宠”，具有多重融资优势。但是，任何一种融资行为在为人们带来收益的同时必然伴随着风险，可转换债券也不例外。目前从我国的实践来看，上市公司利用可转换债券进行融资存在的风险主要有以下几种：

1. 发行风险

由于上市公司选择发行可转换债券的时机不当所形成的风险，可能会导致公司发行失败。可转换债券的转股价格的确定至关重要，关系到未来的转股成败。转股价格一般是以当前股票价格为准，或对当前股票价格的一定升水。通常，发行契约规定，未来存续期间内，如果出现股票价格在一段时间内异常波动，可以根据股价的变化特别向下修正条款，也就是修改转股价格。发行可转换债券的公司希望这些证券未来被转换成为普通股，以达到预期的利用低成本债券筹资的目的。但可转换债券转换权的选择取决于债券持有人，既可能偏向股权方面，也可能转向债权方面。未来的股价水平是决定这种偏向的关键因素。当股价处于高位时，未来一段时期内股价下跌的可能性很大，债券转股成功的可能性降低，会引发风险。

2. 信用风险

可转换债券是一种仅凭信用发行的无担保、无追索权的债券，信用等级低。公司在发行可转换债券后，由于存在一些不可控的复杂因素，可能无法兑现某些承诺，而导致风险产生。

（1）发行公司未上市。例如，中国石化茂名炼油化工股份有限公司发行的可转债券（简称茂炼转债）是唯一没有对应上市公司的可转换债券。茂炼公司的上市之路可谓坎坷：在近5年的可转换债券存续期内，虽然一再提出发行A股的计划，但因为众多因素的制约，茂炼公司未能在存续期内发行A股股票，最终茂炼转债于转债到期前的一年被迫启动回售条款，导致发行失败，由此产生了信用风险。

（2）转换失败。可转换债券在转换期内未能转换是一种违约的表现。可转换债券像其他债券一样，也有偿还风险。若转股不成功，公司就会面临偿还债券本息的巨大风险，并有可能形成严峻的财务危机。转股未成功的主要原因是公司业绩不良，而若此时必须偿还可转换债券的本金，公司境况将会进一步恶化。深宝安转债转股失败就是一个典型的案例。深宝安转债于1992年10月发行，期限3年，发行前股票均价为28元/股，转股价格为25元/股，转换期为1993年6月1日至1995年12月29日。进入转股期后，由于在可转换债券的存续期内按转债价格折算的实际股票价格始终高于股票市场价格，所以多数持有人没有选择转股，仅有2.7%的可转换债券实施转股，导致深宝安不得不筹措4亿多元资金还本付息，元气大伤。

3. 财务风险

一旦涉及转换失败，发生回售和赎回，发行公司必然要支付大量现金。公司利用可转换债券融资后，资本结构有所调整，这时负债比率会增大，同时公司在各期将承担一笔固定的利息费用。如果公司经营状况良好，股票价值增值，当市场价格超过转股价格时，可转换债券的持有人会执行股票期权，这样，公司的资本结构在投资者的投资决策过程中得到自然优化，债务资本在资本结构中的比重逐渐降低，而股权资本的比重逐渐提高。如果公司经营状况差或股市行情低迷，投资者不愿行使转换权，宁可继续持有可转换债券，甚至将其大量回售给公司，此时将导致公司财务风险和经营压力的增大。例如，2004年天津创业环保股份有限公司发行的可转换债券（简称创业转债），发行后仅半年时间就被迫启动回售条款，成为国内第一只未到期就回售的可转换债券。根据创业转债回售条款的约定，在创业转债的转股期间，如公司A股股票在连续30个交易日中的任意20个交易日的收盘价低于当期转股价的70%时，可转换债券的持有人就有权将其持有的可转换债券全部或部分回售给公司。创业转债的初始转股价格为7.7元，而其正股价格因为国内股市连续下跌，已从转债发行时的7.5元跌到回售前的3.5元，低于转股价格46%，由此触发了回售条款。最后共有823.902万张创业转债进行回售，导致年内公司财务费用增加了1647.804万元，给创业公司造成了一定的财务压力。

4. 经营风险

可转换债券作为发行公司向社会公众筹集资金的一种金融工具，关系到公司的未来发展潜力，与公司的经营业绩密切相关。公司未来经营业绩的好坏直接关系到能否促成可转换债券顺利转股。上市公司发行可转换债券的目的是成功地实现预期转换，并保证转换后不会使股价下跌。由于可转换债券转换后，其低资本成本的优势消失，因此经营者所面临的经营压力会加大。可转换债券最大的风险仍然是经营风险。一旦发行人因为拥有大量的低成本资金而过度投资，并且投资于一些低收益或高风险的项目，此时公司就将面临着较高的经营风险。由于可转换债券本身极具复杂性，其价值包含期权价值，涉及公司未来的股价变化。若发行公司在发行后不积极地提高公司经营业绩，一旦未来的股价低于转换价格，投资者宁愿持股观望，也不愿在良好的转股时机转股，这时很可能导致转股失败，不但会加重企业的偿债负担，而且对企业的声誉也会有较大影响。新的融资较为困难，企业可能会面临流动资金的严重不足。

5. 利率风险

利率风险又称为资本市场风险。由于发行可转换债券所筹集的资金不能马上完全投入到生产经营活动中，当期可转换债券的发行，可能会丧失其将来市场利率降低后能以较低的资本成本再筹资的机会。这种可能丧失的机会就是市场风险。市场风险的高低与普通债券和股票的风险大致相同。由于可转换债券属于享有固定收益的金融产品，同样具有因市场利率上涨而引起的价值下跌的风险。但相对于其他风险而言，利率风险对可转换债券价值的影响是最小的。

6. 稀释效应风险

稀释效应是指一部分可转换债券转换为公司普通股股票以后，公司普通股股票总数上升，造成公司每股盈余以及净资产收益率被摊薄。这种信号传递给市场，原有股东与实施转换后的新股东将共同分享既定的股利，势必给原有股东造成一定的损失，从而挫伤老股东的积极性。同时，公司股票的市场价格将会降低，从而影响公司的形象。显然，如果转换率越高，稀释效应风险也就越大。

7. 啄食顺序理论风险

根据梅耶（Mayer）的啄食顺序理论，公司在进行融资时，其融资的顺序一般依次为：内源融资、贷款、发行债券、发行股票。公司采用不同的融资方式，会向市场传递不同的信息。一般地，采用债权资本方式融资，会向市场传递公司经营业绩良好、极具发展前景的信息（这一点与我国上市公司不同，我国上市公司大多采用股权方式融资）。可转换债券属于债券融资金融工具，在市场有效的情况下，投资者会将各种信息综合到该公司的证券价格中去，考虑到可转换债券在未来的某个时间能转换为权益资本。这对一般投资者具有一定的吸引力。但从啄食顺序理论的角度来看，采用可转换债券方式融资向市场传递公司的信息不如普通债券融资传递的信息有效，因而它的风险高于普通债券风险。

（二）可转换债券的风险管理

由于发行公司利用可转换债券融资将产生各种风险，这些风险又会对公司造成一定的影响，因此，如何控制和规避这些风险成为人们所关注的重点。对此发行企业必须要有清醒的认识，如何将风险降到最低，是保证可转换债券成功发行的必要条件之一。考虑到可转换债券的融资风险产生的特性，针对它的这种特性，根据融资风险发生的可能性，将融资风险分为事前、事中和事后分别进行控制。

1. 融资风险的事前控制

利用可转换债券融资，公司在发行前要全盘考虑，作好规划，综合分析各种影响因素，既要考虑宏观的外部环境，也要考察具体的内部状况。相对于融资风险的事中和事后控制而言，事前控制是最重要的。只有在事前作好各方面的计划和防范，才能将可能的风险降到最低。

（1）慎选可转换债券的发行时机。发行时机的确定，关系着未来可转换债券能否成功转股。为了能够预期顺利转股，发行公司应该对整个证券市场的未来趋势有一个详细的分析和预测，以便把握好发行时机。且对公司的经营发展进行规划，评估发行可转换债券后可能对公司造成的影响，重点考查公司的承受能力。一般来说，可转换债券较好的发行时机应是证券市场较繁荣、股市由熊市转牛市这一时机。由于经济形势朝着好的方向发展，利好消息会使股价上升，使得可转换债券转换权的实施能够顺利进行。由此可见，发行时机的确定极其重要，可以大大降低转换失败风险。

（2）着重关注可转换债券发行条款的设计。由于可转换债券发行条款的设计合理与否，关系到发行公司可转换债券筹资成功与否，可见其重要性。通常，可转换债券发行条款设计得越合理，对于发行公司而言，就越有可能规避转换失败风险。可转换债券条款一般包括转换期限、转换价格、赎回和回售条款，还有特别向下修正条款等。

1）合理确定转换期限。设定可转换债券的转换期限，不宜过长或过短，应该选择适中。一般情况下，转换期限较长有利于转换成功，也使公司有充足的时间来应对市场的变化，并且有利于持有者选择行使转换权的时机，能够促成转股成功以避免转换失败风险的发生。

2）合理确定转股价格。由于发行公司的股票市价受未来股市和公司经营业绩等多方面的综合影响，带有很大的不确定性，而可转换债券能否成功转换主要取决于未来股价是否高于转股价格，因此转股价格的设计是否合理至关重要。一般而言，转股价格的确定是根据当前的市场股票价格进行某种程度的调整。因此，在制定转股价格时，要综合考虑各方面的因素。除考虑筹资者和投资者双方的利益外，还应考虑宏观环境的变化趋势，最好能够预测未来的股价发展水平。

3）合理设计赎回、回售条款及向下修正条款。赎回条款的设计是可转换债券回购性的体现，设计此条款主要是为了保护发行公司的利益。回售条款中规定，倘若未来公司的股票价格一段时间内持续低于转股价格，债券的持有者有权可以按规定的价格向公司出售可转换债券。另外，上市公司为了促使可转换债券的持有人转股或避免回售，大都设计了转股价格向下修正条款。

（3）充分考虑发行可转换债券的成本。从筹资者的角度考虑，可转换债券的成本就是筹资者为筹集资金而付出的代价。其成本主要由以下几部分构成：发行费用（为发行可转换债券而支付的一次性费用）、利息支出（可转换债券转换前给投资者支付的利息）、转股失败后的拮据成本（转股失败后给公司带来的财务困难）、转股成功后筹资减少的损失（转股成功后，转股价一般低于市场价，虽增加了与发行新股同样的股份，但筹集资金要少）、转股成功后的红利支出（转股成功后公司需要支付的股利等）。与此相对应，影响可转换债券成本的主要因素有：发行费用、利率因素、转股价格、股利政策、股票价格的波动性。因此，公司在决定实施可转换债券融资时，应认真考虑可转换债券的融资成本。拟发行可转换债券的公司在作融资决策时，应结合本公司的实际情况，认真测算本公司的融资成本并作出正确决策。

2. *融资风险的事中控制*

对于融资风险的事中控制，主要途径是提升公司的经营业绩，以此来增强公司抵抗风险的能力。将公司的业绩发展与经营管理、发展战略联系起来，密切关注可能会引发风险的重大事项。由于公司发行可转换债券后，业绩的变化会引起股票价格的下降，将对公司造成负面影响，进而导致财务风险、转换失败风险的发生。对此，公司管理层有必要根据风险情况来调整和纠正公司的经营管理活动，对公司的潜在风险进行管理。随着证券市场的日益规范化和投资者的逐渐理性化，为了降低发行可转换债券公司的财务风险和转换失败风险，公司应该从其内部的实际经营状况着手，综合考虑各方面的影响因素，对治理状况及时进行调整，以保证实现未来的发展目标。只有从整体上提升公司的经营绩效，切实地做到公司绩效的提高，才能降低风险发生的可能性，对公司树立良好的社会形象很有帮助，并且可以增强社会公众投资者对公司的信心。

3. 融资风险的事后控制

可转换债券融资风险的事后控制主要是对公司的治理状况以及资本结构的合理性进行评价，并且分析公司的财务状况以及非财务状况，通过构建风险管理体系，应对各种风险的发生。在构建风险管理体系的过程中，分析风险产生的来源，并进行风险辨识评估，同时制定风险的度量指标、风险模型和承受度标准，遵循风险管理的基本原则，最后初步形成公司风险管理体系框架。发行可转换债券后，公司管理层应该积极面对融资风险所产生的影响，做好各项控制措施工作，并且采取各种对策，试图将这种风险所导致的损失降到最低，以维护公司的利益，确保公司经营的良性运作，提高抵御风险的能力，实现企业价值最大化。从一般意义上讲，事后控制主要是回顾过去，总结经验，积极制订计划，为指导公司今后的工作打下基础。

（三）案例分析：上海机场成功发行可转换债券

1. 案例资料

上海国际机场股份有限公司（简称上海机场）是由上海机场控股（集团）公司独家发起，采用募集方式设立的一家股份有限公司。公司前身为上海虹桥国际机场，于1997年6月9日成立了上海国际机场控股（集团）公司，于1998年2月18日上市。为了适应“一市两场”的上海空港运行新格局，1998年5月28日，经上海市人民政府批准，组建了上海机场（集团）有限公司，统一经营管理上海浦东和虹桥两大国际机场。

公司经营范围包括机场建设、施工、运营管理和与国内外航空运输有关的地面服务，国内贸易，对国内外航空运输业的投资及技术合作、咨询服务，与机场建设相关的土地及房地产综合开发利用、宾馆和实业投资等。

2000年2月23日，南方证券有限公司发布了《虹桥机场可转换公司债券发行公告》。公告的内容要点如下：

（1）发行比例及数量。上海虹桥国际机场股份有限公司将发行人民币13.5亿元的可转换债券。本次发行的机场转债，每张面值为100元人民币，共1350万张，发行价格为每张人民币100元整。先以每100股配售2张机场转债的比例向发行人社会公众股股东定向配售，向发行人社会公众股股东定向配售结束后，如有余额，向社会公众公开上网发行。

（2）发行时间。向发行人社会公众股股东定向配售：2000年2月25日上海证券交易所正常交易时间。向社会公开发行：2000年3月2日（T+0日）上午9：30—11：30，下午1：00—3：00。股权登记日：2000年2月24日。缴款日期：2000年2月25日。

（3）发行地点。全国所有与上海证券交易所联网的各证券营业部。

（4）发行对象。向发行人社会公众股股东定向配售：于本发行公告公布的股权登记日收市后登记在册的发行人所有社会公众股股东。向社会公开上网发行：我国境内持有上海证券交易所股票账户的境内自然人、法人及其他机构（法律法规禁止购买者除外）。

(5) 配售数量。本次“机场转债”配售认购单位为1手（即10张机场转债，面值1000元）。发行人社会公众股股东可配售的机场转债最高数量为，以截至股权登记日收市后登记持有的股份数每100股可配售2张转债，并按四舍五入原则取整为1手的整数倍。每个股票账户的认股数量不得低于1手，超过1手的必须为1手的整数倍。

(6) 配售余额的处理办法。如果实际定向配股认购数量超过发行总规模即13.5亿元机场转债，届时将按照上海证券交易所惯例处理，即上海证券交易所主机将根据具体配售情况自动选择与“1手”最接近的配售股东，直到配满13.5亿元机场转债为止；如果发生与“1手”同样接近的配售情况，交易所主机将随机产生配售股东，直到配满13.5亿元机场转债为止。届时将不安排向社会公开上网发行。如果向发行人社会公众股股东定向配售的机场转债小于本次发行总规模，余额部分向社会公开上网发行。

同时，南方证券在发布的《上海虹桥国际机场股份有限公司可转换公司债券募集说明书》中还对可转债的有关条款作了说明：

(1) 发行期限。本次发行的可转债期限为5年，自2000年2月25日起，至2005年2月24日止。

(2) 利率。票面利率为0.8%，利息于每年2月24日之后的5个交易日内支付。

(3) 转换期。机场转债的持有人在转换期内的转股申请时间依据约定的转股程序将持有的机场转债申请转换为本公司的普通股份。转换期自2000年8月25日（含当日）起至2005年2月24日（含当日）止。

(4) 转换价格。转股的价格为每股10元，按每张机场转债面值100元计算，初始转股比率为10。2000年2月22日，本公司股票的收盘价格为每股10.10元。当发生约定情形时，转股价格将作出相应调整。转股时不足转股1股的机场转债部分，在转股日后的5个交易日内，本公司将以现金兑付该部分转债的票面金额以及利息。转换后产生的普通股股份上市流通时间将按上海证券交易所的规定办理。

(5) 回售条款。持有人有权在2004年8月25日将持有的机场转债按面值的107.18%回售给本公司。

(6) 赎回条款。本公司不得提前赎回机场转债；除非在2000年8月25日之后（含当日），本公司的股票在此后的任何连续40个交易日中，至少30个交易日的收盘价不低于该30个交易日内生效转股价格的130%。

2000年2月28日，南方证券在上海机场上网公开发行的公告中对之前向社会公众股股东的配售情况作了说明。由于可转换债券属于金融创新品种，大部分投资者对其缺乏了解，加之《可转换公司债券募集说明书》的刊登时间和上网发行时间间隔短，在上网发行中，社会公众股股东只配售了6.14153亿元，不到公司发行可转换债券13.5亿元总额的一半。3月2日，虹桥机场13.5亿元可转换债券剩余部分7.35847亿元上网发行获得圆满成功，总有效申购156.18127亿元，中签率为4.1711%。

2. 案例分析

自1997年国务院颁布《可转换公司债券管理暂行办法》以来，上海机场是首家获准发行可转债的A股公司。公开的公司信息使得投资者相信其发行可转换债券比非上市公司发行可转换债券不确定因素少，因此其可转换债券市场投资风险相对要小。这样就更有利于上海机场用这种方式筹集资金。

由于可转换债券兼有债券和股票期权的特征，对公司的资本结构也会产生特殊的影响。当公司经营良好、公司股票价值增值、市场价格超过转换价格时，债券持有人将执行其股票期权，将所持可转换债券转为普通股。这样，公司的资本结构在投资者的决策过程中得到自然优化，债务资本在公司资本结构中的比例下降，而股权资本的比例将逐渐提高，从而降低了公司的财务风险。但是，可转换债券作为一种衍生金融工具的筹资方式，在给企业带来利益的同时也存在着风险，如发行风险、转换风险、股权稀释风险等。上海机场在发行可转换债券的过程中注意到上述风险，并在条款设计中有意识进行了规避，才使首次可转换债券的发行得以成功。

（1）规避发行风险。上海机场转债是自1997年以来首次获准发行的上市公司可转换债券，投资者对可转换债券的投资价值及特点了解甚少。加之1992年深宝安有发行失败的先例，会使投资者对此次发行抱有怀疑、观望的心态。这也是机场转债向社会公众股股东配股时配售额不到一半的原因。由于债券发行成功与否在当时具有很大的不确定性，上海机场尽量做到利用条款设计的合理性来实现发行风险的最小化。

首先，发行时机的选择要得当。若发行时机选择不当，将会直接导致可转换债券发行的失败。如深宝安的发行失败，很大程度上就是由于发行之后股市长期低迷。通常，可转换债券的发行以宏观经济由谷底开始启动、股市由熊转牛、市场利率下降时为较佳时机。因为此时投资者对股价预期看好，作为与股票紧密相连的可转换债券也会因此而受到青睐，所以在此时发行会比较顺利。机场转债的发行恰好是在股市启动、预备走强的时候，这时发行可转换债券易被市场认可，有利于降低发行风险。

其次，在发行对象上，机场转债发行人社会公众股股东定向配售之后的余额又向社会公开上网发行。这种公开发行作为“保底”的措施，可以有效地避免社会公众股股东由于谨慎心态不予认购而造成的发行危机。实际中向社会公开发行的可转换债券也占了超过50%的比例，对发行的成功起了决定性作用。

最后，为了增强投资者的信心、保护投资者的利益，机场转债设置了无条件回售的条款，投资者在指定的回售日可以以预定的回收价格将所持有的可转换债券回售给上市公司。另一个值得注意的地方是，之前发行的南华转债设置了强制转换的条款，以保证最后转股的成功。但是机场转债并没有设置强制转换的条款。这些措施一方面有利于降低债券的利率，另一方面也可增强对投资者的吸引力，促进发行的成功。

（2）规避因转换失败而导致的债券本息的偿付风险。为规避风险，上海机场在利率上选择了以较低利率发行。上海机场转债的利率为0.8%，扣除债券的避税效应，发行人实际支付的利息为0.68%。这使其债务负担大大减轻，每年支付利息所需的现金流量也很少，对于上海机场这种有大量现金的公司而言不构成财务负担，从而有效地规避了偿付风险。另外，以如此低的成本获得资金，不仅对现有的股东是有利的，也有利于上海机场股价的上涨，从而对可转换债券的投资者有利，促进转债向转股方向发展。

上海机场的转债中包括到期赎回条款以及有条件提前赎回的条款。当公司股票的价格在一定时期内，即2000年8月25日之后的40个交易日的股价高于有效股价格的130%以上时，公司有权提前赎回转债。赎回条款能很好地避免利率下调的风险、还本压力和财务风险。例如，当市场利率大幅下降时，赎回可转换债券重新融资可大幅节约资金成本，这就限制了投资人在股票牛市和市场利率下调时的潜在收益。它赋予了发行人在股票的市场价格高于转股价格且达到一定程度时以执行期权的方式结束可转换债券契约，并对投资者可能获得的利益最大值予以限制，达到了保护发行人的目的。这一条款有效地激励了市场行情高涨时转股的进行，并保障了公司原有股东的权利。

在转换期限上，机场转债的设置是5年。通常转换期限较长有利于持券人选择时机行使转换权，也有利于发行企业比较主动地应对期限之内的各种情况，从而有利于吸引投资者，规避风险。机场转债的期限虽然较国际上一般转债的期限短，但是比较符合我国的经济周期以及以往转债的习惯，既便于建设资金的使用，又能够达到规避到期偿付风险的目的。另外，机场转债还在募集说明书中规定了转股价格的可调整性。募集说明书中约定："2000年2月22日，本公司股票的收盘价格为每股10.10元。当发生约定情形时，转股价格将作出相应调整。"这就避免了股价剧烈波动而转股价格呈现刚性带来的风险。例如，当年深宝安转换失败，除正逢股市低迷、股价一路走低外，其转换价格未作相应调整而与股票市价相差巨大也是一个原因。机场转债还设定了与此相对应的较完整的转换价格自然调整方案，使公司能够根据公司的配股以及增发新股等资本运作方式的变化自然调整可转换债券的转股价格。为了促进转股，公司还规定当公司向股东派送现金红利时，转股价格不作调整。虽然不断调整转股价格的做法在国际上还未得到认可，其只是我国资本市场的一个独特做法，但是在国内市场独特的环境和背景下，这也不失为一种规避风险的方法。

(3) 规避稀释效应风险。发行可转换债券的稀释效应风险是由转换利率决定的，转换率越高，此风险也就越大。而由于转换率 = 债券面值/转换价格，所以转换率又取决于可转换债券的转换价格。机场转债的初始转换价格为10元，这说明起初始转换率为10。目前，我国可转换债券市场上的平均转换率为18.54，由此看来，机场转债的转换率相对较低。这对防止控制权的分散有很好的作用，同时也避免了股权的稀释效应，防止了扩大股本后利润被大幅度摊薄。

总之，对于上市公司而言，上市后的后续融资手段很多，如向原有股东配股、增发新股、发行债券、发行可转换债券等。但是，不同的企业会有不同的特点，也会要求不同的融资方式。上市公司发行可转债与其他的后续融资相比具有很多优势，但同时也存在种种风险。因此，公司在发行可转换债券时，一定要衡量自身的状况以及市场状况，以免造成不必要的损失。上海机场正是由于在可转换债券的发行过程中认真对待可能面临的各种风险，因此精心制订发行方案以规避风险，才会使得发行圆满成功，筹集到用于收购浦东国际机场楼及相关资产的大部分资金。

二、认股权证筹资风险管理

(一) 认股权证筹资的特征

权证融资是上市公司利用权证工具进行的融资活动。权证的特性使权证融资也独具特色，通过对权证特征、种类、构成要素、权证价值等方面进行分析，从总体上看，权证融资具有以下四个方面的特性：

(1) 权证融资的依附性。权证融资的依附性是指权证融资的实施对基础金融工具的依赖。它是由权证的衍生性所决定的。权证是一种衍生金融工具。经济领域中的"衍生金融工具”表示其价值依附于（取决于）某种原生资产的金融工具，通常这种原生资产是指货币、股票和债券等传统的金融产品和实物商品。就权证融资而言，融资中利用了衍生金融工具——权证，并且是权证家族中的股本权证。股本权证是上市公司发行的，派生于股票。在通常情况下，股本权证附在债券或股票上一起发行，发行后，权证与所附着的基础金融工具脱离，单独上市交易。

(2) 权证融资的分段性。在权证融资方式下，公司的融资过程分阶段完成：第一阶段，公司面向市场发行权证，当投资者购买权证时，发行公司获得权利金收入，从而融入一笔免费的资金，当然发行公司也要为此而承担相应的义务。权利金是权证买方为获得权利而付出的代价，也是权证卖方为承担义务而要求的补偿。第二阶段，权证持有人在权证有效期内根据权证价值的大小，作出是否行权的投资选择。当权证持有人选择行权时，购入权证所赋予的标的股票，从而使发行公司完成第二阶段的融资，直到权证有效期结束，权证融资活动也结束。

(3) 权证融资的期权性。权证融资的期权性是指在权证融资条件下，投资人或权证持有人拥有是否在未来某一时日或某一时期购买标的股票的选择权利。也就是在股本权证融资条件下，投资者拥有在未来某一时日（欧式权证）或某一时期（美式权证）决定是否对发行公司继续投资的选择权，而公司作为权证的出售方，在权证融资中只有义务而无任何权利，权证持有人一旦行权，公司就必须按约定价出售股票；若弃权，公司则不能强迫其购买股票，或要求赔偿。值得注意的是，权证融资具有期权性，并不能说明权证就是期权，权证与期权之间既有联系又有区别。

(4) 权证融资的风险性。权证融资风险是指标的资产——股票是否被认购，融资过程是否顺利完成，以及融入资金成本的大小具有不确定性。权证融资的风险性有利于资本市场中有限的资本资源得到合理的配置。但不是所有的或大多数的公司都能抵御权证融资风险，权证融资方式对公司质量有筛选效应。

（二）认股权证筹资存在的风险

权证融资的风险一是来源于股票市场的价格，二是来源于投资者行为的选择。权证融资主要有以下三方面的风险：

(1) 融资计划失败的风险。由于权证买方在未来买卖标的股票的价格是事先约定好的，一般来讲，约定价（行权价）与股票市场上标的股票的市价之间存在事实上的差异，当行权价高于股票市价时，权证持有人放弃行权（不认购股票），导致公司融资计划失败；当行权价低于股票市场价时，权证持有人行权，公司融入资金。但问题的关键是，如果二者价差较大，对公司来说也是损失，有时可能还是较大损失。

(2) 权证发行公司违约的风险。权证融资中的标的物是特定的公司股票，当权证持有人行权认购公司股票时，公司需向行权者支付相应的本公司股票。这一环节中可能会出现公司无法提供相应股份（或提供后导致股权稀释）的风险。

(3) 投融资双方遭受损失的风险。在权证融资条件下，投资者一旦获得权证，就取得在未来时期（或时日）是否投资的选择权。这一权利是不带任何义务，即投资者有向公司投资的权利，也有不投资的权利，不存在违约，对自己的投资行为可以自主选择。投资者一旦选择不投资行为，即会导致公司融资的失败，而融资失败所导致的经济损失主要由公司承担，投资者损失的只不过是相应的权利金支出。

（三）认股权证筹资风险的管理

为了确保融资计划顺利实现，上市公司可以从融资方式、发行时机、行权方式以及股份来源等方面考虑采取以下风险防范对策：

（1）在融资方式的选择上，可以采取债权与股权相结合的融资方式。目前，认股权和债券分离交易的可转换公司债券的法律地位已经确立。这种发行方式能为公司带来两方面益处：一是降低了公司债券的融资成本。由于附送认股权证的公司债券增加了对投资者的吸引力，因而利率的下降不会影响债券的融资效果，债券较易按面值卖出。二是由于公司债券和认股权证是在分别符合上市条件时分别上市交易的，因而形成了两种分离的交易品种和两个不同的交易市场（权证市场和股票现货市场），可以满足不同投资者的偏好。同时，投资者可以获得债券利息和股票上涨的双重收益，进而提高公司债券的吸引力。

（2）在发行时机的选择上，应将公司业绩与大盘走势相联系。一般而言，认股权证的投资价值与公司业绩正相关。未来成长前景较好、业绩较佳的公司，其认股权证的溢价水平较高，对投资者的吸引力也较大。但是，认股权证的价值不仅与公司业绩有关，还受大盘走势的影响。因此，企业在发行认股权证时，还应关注未来大盘的走势。如果大盘长期处于调整时期，公司股价不仅没有高出行权价，反而跌至行权价之下，会导致权证持有人放弃认购权利，公司也就达不到预期的筹资目的。

（3）在行权方式的安排上，相机推出美式权证或欧式权证。认股权证的行权方式有欧式权证和美式权证两种，欧式权证的行权方式是所有权证在到期日当天行使，公司可在短期内迅速筹集资金，满足一次性募足资金的需求。但公司在短时间内送出大量股票，可能造成股价的剧烈波动。美式权证允许权证持有人在到期前的任意时刻行使换购股票的权利，公司的筹资是逐步进行的。但在行权期较长的情况下，公司自身业绩和控制权的变化以及外部市场的变动都会增加行权的不确定性。因此，发行公司需对自身的资金需求、内部业绩和控制权的变化以及未来市场走势作出预先判断，相机安排合适的行权方式。

（4）在股份来源的安排上，考虑对每股收益可能产生的稀释效果。为满足认股权证转股的需求，在股份来源的安排上，一般有三种方式：①由原股东出让其股权。在我国，一般由非流通股股东出让股权。②由公司增发新股。③公司通过二级市场回购股票来支付认股权证的需求。我国《公司法》第 143 条中只允许在四种情形下收购本公司的股票：减少公司注册资本；与持有本公司股份的其他公司合并；将股份奖励给本公司职工；股东因对股东大会作出的公司合并、分立决议持异议，要求公司收购其股份的。因此，第三种方式的适用范围十分有限，第一和第三种方式一般不会导致股本的扩大，不会对每股收益产生影响。但随着股权分置问题逐步得到解决，由原有股东出让股权的做法将逐渐淡出，取而代之的是公司增发新股来满足大量认股权证的转股需求。而增发新股则会导致股本的扩张，造成每股收益的稀释。因此，为了维护投资者的利益，公司增发新股还应与未来业绩的增长保持同步，否则不仅会削弱股东信心，影响二级市场的股价，还会使上市公司的市场形象受损。

（四）案例分析：云南云天化认股权证筹资风险的管理

1. 权证概况

云南云天化股份有限公司（简称云天化）是 1997 年经云南省人民政府“云政府

〔1997〕36 号”文批准，由云天化集团有限责任公司（简称云天化集团）独家发起，以募集方式设立的上市公司。公司社会公众股（A 股）于 1997 年 7 月 9 日在上海证券交易所挂牌交易。上市以来，公司更新发展理念，创新融资手段，多渠道开展资本运作，走出了一条以资本快速扩张推动产业迅猛发展的现代企业发展之路。2007 年 1 月，云天化股份发行 6 年期的 10 亿元认购权和债券分离交易的可转换公司债，同时派发权证 5400 万份。3 月 8 日，云天化权证在上海证券交易所上市。云天化认股权证的基本情况如表 2-12 所示。

表 2-12 云天化认股权证的基本情况

权证简称	云天化 CWB1	权证代码	580012
初始行权价	18.23 元/股	行权比例	1:1.00
发行数量	5400 万份	存续期	2007 年 3 月 8 日至 2009 年 3 月 7 日
开盘参考价	6.619 元	最新行权价	17.83 元
行权说明	行权期一：2009 年 2 月 23 至 2009 年 2 月 27 日		
	行权期二：2009 年 3 月 2 日至 2009 年 3 月 6 日		

2. 权证的融资效应分析

截至 2009 年 3 月 6 日，共计 53771012 份云南云天化股份有限公司认股权证“云化 CWB1”成功行权，剩余未行权的 228988 份“云化 CWB1”认股权证将予以注销。行权后，持有人的新增股份已全部在中国证券登记结算有限责任公司上海分公司办理股份登记手续。云天化发行认股权证前后的股份变动情况如表 2-13 所示。

表 2-13 云天化发行认股权证前后的股份变动情况 （单位：股）

	本次变动前		本次变动增减	本次变动后	
	数量	比例（%）	数量	数量	比例（%）
一、有限售条件份国有法人持股	326141977	60.81	—	326141977	55.27
二、无限售条件份人民币普通股	210208292	39.19	—	263979304	44.73
股份总数	536350269	—	53771012	590121281	—

（1）低成本融资。从行权结果可知，云天化的权证行权率达 99.58%。以行权价 17.83 元、行权比例 1:1 计，云天化新增股本 5377.1012 万股，募集资金 95874 万元，为公司下一步的发展提供了充足的财务保障。同时，云天化通过发行认股权和债券分离交易的可转换公司债券，每手云天化分离交易可转换债权的最终认购人可以同时获得分离出的 54 份认股权证。由于这种发行方式可以使投资者获得将来赚取股票利差的机会，所以可分离公司债券利率低于普通公司债，从而降低了再融资的筹资费用。这也体现了权证融资的价格发现功能。

（2）增加了融资的灵活性。上市公司发行认股权证后，如果公司发展顺利，一方面，公司股价会随之上升，促使认股权的行使；另一方面，公司对资金的需求也会增加，认股权的行使正好为公司及时注入大量资金。如云天化在认股权证成功行权后，就为自己融资达 9.58 亿元。这对补充云天化集团生产建设资金、调整债务结构、拓宽融资渠道等发挥了重要作用。反之，如果公司不景气，就不会有新的筹资需求，股价的呆滞也会使认股权证持有者放弃认股权。

（3）调整资本结构。认股权证的认股权行使后，投资者在一定期限内以约定的认购价格购入了规定比例的股票。对上市公司而言，股东权益资本随之增加。在认股权行使前后，一定时期内，公司债券资本保持不变；随着股东权益资本增加，公司资本结构中股权资本与债券资本之比增大，资产负债率降低。在公司资本结构中的债权资本比例过高时，可以通过认股权证的行使优化企业的资本结构。从云天化公司2009年第一季度的资产负债表来看，其资产负债率为66.16%，相比2008年年末的资产负债率降低了3.08%。

（4）对每股收益的稀释作用。每股收益是投资者评价上市公司经营业绩、公司价值的重要财务指标。公司扩大股权投资的直接影响是发行公司在扩股瞬间每股收益被稀释，被稀释到一定程度后，股价会调整并引发下跌，影响公司的业绩表现。投资者行使股权后，公司流通在外的普通股数增多，普通股每股收益因此下降。由云天化第一季度的财务指标可知，主要是由于认股权证的行权，新增股份53771012份，使得每股收益被稀释为－0.0948，给原有股东带来了损失。

三、优先股筹资风险管理

（一）优先股筹资风险概述

一般来说，优先股这一融资方式可使企业获得长期资金，且不会造成公司控股权的稀释，但是也具有无法节税等特点。

公司采用优先股融资具有以下优势：①获得长期稳定资金。优先股投资周期一般为5～7年，对公司在一段时期内的快速发展提供了有力保障。②保证国有控股权。公司的扩大发展需要不断的资本金支持，在内源资本及外源的股东方资本都无法实现的情况下，利用优先股的不参与性，既可以保障国有股份的控股地位，又可以增强公司的资本实力。③有效解决融资瓶颈问题。优先股为公司银行贷款、融资租赁、发债及多渠道融资打开了局面，解决了公司发展过程中融资难的主要问题。④资金杠杆作用明显。虽然优先股股息相对其他融资的成本要高，但是优先股的注入可以伴随着几倍的低成本资金进入，从而使组合融资的综合成本与市场现行成本相差无几。⑤提升银企合作。在国内以银行为主导的金融体制下，公司积极参与银行新业务的开拓，不仅有利于公司与银行关系的深入，更有利于公司充分利用银行的金融资源。

采取优先股融资也具有不少突出的劣势：①费用较高。由于国内缺乏相关法律规范，所以需要进行复杂的法律结构设计，一方面增加了流通费用，另一方面增加了法律顾问费用。②无法节税。优先股股息需在税前计提，无法像利息支付一样为公司节税。

优先股筹资的优缺点如表2-14所示。

表2-14　优先股筹资的优缺点

优　点	缺　点
1. 股息固定，即使盈利较高也不支付较高的红利	1. 清偿权先于普通股
2. 一般不退股，可获得长期资金	2. 股息需从税后收益支付
3. 无投票权，避免控制权稀释	3. 有些优先股有赎回条款，会影响资金周转
4. 经营状况不好时可以留待以后支付	

综合考虑，在企业的发展过程中，满足投资资金需求，提升公司发展后劲，优化财务报表，树立良好的市场形象是主要目标。只要充分利用好优先股，控制其风险点，与股东及主管部门充分解释协调，就能发挥其杠杆效用及资源拓展效用，从而为公司做大做强提供保障。针对优先股在当前实践中存在的问题提出以下建议：

第一，我国应当完善和发展优先股制度。近几年来以外资风险投资基金和私募股权基金为主的国外投资者对国内的投资，使理论界和实务界对优先股的操作由陌生到熟悉；2008 年的金融危机更让政府看到了优先股对于困境企业融资的特殊意义；大力发展多层次资本市场也是各类型企业发展的需求。在市场经济条件下，经济的发展和企业规模的扩大使得单一的融资方式和单调的融资工具已不能满足庞大的现代企业的资金需求，只有多样化、综合化、竞争性的融资方式才能成为企业筹集大规模、低成本、低风险资金的选择。我国需要大力发展包括优先股在内的多种融资方式，以满足不同企业、不同阶段的资金需求。

第二，合理安排资本结构。目前在我国，企业治理结构不完善的一个重要原因，就是资本结构不合理。优化企业的资本结构，必须与完善企业的治理结构相联系。企业债务是企业资本结构的重要组成部分。企业合理地举债不仅能够起到税盾和财务杠杆的作用，提高权益资本的利润率，而且还能够改善企业的资本结构，强化对企业经营者的约束，提高企业的市场价值。目前在我国存在负债过度的情况，要优化我国企业的资本结构，不仅要考虑债务约束控制，更重要的是拓展企业的融资渠道。

第三，设计合理的制度，保障普通股股东和优先股股东的权益。这两种股东之间既有共同利益，也有不同利益。优先股引入之后会带来新的理念、新的资源，这也许会与国有企业的旧有机制产生碰撞，但是原有股东对公司也具有不可或缺的作用，所以维护和保障两种股东的权益是十分重要的。

（二）案例分析

国开金融有限公司（简称国开金融）拥有目前国内唯一的人民币股权投资资质，且有意对 YDT 公司进行增资。

1. 优先股融资项目内容

YDT 公司与国开金融拟进行的股权合作核心内容如下：①投资标的：YDT 公司；②投资规模：国开金融增资 5 亿元人民币；③投资用途：用于电力在建或筹建项目的建设运营；④占股比例：国开金融对 YDT 公司增资 5 亿元，股比以资产评估结果为参考；⑤固定收益：由 YDT 公司每年通过分红方式支付国开金融投资收益，如分红回报率低于税后 12% 的投资收益，则控股股东以其应享有的云南电力分红或其他方式（如财务顾问费等方式）补足国开金融收益要求；⑥投资期限：6 年，投资期满后国开金融拥有退出选择权，控股股东对国开金融所持有股权进行回购，或者国开金融可选择放弃保底收益转为普通股；⑦回购价格：采取“原始投资额加上应计未付的收益”或“国有资产评估价格”的原则（评估价格不低于原始投资额加上应计未付的收益即可）；⑧保障条款：控股股东以所持 YDT 公司股权及其他优质资产抵质押担保；⑨董事会：国开金融在 YDT 公司至少拥有一名董事席位，该董事有权检查公司财务账簿，发现影响国开金融公司利益的行为有权制止，但不参与公司管理和重大事务决策；⑩投贷联动：国开金融投资后，控股股东和 YDT 公司将优先向国家开发银行申请相应贷款。

2. 优先股融资项目分析

从项目的核心条款上看，国开金融将按照投资额计算所占有的股权比例，但并不享有利润分配权，而是按照固定收益水平收取投资收益，此收益权已经完全与 YDT 公司经营成果脱钩；虽然在 YDT 公司有股东席位，但并不参与公司的管理和决策；股份回购条款也与普通股份不同，按照我国公司法规定，股权投资在公司正常生产经营过程中一般是不得抽回的，而该核心条款却约定了回购条件和时间。所以，此案例为标准的优先股融资的案例。在目前法律制度框架下，金融机构将其命名为“固定收益类股权融资项目”。该项目体现了几个特点：投贷联动，在完成优先股融资后，可以达到相应低成本融资的目标；投资方不参与公司的管理和决策，不会分散公司控制权；融资成本较高，基本上是银行同期贷款利率的160%~200%；到期回购，达到灵活调整公司资金结构的目的。

3. 优先股融资成本分析

优先股融资成本包括：①资金成本。优先股融资费用较银行贷款高是其劣势。优先股融资法律架构复杂，所以法律费用远高于普通贷款。假设目前 YDT 公司经过与商业银行接触，拟进行 1 亿元的优先股融资，预计筹资过程中发生法律顾问费、业务招待费等融资费用共计 20 万元，按照约定每年将分配股息 15%（1500 万元），此项融资的资本成本约为 15.03%。②税收成本。公司的债务利息在大多数国家的税法规定中都可以计入成本，但是股本收益却要征收所得税，所以通常情况下，债务的筹资成本低于股票的筹资成本。优先股股息在税前计提，无法对公司形成节税作用，容易加重公司财务负担，这是优先股融资的一大弊端。③其他成本。除了会计成本外，企业在选择融资方式时，还应该考虑机会成本和风险成本：一是机会成本。YDT 公司优先股融资的机会成本，是指公司放弃其他融资方式所可能带来的最大效用，目前我国金融市场上所能提供的金融工具，都受到政策调控的严重影响，因额度不足或资金成本过高而无法满足公司融资需要。二是风险成本。企业融资的风险成本主要是指破产成本和财务困境成本。目前来说，此种融资方式有利于改善 YDT 公司融资结构，且资金综合成本不高，对公司的财务压力不大，而且国开金融投贷联动的方式也保障了公司后续阶段的财务安全。

4. 优先股融资收益分析

优先股融资具有以下收益：①改善公司融资结构。YDT 公司从事的电力行业，具有项目建设及投资回收时间长的特点，需要大量的长期借款予以支持。截至 2011 年 6 月 30 日，公司合并范围内短期借款 12.3 亿元，长期借款 33.67 亿元，长短期借款比率约为 2.7:1，公司合并所有者权益 21.2 亿元。从优化资金来源结构、增强资本实力的角度考虑，公司需要解决更多的中长期融资问题，这是优先股融资可满足的条件。②资本金保障。YDT 公司在资本金来源匮乏，大量待建项目亟须投资开发建设的情况下，资本金不足所导致的融资难问题迫切需要解决。根据 YDT 公司“十二五”“十三五”战略安排，至 2020 年，公司投产装机容量将超过 500 万 kW，煤炭生产量将超过 1000 万 t，年销售额突破 100 亿元，利税额超过 20 亿元。完成此目标，首要的任务是达到一定的资源占有量和开发能力。按照电力项目 20% 资本金的要求，YDT 公司国开金融优先股融资项目可带动 20 亿元其他借款，从而实现约 25 亿元的投资。③提升银企合作。通过与国开金融的项目合作，使得 YDT 公司这一地方能源企业与国家开发银行这一以提供中长期贷款为主的银行合作深化，有助于双方后续项目的开展。

5. YDT公司优先股融资实施可能存在的问题

YDT公司优先股融资实施时可能存在两大问题：一是主管部门的认可。在该项目开展之前，已经有包括国家开发银行金融公司、中国银行国际公司、农业银行国际公司和国外知名投行向YDT公司提出优先股融资意向，但受制于单笔融资成本限制和企业主管机关对优先股融资认识的缺乏，被数次搁置。推进此项目，涉及国有控股股东的权益质押，需先对主管部门进行解释工作，然后与各股东沟通协调保障其权益的方式。在获得主管部门及原有股东的认可后，方可引入优先股。在退出时，若采取转为普通股方式，则需要原股东以股东会议案的形式通过；若为大股东收购，则YDT公司大股东涉及股权投资的审批，以及原股东对优先股股东股权转让的认可。二是优先股股东的参与程度。引进优先股股东，不仅仅需要其资金支持，对公司来说，优先股股东的金融资源和管理经验也是企业所需要的。如何保障优先股股东参与而又不控制，以及原股东与优先股股东的关系，是公司需要解决的一个重要问题。可以考虑在设置优先股的同时，设立一种特殊的股份"金股"。它起源于20世纪80年代初英国政府进行的国有企业改革，权益主要体现为否决权，是一种对特定事项行使否决权的股份，而不是受益权或其他表决权（提名管理人员等）。它通常只有一股，而且没有实际经济价值，是金股股东与其他股东商定的，无统一的法律含义和安排。金股可以监督企业履行预定的方案，保障股东权益不受侵害。金股将在企业履行既定方案后退出，期限一般为3~5年。

6. 优先股融资的实施风险

优先股融资的实施面临法律风险、财务风险和公司治理风险。

1. 法律风险

优先股融资制度在国内法律体系中尚未确立，在该项目实施过程中，可能会由于相关法律法规的制定而使得YDT公司及国开金融的相关权益受到损失。

（1）保密风险。股权投资通常都存在保密要求，而且不仅仅是交易资料、信息保密，甚至交易本身——交易主体的真实身份也需要保密。保密责任条款不仅是框架协议的重要组成部分，也是正式协议的必要条款。谨慎的做法是，不仅在众多协议中要求保密条款，还需针对某些合同签署专门的保密协议。

（2）交易结构风险。交易结构包括两部分：路径和流程。交易结构的设计需要综合考虑合法性、税负、时间要求等全部要素，避免顾此失彼而损害交易。路径就是要解决通过什么样的安排，能够合法实现交易双方的商务目标；还要考虑通过什么样的安排能够降低交易成本和税负；有时还要考虑通过什么样的安排能够在最短的时间内完成交易；在相当多的案例中，甚至要考虑通过什么样的路径安排，才不会受到法律法规的限制或规制。股东不参与经营管理而获取固定回报，这种优先股安排面临合法性瑕疵，而合法的安排应该是由大股东进行股权托管或表决权征集，由大股东向小股东支付托管报酬或征集费用。流程则是在路径明晰后，梳理出不同工作事项的先后顺序，设计不同的节点安排。先后顺序不同，可能控制力就不同，或许交易的税负也不同；而在不同的节点，所要满足的目标不同，各方的权利、义务安排可能也不同。

2. 财务风险

（1）价款支付风险。交易价款的支付需要根据具体的交易结构合理安排，既要考虑相应的节点控制，也要考虑相应的风险控制。优先股股东可能出于风险控制考虑会留有尾款，公司需要控制支付时间及合理规划资金使用。

(2) 期后事项风险。由于增资扩股活动都会持续一段时间，双方据以交易的审计报告、评估报告都是基于一个特定的基准日。从基准日到实际交割日期间所发生的事项如何调整，经营盈亏如何承担或享有，都需要予以明确。

(3) 资金风险。引入优先股所造成的公司资金层面的风险主要表现为投贷联动的不协调，即优先股进入之后，公司无法在短期内取得相应的低成本银行贷款，造成资金成本过大。在没有其他融资资金进入的情况下，将会增加公司股利支出 7500 万元，2011 年预计 YDT 公司税前利润为 0 元，那么将由公司列支财务顾问费或者大股东其他权益收益补偿该部分资金，结果造成公司资金紧张状况加剧，继而影响公司的经营发展。

3. 公司治理风险

(1) 整合风险。股权的获得并不意味着参股的真正结束，对于公司治理的参与是后一阶段的最重要内容，不仅包括对公司经营管理层面的参与，还包括对公司资产、债务、相关责任事项处理的参与，以及对公司运营模式和治理架构的参与和协调。对公司文化的融合和统一等，都是新进股东以及公司需要关注的一类事项。

(2) 争议解决风险。新股东进入后，对争议的防范和处理也是一项重要工作。一方面，要防范和处理交易各方基于增资扩股交易本身的争议；另一方面，还要防范和处理新进股东可能与第三方产生的争议。

(3) 甩项风险。在增资扩股的操作中，通常会存在一些搁置事项，对于这类事项的风险需要予以关注。

(4) 控股股东控制权风险。该笔项目操作中需要 YDT 公司控股股东提供其持有 YDT 公司股权及其他权益作为质押。若在约定时期控股股东无力购买优先股股东所持有股份或者优先股无法转换为普通股股份，那么控股股东有可能失去对 YDT 公司的权益，甚至其他相关权益。

第五节　筹资风险管理综合案例分析

一、案例分析：曙光公司长期筹资方案的选择[㊀]

(一) 背景资料

曙光公司是一家民营企业，近几年发展很快，与时俱进的管理使公司的实力越来越强。截至 2002 年年末，公司的总资产已达 68412 万元，总股本为 4659 万股，净利润为 1292 万元。2003 年年初，公司为扩大经营规模，决定再上一条生产线，经测算，该条生产线需投资 2 亿元人民币。公司为此设计了三套筹资方案：增资发行股票；向银行借款；发行长期债券。要求在分析相关筹资条件、测算筹资成本及投资报酬率的基础上，确定可行的筹资

㊀ 资料来源：http：//zhidao. baidu. com/link？ url = Cx45SpAgdqgN6fx1H3bb7iT_upgEvLilbrU7KviX2O8 JKhRh20re4fc-I3TqXaxKmswZmIL1d-wBIq3Kyeo0Z_.

方案。

(1) 曙光公司的股本结构，如表2-15所示。

表2-15 曙光公司的股本结构 (单位：万股)

类 别	2002年年末	2001年年末	2000年年末
曙光法人股	4444	3602	3602
募集法人股	200	200	200
内部职工股	15	700	700
总股本	4695	4502	4502

(2) 曙光公司2000—2002年的财务状况，如表2-16所示。

表2-16 曙光公司2000—2002年的财务状况 (单位：千元)

财务数据	2002年年末	2001年年末	2000年年末
总资产	684121	552455	450430
流动资产	366220	285307	312489
长期投资	10075	10075	10175
固定资产	217365	203814	120056
无形递延资产	90461	53259	7810
流动负债	249244	153927	52354
长期负债	15515	1748	3547
所有者权益（除资本公积）	389354	396780	394539
资本公积	30008	0	0
主营业务收入	135402	165629	155951
主营业务利润	49114	59120	43583
利润总额	15783	52374	46494
净利润	12924	42947	38125
未分配利润	15882	21429	33581

净资产/总资产 = 61%；无形资产/总资产 = 13%；连续三年盈利；债券/净资产 = 47.69%；三年平均可分配利润3133.2万元。

方案一：增资发行股票。曙光公司拟在2003年10月末增资发行股票，现公司股票市场价格为13.50元/股。

方案二：向银行借贷。扩建生产线项目，投资建设期为一年半，即2003年4月1日至2004年10月1日。市建行愿意为本公司建设项目提供两年期贷款2亿元，贷款年利率8%，贷款到期后一次还本付息。扩建项目投产后，投资收益率为12%。

方案三：发行长期债券。根据企业发行债券的有关规定得知：企业规模达到国家规定的要求；企业财务会计制度符合国家规定；具有偿债能力；企业经济效益良好，发行企业债券前连续三年盈利；所筹资金用途符合国家产业政策；公司发行债券2亿元人民币，不超过该公司的自有资产净值（40%）；债券票面年利率为6%。

（二）案例分析

（1）根据资料所述，曙光公司增资发行股票的条件符合国家规定。其中：

1）公司拟认购的股本数额为公司发行的股本总额的40%，大于规定比例35%；同时拟购额为8000万元，也大于规定数额。

2）本次增资发行股票的时间为2003年10月末，距前一次发行时间已间隔一年以上。

3）公司预期投资收益率为12%，远远高于银行存款利率。

4）其他方面均符合增资发行股票的条件。

（2）曙光公司发行债券的条件也符合国家规定。其中：

1）公司的净资产超过3000万元。

$$净资产=总资产\times61\%=68412.1万元\times61\%=41731.381万元$$

2）2000—2002年平均每年可分配利润约为2363万元，足以支付公司债券一年的利息1200万元。

$$平均每年可分配利润=(1588.2万元+2142.9万元+3358.1万元)/3\approx2363.07万元$$

$$公司债券一年的利息=20000万元\times6\%=1200万元$$

3）其他条件均符合国家规定。

（3）分析三种筹资方式的优缺点

方案一：增资发行股票筹资方式。

优点：①能增加公司的信誉；②没有固定的利息负担；③没有固定的到期日，无须偿还；④筹资风险小；⑤筹资限制少，可以使公司的资产负债率由年初的40%左右降低到30%左右。

缺点：①资金成本较高；②容易导致公司控制权分散。从曙光公司2000—2002年的股本结构来看，曙光法人股占绝对比重，因此公司拥有绝对的经营管理和控制权。若发行2亿元普通股股票，则必然会稀释公司原有的股权结构，大大削弱公司的经营管理权和控制权。这是曙光法人股东所不愿意看到的结果，也会使得公司每股收益和净资产收益率下降，从而影响盈利能力指标。

方案二：向银行借款筹资方式。

优点：①筹资速度快；②筹资成本比股票筹资成本低；③借款弹性好。

缺点：筹资风险较大。根据所给案例资料，2002年年末曙光公司的资产负债率为40%左右。而如果再向银行借款2亿元人民币，则资产负债率将超过60%，财务风险大大增加。但由于该公司新建项目期限短、投产见效快，而且投资收益率高于贷款利率，因此综合考虑该项借款将不会使企业面临太大的风险。

$$原资产负债率=负债总额/资产总额=(24924.4万元+1551.5万元)/68412.1万元\approx38.7\%$$

$$现原资产负债率=(24924.4万元+1551.5万元+20000万元)/68412.1万元\times100\%$$

$$\approx67.94\%$$

方案三：发行长期债券筹资方式。

优点：①资金成本较低，因为在不考虑筹资费率的情况下，发行债券的票面年利率为6%，低于银行贷款年利率8%，所以在本例中发行债券的资金成本低于银行借款的资金成本；②能够保证普通股股东的控制权；③可以发挥财务杠杆作用，尤其是公司投资后预计的投资收益率远远高于银行贷款利率，因此公司有更多的收益可用于分配给股东或自己留存用于扩大经营。

缺点：筹资风险较大。这一方面与向银行借款筹资方式基本相同，但正是因为公司目前的经济效益良好，具有较强的偿债能力，所以无须为此过分担心。

（三）结论

发行股票的资金成本较高，而且会大大削弱公司原有占绝对比重的经营管理权和控制权，这是大股东所不愿意看到的结果，这种筹资方式必将受到阻碍；向银行借款的筹资成本虽然比股票筹资成本低，但由于借款数额巨大，导致企业的资产负债率过高，财务风险增大。再把后两种方案进行比较，发行债券的资金成本又低于银行借款的资金成本。虽然后两者都会增加企业的筹资风险，但由于曙光公司该项新建项目期限短、投产见效快，投资收益率高于贷款利率，而且企业目前的经济效益良好，具有较强的偿债能力，因此综合考虑，向银行借款和发行长期债券将不会使企业面临太大的风险。

将上述三种筹资方案进行权衡，在不考虑其他未提及因素的情况下，曙光公司应该选择发行长期债券筹资这一方案。如果可行的话，还可以考虑将以上三种方案结合使用。

二、案例分析：韩国大宇因忽视筹资风险而导致神话破灭[⊖]

（一）案例资料

韩国大宇集团成立于1967年，其创办人金宇中当时是一名纺织品推销员，时年仅31岁。他靠借来的5000美元与别人合伙开办了大宇公司，不久他个人又买下了公司的全部产权。创业之初，公司只有30m^{2}的一间办公室和5名员工。但经过多年的苦心经营，金宇中在随后的30多年时间里，依靠政府政策的大力支持、银行的信贷扶持及海内外的大规模并购，使大宇集团发展成为继韩国最大的企业现代集团之后的又一个世界知名企业。

大宇的创始人金宇中一直被韩国人视为民族英雄。他从20世纪70年代开始，从纺织业跨入造船业，又由造船业迈入汽车业，并于80年代进军电子业，90年代涉足航天工业，在不同领域不断进行扩张。20世纪90年代，大宇集团走上了全球性大收购的道路。金宇中提出其扩张战略——世界化经营，开始在全世界范围进行大量收购，尤其在东欧及其他发展中国家低价收购了大量濒临停产的汽车厂和不良企业。据报道，在其扩张高峰时，曾创下每三天收购一家企业的纪录。在韩国陷入金融危机的1997年，大宇不仅没有被危机困倒，反而在国内的排名中由第4位上升到第2位，并以715亿美元的营业额高居美国《财富》500强的第18位。金宇中本人也被美国《财富》评为亚洲风云人物。

1998年，大宇集团总资产高达640亿美元，营业额占韩国GDP的5%；业务涉及贸易、汽车、电子、通用设备、重型机械、化纤、造船等众多行业；国内所属企业多达41家，海外公司数量曾创下600家的纪录。大宇鼎盛时期，海外雇员多达几十万人，大宇成为国际知名品牌。

然而，自1997年亚洲爆发大规模金融危机后，大宇集团逐渐衰落，并最终于1999年11月1日宣告解体。一个昔日如此辉煌的大型企业迅速破产，其中原因值得深思。

1997年韩国爆发金融危机后，大宇集团已经显现出经营上的困难，其销售额和利润均

⊖ 资料来源：http：//wenku. baidu. com/link？url = mEVKqSIxstRTmXHXe0nczJaCxiX0rPj2opLYUXqmqFEdprHzsNbftXYZoc3dI1D8wWlByVCYT7Sv8Rvt- eOg2Be3gmZBm6tO3fUaJPLudNW.

不能达到预期目标。而与此同时，债券金融机构又开始收回短期贷款，政府也无力再给它更多支持。1998 年年初，韩国政府提出“五大企业集团进行自律结构调整”方针，其他企业集团均开始收缩规模以躲避随之而来的高财务风险，但大宇集团不管不顾，坚持按自己的原则行事，认为只要通过增加销售额、提高产品出口来提高经营利润率，就能挽救企业，使之躲过大危机带来的影响。因此，在其他企业均将经营重点放在调整财务结构、减轻债务负担的时候，大宇集团继续大规模发行企业债券，以高杠杆方式筹集收购企业所需的大量资金，结果使债务负担日渐沉重，将企业暴露在极高的财务风险之下。

大宇集团在 1998 年和 1999 年 6 月之前发行了 22 兆 390 亿韩元的企业债券和 8 兆 7190 亿韩元的远期汇票。这两项资金加在一起就是 30 兆 7580 亿韩元，在总债务 43 兆 3890 亿韩元中占 71%，其中无担保企业债券占 13 兆 4328 亿韩元。在此期间，大宇发行的公司债券达 7 万亿韩元。事实上，因亚洲各国均不同程度地受到金融危机影响，出口普遍困难，随后经济发展又步入低谷期，大宇集团的销售额与出口率并不能达到预期目标，其经营利润率也不能相应提高。1998 年第四季度，大宇集团的债务危机就初现端倪，在各方援助下才避免债务灾难。此后，在严峻的债务压力下，大宇集团虽然做出种种努力，但已无回天之力。1998 年 12 月 8 日，大宇宣布将 41 个系列公司缩减到 10 个。

1999 年 4 月 19 日，大宇宣布出售旗下多家公司及部分不动产，集团营业范围由原先的 7 个领域缩小到汽车、贸易和金融 3 个部分，公司数量由 34 家减少到 8 家。大宇重工业保有的 DECOM 通讯公司的股份被三星收购。5 月份，大宇株式会社位于青州等地的不动产和百货店出售给乐天集团。6 月 18 日，大宇又卖掉首尔希尔顿饭店这个集团旗下最赚钱的系列公司；同时，大宇所持韩国通讯和 HANARO 通讯的股份也被处置。

1999 年 7 月中旬，大宇集团向韩国政府发出求救信号；7 月 27 日，大宇因延迟重组，被韩国 4 家债权银行接管；8 月 11 日，大宇出售两家财务出现问题的公司；8 月 16 日，大宇与债权人达成协议，在 1999 年年底前出售盈利最佳的大宇证券公司及大宇电器、大宇造船及大宇建筑公司等，保留汽车项目资产。依据同政府达成的协议，1999 年下半年被出售的 30 家企业资产规模超过 11 兆韩元。该协议实际上意味着大宇集团已濒临破产边缘。由于大宇集团的一些支柱产业或盈利性较好的项目均已出售，因此在随后几个领域内的经营更加陷入困境。尽管大宇苦撑局面，但在日益恶化的形势面前只能节节败退，最终还是无力回天，导致金宇中以及下属高层领导集体辞职，以表示“对大宇的债务危机负责，并为推行结构调整创造条件”。韩国媒体认为，这意味着“大宇集团解体进程已经完成”，大宇集团已经消失。

（二）案例分析

韩国大宇集团这个曾经辉煌的企业最终走向了衰落，其中的原因是多方面的。虽有经营不佳、管理不善等因素，但其中很重要的一点是：忽视筹资风险，不恰当地举债，结果造成企业陷入困境。

大宇集团在政府政策和银行信贷的支持下，走上了一条“举债经营”之路，试图通过大规模举债，达到大规模扩张的目的，最终实现“市场占有率至上”的目标。大宇集团的举债扩张之路，其引导者有政府也有高层。20 世纪 60 年代以后，韩国政府为了推动国内经济的快速发展，采取了大力扶持国内大企业集团的战略。政府扶持的主要手段就是促使银行无节制地发放贷款，支持这些企业进行收购兼并，盲目地举债扩张，而在问题暴露之后又没有及时作出调整，最终犯了战略决策上的错误。

从总体上来看，大宇集团面临的筹资风险包括外部环境造成的风险和自身筹资造成的风险。由于大宇集团对这两方面的风险都未进行规避和管理，才导致企业的迅速破产。

大宇集团在1997年面临的外部环境非常不利于其进行扩张：韩国乃至亚洲各国均受到金融危机的影响，经济普遍不景气，金融市场的波动，如利率、汇率的变动都会导致筹资风险。当大宇集团采取短期贷款方式时，如遇到金融紧缩、银根收紧、短期借款利率大幅度上升等情况，自然就会面临利息费用剧增、利润下降等风险。此外，在经济紧缩时筹资，即使能够筹集到资金，也不会有很好的用途，进而会导致资金利润率降低，不能与高债务利息率相匹配。

从自身筹资来看，大宇集团在大规模举债的同时，忽视了随着债务增长而同步增长的财务风险。虽然债务筹资具有诸多优点，比如在债务筹资的方式下，企业可以获得发展资金，且由于利息是固定的，企业所获得的收入越多，扣除固定利息后所获得的剩余利润也越多，故适度举债可以给企业带来一定的利益，但是，每年固定支付的利息和必须按期偿还的本金同时也会使企业的财务杠杆提高。大宇集团只看到了债务带来的好处，而没有注意到财务杠杆放大风险的效应。企业要想真正获得举债带来的利益，其经营利润率必须超过债务利息率，否则，举债不仅不能使企业获得这种利益，反而会使企业因债务负担沉重而丧失偿债能力，甚至不得不宣告破产。大宇集团在外部环境已经开始恶化的情况下，盲目相信其经营利润率会保持不变，使财务杠杆的风险放大效应更加明显。从大宇集团1997年与1998年的财务状况的对比，就可看出负债所带来的这种效应。1998年，大宇集团大规模的借款增加了财务费用。大宇集团1997年的财务费用为2兆7119亿韩元，而1998年竟增加为5兆9235亿韩元，一年内财务费用增加了118%。由于财务费用大幅度增加，企业的盈利状况迅速恶化，1997年大宇集团整体实现盈利0.4兆韩元，而1998年却亏损0.6兆韩元。

此外，大宇集团举债债务结构的不合理也是其财务风险增大的因素之一。通常，规避财务风险的方法之一是制定合理的债务期限结构。而金宇中不能接受稳健的经营思想，对举债经营越来越自信。他号召的“世界经营”实际上仍然依靠政府的支持，利用当地贷款建成海外工厂，而根本未考虑财务结构与债务比例。贷款需偿付的利息占去了大宇集团相当大的一部分收入。从1998年年底决算情况来看，大宇集团的借款总额为46兆1553亿韩元。其中，中长期借款为6兆1563亿韩元，仅占借款总额的13.3%；相反，短期借款为24兆938亿韩元，占借款总额的52.2%。长、短期债务比例失衡导致债务期限结构不合理，使大宇需在短期内筹集大量资金偿还贷款，故而风险大大提高。

总之，筹资风险的规避和管理对于一个企业筹资的成败乃至整个企业的生存发展都是至关重要的。从企业经营者理财的角度看，最主要的风险是筹资与投资风险，企业投资所需要的资金往往要依靠各种筹资方式获得，因此筹资风险最终将决定投资风险。任何企业为进行扩张而采取各种方式筹集资金时，都必须考虑风险所带来的负面效应，并应采取恰当的规避措施，制定合理的筹资比例与筹资结构。企业恰当的债务筹资策略可以使企业既能有效地降低风险，又能走入良性发展之路。反之，盲目地、无条件地举债，特别是企业在经营利润率小于债务利息率且企业的债务规模过度的情况下举债，就会带来极大的筹资风险，有可能对企业造成相对不利的影响，甚至使企业最终破产倒闭。

本章小结

本章讨论了不同类型的筹资方式及其风险管理问题。

首先，概述了筹资风险的定义、类型、特征、识别与管理。筹资风险是指企业在筹资活动中由于资金供需市场、宏观经济环境的变化或筹资来源结构、币种结构、期限结构等因素而给企业带来的预期结果与实际结果的差异。企业的筹资风险分为债务筹资风险、权益筹资风险和混合筹资风险。筹资风险具有客观性、潜在性、相对性和复杂性等特点。各种筹资风险因素导致风险损失的严重程度大致分为轻微、较小、中等、较大、极大五个级别；根据风险因素发生的可能性及其影响程度，风险可表示为低、中等、显著、高四种程度。这两者的组合就可以进行筹资风险的识别。筹资风险的管理可以采用风险防控技术和构建风险管理制度。

其次，阐述了债务筹资风险的定义、识别、评估与管理。债务筹资风险是指企业的债务筹资行为给企业带来的风险。债务筹资风险受到很多因素的影响，包括内因和外因。债务风险的识别和评估有五种常用方法：杠杆分析法、财务指标分析法、概率分析法、资金周转表分析法和定期财务分析法。债务风险的管理包括债务筹资风险决策、债务筹资风险处理等。

再次，阐述了股权筹资风险的定义、识别、评估与管理。股权筹资风险是指由于股票发行时机选择欠佳、发行数量不当、发行价格不合理、筹资成本过高及股利分配政策不当等给公司造成经营成果损失的可能性。股权筹资风险需要识别发行风险、代理成本风险、恶意收购风险和退市风险。股权筹资风险的评估可以采用现金权益比率、权益净利率、资本保值增值率和盈余现金保障倍数等指标。股权筹资风险的管理包括股权筹资风险决策、代理成本风险防范、恶意收购风险防范、退市风险防范等。

最后，阐述了可转换债券、认股权证和优先股这三种混合筹资的风险管理。可转换债券筹资需要识别发行风险、信用风险、财务风险、经营风险、利率风险、稀释效应风险和啄食顺序理论风险；可转换债券筹资的风险管理包括融资风险的事前控制、事中控制和事后控制。认股权证筹资具有依附性、分段性、期权性和风险性等特征；认股权证筹资需要识别融资计划失败的风险、权证发行公司违约风险、投融资双方遭受损失的风险等；认股权证筹资风险的管理可以从融资方式、发行时机、行权方式及股份来源等方面着手。通常优先股融资可使企业获得长期资金，且不会造成公司控股权的稀释，但是也具有无法节税等缺点。

习　题

1. 中泰化学（002092. SZ）是一家基本化学原料制造企业，在其2011年年报中披露了筹资风险：氯碱化工行业为资本密集型行业，公司近两年在建项目对资金的需求较大，在融资方面存在一定的压力。如果公司不能通过股权融资有效提高权益资本比重，改善公司财务结构，将可能带来资金筹措风险。随着行业准入标准提高，以及公司业务的快速发展，公司建设“盐、煤、电、化”一体化产业链的投资以及中泰化学阜康工业园项目规划的实施，在未来几年对资金的需求还将大幅增加。这对公司的融资能力提出了较高要求，存在融资能力不能满足发展所需资金的风险。企业同时披露了相应的对策：公司已经有多次成功从资本市场融资的经验，有着很好的信誉和投、融资能力；结合项目建设对资金的需求，利用公司良好的融资平台，有计划、有步骤、多渠道、多形式为项目建设筹集建设资金；同时，作好资金筹划，积极研究金融产品，合理调配资金。请对中泰化学采取的筹资风险管理对策进行评价和补充。

2. 东华实业（600393. SH）是一家房地产开发与经营企业，在其2011年年报中披露了筹资风险：房地产业是资金密集型行业，充足的现金流对企业的发展至关重要。随着公司业务的发展、经营规模的扩大，对公司的融资能力提出了更高的要求。融资能力体现在两个方面，即不仅要及时、足额地筹集到发展所需资金，而且要支付较低的资金成本。请提出东华实业的筹资风险管理对策。

3. 内蒙君正（601216. SH）是一家基本化学原料制造企业，在其2011年年报中披露了筹资风险：公司所处行业属于资金密集型行业，需要大量设备以及铺底流动资金的投入。随着行业准入标准提高以及公司业务的快速发展，公司建设“煤——电——化”产业链的投资以及鄂尔多斯君正、锡林郭勒盟项目的实施，导致公司未来几年预期将会有持续大规模的资本性支出，可能出现融资能力不足的风险。企业同时披露了相应的对策：公司已经有成功从资本市场融资的经验，目前公司资产负债率仅为30%左右，而且银行资信情况良好、贷款能力较强；结合项目建设对资金的需求，公司自身利用良好的融资平台，有计划、有步骤、多渠道、多形式为项目建设筹集建设资金；为了提高股东的投资回报率，公司将优先使用债权融资的方式，并根据项目进度合理安排，作好资金筹划，控制好财务成本。请对内蒙君正采取的筹资风险管理对策进行评价和补充。

4. 春晖股份（000976. SZ）是一家合成纤维制造企业，在其2008年年报中披露了租赁风险：租赁关联方生产线的影响。目前，公司租赁第一大股东广州市鸿汇投资有限公司控股子公司广东信达化纤有限公司的切片生产线进行原材料生产，根据双方最新签署的《租赁协议书》，租赁期到2009年6月30日为止。因而存在不再续租，影响公司原材料供应的风险。企业同时披露了相应的对策：①公司将继续与股东和关联方进行沟通，争取股东支持，能以合理的租赁费继续租用广东信达化纤有限公司的切片生产线进行原材料生产，以维持原材料供应的稳定和保证原材料供应质量的稳定；②如果7月份以后不再租赁该切片生产线进行原材料生产，公司将向外购买POY原材料进行加工。这样，虽然在自主控制原材料和品种调节上出现劣势，但一方面不用支付租金，另一方面采购POY及光片、半消光切片则更加灵活，销售的流转也可以更快。请对春晖股份采取的租赁风险管理对策进行评价和补充。

5. 新华都（002264. SZ）是一家商业零售企业，在其2008年年报中披露了租赁风险：经营场所租赁期满不能续租的风险。目前，公司大部分门店的经营权主要通过租赁取得，由于经营场所的选取对销售业务有重要的影响，各个门店，尤其是地段较好的门店租赁期满后能够续租，将对公司的正常经营非常重要。如不能续租，公司将不得不寻找相近的位置，从而承受由于迁移、装修、暂时停业、新业主租金较高等带来的额外成本。如不能续租又不能选取相近位置，则可能面临闭店的风险。企业同时披露了相应的对策：①对租期较短或即将到期的门店，公司要提前作好与业主的沟通协商，发挥公司信誉度高和品牌影响力强的优势，充分利用优先承租权利，做好续租工作；②新开门店选址时，要加强对当地的市场需求、商业环境及市场竞争状况的分析和研究，从而把拟选取的经营场所限定在一个商圈以内，而不是局限于某一处经营场所，为公司确定经营场所提供较大的选择余地。请对新华都采取的租赁筹资风险管理措施进行评价和补充。

6. 深天马A（000050. SZ）是一家电子元件制造企业，在其2011年年报中披露了融资风险：受央行加息影响，虽然目前银行额度投放规模略有宽松，但市场总体资金需求仍然紧张，企业融资成本偏高。请提出深天马A的融资风险管理对策。

7. 顺发恒业（000631. SZ）是一家房地产开发和经营企业，在其2011年年报中披露了融资风险：房地产行业是一个典型的资金密集型产业，资金占用量大、占用期限长，是房地产开发过程中的常态。目前，房地产企业的融资结构单一，仍以银行贷款为主。随着政府一系列紧缩金融政策的出台，再加上对上市融资的诸多限制，这些都给房地产企业筹措资金带来了不小影响。企业同时披露了相应的对策：一方面，要提高公司整体运营效率，加快项目开发速度，严格把控营销节奏，加大资金回笼力度；另一方面，加强成本控制，增强财务风险的防范能力，做好财务预算管理工作，以规避风险。请对顺发恒业采取的融资风险管理对策进行评价，并提出建议。

8. 闽东电力（000993. SZ）是一家电力生产和供应企业，在其2011年年报中披露了融资风险：公司实施“新能源引领战略转型，多元化实现跨越发展”的总体发展战略，实施了风电、房地产等投资项目，资金需求量大。而国家受通货膨胀压力的影响，存款准备金率及利率的变化使公司在融资方面存在一定的风险，以及存在公司融资成本上升的压力和对经营业绩影响的风险。企业同时披露了相应的对策：公司将强化资金的集中管控，合理有效地使用资金，提高资金使用效率，有效降低融资成本；加强银企合作，采用多种融资渠道，提高公司融资能力，保障公司投资发展的资金需求，促进公司的可持续发展。请对闽东电力采取的融资风险管理对策进行评价和补充。

9. 久联发展（002037. SZ）是一家化学原料及化学制品制造企业，在其2010年年报中披露了融资风险：公司自2004年上市以来，融资手段比较单一，主要通过自身积累和银行贷款筹集发展所需资金。随着经营规模的不断扩大，尤其是爆破工程业务的迅速增长，通过资本市场再融资以解决资金需求、匹配未来发展战略的重要性日益凸显。企业同时披露了相应的对策：公司启动了再融资的进程，争取能在实业经营和资本运营方面取得长足进步，为实现公司的发展战略奠定坚实的基础。请对久联发展采取的融资风险管理对策进行评价和补充。

10. 瑞泰科技（002066. SZ）是一家非金属矿物制造企业，在其2010年年报中披露了融资风险：融资渠道的单一性和国家较为稳健的货币政策使公司面临融资困难带来的资金风险。公司近几年发展迅速，资金需求较为旺盛，并且融资方式主要以短期贷款为主。2010年年末公司的流动比率为1. 20，速动比率为0. 86，均较年初有所下降。目前，为控制CPI的持续高涨，国家实施了稳健的货币政策，央行不仅控制信贷规模，还不断提高存款准备率并加息，公司面临着资金风险。企业同时披露了相应的对策：①增加融资品种，改变间接融资方式，增加直接融资方式。为此，公司计划发行3亿元短期融资债，该债券的发行将增加了公司融资品种，有效地降低财务费用。②增加银行授信额度，目前公司已申请到了12亿元左右的授信额度，保证公司有充足的授信额度。③加强资金管理，提高现金保有量，防范资金风险。④要求玻璃市场部、水泥市场部和各子公司加强货款回收，减少赊销，加强应收账款管理；加强资金管理，降低成本，控制付款。⑤加强投资管理，确保投资效益；增加权益性融资和长期负债融资方式，改变财务结构。请对瑞泰科技采取的融资风险管理对策进行评价和补充。

第三章

投资风险管理

企业投资的目的是获取投资收益，而投资风险却与投资收益相伴而生。通常，投资收益越高，所遇到的投资风险也越大。因此，企业在投资决策过程中，应充分考虑投资风险因素，在有效控制投资风险时，力求投资收益最大化。

第一节　投资风险管理概述

企业投资包括对内投资和对外投资。企业对内投资主要是固定资产投资。在固定资产投资决策过程中，很多企业对投资项目的可行性缺乏周密系统的分析，加之决策所依据的经济信息不全面、不真实等原因，使投资决策失误频繁发生，投资项目不能获得预期收益，投资无法按期收回，给企业带来了巨大的财务风险。在对外投资上，很多企业的投资决策者对投资风险的认识不足，盲目投资，导致企业投资损失巨大、财务风险不断。因此，投资风险管理对企业而言非常重要。

一、投资风险概述

投资风险是指企业投资过程中，在各种不可预计或不可控因素的影响下，导致投资不能实现预期目标的可能性。按照分散程度和投资对象的不同，企业投资风险的分类如图 3-1 所示。

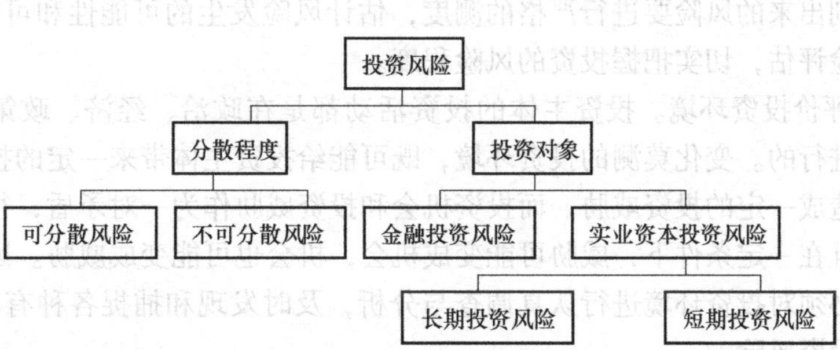

图 3-1　企业投资风险的分类

（1）按照分散程度的不同，投资风险分为可分散风险和不可分散风险（表 3-1）。

（2）按照投资对象的不同，投资风险可分为金融投资风险和实业资本投资风险。金融投资风险是指影响企业金融投资收益实现的风险，主要体现在企业用金融商品为载体的前提下，在投资过程中投资项目不能达到预期收益。实业资本投资风险是指与实业资本投资经营活动相关的风险，主要是针对企业内部生产经营有关的投资和对外的合营、合作等实业资本投资过程中可能产生的风险。这种风险可解释为项目投资达不到预期收益的可能性。

表 3-1　可分散风险和不可分散风险的比较

风险类别	含义及表现	实现途径或手段
可分散风险	非系统风险或非市场风险，是可以通过分散化投资消除的风险。这类风险是由企业相关的一些事件引起的，常常表现出随机性	恰当实行科学的投资决策，可以规避和分散风险，即通过分散投资降低该风险。如果分散充分有效的话，这种风险就能被完全消除。其对报酬不会产生不利的影响，即投资风险与报酬不匹配
不可分散风险	系统性风险或市场风险，是由影响整个市场的全局性事件引起的	市场对投资者承担的不可分散风险给予补偿，即投资风险与报酬相匹配

二、投资风险的识别

企业在投资过程中，要对风险因素进行甄别，确定各种可能存在的系统性风险和非系统性风险，密切关注投资各个阶段更替过程中的风险变换，提高对风险客观性和预见性的认识，掌握风险管理的主动权。企业投资风险的产生一般有三种原因：一是产业结构风险、投资决策风险、投资执行风险、投资后经营过程中的风险等所表现出来的投资过程的非科学性；二是金融投资组合的非分散化引起的风险与报酬的不匹配；三是金融投资与实业资本投资的相互影响以及企业对投资项目的理解和把握不到位等。其中，投资过程的非科学性最常导致企业的投资活动出现风险。因此，企业应着重注意在产业结构、投资决策、投资执行、投资后经营过程中保持理性，采用科学的防范措施积极进行风险管理，这样才能将企业的投资风险降至最低。

三、投资风险的评估

对已经识别出来的风险要进行严格的测度，估计风险发生的可能性和可能造成的损失，并作出系统风险评估，切实把握投资的风险程度。

（1）分析评价投资环境。投资主体的投资活动都是在政治、经济、政策、地理、技术等投资环境中进行的。变化莫测的投资环境，既可能给投资主体带来一定的投资机会，也可能给投资主体造成一定的投资威胁。而投资机会和投资威胁作为一对矛盾，往往同时出现又同时消失，而且在一定条件下，威胁可能变成机会，机会也可能变成威胁。因此，投资主体在投资活动中必须对投资环境进行认真调查与分析，及时发现和捕捉各种有利的投资机会，尽可能地防范投资风险。

（2）科学预测投资风险。投资作为一项长期的经济行为，要求投资主体在投资之前应该对可能出现的投资风险进行科学预测，分析可能出现的投资风险产生的原因及其后果，并针对可能出现的投资风险及引起风险的原因制定各种防范措施，尽可能地避免投资风险，减少损失，防患于未然。

（3）进行可行性分析，使投资决策科学化。投资决策是制订投资计划和实施投资活动、实现投资正常运行的基础和关键，必须使投资决策科学化。投资决策科学化的关键环节是利用先进的分析手段和科学的预测方法，从技术上和经济上对投资项目进行可行性研究和论证，通过对各种投资机会和方案进行论证，以求获得最佳收益的投资方案，并防范投资风险。

（4）分析投资收益和风险的关系。在市场经济条件下，投资主体的任何投资都免不了会遭受一定的风险。从收益与风险的关系看，投资主体欲获得的投资收益越多，所承担的风险也就越大；而风险越大，获得收益的难度也越大。因此，投资主体在投资中，要认真研究收益与风险的关系，正确衡量自己承担风险的能力，在适当的风险水平上谨慎、稳健地选择投资对象，力求尽可能避免或降低投资风险。

（5）分析评价投资机会的选择。投资主体在对投资环境进行调查和分析的过程中，往往会发现许多投资机会，但各种投资机会的实现都要以一定数量的资金为保证。因此，投资主体在投资过程中，既要考虑投资机会，也要考虑自己的资金实力，量力而行。

（6）分析评价投资风险的结果。投资风险经过分析评价之后，会出现两种情况：一种情况是投资的风险超出了可接受的水平；另一种情况是投资整体风险在可以接受的范围之内。在第一种情况下，投资主体有两个选择：当项目整体风险大大超过评价基准时，应该立即停止、取消该项目；当项目整体风险超过评价基准不是很多的时候，应该采取挽救措施。在第二种情况下，没有必要更改原有的项目计划，只需要对已经识别出来的风险进行监控，并通过深入调查来寻找没有识别出来的风险即可。对于已经存在的风险要进行严格检查，必要时应采取相应的规避措施，防范风险。

四、投资风险的控制

（一）构建投资风险预警系统

企业投资风险预警是指以收集到的企业相关信息为基础，对企业可能因此出现的风险因素进行分析，采用定性和定量相结合的方法来发现企业投资过程中可能出现的潜在风险，并发出警示信号，以达到对企业投资活动风险预控的目的。

企业投资风险预警系统可以反映企业投资运营的状况，它具有监测、信息收集和控制危机几大方面的功能。

企业投资风险预警主要是由警源分析和警兆辨识两部分组成。一个企业要想取得投资的成功，必须将一些关键因素控制在一定的范围内。原因在于如果这些因素发生异常波动，很可能会导致企业投资总体上的失败。企业投资风险的警源分析子系统的构成如图3-2所示。

根据企业的不同，导致风险形成的关键因素也有所不同。企业应结合预警对象的特征及变化规律进行监测，以准确界定企业投资风险的警源所在。不同企业所侧重的关键因素差别很大。企业在实际操作过程中，应参照警源分类，并结合预警对象的特征与变化规律来监测预警对象，只有这样才能准确找出企业警源所在。对任何一个企业而言，在投资风险发生前都会有先兆，如某些指标会提前出现异常波动。企业建立投资预警系统的目的就是要根据一定的先兆，及时、准确地捕捉这些异常。

防范企业投资风险最有效的方法就是构建投资风险预警系统。企业构建投资风险预警系统主要包括两方面的内容，即定性分析和警兆的定量分析。企业投资风险预警指标的确定应遵循六大原则：可行性、时效性、稳定性、灵敏性、重要性和超前性。结合企业实际情况，可以把企业投资风险预警指标体系划分为项目未来的发展能力、项目的安全性、项目的盈利

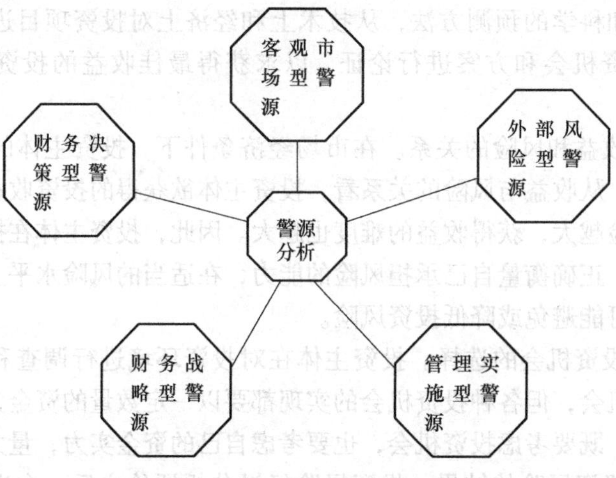

图 3-2　警源分析子系统的构成

能力、项目的运营效率和项目的投资结构五大部分。企业投资风险预警值的确定方法主要有比照经验法和行业平均法两种。比照经验法主要是依据以往的经验来确定预警值，企业也可以根据自身实际情况对投资项目的预警值进行调整；行业平均法则是以企业投资项目参照其所属行业的平均值，运用参数估计与假设检验等方法计算出预警值的置信区间。

企业投资风险警源的具体说明如表 3-2 所示。

表 3-2　企业投资风险警源的具体说明

投资风险警源	具体解释	具体表现
客观市场型警源	具有客观性、普遍性特点，是对所有企业都会带来风险的因素	这类风险区别于其他几种警源最明显的标志就是不被人的主观意志所影响 一般表现为经济衰退、通货膨胀、汇率变动、金融危机等问题
外部风险型警源	对企业经营可能产生威胁的外部相关风险因素	一般表现为市场上出现替代产品、消费者偏好发生变化等问题
管理实施型警源	与企业管理中出现的一些问题，如企业因为对投资项目控制不力、管理混乱等导致出现投资风险相联系的因素	一般表现为投资项目建设工期延长、建设资金不足以及项目建成不能很快形成生产能力等问题
财务战略型警源	直接与企业所制定的不当发展战略相联系的风险因素	这类风险一般表现为并购模式选取不当、片面信奉规模经济而盲目扩大投资规模、盲目进行多元化经营等问题
财务决策型警源	直接与企业因盲目投资导致决策失误相联系的风险因素	这类风险因素的表现为事前未对投资项目进行科学论证、企业决策相关素质欠缺以及对企业内外部环境估计不足等问题

（二）分阶段进行投资风险管理

企业投资过程包括确定投资准备、投资实施和生产经营三个阶段。不同阶段的投资活动各有特点，各阶段风险管理的内容也有所区别。

在投资准备阶段，还没有进行实质性投资，主要是投资项目可行性研究。该阶段风险管理的内容是保证投资决策的信息充分、计算方法科学、财务收益测算可靠，对未来可能的风险进行正确的估计，并策划相应地减少、回避和转移风险的措施，制订紧急情况下的应变计划。

在投资实施阶段，主要是通过投资费用的支付进行投资建设，完成投资规划所规定的全部建设内容，并交付生产使用。该阶段风险管理的内容是预防建设损失，控制投资总额，保证工程质量；合理确定机器设备和建设材料的采购计划，节约使用材料消耗；实行严密的质量检验和验收制度，建立完整的原始记录等。

在投资后生产经营阶段，投资活动已经结束，进入了正常的生产经营阶段。该阶段风险管理的内容主要是确保投资收益的实现，保持企业现有资产和持续获利的能力，实施风险保险，对可能发生的经营风险和财务风险等采取必要的防范措施加以控制。

（三）采用多种投资风险管理方法

投资风险管理的方法很多，比较常用的方法主要有以下几种：

(1) 盈亏平衡分析法。它研究盈亏平衡时各有关经济变量之间的关系，就销售量变化对投资收益的影响进行分析，以确定项目不亏损所需要的最低销售量。通过盈亏平衡分析，企业可以了解市场需求对企业盈利状况的影响。如果预计市场需求量大于盈亏平衡点，说明企业投资比较安全；如果预计需求量接近盈亏平衡点，那么企业在投资决策时必须慎重，以防止预计失误给企业带来的不利后果。

(2) 组织结构图分析法。它适合企业的风险识别，特点是能够反映企业关键任务对企业投资项目的影响。组织结构图主要包括以下内容：企业活动的性质和规模；企业内各部门之间的内在联系和相互依赖程度；企业内部可以分成的独立核算单位，这是对风险作出财务处理决策时所必须考虑的；企业关键人物；企业存在的可能使风险状况恶化的任何弱点。

(3) 流程图分析法。流程图能生动、连续地反映一项经济活动的过程，其作用在于找出经济活动的重要部分，即该部分的损失可能导致整个经济活动失败的瓶颈。但流程图分析的局限是只能揭示风险是否存在，但不能给出损失的概率和损失的大小。

(4) 核对表法。企业在生产经营过程中往往受到很多因素的影响，在作投资和管理决策时，可将企业经历的风险及其形成的因素罗列出来，形成核对表。管理人员在进行决策时，看了核对表就会注意到所要进行的投资项目可能具有的风险，从而采取相应的措施。核对表可以包括很多内容，例如，以前项目成功和失败的原因、项目产品和服务说明书、项目的资金筹集状况、项目进行时的宏观和微观环境等。

(5) 经验、调查和判断法。企业可以通过主观调查和判断来了解企业可能面临的风险。例如，通过市场调查，收集信息，包括国家的产业政策、企业投资地区的经济状况、人口增长率等。通过德尔菲法反复征求专家的意见，以取得对风险识别的共识。通过专家会议法，要求风险专家召开会议，对企业投资的各种风险进行识别，这种方法适用于衡量投资市场中潜在损失可能发生的程度。

(6) 决策树分析。它是一种用图表方式反映投资项目现金流量序列的方法，特别适用于在项目周期内进行多次决策（如追加投资或放弃投资）的情况。

(7) 敏感性分析法。它是研究在投资项目的生命周期内，当影响投资的因素（如投资期限、市场利率、宏观经济环境等）发生变化时，投资的现金净流量、内部收益率是如何变化的，以及各个因素对投资的现金净流量、内部收益率等有什么影响，从而使管理人员了解对企业投资影响比较大的因素，识别并控制风险隐患，降低企业的风险。

(8) 动态风险监视方法。风险监视技术分为用于监视与产品有关风险的方法和用于监视过程风险的方法。审核检查法和费用偏差分析法属于过程风险监视方法。

(四) 投资风险的具体控制

根据风险发生的特点和规律，对风险进行系统控制，制订风险管理措施和风险处理方案，合理安排投资的实施，搞好重点风险项目的管理，尽力预防可能发生的风险，或降低风险程度，力争以较小的风险管理耗费得到最好的投资安全策略。

(1) 职责分工与授权批准。企业应当建立投资业务的岗位责任制，明确相关部门和岗位的职责权限，确保办理投资业务的不相容职务相互分离、制约和监督。投资不相容职务至少应当包括：投资项目的可行性研究与评估；投资的决策与执行；投资处置的审批与执行。

(2) 投资可行性研究、评估与决策控制。企业应当加强投资可行性研究、评估与决策环节的控制，对投资项目建议书的提出、可行性研究、评估、决策等作出明确规定，确保投资决策合法、科学和合理。

(3) 投资执行控制。企业应当制订投资实施方案，明确出资时间、金额、出资方式及责任人员等内容。对外投资实施方案及方案的变更，应当经企业董事会或其授权人员审查批准。投资业务需要签订合同的，应当征询企业法律顾问或相关专家的意见，并经授权部门或人员批准后签订。

(4) 投资处置控制。企业应当加强投资处置环境的控制，对投资收回、转让、核销等的决策和授权批准程序作出明确规定。

(5) 投资风险控制措施。对投资项目的风险进行规避有很多措施，通常采用的控制风险的措施主要有：风险回避、风险控制、风险转移、风险自留和后备措施。

(6) 风险控制计划。它是在风险分析完成后，为了使风险水平降到最低而制订的详细计划。对于不同的投资项目，风险控制计划有所不同，但至少应包括以下内容：所有风险来源的识别，以及每一来源中的风险因素；关键风险的识别，以及关于这些风险对实现目标的影响的说明；对已识别出的关键风险因素的评估，包括从风险评估中摘录出来的发生概率以及潜在的破坏力；已经考虑过的风险规避方案及其代价；建议的风险规避策略，包括解决每一风险的实施计划；各单独规避计划的总体综合，以及在分析了风险耦合作用的可能性之后制订的其他风险规避计划；项目风险形式估计、风险管理计划和风险规避计划三者的综合总策略等。

(7) 投资风险控制的原则。投资风险对于任何一个企业来说都是存在的。为了使企业尽量减少和避免风险，企业投资风险控制应遵循的原则如表 3-3 所示。企业的经营活动总是充满风险和不确定性，因此其在长期投资和短期投资中运用谨慎性原则并不意味着保守和消极，而是要在保持其均衡和稳定的同时使财务管理活动具有合理的弹性，通过有效规避各种风险来促进企业价值最大化的实现。

表 3-3 企业投资风险控制的原则

原则	定义	具体说明
有效性	控制策略的科学性、合理性及现实中的可实践性以及权威性	将制定的投资风险控制策略落实到企业经营的每一个过程中
谨慎性	企业应谨慎评估风险，据此确定出风险限额，从而针对新投资项目及时制定应对策略	企业对及时发现并控制可承受的投资风险，可以考虑采用情景评价等方法进行度量
创新性	投资风险控制必须适应新环境、新形势	在投资风险度量、预警系统等方面适应这些要求，不断更新和发展
分类控制	通过资产项目分类管理，使之成为相对独立的风险评价主体，能够把与这些资产有关的投资风险绑定	在此前提下结合特定资产项目的投资风险，依据风险与报酬相匹配的原则，达到转移企业投资风险的目的

(五) 投资风险管理的误区与克服方法

在实践中，企业投资的各种误区举不胜举，以下八种误区较为典型：盲目跟风上项目；一心扩大投资规模；资金投向陌生领域；忽视产品品质；轻信高科技及迷信专家；投资合作伙伴选择不当（合作伙伴太过弱小；合作伙伴太过强大；忽视合作调研；与合作方未达成共识就实施投资）；短期借款用错路；过分相信财务报表的作用。在企业投资行为中，受到各种因素影响而导致的投资误区因“企”而异，但这些误区并不是不能克服的。

(1) 着眼于未来市场。投资者在制订投资方案时，不盲目跟风，对投资风险需要做好综合衡量及前期准备工作。市场是变幻莫测的，即使是跟风也不能盲目，只有着眼于未来的市场需求，进行有方向性的投资，抓住时机，目光不局限于眼前的市场，才能一投一个准。

(2) 控制适度的投资规模。企业投资时，要根据风险与收益的平衡性合理选择适合于企业的投资项目，并控制适度的投资规模。在投资实施时，最好分阶段投入资金，尽量做到不要一次投入过多资金，以合理控制投资风险。

(3) 不去投资不懂的生意。当企业投资到跨度过大的行业或领域时，在行业门槛上已存在很大风险。应把钱花在刀刃上，将资金投向自己有优势的项目或自己所熟悉的行业或模式化的经营项目，而不是盲目投向未知行业。

(4) 发挥灵活经营机制。企业应把自身生存和发展的基石建立在经营智慧、产品品质和科技水平上，并推进产品的创新投资计划，不断提升企业自身竞争力。同时，投资者要有忧患意识，克服急功近利的短期行为，以企业长远利益为切入点，把投资看成一项系统工程。

(5) 判断项目适应性并注重发挥专家作用。企业在投资高科技项目时，一定要对项目进行科学的比较与分析，然后再判断是否有必要投资该项目、能否具体实施该项目以及这个项目未来能否给企业带来切实的收益。在选择专家时，要采取判断、甄别的方式，并对其进行合理监督和比较分析。企业应注重发挥专家的专业性作用，以降低走入投资风险管理误区的可能性。

(6) 细心选择实力相当的合作伙伴。企业要根据自身的经营状况，综合自身的实力选择与自身实力相当的企业合作项目。一方面，企业应考虑双方力量的均衡，这样才不至于丧失自身的“话语权”；另一方面，要让对方和自己付出的努力和责任基本持平，不存在太大差距，从一定程度上降低投资风险。

（7）灵活掌握投资用途。企业财务管理的一个大忌就是将短期借款用于固定资产投资，这样不但加大了企业的投资风险，还会影响企业正常的经营运转。如果企业的流动资金枯竭，就会直接陷入财务和经营的困境。

（8）客观识别报表真伪。企业在投资决策过程中，应客观看待财务报表的作用，以客观的态度分析、甄别财务报表所反映的内容，从而作出正确决策，使企业远离投资风险，获得较好的预期收益。

第二节　项目投资风险管理

一、项目投资风险的识别

项目投资是指投资中具有长远意义的经济行为，即资本性的投资，又称资本预算。项目投资包含的内容非常广泛，具有单次性任务的属性。项目投资具有三个特点：①所需的投资额较大、周期较长；②项目成果的价值对企业有较大影响；③任务比较复杂、涉及面广。项目投资风险是指由于某些随机因素引起的投资项目的总体实际效果与预期效果之间的差异，以及这种差异的程度和出现这种差异的可能性大小。具体的项目风险有以下三种：

（1）政策与环境风险。政策风险是指项目实施过程中，由于国家的、行业的或主管部门的与所实施的项目相关的政策、法规、法令、规划或标准等的更改、更新、作废等或新的颁布给项目带来的风险。环境风险是指项目实施的环境（自然、政治、法制、经济等）变化给项目带来的风险。总体而言，政策与环境风险的基本特征是客观存在性和不可控制性。对于这类风险，尽管它不可控制，但企业必须制定相应的对策以及处理措施，以防止发生这类风险时措手不及。

（2）公司风险。它也称公司特有风险，是指公司在投资多个项目时所具有的风险。它反映了公司多元化投资对项目风险的影响。公司风险是项目对公司收益变动的影响，可用公司资产的预期报酬率的变异程度来衡量。

（3）项目特有风险。它也称单个项目风险，就是单个投资项目本身所特有的风险。它单纯反映特有项目的未来收益的可能结果相对于期望值的离散程度，通常用项目收益的标准差来衡量。①项目投资准备阶段风险，包括决策风险，利率风险、通胀风险和汇率风险。②项目投资实施阶段风险，包括实施风险、费用风险和进度风险。实施风险是由于设计、勘探、论证等失误造成与实际情况偏离、设计变更和漏项等原因而产生损失的可能性。费用风险是指项目超支或资金短缺的可能性，以及由于项目超支和资金短缺而给项目带来的一些不良后果。进度风险是指项目实施的某些环节或整个项目的时间延误所造成的风险。③项目完成阶段风险，主要是项目收益风险，即投资项目是否获得预期收益。

二、项目投资风险的评估

通过项目投资风险评估，可以预测各种风险发生的可能性和概率，说明建设项目的可靠性、稳定性，减少不确定性因素对投资项目经济效益的影响。

(1) 盈亏平衡分析。它广泛运用于预算项目成本、收入、利润、估计和数量等方面，为制定产品价格及其他重要决策提供依据。

(2) 敏感性分析。投资的敏感性分析就是通过分析预测有关因素对净现值和内部收益率等主要经济评价指标的影响程度而进行的一种敏感性分析方法。其主要目的是揭示有关因素变动对投资决策评价指标的影响程度，确定敏感因素。投资敏感性分析包括两个方面：分别计算有关因素变动对净现值和内部收益率的影响程度；计算有关因素的变动极限。

(3) 情境分析。它也称剧情分析、场景分析或方案分析，试图考虑引起变量变动的深层次的经济因素以及这些因素对变量同时产生的影响。分析不同情境下项目净现值的变化，有助于对项目的前景有更为清晰的认识，避免错误的投资决策。

(4) 蒙特卡罗模拟。它又称计算机模拟、仿真实验法、随机模拟法或同级实验法，通过模拟不确定因素的随机变化，找出其基本规律，并根据这一基本规律的概率分布，计算出项目的 NPV 及其概率分布，据以对项目作出取舍的决策。

(5) 统计分析方法。它包括层次分析法、因子分析等。

(6) 概率分析方法。对单一资产的风险，一般用期望值收益和方差来衡量。其中，收益用期望值表示，风险用标准差表示。

(7) 无差异曲线。风险厌恶表达人们对风险的容忍程度或承受能力。风险厌恶程度越高，对于同样风险所要求的补偿越大。

三、项目投资风险的控制

针对项目投资中存在的种种风险因素，对项目风险防范过程的各环节进行分析，从而提出项目风险管理的具体策略。

(1) 政策与环境风险管理。控制的基本方法是不断更新收集到的信息，并开展科学性的预测，并制订有针对性的应对方案。由于政策与环境风险难以定量，对于它们的控制与处理主要是制订详细、周全、科学的风险管理计划，以应对可能发生的所有情况。

(2) 公司风险管理。公司风险是公司在投资多个项目时所具有的风险。企业要构建合理的多元化投资结构，选择合适的投资时机和投资项目，以降低多元化投资的风险。

(3) 项目特有风险管理。①项目投资开始阶段的风险管理。认真选择投资机会；合理进行可行性研究；正确进行投资项目的评估与决策。②项目投资实施阶段的风险管理。运用项目管理的基本知识和方法，对项目实施阶段的风险进行控制。③项目投资完成阶段的风险管理。将项目收入货币与支出货币相匹配。例如，在能源开发项目中，若借进的是美元货币，则电力购买协议应主要以美元或其他硬货币来结算。若在当期筹资中，由于项目收入多以当地货币取得，偿债不存在货币兑换问题，将产生项目收入的合同尽量以硬货币支付，尤其是当合同的一方为政府时，还可以利用衍生工具减少货币贬值风险。

四、案例分析：临沂银座中心项目投资风险管理[㊀]

临沂银座中心项目是临沂市首个大型体验式城市综合体，是山东省目前建筑面积最大的

㊀ 资料来源：沈永洁. 临沂银座中心项目投资风险管理案例分析 [D]. 西安：陕西师范大学，2012.

第二大单体工程。该项目建筑面积 249707m^2，占地面积 40289 m^2，项目类型为城市综合体项目，集购物、休闲、娱乐、公寓、住宅、超市等多种功能为一体。临沂银座中心项目计划总投资约 10 亿元，合同签订 2009 年 11 月 1 日开工，2012 年 5 月 1 日竣工。

(一) 临沂银座中心项目投资风险的识别

借鉴生命周期理论，对临沂银座中心项目投资面临的各种风险进行识别，如图 3-3 所示。

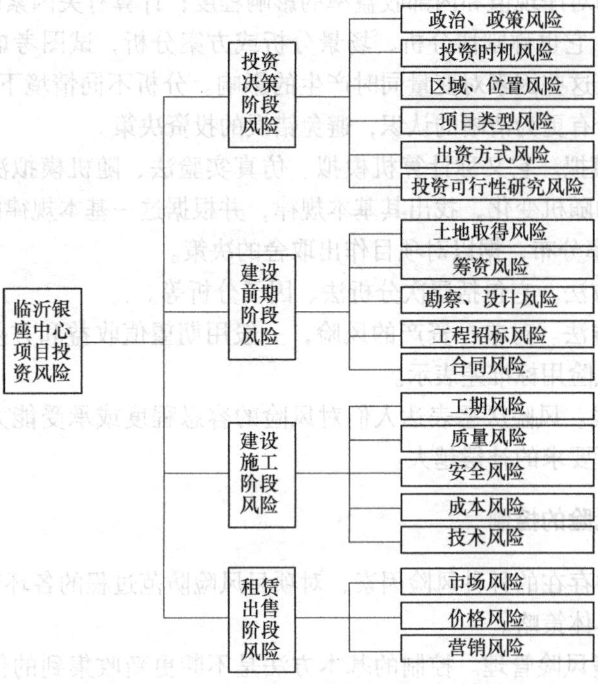

图 3-3　临沂银座中心项目的投资风险因素

1. 投资决策阶段风险的识别

投资决策阶段之所以是房地产项目投资过程中最为关键、重要的阶段，主要是由于在该阶段所面临的不确定因素较多。由于房地产项目的变现能力差等特性，使得房地产项目投资一旦开始实施就很难撤出，否则将会为此付出沉重的代价。

(1) 政治政策风险。就我国来说，在很长时期内国家的政局稳定，国稳民安，综合国力进一步增强，不必考虑政治风险，只需考虑政策风险即可。可以说国家政策对产业发展的影响是全局性的，由于我国市场经济环境还不是很成熟，因此很有必要了解国家政策，尽量减少由于政策风险给投资者带来的损失。①产业政策风险。国家产业政策的变化将会决定房地产需求结构的变化。如果政府通过产业结构调整，降低房地产业在整个国民经济中的地位，并且紧缩投资于房地产行业的资金，将会大大减少房地产市场的活力，从而给房地产投资者带来一定程度的损失。②金融政策风险。由于房地产行业属于资金密集型行业，对于绝大多数房地产投资者不可能拥有足够的资金进行投资，这样大多数房地产投资者融资的有效手段就是银行贷款。③税收政策风险。由于房地产项目投资中的税费名目较多，并且这些税费已经占到房地产成本的一大部分，国家税收政策的变化也将大大影响房地产的投资。④土地政策风险。对于房地产开发商来说，最重要的就是拥有大量的土地储备，国家土地政策的变化必将严重影响房地产业的发展，并且房地产业的土地成本占到房地产投资成本的30%左右，在一线大城市将会更高。

（2）投资时机风险。房地产业受经济发展和经济周期的影响很大，在经济发展的不同时期，国家对房地产项目有不同的调控政策和措施，其供求状况和价格也随之波动。

（3）区域位置风险。房地产区域、地理位置是购房者最看重的因素之一，因为房地产的不同区域、位置决定了该房地产的价值高低，也决定了其未来升值空间的大小。同样一座城市、地区的房地产所处地段好，就意味着交通便利、位置优越、配套齐全、环境优美等，这将带来销售好、售价好、利润高的结果。

（4）项目类型风险。房地产项目类型不同，其所具有的风险也会有所不同。在选择投资何种类型的房地产时，房地产投资者必须考虑其不同风险。住宅楼、商业楼、写字楼及综合体是房地产项目的主要类型，项目类型选择的恰当与否也具有一定的风险，因为一旦项目开始后，项目类型就很难再进行调整和更改。并且不同项目类型对所处的地段要求也不一样，如商业楼对位置的要求相对来说比较高。

（5）出资方式风险。房地产项目主要出资方式有独资投资和联合投资。独资投资是指房地产投资者独立承担房地产项目的投资和相关风险。其优点为独享收益、权力集中和管理方便；缺点为资金投入大、风险独自承担。联合投资是指两家及两家以上的房地产投资者共同出资、共同管理、共享收益、共担风险。其优点为投资风险分散；缺点为利益分享、管理混乱等。因此，应综合考虑项目特点、公司实力等，选择合适的出资方式，避免因选择出资方式不当而承担较大风险。

（6）投资可行性研究风险。房地产项目投资可行性研究是指房地产投资者在进行了充分的市场调查分析后，对所开发项目技术和经济方案的可行性所进行的全面经济技术分析，以确保项目投资价值的可行性。其内容主要有投资项目概况、供求分析、多方案挑选、工期计划、投资预算等。通常由于房地产市场信息不对称及所选模型不当等因素，市场分析的准确性会受到一定的影响，给投资者带来一定程度的风险。因此，在进行房地产项目投资可行性研究时，投资者应注意收集信息数据的代表性及科学性，注意所选预测模型与实际数据的拟合程度。

（7）临沂银座中心项目投资决策阶段风险的综合分析如表3-4所示。

表3-4 临沂银座中心项目投资决策阶段风险的综合分析

风险因素识别	项目实际情况	项目优势	项目劣势
政治、政策风险	处于多项调控政策的敏感期	政治稳定，2008年金融危机之后，国家采取宽松的货币政策和积极的财政政策	2009年11月份后，为了抑制房价上涨过快，国家采取多项打压政策
投资时机风险	2008年12月进行可行性研究，2009年11月破土动工	房地产业走出低谷，房价企稳回升，国家政策相对宽松	虽然行业走出低谷，但也具有不确定性，一些相关政策不明朗
区域位置风险	位于临沂市核心主干道解放路与通达路交汇处，紧邻临沂唯一五星级蓝海国际大酒店	项目周边配套完备，多条公交线路通达，满足生活多层次要求，教育圈、经济圈、物流商贸圈三圈核心	由于此处批发市场发达，在交通高峰期有时有堵车现象发生

（续）

风险因素识别	项目实际情况	项 目 优 势	项 目 劣 势
项目类型风险	集居住、休闲娱乐、办公、购物等于一体的体验式城市综合体项目	集银座旗下优质的商业资源于一身，适应周围批发、商铺需要，人口密度较大，同时为他们提供办公、居住、休憩等需要	由于地处繁华地段，人多声杂，居住环境不是很好
出资方式风险	由临沂居易置业有限公司独资投资兴建	依托山东银座购物中心有限公司，利益独享，权力集中，利于管理	开发商在临沂初涉大型综合体项目，专业人员相对较少，在临沂本地招聘部分管理人员，并且管理经验相对不足
投资可行性研究风险	进行可行性研究，历时8个月之久	委托专门机构进行可行性研究	由于投资者投资意志坚定，专门的可行性研究机构有可能受到影响

2. *建设前期阶段风险的识别*

建设前期阶段主要是为房地产项目的具体开工作好准备。

（1）土地取得风险。房地产开发企业只能通过国家行政划拨和土地使用权出让、转让等方式获得一定年限的使用权。其中，土地使用权转让、出让的具体方式主要有招标、拍卖、协议。目前开发风险最小的行政划拨土地方式使用很少，协议出让方式主要使用在经济适用房、福利性住房等方面，就目前来说，房地产市场获得土地使用权的主要方式就是“招、挂、拍”。此种方式的风险最大，主要原因是国家政策的不确定性，并且土地价格和房价也在不断攀升。

（2）筹资风险。在我国，目前筹资方式主要有银行贷款融资、股票融资、债券融资、预售融资等。投资者根据实际情况选择合适筹资方式，有利于降低筹资风险、减少成本。如果投资者筹资不当，有可能造成成本上升，最为严重的后果就是将造成资金链断裂，导致企业破产。

（3）勘察设计风险。每项工程设计之前，建设单位必须委托勘察单位对要建工程的地质、水文、岩土等情况进行勘察，并形成勘察设计报告提供给设计单位，作为设计院进行基础设计的基础资料。所以，对建设工程的地形、地貌、地质、水文、岩土等勘察分析错误是勘察的主要风险。建筑设计就是设计院依据勘察单位提供的地质勘查报告书、建设单位提供的设计任务书、国家有关规范标准等来进行，最终提供正确的施工图。因此，建筑设计风险主要是由于建设前期进行的建筑设计方案不完善、存在一些缺陷所造成的风险。

（4）工程招标风险。由于建设工程事关公共利益和多数人的生命财产安全，因此国家实行强制性招标制度。工程招标风险主要是由于招标人员在能力、经验、道德等方面存在不足而引起的风险。例如，通常受到决策领导的影响而不能招到质优价廉的承包方。为防范招标风险，投资者通常委托专业代理机构，这样可以在公开、公平、公正的基础上招到有资质、有能力的承包商，减少风险的发生。

（5）合同风险。①合同中语言文字表达存在漏洞、不严密、条款不完整，在实施过程中可能给后期工程索赔留下隐患；②计价方式的选择不当；③对风险分配不合理。在具体的合同签订中应当增加相应的条款，能够使各方承担自己范围内的风险，从而达到转移风险的目的。

（6）临沂银座中心项目建设前期阶段风险的综合分析如表3-5所示。

表3-5 临沂银座中心项目建设前期阶段风险的综合分析

风险因素识别	项目实际情况	项目优势	项目劣势
土地取得风险	地块原为临沂市老长途汽车站	是临沂市政府为建设“大临沂、新临沂”引进的大项目，在政策上给予一些优惠	无
筹资风险	自有资金4亿元，其余6亿元靠总承包企业垫资和预售房子滚动投入	总承包企业资金雄厚、垫资大，预计销售租赁预期较好	受总承包单位及预售的影响人
勘察设计风险	地质、水文、岩土等符合建设要求	勘察设计符合要求	无
工程招标风险	邀请招标，包工包料	由山东中咨建成招标有限公司代理，总承包单位资质可靠、信誉好	开始时监理单位人员相对不足、经验少
合同风险	清单计价合同	合同签订规范，由专业机构作预算	总承包单位执行合同时有一定风险

3. 建设施工阶段风险的识别

（1）工期风险。在建设施工阶段管理控制不好任何环节，都有可能导致事故的发生、工期的延长。一方面，可能导致错过了最佳的销售时机；另一方面，对预售部分可能还要承担违约损失。

（2）质量风险。质量是企业的生命，建筑工程项目质量主要体现在安全性、适应性、耐久性上。一旦出现质量问题，将会给企业、消费者、社会造成不可估量的损失。施工阶段必须加强质量管理，确保合同质量目标的实现。

（3）安全风险。安全风险一方面可能导致财务的损失，另一方面可能导致工期的延长。开发商一定要督促、协助施工承包单位搞好安全生产工作，严格按照建筑安全生产法实施。

（4）成本风险。企业的最终目的就是以最小的投资获得更大的收益，投资成本的增加必然导致利润的下降。对于建筑工程项目来说，材料成本占到建设施工阶段总成本的60%以上，加上建设周期长，材料价格随市场的变化比较大，实施一次性以较低的价格购进所需材料几乎是不可能的，而价格的上涨将会给投资者带来成本的增加。

（5）技术风险。①设计单位设计缺陷错误过多并且设计的深度不够导致无法指导施工而带来的风险；②房地产开发商违背合同内容故意增加建设内容及扩大建设规模带来的风险；③施工单位编制的施工组织设计及施工方案不能指导施工，并且在施工工序安排上不合理带来的风险。

（6）临沂银座中心项目建设施工阶段风险的综合分析如表3-6所示。

表 3-6 临沂银座中心项目建设施工阶段风险的综合分析

风险因素识别	项目实际情况	项目优势	项目劣势
工期风险	2009 年 11 月破土动工，2012 年 5 月竣工验收	开工条件准备充分	总承包单位在工期实施上存在不确定性
质量风险	总承包单位包工包料	总承包单位资质可靠、经验丰富，此工程呈报优质结构工程	开发商的经验相对不足
安全风险	与总承包单位签订安全目标责任书	总包单位对安全比较重视，此工程呈报安全文明卫生工地	安全事故发生的不确定性
成本风险	总承包单位包工包料，但主要材料的价格随市场调整	根据该工程实际进度计划，对三大主材实行分阶段集中进场	材料价格随市场变化比较大
技术风险	建筑施工图设计完成	施工图经过有资质的审查机构进行审查；施工组织设计、施工方案在施工前经过多方论证	开发商在技术方面的经验相对不足

4. 租赁出售阶段风险的识别

租赁出售阶段是房地产风险识别的最后阶段，也是房地产项目成功与否的关键阶段。

（1）市场风险。这主要是指房地产市场的变化给投资者带来的经济损失。影响房地产市场的因素主要有供求关系、消费者偏好及购买力。当供大于求时，便会发生房子租赁销售困难、价格下降等问题，给投资者带来一定的损失。

（2）价格风险。这主要是指对预售房屋定价不合理从而给投资者带来的损失。若定价过低，虽然有利于房子销售，但是将会损失更多收益；若定价过高，虽然能使得收益增加，但是可能会导致房子滞销。所以，定价必须要合理。在进行房屋定价时，主要考虑的因素有：本地同类房地产的供求状况、房地产的区域位置环境、消费者的心理变化、当地经济发展状况、城市人口变化等。

（3）营销风险。它包括营销方式风险和营销渠道风险。房地产的营销方式主要包括媒介宣传及营销人员营销，将这两种方式有机结合是目前采用的主要方式。自营销售和代理销售是房地产营销的两种渠道，如果不能对营销渠道进行合理的选择，将会直接影响房子销售，从而造成资金积压、成本增加，最终导致利润降低。

临沂银座中心项目租赁出售阶段风险的综合分析如表 3-7 所示。

表 3-7 临沂银座中心项目租赁出售阶段风险的综合分析

风险因素识别	项目实际情况	项目优势	项目劣势
市场风险	近年临沂市房地产市场供求关系总体保持平衡，房价呈现稳中上涨趋势	项目周边商业批发市场发达，同时单位较多，需求大，并且紧邻临沂唯一五星级蓝海大酒店	周边批发市场多，高峰期有时堵车，环境人多声杂
价格风险	预计均价 5400 元/m^2	与城区同类房产相比价格稍低	周边多层房地产楼房价格低于本项目
营销风险	聘请青岛鹏翔新地房地产营销策划有限公司进行营销策划，并成立专门的临沂银座营销中心	专业代理机构的销售人员素质高、销售经验丰富	开发商经验不足

（二）临沂银座中心项目投资风险的评估

根据临沂银座中心项目的实际情况，在确定临沂银座中心项目所包含的风险因素时，共邀请10位有关经济、投资、施工、营销等方面的专家对临沂银座中心项目进行了全面、系统的分析。经过分析，最后专家们一致确定临沂银座中心项目主要包括19项风险因素，在此基础上建立了临沂银座中心项目投资风险综合评价指标体系，如表3-8所示。

表3-8 临沂银座中心项目投资风险综合评价指标体系

目标层 A	准则层 B（一级指标）	指标层 C（二级指标）
临沂银座中心项目投资风险综合评价指标 U	投资决策阶段风险 U_1	政治、政策风险 U_{11}
		投资时机风险 U_{12}
		区域、位置风险 U_{13}
		项目类型风险 U_{14}
		出资方式风险 U_{15}
		投资可行性研究风险 U_{16}
	建设前期阶段风险 U_2	土地取得风险 U_{21}
		筹资风险 U_{22}
		勘查、设计风险 U_{23}
		工程招标风险 U_{24}
		台同风险 U_{25}
	建设施工阶段风险 U_3	工期风险 U_{31}
		质量风险 U_{32}
		安全风险 U_{33}
		成本风险 U_{34}
		技术风险 U_{35}
	租赁出售阶段风险 U_4	市场风险 U_{41}
		价格风险 U_{42}
		营销风险 U_{43}

针对临沂银座中心项目投资风险综合评价指标体系，采用专家意见法确定判断矩阵，采用1~9评价尺度设计调查问卷，调查的对象也是公司邀请的10位有关营销、经济、投资、施工等方面的专家。为了确保使最后结果具有一般性质，受邀请的专家直接采用两两比较法对同一层次的各个风险要素进行两两比较，权衡各个因素两两相对的重要程度，根据已有经验作出结果判断。最后，汇总专家评分结果，建立判断矩阵并解析确定权重为：$U=[0.075, 0.124, 0.124, 0.027, 0.045, 0.027, 0.067, 0.085, 0.015, 0.033, 0.027, 0.032, 0.042, 0.023, 0.009, 0.122, 0.037, 0.067]$。

在确定临沂银座中心项目风险隶属度向量时采用专家调查法，由邀请的10位有关营销、经济、投资等方面的专家，结合自己的经验给出指标层各个风险因素相对于评价评语集中各个风险等级的从属个数，最后经过整理，得到临沂银座中心项目指标层风险隶属度评价结果，如表3-9所示。

表 3-9 临沂银座中心项目指标层风险隶属度评价结果

目标层 A	准则层 B（一级指标）		指标层 C（二级指标）		评价评语集				
		权重		权重	t_1	t_2	t_3	t_4	t_5
临沂银座中心项目投资总风险 U	投资决策阶段风险 U_1	0.423	政治、政策风险 U_{11}	0.075	1	3	5	1	0
			投资时机风险 U_{12}	0.124	2	4	2	1	1
			区域、位置风险 U_{13}	0.124	2	3	4	1	0
			项目类型风险 U_{14}	0.027	1	4	2	2	1
			出资方式风险 U_{15}	0.045	0	2	4	4	0
			投资可行性研究风险 U_{16}	0.027	0	3	5	2	0
	建设前期阶段风险 U_2	0.227	土地取得风险 U_{21}	0.067	1	3	4	2	0
			筹资风险 U_{22}	0.085	4	3	2	1	0
			勘查、设计风险 U_{23}	0.015	2	5	3	0	0
			工程招标风险 U_{24}	0.033	3	4	2	1	0
			台同风险 U_{25}	0.027	1	2	4	2	1
	建设施工阶段风险 U_3	0.123	工期风险 U_{31}	0.032	0	2	5	2	1
			质量风险 U_{32}	0.042	2	4	3	1	0
			安全风险 U_{33}	0.023	2	3	3	2	0
			成本风险 U_{34}	0.009	1	3	5	1	0
			技术风险 U_{35}	0.019	2	3	4	1	0
	租赁销售阶段风险 U_4	0.227	市场风险 U_{41}	0.122	2	3	3	1	1
			价格风险 U_{42}	0.037	1	3	4	1	1
			营销风险 U_{43}	0.067	1	2	4	2	1
总权重:1		权重加和:1		权重加和:1					

将表 3-9 中的评价评语集归一化，最终计算出综合评价结果：“低风险”“较低风险”“中等风险”“较高风险”及“高风险”的隶属度分别为 0.169，0.309，0.340，0.138，0.044。按照最大隶属度原则，最大的数值 0.340 所对应的风险等级为“中等风险”，这就说明临沂银座中心项目未来发生中等风险的可能性最大，可以进行投资。

（三）临沂银座中心项目投资风险的控制

临沂银座中心项目在经过了风险识别、风险评估以后，便对其所面临的风险和风险的整体水平有了清楚的认识，于是就进入了投资风险管理控制阶段。

1. 投资决策阶段风险控制

临沂银座中心项目在投资决策阶段所面临的风险因素最多，且其风险的不确定性也最大，更是影响项目成功与否的关键因素。鉴于此，临沂银座中心项目的投资者主要从两个方面进行防范应对：一是高度重视临沂银座中心项目的可行性研究，保证其投资决策的准确性；二是加强市场监测，保证临沂银座中心项目投资决策的科学性。临沂银座中心项目投资者聘请青岛鹏翔新地房地产营销策划有限公司进行营销策划并进行可行性研究，历时 8 个月之久。他们充分开展市场调研活动，认真分析了影响项目投资的政治经济环境、区域位置等因素，同时还对政策走势、楼市价格、销售数量、供求关系的变化等进行了分析。这样通过科学预测，对临沂银座中心项目进行了市场准确定位，在一定程度上避免了投资的盲目性，确保了临沂银座中心项目投资者选择合适的投资时机、区域位置、项目类型及出资方式，从而保证了该项目投资决策的准确性和科学性。

2. 建设前期阶段风险控制

临沂银座中心项目在建设前期阶段，在对该项目投资风险进行深入分析的基础上，积极采取合同、保险的方式进行风险转移，以便降低风险。将不确定的、可能产生的较大损失转变为确定的、较小的损失，只需支出一定的保险费用，将自己不能承担或者不愿意承担的风险转嫁给其他单位承担，以降低自身的损失程度。临沂银座中心项目在工程招标时聘请山东中咨建成招标有限公司代理，在参加投标的二十多家施工企业中，最后选择实力雄厚、信誉好的山东天元建设集团有限公司为总承包商。该公司资金实力雄厚、施工经验丰富、管理制度正规，采用包工包料方式，并且垫资施工，这样既能解决该项目投资者的大量资金问题，又能通过合同方式转移所面临的大部分风险。

3. 建设施工阶段风险控制

临沂银座中心项目在建设施工阶段所面临的风险因素主要有安全、质量、工期、成本、技术等风险。临沂银座中心项目投资者根据工程的实际情况，采取如下风险应对策略：在本工程刚开始施工时，监理单位人员相对较少并且经验不足。到了该工程地基与基础、主体结构施工阶段，投资者要求监理单位增加专业监理工程师的数量，并且增加的专业监理工程师具有5年以上的施工经验，从而满足了对施工单位的监督和控制。在与施工单位签订合同时就明确规定了双方的权利与义务，并且就该工程安全生产、技术质量、工期进度等方面制定了详细的奖罚措施，这样在调动双方积极性的同时，也对部分风险进行了控制、抑制、转移等。例如，在安全文明施工方面与施工单位签订的合同目标为临沂市安全文明卫生工地，在技术质量控制方面与施工单位签订的合同目标为优质结构工程。施工单位建立完善的安全、质量管理体系，切实履行好方案预控、交底先行、样板开路、工序质量放行制度，对重要的分部分项必须努力做好事前施工方案预控，将问题消灭在萌芽状态，加强过程控制，及时发现并解决问题，事后追究相关责任人的责任，对施工的关键部位必须实行监理工程师、施工单位质量负责人“旁站制度”制度，只有在确保安全、质量的前提下，才能尽可能地加快施工进度。临沂银座中心项目投资者要求施工单位根据签订的合同，在编制完施工总进度计划的基础上，进一步根据施工总进度计划编制施工节点计划、施工月计划、双周计划、周计划、日计划，狠抓落实，严格控制。同时，该工程投资者每周一上午9：00组织相关参加单位在工地办公室召开工程的协调会，主要通报上周工程进度、质量安全、现场文明等情况，并且进一步下达下一周的工作计划；每天下午4：00召集监理、施工单位在施工现场准时召开碰头会。碰头会时间短、目的明确，主要是通报当天的安全质量隐患，落实当日进度完成情况及明日工作安排。

4. 租赁销售阶段风险控制

(1) 临沂银座中心项目投资者聘请青岛鹏翔新地房地产营销策划有限公司进行营销策划，目的是规避因自身营销经验不足、营销手段不当带来的风险。并成立了专门的临沂银座营销中心，及时了解分析临沂房地产市场价格、市场需求情况等，科学合理地制定了该项目房地产的价格，以便在短时间内回收资金，减少未来风险的不确定性，同时预售收入能在一定程度上解决部分资金紧张的问题。

(2) 实施项目投资风险监控。由于项目实施后将会不断地发生变化，这就要求在风险的管理过程中不断地重复风险管理的过程。临沂银座中心项目投资者主要从两个方面进行风险监督：确定并进一步分解该项目风险的控制目标；加强责任落实制。

第三节 证券投资风险管理

证券投资是指投资者购进并保有某种证券，以期获取长期稳定收益的活动，又称间接投资。其投资对象包括股票、债券、商业票据、可转换定期存单，主要是股票和债券。

证券投资风险是指由于未来和现在的一段时间里与证券有关的各种因素的变动所引起的证券预期收益变动的可能性及变动幅度。

一、证券投资风险的识别

(一) 证券投资风险成因分析

证券投资风险主要来源于由证券本质决定的证券价格的不确定性，而证券运作的复杂性导致了证券价格的波动性，证券市场的投机行为加剧了证券价格的不稳定性，三者共同导致了证券市场的高风险。

(1) 证券的本质决定了证券价格的不稳定性。证券只是市场对资本未来预期收益的货币折现，而预期收益受制于国内外的经济政治形势，受利率、汇率、经营者能力、社会心理等因素的影响，难以准确估计，导致了证券价格的不稳定性。

(2) 证券市场运作的复杂性导致了证券价格的波动性。证券市场的运作过程是市场供需由不平衡到平衡的复杂过程，证券市场的供求主体及决定供求变化的因素、机制更加复杂，导致价格难以捉摸，甚至暴涨、暴跌。

(3) 投机行为加剧了证券市场的不稳定性。衡量一个市场行为是否过度投机，有三个客观标准：①市盈率高低。我国证券市场的市盈率通常在40倍以上，远高于国外成熟股市20倍以下的市盈率。②股票换手率。国际成熟市场的年换手率为30%~50%，甚至更低，即平均持股时间在2~3年以上；而我国年换手率最多不到两个半月。③股价指数波动幅度。国外成熟市场股指波动幅度一般很小；我国则很大。这些都说明，我国证券市场是一个投机性很强的市场。

(二) 证券投资风险的类别

1. 市场风险

它是由于证券市场行情变动而引起的风险。就我国目前的情况看，产生证券市场风险的原因主要有两个：证券市场的内在原因和人为因素。

(1) 证券市场本身存在财富放大效应，这就不可避免地存在一些泡沫。实物生产资料一旦进入资本市场，以证券市场定价原则来衡量时，存在财富放大效应。股市由于自身的运行机制，必然导致泡沫存在。在一定时期内，这种泡沫风险积累到一定程度，必然有释放的要求。投资者应谨慎地进行各方面的引导和控制，回避同样的风险情况发生。

(2) 证券市场本身存在风险，证券市场行情的变动同样会引发市场风险。这种行情变动可通过股票价格指数或股价平均数来分析。证券行情受多种因素影响，但决定性的因素是经济周期的变动。市场风险是无法避免的，但投资者可以设法减轻市场风险的影响：一是判断大的行情变动并顺势而为，通过分析判断是看涨市场就入市投资，看跌市场就远离市场；二是选好股票，通常，规模较大、业绩优良的企业的适应能力强，其股东和债权人面临的市场风险较小。

2. 利率风险

它是指市场利率变动导致证券投资收益的不确定性或其他可能性。市场利率变动会引起证券价格变动，影响证券收益的确定性，带来证券投资的风险。利率与证券价格呈反比变化，即利率提升，证券价格下降。就我国证券市场而言，利率风险是一个潜在危机。利率下降时，社会闲置资金就会大量涌入证券市场，导致股价随之水涨船高。

3. 购买力风险

它是指由于通货膨胀、货币贬值使投资主体购买力下降而造成的风险。对于投资主体而言，当产生通货膨胀时，尽管证券市场的价格未变或略有上升，但由于货币贬值，投资主体持有的各种证券和银行存款都会在购买力风险中遭受损失，损失的程度取决于通货膨胀率和利息率之差。

4. 企业风险

它是指证券发行公司或上市企业因经营管理失误，影响企业业绩，从而给投资主体造成的风险。企业风险又分为外部风险和内部风险。外部企业风险是指由企业经营的经济环境和条件的变化所引起的风险；内部企业风险是指由企业经营效率的变化所引起的风险。

5. 财务风险

它是指与企业进行融资时所采取的方法相联系的风险。投资主体在考察企业财务风险时，可通过对该企业的资本结构进行分析来确定。

总之，证券投资风险具有两面性。它的存在既是客观的、绝对的，也是主观的、相对的；它既是不可完全避免的，也是可以有所控制的。投资者应根据证券投资风险的特点，恰当运用一系列投资策略，将承受风险的成本降到最低限度。

二、证券投资风险的评估

1. 收益风险指标法

在评价或度量证券的风险时，往往将风险与该证券所能提供给投资者的回报相联系。经典的夏普指数、特雷诺指数、詹森指数都采取了这种方式。

（1）夏普指数。它是在对总风险进行调整的基础上对证券风险的评估方式，计算公式为

$$\text{夏普指数} = (\text{平均报酬率} - \text{无风险报酬率})/\text{标准差}$$

它用来衡量净值变动的风险指标，衡量了证券通过一定的资产组合所获得的净值增长情况和证券组合的分散程度。

（2）特雷诺指数。它是在对系统风险进行调整的基础上对证券业绩的评估方式，计算公式为

$$T = (R_p - R_f)/\beta_p$$

式中，R_p 表示证券在考察期内的收益率；R_f 表示无风险利率；β_p 表示证券的贝塔系数。

该指数表示证券承受每单位系统风险所获取风险收益的大小，T 越大，证券业绩越好。

（3）詹森指数。它是一种在风险调整基础之上的绝对实绩度量方法，表示的是在给定风险水平的情况下，证券管理人员通过对证券价格准确判断所体现的超额收益能力，计算公式为

$$J = R_P - [R_f + (R_m - R_f) / \beta]$$

式中，R_m 表示同期市场收益率。

J 越大，证券业绩越好。

2. VaR（Value at Risk）方法

VaR 是指在市场正常波动下，某一金融资产或证券组合的最大可能损失，即在一定概率水平下，某一金融资产或证券组合的价值在未来特定时期内的最大可能损失，也即在一定置信度下对未来一定时期区间内资产最大损失的估计。该方法可用来衡量基金投资组合的市场风险。

三、证券投资风险的控制

管理证券投资风险是一项系统工程，既要从国家、机构和个人的行为规范入手，又要将立法、执法和风险教育相结合，更需要投资者树立正确的风险意识和投资理念。一般用预期收益率与实际收益率的离差或标准差来表示证券投资风险。具体的控制措施包括：正确衡量证券投资风险，制定科学的证券投资决策；制定有效的证券投资组合，控制证券投资风险；适时采用科学的投资方法调整证券投资组合，控制证券投资风险；运用灵活的投资策略，控制证券投资风险。

1. 立法、执法和风险教育相结合

要规范证券投资风险，必须建立一套完整的、严格的监管法规，以规范上市公司，监督过度投机，以及保护中小投资者的合法利益。①法律体系要健全，各法之间的衔接性要强，且奖惩分明；②突出保护中小投资者的利益；③针对性强，突出对上市公司、证券公司、证券交易所和证券服务机构等进行行业监管的原则；④证券法规的形成应超前于证券市场的形成，才能防患于未然；⑤法规的内容既要保持相对稳定性，又要增强其适应性。

2. 上市公司和中介公司的监管和自律

由于我国证券法规不完善、监督力度不够，造成不少公司为了上市不惜弄虚作假，因此要加强政府监控，确保市场上信息披露充分和上市公司自律。

3. 实施正式有效的投资策略

投资策略包括积极投资策略和消极投资策略。

（1）积极投资策略。它包括惯性策略和反转策略。惯性/反转策略是指买入赢家/输家组合，同时卖空输家/赢家组合的交易策略。计算该策略各持有期的回报率均值及 t 统计值，若 t 统计值表明该策略的收益率显著大于 0，则实业界称为惯性/反转策略成功。

（2）消极投资策略。最典型的消极投资策略是指数化投资策略。指数化投资策略是指按照某种证券价格指数编制原理构建投资组合，不主动对个股和买卖时机进行选择，只是跟踪目标指数的变动，以取得目标指数所代表的整个市场的平均收益率，将其作为投资目标。

4. 科学合理地进行资本配置

资本配置决策是对整个资产组合中各资产比例的选择，即对投放在安全但是收益率低的

货币市场证券的资产比例的选择与放在有风险但收益率高的证券的资产比例的选择。其中涉及风险资产与无风险资产之间的资本配置和风险资产之间的资本配置。

四、案例分析：中国平安投资富通失败[㊀]

（一）案例简介

2007年11月29日，中国平安保险（集团）股份有限公司（简称“中国平安”）以18.1亿欧元购入荷兰富通集团（简称“富通”）4.18%的股权，经过几次增资，截至2008年6月30日，中国平安持有富通1.21亿股，总投资成本为238.74亿元人民币。然而，2008年5月，富通公布，由于信贷市场的动荡，其净收入下跌至8.08亿欧元，较去年相比下跌31%，其中，银行业务利润下跌20%，保险业务利润下跌38%。同时，受美国次贷危机和全球金融风暴影响，富通遭遇巨大的流动性压力。2008年9月29日，比利时、荷兰及卢森堡政府联合出资112亿欧元，持有富通下属富通银行在三地共49%的股权。紧接着，荷兰政府、比利时政府和法国巴黎银行未经富通股东的投票同意，擅自出售了富通旗下的部分业务，富通股价下跌33%。随后，通过一系列交易，富通被解体为一家国际保险公司。由于巨额投资亏损，2008年，中国平安对富通股权投资计提了227.9亿元人民币的减值准备，以致净利润由2007年的155.81亿元人民币降至8.73亿元人民币。中国平安海外股权投资损失惨重。

（二）中国平安投资富通的动机分析

1. 寻找长期的稳定收益，优化资本结构

中国平安有300亿元左右的老保单，保单年限长达几十年，平均利息高达7%左右，老保单作为长期负债侵蚀着公司整体资产收益。目前，我国保险市场进入成熟期，每年新增保费相对市场发展初期有较大下滑，使公司现金流放缓，如果保险公司长期资产的收益没有保证，便无异于一场灾难。所以，中国平安必须寻找一种能为公司带来稳定收益的长期投资。但这并不容易，因为国内保险资金的使用范围受到国家相关部门限制，中国平安一开始仅能投资储蓄和国债。虽然在2007年，保险资金的权益投资放宽到总资产的20%，但单一投资方式和资本结构造成资产与负债匹配处于不均衡状态。显然，目前的中国金融市场还不能满足中国平安对长期稳定投资收益的需求。恰好富通似乎能够满足中国平安的投资要求：过去17年中，富通平均分红率超过6.5%，如果这样的分红率能够持续，就能够实现中国平安寻求稳定长期收益、优化资本结构的投资目标。从这一角度来看，富通好像是中国平安海外投资的理想对象。

2. 投资成本极具吸引力

中国平安锁定富通作为投资目标近1年时间里，富通股价已经从最高40欧元下行到25欧元左右，放在中国平安面前的是一个1.1倍净资产、5倍市盈率的公司。而当时我国内地银行股对应的数据分别是3~5倍和20倍左右，即便在我国香港市场，银行股的净资产和市盈率也在1.5倍和10倍以上。毫无疑问，从基本技术数据看，中国平安投资富通应该是一个理性的选择。

㊀ 资料来源：赵弘真．中国平安投资富通集团失败案例研究［D］．上海：上海交通大学，2009.

3. 欲借富通综合金融平台增强自身竞争力

中国平安和富通拥有广阔的合作领域，中国平安有意通过该投资快速建立全球资产管理及QDI1（合格境内机构投资者）的业务平台，利用双方极具竞争力的分销网络，将业务延伸到全球各主要金融市场。2007年10月，由苏格兰皇家银行、西班牙国际银行和富通组成的财团以700多亿欧元的价格成功收荷兰银行。其中，富通出资200多亿欧元，获得了荷兰银行资产管理业务，而荷兰银行资产管理业务是荷兰银行最优质的业务，这同样是中国平安急需配置的短板。

可以看出，中国平安在投资前进行了一番可行性分析，投资目标明确。中国平安在报表中披露：投资富通是本公司探索海外投资所作出的理性投资决策，但由于百年一遇的全球性金融风暴冲击，导致平安出现巨额投资损失。

（三）中国平安投资富通失败的主观原因分析

1. 中国平安低估了富通内部巨大的财务风险

2007年10月，苏格兰皇家银行与富通银行、西班牙国际银行组成的财团宣布以710亿欧元收购荷兰银行，但前提是富通必须掏出240亿欧元的现金（相当于其2007年利润的6倍）。可以看出，富通的这次收购行为完全超过了其承载能力。富通为了实现这次不理性的收购大肆举债以及发行股票来筹集资金，这使富通内部产生了巨大的财务风险，对其资产流动性产生巨大的不利影响。投资者开始怀疑富通承载荷兰银行的能力，股票随之加速下跌。中国平安只看重富通收购荷兰银行的有利面，没有看到不利的一面，这是导致平安投资失败的主要原因。

2. 中国平安低估了金融危机所造成的系统性风险

中国平安和富通双方签署的谅解备忘录中披露：富通投资管理公司于2006年年底有约2300万欧元的债务抵押债券和贷款抵押债券风险敞口，这些次级贷款衍生债券如果发生损失，由富通银行单方面承担。2008年3月，富通银行在次贷相关资产的损失已经在欧洲银行中位列前十。虽然金融危机是在中国平安投资富通后发生的，但中国平安显然低估了次级债对富通造成的巨大不利影响，没有提前采取措施，导致其投资出现巨额亏损。

3. 风险应急机制缺失

当金融危机爆发以后，富通身处金融风暴中心，已经有明显的迹象表明其会出现亏损，中国平安却迟迟不采取行动，反而在富通为应对金融危机带来的资金短缺而进行83亿欧元股票的增发时，继续增持富通750万股股票。中国平安在财务报告中披露解释，这是为了避免股权稀释，结果却越陷越深。

总结以上三点原因，都是由于中国平安忽视或者低估了相关风险可能对投资造成的不利影响，在投资之前未对已有风险进行充分考虑，在投资过程中对新增风险也没有采取迅速有效的防范措施。

（四）股权投资风险管理的对策

1. 事前控制

企业在决定投资目标之前，必须进行尽职调查，目的在于提前预测投资企业在投资收购目标企业后可能出现的糟糕情况。一旦发现目标企业存在重大隐匿风险，要及时改变投资策略，甚至终止投资。中国平安投资失败的主要原因可以归结为财务尽职调查的失败，对目标公司隐藏的巨大财务风险视而不见。另外，管理层过于热衷交易，可能会导致只关注收购有利的一面而忽视可能遇到风险的不利一面。因此，在对目标企业进行调查时，可以聘请一些声誉较好的中介机构参与，以提高决策的中立性、客观性。

2. 事中控制

经济环境中的各种因素瞬息万变，即便企业在投资前尽可能想到一切可能遇到的困难，做好风险防范，仍然有很多无法掌控的因素会对投资产生重大影响，比如宏观经济、政策、法律、消费者、供应商、目标公司员工、销售渠道等。这就需要企业建立良好的风险应急机制。企业应建立专门的投资风险管理部门，在投资过程中负责对投资进行监控。具体来说，要及时把握市场脉动，构建完善的信息收集渠道，在危机刚出现苗头时就采取相应措施，将投资损失降到最低。反观中国平安，当金融危机来临、已有明显证据表明富通的盈利能力以及股票价格大幅下降时，却没有采取任何应急措施，反而继续提高对富通的持股比例。

3. 投资方自身风险控制

投资方在投资前要控制好自身风险，加强自身对投资风险的抵御能力，这可以使企业在投资失败时不至于过于被动，甚至给自身带来毁灭性的打击。中国平安正是因为在保持主营业务较快增长的同时，采取数次股权融资的方式获取到资金，才抵御住了此次投资失败给公司带来的打击。

第四节 外汇投资风险管理

一、外汇投资风险的识别

狭义的外汇投资风险是指企业在从事各种对外经济活动中，在持有或动用外汇时，因汇率变动而蒙受损失的可能性。不管是由于对外商品贸易、对外劳务输出输入，还是资本流动等原因而引起的外汇业务，都会涉及按合同规定时间的汇率进行本币与外汇（币）的汇兑，因此可能会因汇率变动而导致汇兑损益。企业从事汇兑业务所必须承受的外汇投资风险，主要来自于浮动汇率和外汇管制两个方面。广义的外汇投资风险包括企业从事国际经济活动所面临的各种风险，包括政治风险、法律风险、汇率风险、市场风险、特定项目风险等。

外汇投资风险源于外汇汇率变动。进行跨国经营的经济主体，都面临着由于外汇汇率变化所引起的外汇投资风险。外汇投资风险一旦发生，往往会给经济主体造成巨大的经济损失，但同时也可能给经济主体提供获利机会。如果能准确地预测其变化趋势，并采取适当的预防措施，不仅可以减少外汇投资风险所带来的损失，而且可以使经济主体获得额外的收益。外汇投资风险多种多样，主要应识别以下三种：

（1）识别交易风险。交易风险是指经济主体在约定以外币计价的涉外经济活动中，由于外汇汇率的波动，可能使经济主体的收入或支出发生变动的风险。其产生的基础是外汇交易。具体表现为：以外币表示的应收款或应付款；以外币计值的国际借贷活动；获取以外币计值的资产或产生以外币计值的负债；尚未履行的期货外汇合约。交易风险从签订交易合同、确定以外币计价的交易金额时开始产生，直到结算为止。它是经济主体在进行涉外经济活动时所面临的主要外汇投资风险。交易风险关系到现金流动，一旦出现，会给经济主体造成真实损失。

（2）识别会计风险。会计风险又称折算风险或转换风险，是指由于汇率变化引起经济主体资产负债表中某些外汇项目金额变动的风险，等于风险资产减去风险负债。会计风险产生的原因是，跨国公司和有外币经营项目的本国公司在对资产负债、收入费用等进行会计处理的过程中，需要根据某些会计准则，将以外币表示的资产负债、收入费用折算成用母国货币表示的资产负债、收入费用时，因汇率变动给跨国公司和有外币经营项目的本国公司可能造成的账面损益，与现金流动无关。由于不同国家的会计制度和税收制度不同，会计风险主要受到不同国家会计制度和税收制度的影响。

（3）识别经济风险。经济风险又称经营风险，是指未能预期的汇率变动所引起的经济主体未来一定期间收益增加或减少的一种潜在风险。经济风险极为复杂，涉及经济主体财务、销售、供应和生产等多方面因素，并影响经济主体的长远利益。经济主体未来收益的变化幅度主要取决于汇率变动对该主体的产品数量、成本与价格影响程度的大小，即经济风险不直接带来现金的损失，而是通过采购、生产和销售间接影响经济主体的未来纯收益。

二、外汇投资风险的控制

汇率波动是引起外汇投资风险的根本原因。外汇投资风险的控制措施包括：妥善选择计价货币，优化货币组合；签订货币保值条款，控制外汇投资风险；利用外汇与借贷投资业务，控制外汇投资风险；采用对销贸易，控制外汇投资风险。

1. 转换风险的防范对策

企业对外汇转换风险的防范，一般是实行资产负债表的保值。这种方法要求在资产负债表上各种功能货币表示的受险资产与受险负债的数额相等，只有使受险资产与受险负债的差额为零，汇率变动才不至于带来任何由于转换风险导致的损失。实行资产负债表保值，应注意以下两点：①弄清资产负债表中各账户、会计科目上各种外币的规律，并计算出综合转换风险头寸（即受险资产与受险负债的差额）的数量。②根据风险头寸的性质，确定资产或负债要减少受险资产或增加受险负债之后，需进一步确定调整哪些账户和会计科目。但在实践中，这种调整往往是非常困难的，有的账户、会计科目的调整可能会造成其他性质的风险，转换风险的消除可能要以经济效益损失为代价，故实践中需综合权衡得失。

2. 交易风险的防范对策

企业对交易风险的防范，可根据交易风险的具体内容，采取不同的对策，以避免或减少风险损失。一般来说，对交易风险的防范措施可分为以下三类：①签订合同中的防范措施。其具体包括：选择合同货币、加列保值条款、调整价格或利率等。选择合同货币是指在对外贸易和资本借贷等交易中，选择哪种货币签订合同。在选择合同币种时应遵循的一般原则是：争取使用本国货币，出口和资本输出争取使用硬货币，进口和资本输入争取使用软货币。加列货币保值条款是指选择稳定的货币作为保值参照，即将合同金额转换为所选择的稳定货币来表示，结算或清偿时，以稳定货币的表示量兑换成合同货币来完成收付。调整价格或利率是指当企业选择前述两种措施防范外汇风险时，交易双方相持不下，一方可以使用调整价格或利率的措施达到抵消风险的目的。②金融市场操作的防范措施。它是指企业在交易合同签订后，利用外汇市场和货币市场来消除外汇风险。其主要的具体措施有：现汇交易、外汇期货交易、期权交易、借款与投资、借款——现汇交易——再投资等。③其他防范措施。其主要有：提前或错后、配对和保险等。

3. 经济风险的防范措施

经济风险的防范就是预测汇率变动对未来收益现金流量的影响，并采取必要的措施：①经营活动多样化。它是指在国际范围内分散企业销售、生产地址以及分散原材料来源地。其作用在于可减少或相互抵消外汇风险。②财务活动多样化。它是指企业在多个金融市场上以多种货币寻求资金来源和安排资金运用，即筹资投资多样化，在筹资投资多样化的情况下，通过资产和负债的不同组合，使大部分外汇风险相互抵消。

三、案例分析：国家外汇投资公司对美国黑石集团的外汇投资风险㊀

美国黑石集团于2007年6月22日在纽约证券交易所正式挂牌上市。根据在2007年5月20日签署的协议，当时还在筹建中的中国国家外汇投资公司斥资30亿美元购入美国黑石集团股份，作价为IPO价格的95.5%，占黑石集团扩大后股份的9.37%（未计入超额配售）。并且，国家外汇投资公司此次购买的是黑石集团的部分无投票权普通单位，锁定期四年，国家外汇投资公司不会在董事会拥有席位。国家外汇投资公司的首次大笔投资对象为美国黑石集团，投资性质为股权投资，在可能获得高收益的同时，也将面临各种外汇投资风险。美国黑石集团（Blackstone Group L. P.，也称“百仕通集团”）是全球领先的另类资产管理和金融咨询服务机构，近几年来成为华尔街一颗耀眼的新星。无论是从企业规模、质量的发展角度评价，还是从给投资者带来的高额、稳定回报方面，黑石集团都创造了令人难以置信的佳绩，同时也吸引了诸多的眼球。黑石集团在其20多年的发展历程中，无论是资产管理额度的增长状况，还是各项业务的经营方面，都取得了骄人的业绩。但是，随着业务领域竞争的日趋激烈，企业面对的外部环境瞬息万变，黑石集团在发展过程中也将面对更多、更大的风险因素。

国家外汇投资公司利用外汇储备进行投资，面临着诸多风险：

（1）政治风险。主权差异下的国与国之间的政治问题向来比较复杂，民族情感、历史文化、宗教信仰等差异导致了国与国之间相互交流和沟通具有一定难度，跨国投资会面临极大的政治风险。特别是以国家外汇储备进行投资，更与一般的企业投资有较大差异，国家外汇投资行为除了考虑到经济利益外，政治利益也是一个非常重要的方面。具有国家行为的国家外汇投资面临更多的政治风险，特别是在一些特殊行业和领域的投资，将会遭到更多的限制和质疑。

（2）汇率风险。外汇汇率的波动会给从事国际贸易的投资者带来巨大的风险，这种风险称之为汇率风险。特别是在人民币相对大部分国家货币升值的背景下，以外币进行他国投资，在考虑获取收益的同时，还必须考虑到该国货币贬值的因素。

（3）法律风险。不同国家的法制建设程度及具体的法律法规都存在巨大的差异。如投资限制、税收、产业管制、环境保护、反垄断、审查监督、歧视待遇等各个方面的差异，将会导致在他国经营或投资面临更多的法律方面的风险。

（4）特定项目风险。投资不同的项目或企业，都面临一系列独特的与该项目或企业相关的技术、市场、政策、特定业务、竞争等方面的风险。

㊀ 资料来源：黄强，等. 中国外汇投资的风险研究［J］. 生态经济，2007（12）.

(5) 中国外汇投资公司内部管理控制体系风险。内部控制的有效实施将会促使企业经营管理登上一个新台阶，促进企业经营流程的合理化和正规化。内部控制涉及企业生产经营的控制环境、风险评估、监督决策、信息与传递以及自我检测等方面，从总体上透视了企业生产的各个环节。完善公司的内部控制体系是企业良好经营的基本保证，内控体系的完善与否将在很大程度上影响甚至决定投资的有效性及风险大小。

总之，黑石集团过去20多年来创造了辉煌业绩，上市后的黑石集团能否如虎添翼，取决于其对上市公司监管、税收政策、业务发展等几方面可能带来的风险控制和外部环境及舆论等发生变化后的应对措施。国家外汇投资公司的投资能否实现保值增值的目标，也在于对上述风险变化趋势以及黑石集团应对风险能力的综合判断，这样才能够更好地作出投资进入或退出的决策。国家外汇投资面临着一系列风险，包括政治风险、法律风险、汇率风险、市场风险、特定项目风险等，中国外汇投资公司应注意建立和完善企业的内部控制体系，有效解决面临的各种操作风险，建立起相互监督、相互制约、合法合规的内部审核控制机制，这样才可能真正达到国家外汇投资保值增值的目的，有效降低和规避各种风险。

第五节 风险投资风险管理

一、风险投资风险的识别

风险投资者一旦进行了风险投资，就要承担高新技术项目开发全过程中的风险。风险投资者选择风险投资的动因多种多样，主要包括经济动因和社会动因。经济动因是指从风险与收益的关系看，高风险可能会带来高收益，而一项具有高风险的项目自然不会吸引众多的投资者参与竞争。社会动因是指高风险项目所具有的挑战性，承担并完成具有挑战性的任务能够使人们从心理上感觉到潜在价值的充分发挥，从而给人以成就感，增强自信心。

风险投资与其他投资相比具有以下特征：高风险、高收益；依靠投资于项目群来分散风险；回收期长，投资金额大；是一种长期权益资本；专业性。

不论是风险投资公司还是风险企业，都应识别以下主要风险：①识别技术风险。从研制成果到实现技术的商品化，需要大量的资金投入，经过漫长的周期。在这个过程中可能会出现各种技术风险，因此，必须采取措施加以识别和防范。②识别市场风险。市场风险因素主要有：高新技术产品不符合市场需要，难以通过投入期而夭折；对高新技术产品的市场竞争激烈程度估计不足，使竞争者夺走一部分市场；投放时机不当、销售渠道不畅、销售力量分散、促销组织不完善，使高新技术产品难以打入目标市场等。③识别管理风险。有了好的高新技术成果，还需要先进的经营管理，否则，风险企业是难以得到发展的。④识别财务风险。风险投资的财务风险是指因开发活动收支状况发生意外或资金不足，使财务发生困难而带来的风险。⑤识别政策风险。政策风险是指因政府出台新的科技政策和产业政策或对科技政策和产业政策进行调整，使风险企业的高新技术开发经营活动不能按预定目标进行而带来的风险。

投资风险识别的内容很多，在进行风险识别之后要把结果整理、汇总出来，写成书面材料，为风险评价、估计和管理作好准备。风险识别的结果应包括下列内容：①风险来源表。

表中应列出所有的风险，不管风险发生的频率和可能性、收益或损失、伤害有多大，都要一一列出。对每一种风险因素都应该有文字说明。说明一般应包括：风险事件的可能后果；对预期发生风险事件的时间的估计；对该来源产生的风险事件预期发生的次数的估计。②风险的分类或分组。风险识别之后，应该将风险按类别进行归集。分类或分组的结果应便于企业进行风险评估和风险管理，而且每一组分类还需要进一步细分。③风险症状。风险事件的外在表现就是风险症状。④对投资管理及时给出投资风险管理的建议。

二、风险投资风险的控制

（1）技术风险控制措施。其具体包括：对高新技术进行科学论证，正确选择高新技术的开发方向；做好高新技术产品的试制工作；加速高新技术的开发进程；密切注意科学技术的发展动态。

（2）市场风险控制措施。其具体包括：树立市场观念，对市场进行全面调查、科学预测和可行性研究，正确选择高新技术的投资方向；增强市场竞争意识，积极抢占市场；引导市场需求，使高新技术产品尽快被消费者所接受；做好高新技术产品的促销推广工作；利用技术经纪人的作用，疏通高新技术产品的分销渠道。

（3）管理风险控制措施。其具体包括：提高管理人员的素质，加强对风险企业的管理；加强科技管理，促进高新技术成果的转化；风险投资公司要积极参与风险企业的管理，通过共同努力防范风险。

（4）财务风险控制措施。其具体包括：加强资金管理工作，作好风险投资各个阶段所需资金的预算，杜绝滥用、挪用等现象发生；加强成本控制，争取以最少的投入获得最大的产出；广开渠道筹措资金，保证风险企业所需资金的供应，防范因资金不足所造成的研究、开发、生产、经营中断等风险。

（5）政策风险控制措施。其具体包括：加强对科技政策和产业政策的研究，密切注视科技政策和产业政策的动向，控制因政策变化或调整所带来的风险；面对可能或已经发生的政策风险，认真分析其给企业带来的多方面影响，自觉地加以合理利用，主动适应政策的变化，化不利为有利。

三、案例分析：S 公司风险投资的风险管理㊀

S 公司是云南省政府的专业风险投资机构，主要针对高新技术项目投资，以推动云南省科技成果产业化。S 公司自成立以后，到 2003 年年底，接触和考查的项目有 200 多个，已投资的项目 6 个，累计投资金额为 2408.20 万元，其中 2 个项目成功地实现溢价退出，收回投资额 706.20 万元，实现股权投资收益 184.44 万。下面以其中一个项目（深圳北大双极高科技股份有限公司的钕铁氮稀土永磁材料项目）为例进行说明。

深圳北大双极高科技股份有限公司为专业开发、生产、销售世界领先的新型稀土永磁材料——钕铁氮的高科技公司，由某大学、深圳中核集团、深圳中电投资公司、洋浦耀龙投资公司等于 2000 年 12 月共同发起成立。S 公司于 2000 年 12 月出资 348 万元、占 4% 的股份，

㊀ 资料来源：李万荣. 风险投资风险控制策略研究［D］. 昆明：昆明理工大学，2008.

由洋浦耀龙投资公司代持股。该公司股本金 8700 万元，其中货币出资 5800 万元，占 66.66%；无形资产出资 2900 万元，占 33.34%。经营层主要由中核集团、中电集团派出，但是主要领导矛盾突出，对市场营销、企业运作缺乏足够的实践经验。公司高层虽几度更迭，管理仍然没有很大起色。科技人员和技术支撑由某大学教授组成，大都处于 60 岁左右的年龄，长期从事高、精、尖的科研工作。公司科技人员注重自主开发，技术研发是他们的强项，但公司缺乏产业化的专业队伍，致使产业化进程缓慢。到 2004 年年初，公司生产的磁粉的性能指标达到 19MGOe，但生产工艺尚未完全稳定，产品质量的稳定性还有待进一步提高。2004 年 7 月，公司完成了国内外第一条年生产能力 100t 钕铁氮磁粉中试生产线的建设，并通过了国家发改委的验收和鉴定。2004 年 10 月，该公司与中核集团公司签约，合作建立新型稀土永磁材料基地，将根据市场发展需要，拟在深圳建设年产 1000t 钕铁氮磁粉的产业化示范生产线。到 2005 年上半年 5 月，生产与技术上的一些问题仍然无法解决，产品还没有售出 1t。2004 年，公司亏损 1085.83 万元。因此，其大股东中核集团 2005 年 5 月提出了暂停营业或即刻清算的建议，S 公司同意暂停营业。

（一）S 公司风险投资的风险识别

1. 风险投资前的风险

（1）人员风险。对于风险投资公司来讲，最重要的人就是风险投资家了。风险投资家一般都是风险投资公司的负责人。S 公司的负责人都具有政府和大型国有企业工作背景，从事经济工作的时间比较长，具有比较丰富的企业管理经验。其他工作人员的背景也基本一样，主要从事一些事务性和顾问性的工作。但是，来自政府或大型国有企业的人大部分也都会或多或少地养成习惯，容易按照老经验办事。S 公司的负责人显然还达不到风险投资家的水平，其整个团队的水平也没有达到应有的要求，不具备从事这种高风险投资活动的素质。目前 S 公司只有 5 个人，也不再从事风险投资了。

（2）投资分析风险。S 公司一开始学习国际风险投资，就制定了一系列的规章制度和工作规范，这也是国有企业的一大长处。开始的时候，S 公司也是按照规范去做的，只是限于自身的水平有限，所作的调查研究与分析评价水平不高，缺乏各种预测模型。但是到后来，企业存在的一些问题也开始出现并迅速发展，所有的规章制度和工作规范也像很多其他企业一样成了摆设，往往是下边工作人员的调查工作还没有结束，领导已经把决定作好了，对于投资中的风险本来就认识不足，现在更是置之不顾了。

2. 风险投资后的风险

（1）财务风险。S 公司所进行的风险投资项目金额都不是太大，前后 6 个风险项目的总投资额累计也只有 2408.20 万元，远低于其注册资本金 8100 万元，并且还收回了 700 多万元，按说财务风险不大，但是财务风险还是出现了。

（2）管理风险。①公司投资的风险企业，在股权方面存在一定的问题。北大双极公司注册后，深圳中核集团、深圳中电投资公司、洋浦耀龙投资公司三个股东共借回资本 2520 万元，加大了项目运作的风险；洋浦耀龙投资公司在该公司占股份 10%，而其中 4% 为 S 公司股份，4% 为云南新源电力发展有限公司股份。事实上，洋浦耀龙投资公司只有 2%，导致 S 公司在该项目上的投资没有合法的名分，不能直接行使股东权力，而代持股方又不能很好地履行代持股协议，致使 S 公司对项目运作情况难以知晓，风险难以控制。②没有帮助风险企业建立一个强有力的管理团队。S 公司在进行风险投资后，因为不是大股东，或是进入时间稍晚，往往难以对风险企业进行有效的监督，而对于能够进行监督的企业又往往干预过多，风险企业又不愿被过多干预，二者之间的矛盾就会影响到风险企业的正常运行。③专业服务不够。由于S公司自身的团队业务素质有限，其对风险企业也就难以提供较多的增值服务，其服务的内容主要是提供一些后续的、有限的融资服务。有些反而因为过多参与了日常经营管理，导致双方出现矛盾；有些则因为不提供相应的服务，而使项目难以为继，从而加大了风险企业的经营风险。

（3）市场风险。①产品风险。由于一开始S公司就把投资方向定在了高科技项目上，所以从整体上来看，S公司投资的项目产品还是不错的。在投资之初看来，其发展前景还是很光明的，潜在的增值能力也很大。如北大双极公司，其产品是钕铁氮永磁体，具有完全的自主知识产权，使我国的磁体研究达到世界先进水平。在这个过程中，北大双极公司也要进行相关的研究，需要投入研发资金，但是在成功之前，销售却难以有大的进展，这就势必造成亏损。②市场销售风险。S公司所投资的项目产品在市场上都没有很好的表现，市场不能迅速打开，从而导致公司的现金流出现问题，而这又导致后续投入的乏力，随之而来的就是生产规模上不去，没有足够的产品去开拓市场，然后就进入了恶性循环。

（4）技术风险。由于S公司投资的项目技术含量都比较高，技术风险在此也得到了充分的体现，对项目的成败产生了重要影响。北大双极公司的永磁体之所以迟迟不能产业化，和技术、加工工艺有很大关系。

3. 风险投资退出的风险

S公司的项目都不能通过IPO的方式退出，我国也没有场外的资本交易市场，只能私下同其他公司接触或与其他股东协商，通过转让股份的方式退出。而清算则需要所有的股东都同意，所花费的时间也比较长。S公司想退出都要等待机会，有了机会，还要使出各种手段，才能从项目中退出来，有的项目则只能耗着。这说明S公司在进行风险投资时，缺乏足够的风险意识，在一开始对全程各个阶段的风险没有一个清醒的认识，没有设定项目退出的标准和盈利的目标，也就没有设计好退出的途径和方法，从而给投资带来了极大的风险，也使项目运作很被动。

4. 风险投资全程的风险

（1）政策风险。从S公司的风险投资项目可以看出，由于其投资的项目都是高科技项目，技术含量比较高，受到国家各级政府的重视与支持，有些还获得了国家的专项扶持资金，所以其政策风险是很小的。也正是因为这一点，才使得S公司所投资的风险企业具有一定的潜在增值能力，使得S公司能够溢价退出。

（2）体制风险。体制风险在S公司表现得比较突出。S公司是有政府背景的风险投资公司，其人员也都是具有相关背景的，这势必会影响到公司的运作。

（二）S公司风险投资的风险控制

1. 风险投资前的风险控制

（1）通过提高风险投资家的素质来控制人员风险。作为专业的、面向高风险的风险投资机构来说，其最大的人员风险就是没有合格的风险投资家。因而对于风险投资机构来说，最重要的任务就是广招英才，打造精英团队。

（2）投资分析风险控制。投资分析风险对于风险投资来讲是一个非常重要的环节，是风险投资前期的中心工作。其核心内容就是如何来评估一个项目的风险与潜在收益。

1）建立科学规范的投资分析程序与标准。这是进行风险投资工作时所必须要遵守的，包括具体的工作过程、评估所采用的方法、评估指标及其标准、评估原则等。在合作协议签订之前，风险投资家对项目本身、风险投资控制权、风险企业家报酬激励、风险投资退出、风险企业融资结构优化等都要进行详细分析与研究，并运用相关的理论，如效用理论、博弈论、契约及委托代理理论、期权定价理论等，建立相应的评估模型。这样，在实际进行一个项目的评估时，就能够做到有条不紊、全面高效。再根据实际情况进行适当的修正，就可以作出一个相对客观准确的评估。当然，最重要的还是执行。

2）实地调查。对风险企业和风险项目的了解必须由风险投资家亲自去实地调查。实地调查的因素自然有很多，但是最重要的是风险企业家及其管理团队，其次才是产品。人的因素是第一位的，长期的风险投资研究都已经揭示出，风险企业家及其管理团队对风险企业的成败影响是最大的，所以，实地调查也应该把风险企业家及其管理团队放到首要的地位。

2. 风险投资后的风险控制

（1）财务风险控制。财务风险主要体现在流动性上。风险投资机构为了分散风险，一般都会采用投资组合的策略，运用投资组合理论把自己手里的资金分别投向不同的项目。但是如果不注意从整体上把握整个资产的流动性，就很可能会出现投资过多，而预期成功的项目却失败了，不能及时带来现金流量的情况，从而引发财务风险。

1）保留现金。手中时刻保留有足够的现金，这是应对财务风险最强有力的手段。其不足就是不能充分发挥现金的盈利能力。

2）滚动发展。滚动发展的模式，实际上国际上成熟的风险投资机构都在采用，即在一个基金存续期间就发起成立新的基金。这对于应对财务风险是非常有效的。但对于我国的风险投资机构来说，实施并不那么容易。我国大企业集团建立的风险投资机构的资金主要还是来自企业与自身的发展，政府的资金则主要来自财政与自身的发展。而我国本土的风险投资机构目前还只是这个行业中的一个“小配角”，成绩也不是那么高，靠自身发展的难度是比较大的，政府财政更不可能无限制地投入资金。所以，引进战略投资者或合资建立风险投资公司就成了这些大企业和政府部门的选择。然而，这种做法虽然能从一定程度上把更多的资源整合进来，但是比起滚动的基金发展模式，其灵活性还是差了许多，在资金的筹集上也有不小的难度。

3）保留融资能力。它是指风险投资家把手中的资金全部用光了，一定不要再轻易地从其他渠道进行融资，而是保留这些融资渠道，以备在危机发生时，能够在短时期内筹集到足够的资金来化解风险。

4）良性循环。它是指风险企业在投资、技术、产品、收益之间形成的一种循环往复、不断进步、不断发展壮大的过程。这样的良性循环都是最根本的解决之道，因为它解决的是风险企业自身的“造血功能”，也是风险投资家所要达到的目标。所以，风险投资家要运用自己的专业知识、能力和资源，向风险企业提供专业的增值服务，促使企业尽快形成这样的良性循环。

（2）管理风险控制。风险投资机构除了作好自身的管理以外，还要协助投资对象，即风险企业作好管理。如果风险企业的管理团队非常好，管理能力很强，那么风险投资家就省心了，可以采取“放任经营”的原则，由风险企业家带领自己的团队去拼搏。但是，大部分风险企业都没有一个非常强的管理团队，也没有那么多的现成资源可以利用，否则也不用寻求风险投资了。以高新技术为基础进行创业的风险企业，其领导者往往是技术出身的人员，其他的则以销售出身的人员为多，但是在企业的全面管理方面一般都比较欠缺。所以，这就需要风险投资家给予适当的帮助。应对管理风险的基本对策有：组建管理团队；把握战略方向；提供专业服务。

1）组建管理团队。帮助风险企业组建管理团队是风险投资家的一项重要任务。这一点如果能做好，以后就会省下很多力气；如果做不好，以后就可能会有很多麻烦，风险投资家的投入就会多得多。但是，风险企业的创立者及其管理团队一般都不太愿意引入新的管理者，特别是高层的精英管理者，因为那会威胁到他们的地位，事实也是如此。

2）把握战略方向。风险投资家虽然关心风险企业的发展，但一般来讲，并不过多地参与其日常经营活动，但是一定要帮助其制定正确的发展战略，并且要时刻把握其战略发展方向，以免公司为短期利益或其他因素所干扰而偏离了前进的方向。

3）提供专业服务。风险投资机构在自己的长期运营过程中，会积累相当丰富的社会资源，形成比较成熟的管理团队。即便是新成立的风险投资机构，其运营者或风险投资家也都具有相当多的社会资源，其本身的素质与能力都比较高，这些对于风险企业，特别是缺乏管理经验、处于创业初期的风险企业是非常宝贵的。而风险投资家要想使自己的投资对象生存下去并持续不断地增值，就必须充分利用自己所拥有的管理、金融、法律、市场、人力资源、投资分析、风险控制等多方面的专业知识与技术及社会资源，为风险企业提供专业的增值服务，以降低其经营风险，保证投资项目的成功。

(3) 市场风险。在产品的市场导入期，风险企业是比较困难的，因为其收入弥补不了其支出。因而能否挺过导入期就成了风险企业所面临的第一大市场风险。即便是挺过了产品的市场导入期，市场已经启动并进入快速增长期，也并不意味着风险企业就可以高枕无忧了，因为这时市场竞争出现了。如果风险企业的产品没有专利保护，或技术含量不高，或有众多的同类产品（如计算机领域），很快就会面临激烈的市场竞争。这时候，风险企业能否迅速扩大生产规模、及时跟上市场发展的步伐就成为关键，竞争也进入了全面竞争阶段，包括资金实力、原材料采购、专业人才、内部管理、市场营销等方面的竞争。应对市场风险的对策有：加强前期投资分析；加强管理；资金充足；创新营销模式。

1）加强前期投资分析。加强前期投资分析是预防市场风险的最佳方法，这也就是古语常说的“防患于未然”。

2）加强管理。加强管理可以控制成本，降低产品在市场导入期的风险，加强内部各部门、各环节的协调，促进市场的发育与成长，从而使风险企业的市场风险得以有效控制。

3）资金充足。保持充足的资金，特别是资金的持续投入能力，主要是为了应对市场导入期的亏损煎熬和成长期因扩大规模对资金的大量需求。

4）创新营销模式。新的产品或新的商业运行模式都有一个能否被人们接受的问题，这里非常重要的一点就是用多长的时间让人们普遍接受。如果让人们在尽可能短的时间里就接受了，对于新的商业运行模式也许是最好的，可以迅速地带来巨大的收益；但是对于新的产品就未必是好事，因为在初期产品往往还不是十分完善，生产能力也不强，如果人们已经接受了新产品，但是新产品却存在瑕疵或企业不能生产足够的产品来满足需要，就很有可能导致人们放弃该产品而转向替代品，从而不利于新产品的进一步销售，带来市场风险。

(4) 技术风险。对于风险投资而言，其技术风险主要体现在风险企业的技术方面，主要有：先进性、独创性、转化能力、持续不断的更新能力、技术更新的速度、开发新技术的能力。应对技术风险的基本对策有：广招英才；跟踪前沿；持续投资；及时转化。

1）广招英才。再新的技术也是由人来研发和掌握的，也是由人来把它转化为新产品的，而且起核心作用的往往只是很少的几个人。对于风险投资家而言，就要利用其在社会上的广泛联系，为自己所投资的风险企业广招英才，特别是那些关键的技术人才。

2）跟踪前沿。技术要不断进步，就必须时刻跟踪和风险企业的产品相关的技术前沿，这样才不会被淘汰。

3）持续投资。持续投资的前提是要有足够的资金，也就是要进行好财务控制，在资金、技术、产品、收益之间形成良性循环。

4）及时转化。开发的新技术要及时转化为新产品，并让新产品尽快上市，成为收入来源，从而发挥新技术的威力，收回前期的投资，形成新的利润源泉。

3. 风险投资退出的风险控制

风险投资退出是其最后的、最重要的、必不可少的环节。没有退出，风险投资就成了一般意义上的投资，而不再称为风险投资了。风险投资退出的方式主要有：首次公开发行、销售、转售、企业回购、清算。如果能够上市当然是最好的，因为这样收益是最大的，但是难度较大，时间也相对比较长。应对资本市场风险的对策有：管理层回购；联合投资；战略联盟。

（1）管理层回购。如果风险企业发展得比较好，企业前景很明朗，风险企业的管理层则是很乐意回购风险投资所占的股份的，因而这种方法简便易行。由于这种方案在风险投资进入时就可以在投资协议中明确各项条款，所以对于成功的风险企业，这是一种成本很低的退出方式，风险也可以降到最低。对于经营一般的风险企业，采取这种方法就可能存在一定的困难，即到时候管理层无力回购股份。考虑到这种情况，风险投资家可以考虑下面的对策。

（2）联合投资。在对风险企业进行投资时，风险投资家可以再联合其他企业一起投资。从降低退出风险、保证顺利退出的角度出发，所联合的企业不宜是风险投资机构，因为它们也面临着退出的风险。所以，可以联合那些实业企业，最好是在产品上和风险企业的产品有一定关联的企业，这样就可以在投资的时候签订由该企业在将来收购风险投资所占股份的协议，从而降低风险投资退出的风险。

（3）战略联盟。为了保证顺利地从风险企业退出，风险投资家还可以采取战略联盟的策略。这个策略不是风险投资家自己要去建立战略联盟，而是要帮助风险企业建立战略联盟。也就是当风险企业发展到一定时期，具备一定的规模和实力时，风险投资家要利用自己的各种资源和能力，力促风险企业和其上下游企业建立起战略联盟的关系。这种关系越紧密，它们之间的依存度就越高，就谁也越离不开谁，自然，当风险投资想要退出的时候，通过把整个风险企业或自己的股份转让给这些战略联盟，就可以顺利退出。

4. 风险投资全程风险控制

(1) 政策风险。我国正处于快速发展时期，无论是宏观的金融政策、产业政策、财政政策，还是各个地方的相关政策，都处在一个动态的完善过程中。作为风险投资家，有必要对这些政策进行研究，以确定自己的投资方向，降低投资风险。应对政策风险的基本对策是：抓住先机；分散投资；留有余地；及时清算。

1）抓住先机。国家出台一定的政策，基本上都是为了促进经济的增长，保持经济的稳定发展，在此基础上，可能会对不同的行业采取不同的政策。但是，政策的变化也有一个过程。也是一个逐步深入、逐渐完善的过程。所以，对于风险投资家而言，如果能够及时敏锐地把握政策的走向，抓住先机，向国家即将重点发展的领域投资，无疑可以大大提高项目的成功率，降低风险。

2）分散投资。社会是一个复杂的综合体。在各种势力错综复杂的斗争、各方利益的博弈过程中，可能会出现一些谁也难以预料的政策，有时这些政策可能会对整个经济形势或某些经济领域产生重大的影响。为了应对这类政策风险，风险投资机构可以通过分散投资的方法分散风险，从而达到在整体上降低风险的目的。

3）留有余地。一是指风险投资机构要留有余地，手里一定要保有适当的资源，特别是资金，以应对可能出现的不利政策所带来的风险；二是风险企业，特别是国家有可能加以限制的领域的风险企业的发展要留有余地，这对于风险企业及时适应政策的改变也会带来很大的好处，从而降低由于过多投入而可能带来的政策方面的风险。

4）及时清算。在某些特殊时期，当国家出台一些调整幅度很大的政策时，可能会危及风险企业的生存。这时，作为一名敏感的风险投资家，要果断地对其进行清算，以避免由于犹豫不定可能带来的损失或损失迅速扩大的风险。

（2）体制风险。体制的束缚是最顽固的，也是最难打破的，但是必须对其进行改革。只有根据实际情况进行体制创新，企业才能不断进步，跟上时代的步伐，使创新成为社会进步与经济发展的推动器。应对体制风险的对策是：科学创新；诚信为本。

1）科学创新。国有的风险投资机构要在现有的体制内进行创新，以适应新的经济发展和行业发展形势。国家的宏观上的体制改革难度大、风险高，所需要的时间长，但是这并不妨碍微观领域的国有单位进行改革创新。更常见的情况是，局部的体制创新常常成为国家宏观改革的样板。

2）诚信为本。在风险投资机构工作的人员面临的风险很大，其压力自然也就很大，其要求的收益当然就会比较高，但是却很难在国有的风险投资机构实现。而单位的背信弃义更会极大地刺伤人心，从而导致工作热情的消退与人才的流失，危及风险投资的正常运作，使项目面临失败的威胁。所以，风险投资机构要讲诚信，对国家、对自身、对员工都要做到诚信为本。

本章小结

本章主要阐述了四种投资风险的识别、评估与控制，并进行了相应的案例分析。

第一节阐述了投资风险的概念、识别、评估与控制。投资风险是指企业投资过程中，在各种不可预计或不可控因素的影响下，导致投资不能实现预期目标的可能性。企业投资需要识别三种风险：产业结构风险、投资决策风险、投资执行风险、投资后经营过程中的风险等所表现出来的投资过程的非科学性；金融投资组合的非分散化引起的风险与报酬的不匹配；金融投资与实体资本投资的相互影响以及企业对投资项目的理解和把握不到位等。投资风险的评估需要分析评价投资环境、科学预测投资风险、进行可行性分析、分析投资收益与风险的关系、分析评价投资机会的选择和分析评价投资风险的结果等。投资风险的控制需要建立投资风险预警系统、分阶段进行投资风险管理和采用多种投资风险管理方法等。

第二节阐述了项目投资风险的识别、评估与控制。项目投资风险是指由于某些随机因素引起的投资项目的总体实际效果与预期效果之间年度差异，以及这种差异的程度和出现这种差异的可能性大小。项目投资风险需要识别政策与环境风险、公司风险和项目特有风险；项目投资风险评估可以采用盈亏平衡分析、敏感性分析、情景分析和蒙特卡罗模拟、统计分析方法、概率分析方法、无差异曲线等方法；项目投资风险管理包括政策与环境风险管理、公司风险管理和项目特有风险管理。

第三节阐述了证券投资风险的识别、评估与控制。证券投资风险是指由于未来和现在的一段时间里与证券有关的各种因素的变动引起的证券预期收益变动的可能性及变动幅度。政策投资风险需要识别市场风险、利率风险、购买力风险、企业风险和财务风险。政策投资风险的评估方法包括收益风险指标法和 VaR 方法等。投资风险控制措施包括：立法、执法与风险教育相结合；上市公司与中介公司的监管与自律；实施正式有效的投资策略；科学合理地进行资本配置。

第四节阐述了外汇投资风险的识别与控制。狭义的外汇投资风险是指企业在从事各种对外经济活动中，在持有或动用外汇时，因汇率变动而蒙受损失的可能性。外汇投资需要识别交易风险、会计风险和经济风险。外汇投资风险控制措施包括：妥善选择计价货币，优化货币组合；签订货币保值条款，控制外汇投资风险；利用外汇与借贷投资业务，控制外汇投资风险；采用对销贸易，控制外汇投资风险。

第五节阐述了风险投资风险的识别与控制。风险投资者一旦进行了风险投资，就要承担高新技术项目开发全过程中的风险。风险投资需要识别技术风险、市场风险、管理风险、财务风险和政策风险，并针对每种风险采取相应的对策。

习　题

1. 中信海直（000099. SZ）是一家航空运输企业，在其 2011 年年报中披露了投资风险：通用航空业目前仍处于战略机遇期，公司发展需要寻找新的利润增长点并面临投资风险。企业同时披露了相应的对策：公司应不断完善投资管理制度，加强投资项目前期可行性研究，防范和化解投资风险。请对中信海直采取的投资风险管理对策进行评价和补充。

2. 佛山照明（000541. SZ）是一家电器机械及器材制造企业，在其 2011 年年报中披露了投资风险：2012 年，公司仍将计划保持高于同行业平均发展速度，逐步加大 LED 及新能源领域的投入。因此，资金投入也将进一步增加。企业同时披露了相应的对策：公司将加大力度开发和生产 LED 新光源产品，近期成立了独立的 LED 销售事业部；加强与中上游厂商的合作，利用公司渠道优势，力争占领相应的市场份额。请对佛山照明采取的投资风险管理对策进行评价和补充。

3. 云铝股份（000807. SZ）是一家有色金属冶炼及压延加企业，在其 2011 年年报中披露了投资风险：国家实施偏紧的货币政策，对公司正常实施项目投融资工作带来风险。企业同时披露了相应的对策：公司将认真研究国家金融政策、财政政策及其他相关政策，主动加强与各金融机构的合作，加强与政府相关部门的沟通，并争取政策支持；进一步拓宽融资渠道，提高融资能力，降低财务费用，保证生产经营和项目建设资金需求。请对云铝股份的投资风险管理对策进行评价和补充。

4. 中鼎股份（000887. SZ）是一家橡胶零件制造企业，在其 2011 年年报中披露了对外投资风险，并披露了对策：公司围绕汽车用橡胶制品核心主业做精、做大、做强的整体发展思路，努力提高其他行业用橡胶制品配套份额，逐步延伸产业链；在实施对外投资方面，对投资项目加强可行性分析论证，有效识别风险；同时，将严格按照企业内部控制规范、上市公司相关规则要求以及股东大会、董事会的授权，履行相关信息披露义务，力保投资收益最大化，从而实现股东效益最大化。请对中鼎股份的对外投资风险管理对策进行评价和补充。

5. *ST鑫富（002019. SZ）是一家化学原料及化学制品制造企业，在其2011年年报中披露了项目投资风险：近几年来，公司为防范产品单一的风险，先后投入了生物降解新材料PBS、活性炭、三氯蔗糖、PVB胶片、EVA胶片等项目。尽管公司在投资决策时进行了详细论证，但仍然出现了部分投资项目失误，特别是满洲里活性炭项目的失败给公司带来了较大损失。企业同时披露了相应的对策：公司要紧紧围绕"质量、成本、效益"中心，提升品质保证，强化成本控制，积极拓展市场，确保新项目尽快产生效益。请对*ST鑫富采取的项目投资风险管理对策进行评价和补充。

6. 海特高新（002023. SZ）是一家交通运输辅助企业，其2011年年报披露了投资风险：2012年是募投项目的收获年，公司将加快投入；同时，公司将利用自有资金加大新项目投入，使公司保持较高速度的发展，因此，将加大资金投入规模。企业同时披露了相应的对策：在国内经济环境复杂的情况下，公司将进一步加强投资决策的管理，坚持稳妥的资金管理策略，完善风险预警机制，加强事前调研、事中监控、事后评估的管理，化解投资风险，保障广大股东的合法权益。请对海特高新采取的投资风险管理对策进行评价和补充。

7. 全聚德（002186. SZ）是一家餐饮企业，在其2011年年报中披露了投资风险：2012年，公司将继续坚持以直营连锁为主、特许连锁为辅的连锁发展道路，计划在国内、海外继续增加连锁店的数量。然而，世界经济的不确定性给公司新项目的开拓带来了风险。企业同时披露了相应的对策：为了最大限度地控制投资风险，同时又能实现公司快速发展，公司认真总结直营连锁的发展实践，尝试"特许+托管+收购"三合一的开发模式。新的开发模式力求有效规避新建企业前期市场培育的经营风险，为三年后直营店的发展进行有效储备，降低新建企业的前期投入，提高收益质量。请对全聚德采取的投资风险管理对策进行评价和补充。

8. 奇正藏药（002287. SZ）是一家医药制造企业，其2011年年报披露了项目投资风险：①报告期内，本公司全资子公司陇西奇正药材有限责任公司与宁夏枸杞企业（集团）公司、北京亚太天宇平面设计工作室设立宁夏奇正沙湖枸杞产业股份有限公司，注册资本5000万元，主要经营枸杞种植、全产业链试验示范。但是，公司在未来的发展仍存在不确定性和潜在的风险，其中包括可能面对的药材种植过程中自然灾害的风险，加工过程中技术、经营管理的风险，存储过程中保质的风险，销售过程中价格波动、行业竞争的风险等，也包括投资项目与他人合作的风险，项目管理和组织实施的风险以及不可抗拒因素所带来的风险等。②报告期内，公司第二届董事会第七次会议决议，公司在西藏自治区拉萨市参与发起设立地方法人银行，银行注册资本为人民币15亿元，本公司以自有资金投资人民币3750万元，认购2.50%股份。本次投资入股西藏银行，是为公司配置优质的金融股权资产，有利于提升公司资产价值，符合公司的投资规划和长远利益。作为金融企业，西藏银行在经营过程中主要面临行业风险、信用风险、流动性风险、操作风险、市场风险和政策风险。如果此类风险发生致使西藏银行价值受损，则公司该项股权投资价值将相应受损。③报告期内，公司第二届董事会第七次会议决议，公司投资8000万元人民币成立北京奇正天麦力健康科技有限公司，截至目前，工商注册手续已经办理完毕，公司仍处于前期的筹建期。该公司主要经营研发、生产、销售以青稞及高原药食两用植物资源为原料的功能性营养食品。西藏是青稞的主产区，以青稞及提取物为原料的系列西藏高原营养食品，具有调整机体防御系统、调节生理节律、预防疾病和促进康复等功能。虽然青稞功能因子及系列产品无论是在价格或是功效上其优势都是相当明显的，但是让更多的消费者所认知，还是需要一个过程。公司未来的发展仍存在不确定性和潜在的风险，包括可能面对的竞争风险、经营管理风险等，也包括投资项目因市场、技术、环保、财务等因素导致的风险，以及与他人合作的风险、项目管理和组织实施的风险和不可抗拒因素所带来的风险等。请提出奇正藏药采取的项目投资风险管理的应对措施。

9. 黑牛食品（002387. SZ）是一家饮料制造企业，在其2011年年报中披露了新项目投资风险：①报告期内，公司利用超额募集资金在苏州和广州投资建设两个全资子公司以实施液态饮品项目，在实施过程中可能会遇到诸如市场变化、政策变化、自然条件变化、竞争条件变化等客观因素，同时也会受企业内部管理水平和技术力量等因素的影响，从而有可能对公司的经营业绩产生影响，因此存在一定的新项目投资风险；②国内外市场形势变化、信贷政策调整、汇率利率变动、成本要素价格变化、自然灾害通货膨胀或通货紧缩情形对企业盈利能力没有重大影响。企业同时披露了相应的对策：公司将抓好项目的管理，集中人力、财力、物力，严格施工，按照各新项目的可行性研究报告，用好募集资金以高质完成各新项目的建设。在项目实施过程中，如果市场状况、国家政策、自然条件、竞争条件等发生变化，公司将就项目可行性在充分调研和论证的基础上，对项目的实施内容进行适当调整，以适应变化了的条件，从而最大限度地降低投资风险，并将及时公告。请对黑牛食品采取的新项目投资风险管理对策进行评价和补充。

10. 九九久（002411. SZ）是一家化学原料及化学制品制造企业，在其2011年年报中披露了项目投资风险：近年来公司不断加大项目投资建设力度，目前在建和扩建项目较多。一方面，新项目投资数额较大，安全性和技术性要求颇高，公司有可能面临投资失败的风险；另一方面，项目点多、面广也导致项目采购及施工、项目进度管理、质量管理等环节的管理幅度和难度增大，风险因素增多。此外，前期利用募集资金投资的项目也可能在整体经济环境影响、市场条件变化的情况下面临不能按投资计划如期实现效益的风险。请提出九九久的项目投资风险管理对策。

11. 中国石化（600028. SH）是一家石油和天然气开采企业，在其2011年年报中披露了投资风险：石油石化行业属于资金密集型行业。虽然公司采取了谨慎的投资策略，对每个投资项目都进行了严格的可行性研究，但在项目的实施过程中，市场环境、设备及材料价格、施工周期等因素有可能发生较大变化，使项目有可能达不到原先预期的收益，存在一定的投资风险。请对中国石化的投资风险提出相应的对策。

12. 国元证券（000728. SZ）是一家综合类证券公司，在其2010年年报中披露了证券投资业务风险：受国际金融危机及中国经济增速下滑的双重影响，中国证券市场经历了罕见的深幅调整，沪深股指大幅下跌，公司证券投资业务未能根据市场变化及时调整投资策略和仓位，公司交易性金融资产市值也随之大幅缩减。企业同时披露了相应的对策：在二级市场投资中，坚持执行严格的股票池管理制度，对投资标的的风险收益进行更加严格的衡量，从而有效规避了四季度市场风险快速释放带来的系统性风险。请对国元证券采取的证券投资业务风险管理对策进行评价和补充。

13. 国金证券（600109. SH）是一家综合类证券公司，在其2010年年报中披露了证券投资业务风险：投资业务方面，我国证券市场缺乏规避系统性风险的手段和机制，二级市场价格的异常波动会给公司的自营业务带来盈利的不确定性。请提出国金证券的证券投资业务风险的应对措施。

14. 西南证券（600369. SH）是一家综合类证券公司，在其2010年年报中披露了证券投资业务风险：公司如在选择证券投资品种时决策不当、证券买卖时操作不当、证券持仓集中度过高、客户大规模退出集合资产管理计划、自营或资产管理系统发生故障等，都会对证券投资业务产生不利影响。请提出西南证券的证券投资风险管理对策。

第四章

营运资金风险管理

一个企业要维持正常的运转，就必须拥有适量的营运资金。据调查，公司财务经理有60%的时间都用于营运资金管理。营运资金涉及面广，不确定性因素多而分散，且具有潜伏性和累计性，因而营运资金管理考虑企业的整体协调性与抗风险能力。同时，企业存续期内对营运资金的需要量波动频繁。企业不可能永远有充足的资金，加之外界偶发因素的影响，营运资金成为现代企业资金管理风险较多的部分。因此，营运资金风险成为企业主要的财务风险之一，其风险管理刻不容缓。

营运资金风险管理，分为流动资产和流动负债两方面。由于企业在流动资产的风险管理上更具有主动性，而对流动负债的管理却取决于多种因素，在很大程度上它是与债权人相关的一个因变量，因此，重点关注流动资产管理。

第一节　营运资金风险管理概述

一、营运资金风险的含义及特点

狭义的营运资金是指企业一定时期内的流动资产减去流动负债的余额，也称为净营运资金。广义的营运资金包括企业所有的流动资产，它主要运用于研究企业资产的流动性和周转状况。新的营运资金概念是对企业一定时期内流动资产和流动负债的统称。营运资金管理包括企业流动资产和流动负债管理的全部内容。这种将资产和负债结合起来的方式，对企业具有重要意义。

营运资金的特点决定了其风险管理的灵活性和复杂性。为了更好地进行营运资金的风险管理，需要理解运营资金的特点：①周转速度快。营运资金通常在一年或一个营业周期能够收回，变现能力强。因此，企业资金紧张时，营运资金比长期资金容易变现。②资金形态波动较频繁。营运资金的实物形态常常随着企业生产经营活动的变动而变动。③资金来源广泛。营运资金的筹资渠道有商业信用、国家信用、个人信用和贸易信用等，具体方式有应付账款、预收账款、应收账款、预提款项及各类直接借款等。

对于营运资金的管理理念，可以从流动资产风险和流动负债风险两个角度把握。从流动资产角度看，企业应保持一定的绝对量和相对量的流动资产，这不仅有助于降低企业短期的财务风险，而且有利于确保企业未来具有相应的举债能力。此外，营运资金流动性较强，对其实行的风险管理，要根据外部环境及企业自身内部环境的变化适时调整。从流动负债角度看，企业破产风险大多来自企业的到期负债。若长期债务是企业的一种潜在的财务风险，那么短期债务则是企业目前即将面临的财务风险。若不对短期债务加以控制，企业的财务风险就会凸显。然而，企业在生产经营过程中，又不可避免地要使用流动负债。

企业的流动资产和流动负债之间具有非常紧密的对应关系。在营运资金风险管理中，应将流动资产管理与流动负债管理相结合，任何片面强调某一风险而忽视另一风险的做法都是错误的。

二、营运资金风险的识别

不少企业在营运资金管理方面存在营运资金低效运作的情况。在现实经济生活中，大都是由于管理不善导致了运营资金风险或加剧了风险的恶化，例如，企业营运资金的管理方式不当、力度不够等。导致营运资金风险的成因主要有以下四点：

（1）经营目标与财务能力不相协调。有些企业对利润的追求急功近利，这样在资金利润率高于资金成本，特别是行业资金利润率高于社会平均投资报酬率时，容易作出激进甚至冒进的决策。例如，长期投资过快过大，挤占营运资金，造成经营规模资金紧张，使资金的流动性大大减弱。

（2）营运资金管理上带有短视性、被动性及静态性。营运资金的来源并非只能通过短期资金融通，营运资金管理也非限于一个会计年度内。企业的经营方向、经营目标及其投资融资等都有企业的战略考虑和阶段性政策安排，而维持企业日常经营的营运资金如果缺乏批判性的策略，就会大大削弱企业实现经营目标的基础。

（3）缺乏对风险和收益的适度权衡。企业流动资产的变现能力强而盈利性较差，固定资产的周转慢而盈利能力强。若忽视对风险和收益的理性思考，缺乏对经营中流动资产及其资金融通的系统性思考，所留营运资金头寸过小，极易导致过度运用流动负债。

（4）财务职能与经营职能、其他管理职能不相协调。由于企业职能的分工，企业经营活动中的资金流、物流、信息流等信息分布在财务、经营、统计等部门，若各部门缺乏协调性，则可能导致营运资金风险。

三、营运资金风险的控制

1. 增强管理层的营运资金管理意识

转变管理层的营运资金管理理念是提升公司营运资金管理绩效的关键。首先，管理层应认识到营运资金管理对公司生产经营活动的正常开展和经济效益的实现的重要作用，摒弃以往只重视产品研发和市场开拓的思想和做法，将营运资金管理当成一项基础性的工作执行。其次，管理层应加强对先进的财务管理知识的学习，将渠道管理的思想引入营运资金管理中，优化采购、生产、销售各渠道的结构，实现营运资金管理绩效的提升和企业价值的最大化。最后，为了保障营运资金管理的有效执行，还要加强对企业营运资金管理工作的组织领导，在全企业范围内进行宣传和学习，使企业中的每个部门、每个员工都认识到营运资金管理是实现企业目标的重要管理手段，是企业健康经营、持续发展的需要，其管理绩效的提高需要所有部门、所有员工的积极配合和共同努力才能达到。管理层的高度重视为企业的营运资金管理奠定了基础，也只有在得到管理层的高度重视的情况下，营运资金管理信息系统才有可能得到进一步的完善，营运资金管理也才能在企业的采购、生产、销售各渠道得到有效开展，最终发挥作用。

2. 构建营运资金管理信息系统

（1）实现财务管理、销售管理、生产管理、采购管理的互动式管理，促进管理的一体化进程，提高公司整体管理效率。

(2) 财务部门可深入采购、生产和销售过程管理，各部门产生协同效应。财务部门可协同采购部门严格审批采购合同，有效降低采购成本；协同生产部门加强生产计划管理，压缩材料库存资金占用；协同销售部门优化产品定价管理，提高服务水平，在实现收益最大化的同时降低运营成本和运营风险。

(3) 系统的建设和运营必须保持适中的成本。信息化建设需要遵循成本效益原则，投入成本过多会使企业身负资金压力，而投入成本过少则不足以对企业的经营信息起到有效的传递和分析作用。

3. *构建基于渠道管理的营运资金管理*

基于渠道管理的角度，营运资金的流转伴随着实物流、资金流和信息流。在实物流方面，需要解决的问题是减少实物在各渠道停留的时间。其方法一是缩短渠道长度；二是保持渠道通畅，提高渠道管理的效率。在信息流方面，需要解决的问题是保持渠道畅通。故应构建完善的信息系统。在资金流方面，面临的问题是如何提高资金使用效率。对策之一是采用科学的预算方法，根据市场需求信息及时调整资金调配。从这一视角看，财务管理与业务管理是统一的，故基于渠道管理的营运资金管理实际就是对营运资金流转的渠道及其表现出的占用形态的优化与管理。

4. *构建营运资金风险预警系统*

营运资金风险预警系统是以企业信息化为基础，并贯穿于企业经营活动全过程，以企业财务报表、经营计划及其他相关财务资料为依据，利用财务理论，采用比例分析、数学模型等方法进行的预报警示。通过对行业和企业自身的财务指标和经营信息进行对比分析，可以及时发现存在的风险因素并采取措施化解。

四、案例分析：海尔的零营运资金管理[㊀]

（一）案例材料

1. *零营运资金管理的定义和特点*

零营运资金管理的基本原理是从营运资金管理的着重点出发，在满足企业对流动资产基本需求的前提下，尽可能地降低企业在流动资产上的投资额，并大量利用短期负债进行流动资产的融资。它是一种极限式的管理，并不要求营运资金真的为零，而是在满足一定条件时，尽量使营运资金趋于最小的管理模式。它属于营运资金管理决策方法中的风险性决策方法。该方法的显著特点是：能使企业处于较高的盈利水平，但同时企业承受的风险也大，即高盈利、高风险。首先，企业有延期风险，即企业在到期日不能偿还债务的风险；其次，短期债务利率具有很大的波动性，企业无法预测资金成本，也就无法控制利息成本；最后，企业为了减少应收账款，变赊销为现金销售，可能会损失客户，从而影响销售的增长。尽管如此，零营运资金管理仍不失为一种管理资金的有效方法。

2. *海尔的零营运资金管理模式*

被称为“中国制造业奇迹”的海尔比较成功地应用了零营运资金管理的模式，效果

㊀ 资料来源：海尔：零距离零库存零营运资本. 中华管理学习网，2005-12-06.

显著。

(1) 物流加速，带动资金流高效运转。如果采购、生产、销售过程中的物流速度过慢，会加大各种缓冲资金的占用时间，影响正常的现金流，增加资金的机会成本。为加快物流速度，海尔采取按订单生产，并对订单实行信息化管理的方式，即先有订单，后有海尔的制造。海尔从市场获取订单以后，订单信息将通过订单信息管理系统同步到达产品和物流部门；产品部生成生产订单，物流部同步生成采购和配送订单。这样就保证了海尔的采购和生产都是围绕有价值的订单进行的，降低了采购和生产库存。通过上述管理，海尔的物流周期大大缩短，原材料只有不到7天的库存，成品24h内便能发往全国的42个配送中心。物流的加速直接带来了资金流的加速，从而保证了海尔营运资金的占用量逐渐减少，提高了资金的使用效益和附加值。

(2) “现款现货”政策。通过建立“现款现货”的系统闸口来实现“零坏账”目标，有效地解决了困扰企业的应收账款问题。在“价格战”大行其道的今天，敢于实行现款现货，是海尔品牌、信誉、产品定制、为订单制造等综合优势的反映。但是，海尔也有极少部分回款采用信用账期控制，主要针对家乐福等信用较高的大卖场，根据其信用状况，分别给予一个月不等的信用账期，并通过系统自动控制，保证在账期内及时回收账款。在国外市场，海尔的应收账款由国际大银行提供信用保证，从而保证货款按照合同规定的结算期限及时得到回收。

(3) 良好的资金运作管理。海尔集团建立了比较完善的全球金融结算网络，可以灵活选择资金结算和运作方式，实现全球资金划拨的通畅和及时，减少资金在各个环节的滞留时间。海尔借助银行的电子结算平台，建立了较为完备的网上结算平台，实施网上现汇和网上信用证的结算方式，杜绝了资金结算的人为因素干扰。同时，海尔的资金融通和结算发挥了自身的资源优势，在开立信用证、承兑汇票等业务上获得了相应的优惠，比如降低保证金数额、节约贴息费用和汇兑损失等。

(4) 利用杠杆。海尔集团近年来不断扩大短期借款的数量，从而带动了流动负债整体数量的增加，使企业取得相对低成本的资金，利用了负债的杠杆与避税作用。

(二) 案例分析

海尔零营运资金管理模式的成功，为我国其他企业的资金营运管理提供了良好的借鉴。目前，我国企业制度的改革正在进一步深化，金融体制改革也已经起步，金融市场不断发展和完善。从企业自身的经营状况来看，仍有一部分企业管理水准低下，经营不善，销售不畅，产品积压，资金短缺。在这种情况下，运用零营运资金管理的基本原理，我国企业可以从以下四个方面加强管理：

(1) 改善企业的生产条件，缩短企业的生产时间。企业财务人员要在条件允许的情况下，尽可能提供资金为企业选购先进设备，以此来加速营运资金周转。

(2) 存货积压过多的企业，应从打开销售渠道上下工夫，在日趋激烈的市场竞争中，善于分析研究企业的市场环境，制定有利于促进销售增长的信用政策，扩大销售，提高企业的竞争能力。

(3) 选择灵活的结算方式，保持资金畅通。我国金融体制改革尚未完全展开，银行结算方式相对落后，结算秩序也比较混乱，这在很大程度上制约了资金的流动。而且，每到考核时点，如季末、年末，各大商业银行千方百计地保护自己的存款，导致企业大量的货币资金沉淀，在一定程度上加剧了企业的资金紧张局面。因此，灵活选择转账、商业汇票等结算方式，才能更好地加速营运资金的周转，实现零营运资金管理。

（4）加强对流动负债的管理，学会充分利用短期资金融资方式，以缓解企业紧迫的资金短缺困扰。企业要注意充分发挥短期资金融资的优点，管好、用好短期资金，努力经营，增加盈利，保持企业良好的财务状况，尽可能地避免或降低短期资金融通的高风险。

综上所述，对企业营运资金实行零营运资金管理，力求达到零营运资金的目标，其实质是提高资金的运用效益，以最少的投入获取最大的产出。这一思路与投入产出理论中的“资源最佳配置”原则是一致的。因此，在我国财务管理的理论与实践中，零营运资金管理的基本原理和管理资金的思路，具有一定的借鉴意义和实用价值。

第二节　现金风险管理

如今，现金对企业越来越重要，现金流量成为评价企业信誉、企业发展潜力和评估企业价值的重要指标。

企业货币资金的风险分为三类：安全风险、短缺风险以及使用效率低下的风险。传统的货币资金管理主要关注的是第一类风险，即货币资金安全风险的控制，而对后两类风险，尤其是最后一类风险重视不够。实际上，资金使用效率低下的风险对企业经营的影响更重大、更广泛，也更难识别和评估，需要更新的管理理念和更高明的管理技巧。

一、现金风险的识别

现金风险是企业在生产经营循环中，无法按时回收到期的货款，或无法及时偿还到期债务的可能性。现金风险的来源很多，主要有以下两方面：

（1）从微观上看，企业生产经营活动直接面对市场，客户的信用水平差别很大，这是产生现金风险的外在原因；此外，企业本身的工作人员的业务素质和道德素质难以尽善尽美，管理制度上也可能存在漏洞，这是产生现金风险的内在因素。

（2）从宏观上看，利率和汇率市场的频繁变化都可能成为企业现金风险的来源。企业从投入资金进行新项目的开发到产品被淘汰的全过程中，投资活动、筹资活动和经营活动产生的现金流量都有可能出现正数或负数的情况，三者结合有 8 种情况，如表 4-1 所示。

表 4-1　企业各阶段现金流量风险㊀

经营活动现金流量净额	投资活动现金流量净额	筹资活动现金流量净额	一般结论
−	−	+	企业处于初创期，靠融资进行初始投资和维持基本的经营活动开支，生产销售能力尚未形成，未来财务状况取决于企业所处的行业前景及企业的经营能力，财务风险较大
+	−	+	企业处于高速发展的扩张时期，生产销售能力强，经营活动货币资金回笼，大量追加投资，同时筹集外部资金作为补充，财务风险小

㊀ 资料来源：于高山．对现金流量表的结构分析［J］．财会月刊，2003（5）．

（续）

经营活动现金流量净额	投资活动现金流量净额	筹资活动现金流量净额	一般结论
−	−	−	企业扩张过度，预测失误，投资效果差，难以筹集到资金，现金将无以为继，财务风险较大。若收缩规模，经过调整，有可能渡过难关
+	+	−	企业进入产品成熟期，经营活动和投资活动良性循环，融资需求小，处于债务偿还期，财务风险小
+	−	−	企业经营状况良好，有足够的现金用于新项目的继续投资和偿还债务或发放现金股利，财务风险小
+	+	+	企业的经营状况和投资效果良好，原有投资项目达到预期目标，仍在筹集资金用于规模扩张或更好的投资机会，财务风险很小
−	+	+	企业的正常经营效果不佳，需要回收投资本金或处置长期资产以及借债才能维持经营，财务状况正在恶化，财务风险大
−	+	−	企业产品处于衰退期，市场萎缩，为偿还债务和维持日常经营而大规模收回投资或处置长期资产，财务风险极大

二、现金风险的评估

一般企业用一定时期基本的财务指标和经营指标来评估现金风险。

1. 基本现金置存标准

该指标是企业根据长期经营和财务活动的要求，经过深入分析，所确定的企业一定时期现金置存的最低标准。也可设置一定的范围，低于最低标准或规定的范围，即风险的提示和警示。

2. 现金债务指标

现金债务指标能评价企业现金风险的大小。该指标越高，表明企业经营活动产生的现金流量净额越多，财务风险越小。但从经营角度看，该指标并非越高越好。该指标过高表明有大量闲置的现金，而且该指标是时点指标，可能受企业一定时期的特定经营状况的影响。

（1）现金到期债务比。它是企业在本期的经营现金流量净额与到期债务之比。本期到期债务是本期到期的表内外债务，这些债务不能展期或调换，必须如数偿还。该指标直观地表达了企业本期财务风险的高低。当该指标较低时，企业的到期债务责任加重，财务风险加大。该指标的变化可以灵敏地表现企业近期财务风险的变动。

（2）现金流动债务比。它是企业在本期的经营现金流量净额与流动负债之比。流动负债包括表内短期借款、应付账款、其他应付款和表外短期债务。通常，该指标越高，企业短期偿债能力越强，企业财务风险越低。流动负债与长期负债相比，期限短但风险大。因此，该指标是衡量企业近期财务风险的重要指标。

（3）现金负债总额比。它是企业预计的经营现金流量净额与债务总额之比。债务总额包括表内债务和表外债务。该指标越高，越能保障企业按期偿还到期债务，降低了企业财务风险。

（4）现金利息倍数。它是企业一定时期经营现金流量净额与利息支出之比。通常，该指标越高，企业财务风险越小。

(5) 经营现金比率。它是企业一定时期内经营现金流量状况的比率。其计算公式为

$$经营现金比率=\frac{经营活动现金流入量}{总现金流入量}$$

该指标表明企业一定时期内现金流入量的构成状况。若该指标长期持续低下，说明经营活动已不构成企业现金流入的主要来源，这种状况如不改善，有可能导致企业出现财务危机。

(6) 营运现金比率。它是衡量和判断企业对客户提供的信用政策是否合理的一个重要指标。其计算公式为

$$营运现金比率=\frac{经营实得现金}{经营应得现金}$$

若一定时期内该指标保持稳定，且只要通过一定的现金折扣政策就能提高当期收现率，说明信用政策合理；该比率越高，说明企业经营的收现能力越强；若该指标长期持续较低，说明企业已不具备良好的销售收款能力，企业可能因营业现金的收现不力，面临财务风险。

3. 相对流动性指标（DRL）

它是以预计潜在现金与预计正常现金支出的比例来评估企业财务风险的。其计算公式为

$$DRL=\frac{潜在现金}{潜在支出}$$

潜在现金既可以从期初营运资本中获得，也可以从正常经营过程的创收中获得。若 $DRL>1$，表明企业财务状况良好，近期不会发生财务危机。

三、现金风险的控制

（一）道德风险控制

(1) 现金业务操作人员职务分离。现金收支及保管业务只能由出纳负责；规模较大企业的出纳应建立现金备查簿，登记每天的现金收支情况；负责应收账款管理的人员不能同时负责管理现金收入账；保管现金支票的人员不能同时负责管理现金支出账和调整银行存款账。

(2) 对现金收入进行控制。现金收入业务必须由两个以上人员处理，收款的人员不能同时兼开票业务，各种收据必须预先连续编号；支票收入必须由两个以上人员处理，由一人开出发票，另一人收入支票，后者需核对发票金额和支票金额是否一致，所有销售发票和收款单必须预先连续编号。

(3) 对现金支出进行控制。企业的各种支出应尽可能用支票来支付，减少更多人接触现金的机会；对必须使用现金支付的项目要严格审核，建立定额备用金制度，对备用金的使用范围、使用限额、适用条件、保管人员及日常管理作出详细的规定。

(4) 对银行存款进行控制。所有银行存款账户的开立和终止都需要有正式的批准手续，有时需要董事会等机构的批准；负责对银行对账单和银行存款账面余额的人员不能同时负责现金收入、支出业务或编制收付款凭证业务。

(5) 加强对有关人员的培训，提高营运资金管理工作质量。通过加强业务知识培训和开展道德教育，提高营运资金管理人员的理论素质和道德修养，改变管理观念。

（二）匹配现金流入流出时间

企业若能够使其现金流入与现金流出在发生的时间上同步协调，就能用当期的现金流入

支付现金流出，减少日常的现金储备，提高现金使用率。

（1）认真编制资金营运计划。企业应不断总结经验，采用科学的方法认真编制资金营运计划，事先对现金收支和应收账款、存货、流动负债及资本支出的变动趋势进行一定的了解和掌握，拟订可选择的风险恶化应对方案。

（2）慎重选择交易伙伴。交易前通过多种渠道对交易方进行全面了解，不能将产品或服务提供给信用记录差的公司。

（3）加强资金的集中管理。企业应该加强对分支机构和子公司资金的控制，以避免资金的流失和浪费。可以利用银行的现金管理服务，比如零余额账户和集中账户。

（4）科学合理地进行运作，提高现金的使用效率。可以利用银行不同期限的存款进行资金运作。

（三）技术风险防范

（1）设立净额结算系统和重开票中心。净额结算适用于处理跨国集团公司内部之间的大额交易。当跨国公司设立了净额结算系统时，一般会同时设立重开票中心。重开票中心通常设立在可以获得税收优惠的国家。当所在国消费者大额购买当期子公司的货物时，子公司不直接向消费者开具发票，而是向重开票中心开票，由重开票中心再向当地消费者开具发票。

（2）运用金融工具进行风险规避。运用衍生金融工具可以从汇率和利率角度对现金风险进行规避和控制。例如，当企业未来确定日期应收或应付一笔某币种款项时，可以在现时卖出或买进同样金额的远期外汇合约，以锁定汇率，避免汇率变动所引起的现金风险。

（四）通过现金预算作好现金风险的预控

现金预算的编制在整个现金管理中具有龙头作用，是企业现金管理的方向。现金预算包括现金收入、现金支出、现金多余或不足的计算以及现金多余或不足的调剂。现金预算实际上是其他预算有关现金收支部分的汇总，它的编制要以事先编制其他各项预算为基础，并要取得相应的数据来源。

现金预算的编制方法有两种：①现金收支法。它也称货币资金收支法，是以预算期内各项经济业务实际发生的现金收付为依据来编制现金预算的方法。它比较灵活，能直接与现金的收支情况进行比较，便于控制和分析现金预算的执行情况，对资金流转不稳定的企业尤为适用。②调整净损益法。它是以预算损益表中按应计制原则编制而确定的税后利润为现金预算编制出发点的，通过逐笔调整处理各项影响损益和现金余额的会计事项，把本期的净损益数调整为本期的现金净收入。

（五）现金安全风险及其管理

1. 现金安全风险的概念及影响因素

现金安全风险主要是指现金被挪用、诈骗和贪污的风险。现金的安全风险主要源自内部控制的不完善。主要是没有很好地执行内部牵制原则，如同一人兼任不相容职务等，会计基础工作做的不到位。

影响现金安全性的因素主要来自企业内部。企业可以采用以下方法来识别现金安全风险：①制作事件清单。在事件清单中详细列明企业货币资金项目内控不健全的种种表现，如不兼容职务未分离或是授权审批制度不健全等，并就各个事件进行分析，以确定各个事件对现金安全的影响程度。②面谈与调查问卷。可通过面谈、调查问卷的方式就影响现金安全的一些潜在事件取得公司管理者、员工和其他利益相关者的见解和经验，集思广益。③流程图分析。通过对涉及现金收付的业务流程图的分析，确定涉及现金安全的风险点，以利于有效控制。

2. 现金安全风险的管理

现金安全风险的管理策略重在防范，通过建立良好的内控环境，健全现金管理的内控机制来堵住各种安全漏洞。在企业的内控建设中，特别要注意以下几点：①建立健全授权审批制度，按照规定的权限和制度办理现金收付业务。特别是在推行领导人“一支笔”的情况下，更加需要强调公司治理结构的完善、授权的规范以及现金收付内控制度的严格执行。②贯彻内部牵制原则，确保不兼容岗位相互分离、制约和监督，加强员工职业道德和安全意识教育。③加强内部审计。内部审计可协助管理当局监督控制措施和程序的有效性。

（六）现金短缺风险及其管理

1. 现金短缺风险的概念及评估

现金短缺风险是指企业不能及时足额地筹集到现金来满足生产经营的需要，从而导致企业不得不放弃供应商提供的优惠的现金折扣，低价甚至亏本出售存货和项目，不能及时清偿债务导致信用等级恶化，被迫破产、重组或被收购等。

现金短缺风险可以从静态和动态两个方面来评估。

（1）从静态上看，一个企业现金的存量占总资产的比例若在行业中处于低位水平，则可能存在一定的现金短缺风险；将现金存量与短期有息负债进行比较，可以更好地把握单个企业现金短缺的严重程度，以及按时偿还债务的紧迫性。

（2）从动态上看，结合资产负债表、现金流量表以及其他相关信息，分析企业的应收应付、存货的增减情况、经营活动和投资活动产生的现金状况及发展趋势，从动态上评估企业的现金余缺，以准确地评估企业现金短缺的风险性质和大小。

引起企业现金短缺风险的内部因素主要有：激进的筹资政策，即过多地采用短期甚至临时性负债方式筹资以满足长期性流动资产的需要；宽松的信用政策，赊销过多且信用期限较长，则会产生大量的应收账款，一旦银根紧缩、经济衰退，客户不能及时足额偿还贷款，极易使现金链断裂；片面追求生产规模和市场占有率，投资项目过多且周期较长；过多采用债务方式融资，未能根据行业特点和企业发展战略确定合理的资本结构等。企业现金短缺风险的形成也与外部因素的变化有关，包括中央银行的货币政策、资本市场当时的状况以及宏观经济的发展等。

2. 现金短缺风险的管理

企业应当从以下几个方面入手来应对货币现金短缺的风险：①从经营战略上高度重视现金短缺风险。②优化资本结构，使资产和负债在期限上匹配（长钱长用、短钱短用），避免因现金占用与现金供应期限上的搭配不当而造成现金短缺的风险。合理确定资产负债率，对一些生产经营好、产品适销对路、现金周转快的企业，负债比率可以适当高些。③提高预算，特别是现金预算的编制水平，尽可能准确地预计企业所需的外部融资额和融资时间。不少企业在编制年度预算时，往往比较重视预计损益表的编制，而对整体预测的重要性认识不足。④加强经营性运行资本的管理。企业在生产经营过程中产生的应付账款等自动生成的现金，企业应该管好用好，并与银行的短期借款相协调，使季节性、周期性流动资产增长所需的现金能够及时、足额地筹集。⑤拓展融资渠道，灵活运用各种融资工具。不仅可以采用银行借款，还可发行短期融资券、中期票据、企业债、可转换债券等。⑥保持财务弹性。财务弹性是指企业的一种良好的财务状态，在这种财务状态下，一旦出现某种经营和投资的较大量的现金需要，企业可以较低的交易成本及时足额筹集。

企业应采取有效的措施来控制现金收支，以改善现金流量。

（1）有效管理资产，减少现金占用量。企业可以通过有效地管理资产来减少现金的占用量，从而达到改善现金流量的目的，如加强存货管理，减少现金在库存储备上的占有量。

（2）合理安排现金支付业务。企业应合理安排现金支出，尽量按照供应商提供的赊销期支付，不提前或推迟支付支票或汇票。

（3）加速货款的回收。这是改善企业现金流量最直接的手段，企业应及时提醒客户按列明的付款条件付款，缩短现金流入企业的时间。

（4）减少现金浮存。企业出售商品时，如果是现销，就能立即拿到支票、汇票；但如果是赊销，企业会在赊销期满后收到支票、汇票，不能马上作为现销方式使用，需要经过银行结转、转账之后才能达到企业，这种现象称为现金浮存。企业应尽量降低现金浮存量。一是银行业务集中法。它是一种通过建立多个收款中心来加速现金流转的方法。企业指定一个主要开户行为集中银行，并在收款额较集中的若干地区设立一个收款中心，客户收到账单后直接汇款到当地收款中心，中心收款后立即存入当地银行，当地银行在进行票据交换后再立即转给企业总部所在地银行。该方法缩短了现金从客户到企业间周转的时间，但在多处设立收账中心也增加了相应的费用支出。采用该方法时，应权衡因设立收款中心财务的开支与加速收款所减少现金机会成本的大小。二是邮政信箱法，又称锁箱法。企业可以在各主要城市租用专门的邮政信箱，并开立分行存款户，授权当地银行每日开启信箱，在取得客户支票后应立即予以结算，并通过电汇将货款拨给企业所在地银行。该方法可以缩短支票邮寄及在企业的停留时间，但成本较高。

（5）力争现金流量同步。如果企业现金流入与现金支出发生的时间相一致，就可以使其所持有的交易性现金余额降到最低水平。

（6）完善企业现金收支的内部管理。企业在进行现金管理时，首先要保证现金收支不出差错、财产安全完整。这就需要完善现金收支的内部管理，主要包括以下几点：实行内部制约制度；及时进行现金清点；按照国家有关现金使用的规定和银行结算纪律进行现金管理。

3. 案例分析：万科的现金管理

万科是现金短缺风险管理得较好的一家企业。万科一直坚持稳健的财务杠杆，确保高度的现金安全。2007 年年末，公司现金约 170 亿元。2008 年三季报显示，公司的现金近 200 亿元，比 2007 年年末有所增长。在房地产市场严重不景气的时期，公司现金存量也完全能够支持公司现有项目的发展，并择机低价购置项目资源。万科在现金短缺风险的管理上至少有三点经验值得其他企业借鉴：①能够准确预测市场变化并作出及时应对。2007 年年底和 2008 年年初，万科准确预计到房地产市场“拐点”到来，率先在广州、深圳和上海降价销售，快速回笼现金，避免了现金紧缺对公司经营的不利影响。②根据资本市场当时的状况，灵活运用各种金融工具融资。作为上市公司，万科近些年通过发行短期融资券、公司债、可转换债券，增发股份等方式筹集了大量现金，既优化了资本结构，降低了融资成本，也及时满足了企业快速发展的大量现金需要。③始终保持良好的财务弹性。相对于万科的业务规模、资产结构和增长速度，万科目前的现金存量是充足的，资本结构也比较合理。但万科仍然注重在房地产项目上寻找合作伙伴，开发万科在住宅项目中的商业配套部分。这种开发模式不仅可以保证公司住宅项目的精益求精，也在一定程度上给公司提供了充裕的现金流。

（七）现金效率风险及其管理

1. 现金效率风险的概念及形成原因

现金管理的目标有三个：安全、流动性（避免不能及时偿还债务而对企业造成不利影响）、效益。其中，后两个目标是相互冲突的。现金充足，企业资产的流动性好，不必担心到期不能偿付债务，现金短缺成本小；但现金过多，持有成本高，使用效率低，会对企业的盈利有不利影响。

现金使用效率风险是指多余现金获得的收益低于贷款利率。当一个企业一方面持有大量的现金，另一方面又有巨额的银行借款，若非行业特点和经营战略导致，则该企业很可能存在现金使用效率的风险。

形成企业现金使用效率风险的主要原因有：①预算（特别是现金预算）编制不准确。不少企业的现金预算只能做到年度，至多分解到季度，不能分解到月或周，因此无法确切知道何时必须支付货款等，需要保持大量的现金余额以供不时之需。②企业集团内部现金调度不畅。企业集团的子公司有的现金流充裕，有的紧缺，作为集团公司可以内部调动，提高现金使用效率。③现金管理能力不强。很多企业片面追求现金充裕对经营安全性的保障，只知道融资“圈钱”，而不太关注提高现金的使用效率。

2. 现金效率风险的管理

企业可采用以下管理策略来提高现金的使用效率：

（1）提高预算管理水平。通过准确地预测编制出较高水平的预算，特别是现金预算。这样一方面可以降低企业的现金储备量，另一方面也可以掌握剩余现金的可利用期限。

（2）加强应收账款的催收，快速回笼现金。企业可根据产品的市场占有率、质量、品种、规格及价格等方面的竞争能力，确定合理的信用标准。在收入与增加的应收账款机会成本、收账费用、坏账成本之间取得良好的平衡，制定科学的信用政策，加强应收账款的管理，提高现金使用效率。一般来说，保理业务的成本要明显低于短期银行贷款的利息成本，银行只收取相应的手续费用。

（3）利用“现金池”管理方式，盘活集团现金。例如，广东省交通集团成立于2000年，所属分公司、子公司有100多家，总资产超过600亿元，通过实行“现金池”管理模式盘活了沉淀现金，节省了大量的财务费用。

（4）合理利用金融机构的理财产品。例如，2008年，香溢融通控股集团有限公司与嘉兴市广源房地产开发有限公司、上海浦东发展银行宁波分行在宁波签署委托贷款合同，公司将自有现金1亿元委托上海浦东发展银行宁波分行贷款给嘉兴市广源房地产开发有限公司，委托贷款期限一年，委托贷款的年利率则高达18%。

（5）投资有价证券。企业投资有价证券，一定要在风险（违约风险、流动性风险、到期日风险等）与收益之间进行慎重的权衡，选择合适的有价证券进行投资，以在风险可接受的限度内最大化地提高现金的使用效率。

(6) 分派现金股利，进行股份回购。当企业现金过多且缺乏投资机会时，最好的回报股东的方式就是实施现金分红或股份回购。

3. 案例分析：中国石油“日不落”式的现金管理模式

中国石油集团境内外融资、综合授信、内部结算、结售汇业务集中管理，境内外、本外币一体化现金管理体系初步形成。公司总部建立统一账户体系，所有海外账户均作为总账户的分账户，成员企业账户与总账户之间实行余缺调剂，扎差结算。根据海外业务的区域和时差，在全球建立四个现金池，通过国际货币市场实现现金24h全球有效运作，建立了“日不落”式全球化的现金和管理模式。所谓“日不落”式的全球现金管理模式，就是中国石油根据海外业务的区域和时差，在全球建立四个现金池，如我国香港银行休息，则将现金调往迪拜，如迪拜银行休息，又将现金调往新加坡；如果中国境内银行因节假日暂停营业，中国石油又可将现金调到欧洲购买政府债券……从而让现金24h“不睡觉”。对国内大型企业集团来说，实行“日不落”式的现金管理模式并不难，这里主要是两点：一是管理者的现金管理理念。很多企业的管理者如同“把钱绑在腰带上的土财主”，过分强调“现金为王”，过分强调现金的安全风险和短缺风险，而忽视了现金的效率风险。二是现金管理的水平。首先，企业的管理者在企业集团范围内的现金存量和流量要“看得见”“调得动”。不少大型企业没有做到这一点。只有这样才有“用得好”的问题。比如，企业有了大量的闲置现金，除了归还银行贷款外，是不是还应该考虑获得超过银行贷款利率的收益，这就要考验企业管理和运用先进的理财手段的水平和能力了。

4. 案例分析：《企业内部会计控制规范——货币现金》的内容及分析

《企业内部会计控制规范——货币现金》的主要内容为：第一章：总则；第二章：岗位分工及授权批准；第三章：现金和银行存款的管理；第四章：票据及有关印章的管理；第五章：监督检查；第六章：附则。其中，总则的第五条规定：单位负责人对本单位货币资金内部控制的建立健全和有效实施以及货币资金的安全完整负责。本规范仅将货币现金管理的目标定为“保证货币现金的安全”，相应的控制活动（政策和程序）也主要关注的是货币现金的安全性，这是不够全面的。首先，企业货币现金风险包括安全风险、短缺风险和效率风险。现金安全的风险比较容易控制，企业只需要贯彻好内部牵制的原则，做好财务会计的基础工作，就基本能够合理地保证该目标的实现。实务中不少企业是因为现金短缺、现金使用效率不高而陷入财务困境，甚至破产倒闭或被收购的。因此，企业更应关注现金的短缺风险和效率风险的管理。上述不足的存在，主要是因为当时财政部发布的只是内部会计控制规范。企业在设计内部控制制度时，一定要关注内部控制制度的整体性，并将提高资源使用的效率与效果作为首要目标。

5. 案例分析：《企业内部控制应用指引第6号——资金活动》的内容及分析

《企业内部控制应用指引第6号——资金活动》的主要内容为：第一章：总则；第二章：筹资；第三章：投资；第四章：营运。其中，总则的第一条规定：为了促进企业正常组织资金活动，防范和控制资金风险，保证资金安全，提高资金使用效益，根据有关法律法规和《企业内部控制基本规范》，制定本指引。总则的第二条规定：本指引所称资金活动，是指企业筹资、投资和资金营运等活动的总称。与2001年的《企业内部会计规范——货币现金》相比，该指引有两个特点：①管理的对象不同。前者是货币现金，后者是企业的现金活动。②管理的目标不同。前者强调货币现金安全风险管理，后者包括现金的安全风险、短缺风险、使用效率低下风险以及资本结构不合理的风险。企业设计货币现金的内部控制机制或制度时，至少有两点启发：一是应当联系企业的经营战略、经营活动的特点来设计相应的货币现金内控制度；二是不能仅关注货币现金的安全风险，一定要重视货币现金的短缺风险、使用效率低下的风险的识别、评估和管理。

第三节　应收账款风险管理

作为一种有效的竞争手段和促销手段，赊销在给企业带来巨大利益的同时，也成为企业信用的风险根源。企业不应害怕应收账款的发生，而要合理正确地运用应收账款。运用应收账款的关键在于，关注应收账款的持有水平、企业自身的承受能力，以及应收账款是否进入良性循环等。

一、应收账款风险的识别

1. 应收账款风险识别的方法

应收账款是企业对外销售产品、材料、劳务等项目而形成的应向对方收取相应款项的一种外置资产。

（1）标准化调查。它是指通过专业人员、中介机构等，就企业可能遇到的应收账款问题加以详细调查和分析，形成报告供企业经营者使用的方法。该方法的缺点是，专业人员根据调查结果，并依赖职业判断，有可能犯一些主观性错误。

（2）管理评分。首先，将与企业应收账款风险有关的各种现象或标志罗列出来，根据它们形成坏账的可能性大小赋予不同的数据；然后将企业每一风险因素下所得的分值加总，即得综合风险分值“A”；最后，将它与标准比较，判断风险程度所属等级。

（3）账龄因素影响。该方法通过对债权的形成时间进行分析，进而判断其质量。通常，未过信用期或已过信用期但拖欠期限短的债权出现坏账的可能性比已过信用期较长时间的债权发生坏账的可能性要小得多。

（4）人员因素判断。由于个人的业务素质或品德等原因，企业内部的人员所经手的债权的回收率与坏账率也会有所差别。

2. 应收账款风险的成因

（1）企业经营环境的影响。一些企业缺乏信用观念，故意拖欠账款，这一经济环境促成了应收账款中存在无法回避的风险。通货膨胀、汇率波动、利率变化也从侧面影响着应收账款，并带来了一定的风险。

（2）商业竞争。赊销是扩大销售的手段之一，由此引起的应收账款是一种商业信用。然而企业在进行赊销前，应评估客户的信用等级和资信程度，否则易产生应收账款风险。

（3）企业自身存在的问题。从主观上，一些企业管理者只重销售而忽视包括应收账款在内的内部管理；从客观上，他们对于应收账款无论是经验还是理论都很缺乏。

（4）销售和收款的时间差。商品成交的时间和收到货款的时间经常不一致，导致了应收账款，在某种程度上会增加企业现金周转困难，引起经营活动现金流量短缺。这也是影响应收账款的一个侧面。

3. 应收账款风险的构成

（1）现金占用风险。赊销能使企业产生较多的利润，但未真正增加企业的现金流入，反而使企业不得不调用有限的流动现金来垫付各种税金和费用，加速企业的现金流出。

（2）管理成本风险。应收账款的管理成本是指从应收账款发生到收回期间所发生的与应收账款管理系统运行有关的费用。它会加大企业的成本支出。

（3）经营决策风险。企业应收账款大量存在，模糊了企业经营成果，增加了企业经营决策的不确定性因素。

（4）失误风险。应收账款的大量存在增加了应收账款的坏账损失和管理过程中的出错概率，以致最终会给企业带来额外损失。

二、应收账款风险的评估

对应收账款的风险，企业可以通过以下指标值来评估：

（1）应收账款周转率。它是企业一定时期重要的财务风险预警指标，直接反映了企业的回款能力。若该指标在一定时期明显下降，应收账款余额不断加大等，企业可能存在潜在的财务危机。

（2）应收账款平均收账期。通常，企业应收账款的平均收账期越短，其收款能力越强。若平均收账期较长，并在一个阶段中持续表现出收账缓慢，意味着企业可能出现收账危机。

（3）实际坏账损失率。其公式为

$$实际坏账损失率 = \frac{当期实际发生坏账}{当期销售收入总额}$$

该指标可以衡量企业信用管理水平和判断企业财务风险。

（4）赊销比率。它是指企业一定时期通过赊销获得的销售收入占全部销售收入的比重。该指标越大，企业的信用风险越大，越可能遭受收账损失。

（5）基于 AHP 法的模糊综合评价模型。根据综合评价模型和最终结果，对企业信用信息进行分析，得出最终结论。

三、应收账款风险的控制

（一）通过加强企业外部管理控制应收账款风险

从企业外部管理看，一是加强企业应收账款管理的相关立法。国家应加强相关立法，保护企业利益，对恶意长期拖欠账款的单位和个人加大惩罚力度。二是加快社会信用监督体系的建立。规范先进的信息数据库将记录大量的企业、个人的现金往来与商品交易的资料，可供客户查询，一旦有不良信用记录，在工商注册、银行贷款、消费贷款、个人信用卡服务以及人才聘用等方面将受到相应惩罚。

（二）通过加强企业内部管理控制应收账款风险

在应收账款管理中，企业应对现金变现风险进行全过程、全方位的管理。管理方法有事前预防、事中监控和事后管理三种，如表 4-2 所示。

表 4-2　应收账款风险管理三种方法的比较

管理方式	具体要求	效　果
事前预防	开展信用调查，针对每一个客户确定信用政策	确定对方的信用程度
		降低赊销所引发的风险
	建立赊销审批制度和销售责任制度	可减少销售过程中的随意性
		有效保证赊销实现，降低风险
	加强合同的管理和审查	制约少数客户的赖账
		让制度的建立有法律凭据
事中监控	财务部门必须针对每一个信用客户建立主要情况档案表	降低赊销所引发的风险
	建立经常性的对账制度	
	编制账龄分析表，对信用期内的欠款继续跟踪，对信用期以外的欠款及时催讨	
	根据不同客户的资信及盈利能力确定适当的结算方式	
事后管理	根据账龄分析表确定收账政策，对不同时期的应收账款采取不同的催收方式	降低坏账损失
	建立内部销售责任制	提高相关人员的积极性
	建立催收账款奖励制度	

1. 事前预防

进行资信调查，制定合理的信用政策，抓好事前控制。

（1）在原有的业务管理体系中，增加信用风险管理职能。应该有专门的信用部门，配备专门的管理人员承担企业信用风险和应收账款的管理职责。企业建立信用管理部门，负责客户资信信息的开发与管理、信用政策的制定及信用额度的审核、应收账款的监控等。赊销客户信用等级评定一般每年进行一次，根据不同客户的信誉差别，合理确定赊销产品品种、赊销期限、赊销金额等。

（2）企业应将应收账款风险管理的流程制度化。企业应制定应收账款风险管理流程，将应收账款的管理转化为制度和管理细则落实到各个部门，对应收账款流程中各职能岗位按照责任细则进行约束，以充分保障应收账款风险损失不会发生。

（3）制定科学合理的信用政策。信用政策是企业为了对应收账款投资进行规划和控制而确立的基本原则和行为规范，包括信用标准、信用条件和收账政策。

1）信用标准。它是指买方获得企业交易信用应具备的条件。目前通常采用“5C”标准：①品德，即买方履行义务的可能性。②能力，即买方的偿债能力，也就是流动资产的数量和质量以及与流动负债的比率。③资本，即买方的财务实力和财务状况。④抵押，即买方拒付款项或无力支付款项时能被用作抵押的资产。⑤条件，即可能影响买方支付能力的经济环境。企业的信用标准定得高，就会有很多客户因达不到标准而无法从企业赊销商品或劳务；信用标准太低，将会增加收账费用。

2）信用条件。它是指在企业决定给予客户信用优惠时，所要考虑的具体条件，如信用期限、折旧期限及现金折扣率等。对信用期限的确定，企业可根据延长信用期限增加的边际收入是否大于增加的边际成本而定。收入大于成本时，可延长信用期限，以吸引更多的客户。

3）收账费用。它是指分析现有的信用标准是否有疏漏，以此对违约客户的资信等级进行调查、评价、排队，并对不同的信用程度，分别采用不同的政策。对确实无法收回的账款，要通过法律程序追回。

2. 事中控制

作好会计核算和监控，加强事中控制。应收账款一旦形成，就要加强对应收账款的监控。企业财务部门应按赊销客户，建立核算应收账款的明细账，对赊销业务进行会计核算，并定期统计应收账款各客户的金额、账龄及增减变动情况，同时及时反馈到企业主管领导及信用部门，为评估、调整赊销客户的信用等级提供可靠的依据。

3. 事后控制

执行合理的清对和催收办法，做好事后控制。应收账款发生后，业务部门要采取各种措施，争取按期收回款项。企业可建立以营销业务人员为主、财务监察人员为辅的催收欠款责任中心，将收回远期款和控制坏账作为绩效考核标准，纳入销售人员和有关管理人员的业绩考核之中。

4. 其他相关策略

（1）有效开展应收账款保理业务。应收账款保理是指企业把由于赊销而形成的应收账款有条件地转让给保理商，保理商可以根据卖方的现金需求，收到转让的应收账款后，立即对卖方提供融资，协助卖方解决流动现金短缺的问题。

（2）合理设计和实施债务重组。债务重组是债权人按照其与债务人达成的协议或法院的裁决，统一债务人修改债务条件的事项。

（三）应收账款变现风险分析

应收账款变现也存在着一定的风险。应收账款变现风险是指在企业向客户赊销商品、提供劳务等过程中，因某些原因导致账款不能及时回收而给企业带来损失的可能性。应收账款运用不当会导致企业出现坏账损失和应收账款变现风险，进而使企业面临现金困难。

应收账款变现风险主要体现在以下四个方面：

（1）加剧现金周转不灵。当应收账款占有的流动现金数额偏大时，就会加剧企业现金周转不灵的问题。

（2）夸大经营成果。如果企业夸大应收账款的经营成果，就会给企业带来一些潜在损失，同时对未来可能发生的潜在损失难以进行充分的估计。

（3）加大了现金流出损失。当企业赊销时，尽管经过账务处理使其看上去产生了较多的收入、增加了利润，但实际的现金流没有增加，这在一定程度上加大了现金流出损失。

（4）增加了企业现金机会成本损失。作为一种货币性资产，企业拥有应收账款也就意味着丧失了利用该货币性资产从事证券投资或实业投资的机会。因此，企业所失去的将同等数额的现金投放于证券市场而取得的利息收入或股利收入，或进行实业投资而舍弃的利润，是因持有应收账款而带来的现金机会成本。

应收账款变现风险主要是由企业内部信用管理不完善、国内商业信用体系不成熟、商品本身缺乏竞争力或市场竞争激烈等因素造成的。

应收账款变现风险管理是企业信用管理的重要组成部分，其目的是保证足额、及时收回应收账款，降低和避免企业风险。

（1）建立专门的信用管理部门。管理企业信用风险是一项很复杂的工作，其专业性、技术性和综合性都很强，必须要由特定的部门或组织来完成。信用管理部门是连接销售部门和财务部门的桥梁，它的基本职能包括多方面，如建立客户信用档案、管理客户信用、进行信用风险分析等。

（2）加强赊销的后续管理工作。这需要对客户进行信用调查分析。企业应按客户设置应收账款台账，及时登记每一位客户应收账款的增减变动情况和信用额度使用情况。同时，企业还应定期与往来客户通过函证等方式核对各种应收账款。此外，企业还应经常检查客户的经营情况，及时察觉客户的不寻常现象。

（3）制定合理信用政策。企业应根据自己的实际经营情况和客户的信誉情况制定合理的信用政策，主要包括信用标准、信用期间和收账政策。可采用“5C”评估法定客户进行评估。

（4）完善内部考核制度。为防范应收账款变现风险，企业必须逐步完善内部考核制度，硬化货款回笼指标，落实每笔货款的责任。在销售管理中，企业还要制定切实有效的回收款制度。

（5）提高服务意识。企业应提高服务意识，良好的售前、售中、售后服务能够赢得回头客，给企业带来较高的信誉，从根本上降低应收账款的变现风险。

（6）提高产品品质。对企业来说，提高产品品质首先要选择适销对路的产品，并多在提高产品质量上下工夫。

在实际工作中，不少企业的应收账款变现风险管理工作步入了误区，具体表现为以下四种情况：忽视应收账款的管理；忽视执行赊销及信用政策；忽视风险控制，被动实行催收；处理逾期应收账款解决不力。针对这四个误区，企业可以采取以下措施：

（1）改善财务状况及进行财务指标分析。鉴于企业忽视财务状况不稳定这一问题，需要企业从改善财务状况、注重财务指标分析这两方面予以解决。其中，应收账款、现金流量等几个指标是企业最为关注的，这些指标处于健康状态对企业而言是非常重要的。

（2）采用有效控制的赊售政策。企业要想维持正常的赊售，就要采取有效的赊售政策，对应收账款变现风险误区进行规避。通常，赊售的周期由调查选取客户开始至有效催收账款为一个周期。为防止因客户的不良信用问题而给企业带来一些不必要的损失，企业不仅需要建立健全信用政策，还要从企业内部要求业务人员或收款人员认真执行企业财务政策及收款措施，注意各种预警信息。会计与收账人员要及时对账，确保应收账款的正确性和收回的及时性。

（3）建立行之有效的企业内控制度。企业需要明确销售人员和财务部门的责任，从而达到责、权、利统一的目的。由于许多企业本身的销售信用风险管理机制不合理，出现了账款被拖欠以及内部管理责任不清的问题。企业要想从根本上消除货款拖欠，首先必须改革自身的信用风险管理机制。

（4）对应收账款的回收加强管理和监控。加强监控首先要强化会计核算和监督。对此，企业还需要建立赊销审批制度，分别规定业务部门和业务科长等各级人员或授权人员的审批权限，这样做对控制销售赊销的限度非常有利。

赊售风险管理如表4-3所示。

表 4-3 赊售风险管理

管理要点	具体说明
调查选取客户	在调查选取客户时，为了确保赊售所产生的应收账款能够顺利收回，企业要谨慎订立选择客户的标准，并以此作为企业业务人员调查客户信用度的基准，要求彻底执行
明确交易条件	在与客户交易时，企业应将商品的规格、品质、价格及收付款最终时间等交易条件明确告知客户并获得对方确认
提出借款日期	详细了解客户的付款方式等，企业内部财务人员要积极配合，以便顺利收款、迅速清款
按期结款	按期到客户所在处结款
财务预警告知	当客户延迟付款或付款方式有改变时，企业应积极调查，研究拟订债务保全策略，以防账款变现风险的发生
有效催收账款	设专人负责不良账款的催收工作
	企业财务人员应该及时主动提供逾期账龄客户资料给负债催收的人员
	许多企业因疏于催收应收账款而导致呆账特别多，甚至严重影响了企业的财务正常运转

四、案例分析：CA 公司的应收账款管理[㊀]

（一）案例资料

目前，不仅各类普通的工商企业的应收账款数额普遍巨大，即使是管理水平相对较高的上市公司，从其公布的财务报告中也可发现，很多公司尽管主营业务收入连年增长，但同期应收账款数额的增长比例更大，账龄结构日趋恶化，经营净现金流量持续为负。也就是说，销售收入的增长只给这些企业带来了账面利润，却不能带来维持经营、扩大生产规模所必需的现金流，企业生产经营面临着巨大的潜在风险。虽然企业应收账款居高不下的原因多种多样，但对于一家企业，特别是一家上市公司来说，首先应从自身的管理体系中寻求解决问题的突破口，通过强化内部管理和控制体系，克服不良的外部环境给企业应收账款管理带来的困难。

CA 公司从山东的一个地方小厂逐步发展成为我国农用车行业的龙头企业、上市公司中的翘楚，主营业务收入增长迅速，但公司的应收账款的数额和账龄一直控制在一个合理的水平内，保证了公司现金流动畅通、充足，为公司的进一步发展提供了坚实的基础保障。为此，该公司采取了有力的措施：一方面建立健全指标体系并强化业绩考核；另一方面进一步完善内部控制系统及其运行机制。

公司考核销售人员的指标，既包括其实现的销售收入，也包括按销售收入比例确定的收现量，而且收现量是最终考核指标。只有在完成收现指标的基础上，完成的销售收入才能成为确定员工业绩考核的依据。如果不能完成收现指标，销售人员将离开销售岗位，在一定期限内专门负责催收由其引起的应收账款。若完成任务，可回原岗位工作；若完不成任务，将根据情况予以处罚，直至开除。由于在考核指标体系中强调了销售收现指标，因此销售人员对赊销手段的利用、赊销对象的选择都极为慎重，对应收账款的催收也很重视。这样就遏制了重销售、轻收现的倾向。

㊀ 资料来源：http://www1.openedu.com.cn/yth/accountant/read.php? FileID=21800.

在完善内部控制系统及其运行机制上，公司也采取了一系列措施：

首先，实行分层管理。CA公司内部的各部门相互协调配合和监督，形成了一个应收账款管理的组织体系。财务部是应收账款的主管部门，负责公司各事业部应收账款的计划、控制和考核，对不能收回的应收账款提出审核处理意见。各事业部是应收账款的责任单位，负责本单位应收账款的直接管理。其中，事业部综合管理科负责对应收账款直接负责单位和责任人的考核；事业部财务科负责对应收账款的日常监督管理，并向公司财务部报送应收账款详细资料。发生应收账款时，对此负责的销售人员根据销售合同的要求在发票的记账联上签字，并负责该款项的催收。这样赊销的决定权与应收账款的监控权、考核权、核销权，权权分开，每个环节都在其他相关部门的监控下，最大限度地减少了个别人员或部门徇私舞弊的可能性。

其次，进行总量控制。公司根据各事业部的销售计划核定应收账款的月度占有定额及年度平均定额，事业部再将定额拆分到每个销售人员头上。这使得各部门和销售人员一定时期内的应收账款发生额保持在一定限额之内，从而将公司的总体风险控制在一定范围内，不至于对生产经营造成巨大影响。

最后，实施动态监控。公司要求应收账款责任人每月对应收账款余额进行核对，对有疑问的账项必须及时核对；各事业部每月进行应收账款分析，根据账龄长短制定解决办法；财务部根据各事业部账龄情况分析全公司的应收账款情况，据此下达清收专项计划。这种监控体系有利于及时发现和处理应收账款管理中存在的问题，并及时调整相关的策略，避免风险的扩大。

CA公司通过建立合理的考评指标体系和内控体系，有效地管理了公司的应收账款，保证了资产的安全性和收益性。

（二）案例分析

CA公司对应收账款的管理有以下三个值得借鉴的地方：

（1）将收现水平与业绩挂钩，实现了有效的激励。将每笔销售额的收现情况与经办销售人员的业绩挂钩，通过激发员工的收现积极性，从根本上改善公司销售回款的情况。CA公司通过有效的制度安排和管理方法的运用，让员工的个人利益与企业的利益趋于一致，从根本上调动了员工的潜能，所以，有效的激励措施是推进企业财务管理的重要方面。

（2）完善的内部控制制度保证了管理的高效。CA公司运用了多种内部控制手段来加强应收账款管理。

1）分层化管理组织模式的构建让应收账款的管理更系统化、精细化。企业的财务管理是一项系统工程，不是哪一个部门、哪一个责任人就可以有效解决的，而需要各层管理组织的全面参与。CA公司将应收账款的管理工作渗透到财务部和事业部两个组织层次中，既强化了监督控制，又可避免脱离具体工作环境，遵循了总部重监督、事业部重日常管理的原则，较好地做到了集权与分权的有效结合。

2）有效地贯彻了职务不相容原则。科学地划分职责权限，将应收账款的决定权、监控权、考核权、核销权彻底分离，形成了相互制衡机制，最大限度地减少了个别人员或部门徇私舞弊的可能性。

3）进行总量控制，从而将风险控制在企业可接受的范围内。同时，根据确定的总量，再将其分配到各个部门和销售人员，这就相当于控制了各个部门和个人的风险水平。这种层层细化的控制方法操作性很强。

4）动态监控体系的构建强化了过程控制和结果保证。财务管理是系统工程，包括事前、事中和事后全过程。组织模式的构建以及权责划分、总量控制都属于事前的管理，而仅有事前管理还远远不够，必须在实际的管理活动中进行实时监控，及时发现偏差和漏洞，并迅速提出解决方案，才能真正地防止结果的偏离。有效的动态监控体系是财务管理顺利进行的必要保障，在应收账款管理方面尤为重要。

（3）提出改进意见或相应建议。收现指标的确定需要结合实际情况慎重考量，同时对赊销的信用政策应该予以制度化。事后管理也是必需的，年底应对应收账款的执行情况进行综合分析，找出运作过程中由于制度缺陷或是相关责任人的原因而导致的收现困难，以便为下期的应收账款管理工作提供借鉴。

五、案例分析：LS公司的信用风险管理系统[㊀]

（一）LS公司简介

LS股份有限公司（简称LS公司）是一家专业从事锂离子蓄电池技术研发、生产和经营的出口导向型高新技术企业，总资产28亿元人民币，现有员工5000多人。LS公司信用销售比重高达90%以上，其中，大宗客户赊购额约占信用额的80%，中小型客户零星赊购约占20%。外部市场环境复杂多样，产品市场分布地区宽广，行业竞争激烈，客户群多元化，交易形式和内容也日趋复杂。LS公司奉行发展战略，自公司设立以来，历经国内市场产品大规模更新换代及竞争格局的较大变换，从起步初期的市场有限参与者，迅速成长为国内市场的领先者，企业战略和管理控制系统也发生了变迁。LS公司的信用风险控制系统设计与众不同，近年来一直运作良好，应收账款回收期平均为60天，到期回款率较高，甚至在金融危机全球蔓延的2008年，坏账率也仅为0.2%。

（二）外部市场环境和企业战略的各阶段特征及对信用风险控制系统演进的影响

从建立之初至2008年，LS公司的外部市场环境不断变化，企业战略也相应不断调整，并借助内部控制变革使组织不断适应这种变化。整个过程反映了企业战略和内部控制系统对环境变化的组织适应性，同时也表现出外部市场环境和企业战略对控制系统演进和设计的权变影响。

1. 企业起步和初期发展阶段（1997—2004年）

此时LS公司尚缺乏国际市场竞争力，在国内市场上同时面临着跨国竞争对手和国内大型电池生产企业的激烈竞争，前者产品质量高、技术成熟、声誉卓著，后者则在传统电池市场具有优势。这决定了LS公司的客户群主要是中小客户，企业战略以稳步推进和拓展国内市场为主。严峻的市场竞争环境和不稳定的中小客户群，加之扩大销售的战略需要，使得公司选择了相对简洁的信用风险控制模式。在该模式下，信用风险管理涉及部门少，主要包括销售部门和会计部门。风险控制职能和程序主要集中在销售部门，由其确定并执行信用条件、期限、客户信用评价以及收款程序等制度，会计部门主要担负核算和提示应收账款到账期限等职责；实施简化的“销售导向”风险信息报告关系，主要在销售部门内部垂直报告

㊀ 资料来源：http//www. docin. com/p-729176094. html.

风险信息。信用风险控制系统结构清晰、程序简洁，控制成本低，较为灵活，对扩大销售起到了推动作用。

2. 企业稳步成长阶段（2004—2008 年）

随着国内市场产品更新换代的加速完成，LS 公司生产规模日趋扩大。至 2003 年年底，公司已相继赢得了几个重量级的国内外大客户，企业战略随之转变为占领国内市场，并积极进入国际市场。这些转变不断对信用管理提出新的挑战。在处理与大客户的信用关系时，由于大客户谈判能力较强、管理水平普遍较高，与 LS 公司订立的销售协议往往较复杂，如要求采用信用期较难准确及时确定的第三方物流方式进行运输，将导致公司信用管理难度加大。在与中小型客户的信用关系中，LS 公司谈判能力较强，交易复杂性通常不高，但客户数量众多、类型多样，对控制效率要求较高。原有简单灵活的控制系统越来越难以应对多元客户群的评价及繁复交易的处理，控制模式演化要求日益强烈。这种演化要求信用风险控制系统能严密观察市场和客户状况变化并获取风险信息，保证在高赊销的前提下有效甄选客户，将信用风险控制在可接受的水平。遵循这样的要求，LS 公司于 2004 年在营销系统中单独设立信用风险控制部，采取销售导向型的信用风险报告关系，创造性地整合了信用风险控制部和销售部的考核机制，实行关键部门的利益捆绑，同时明晰了各环节控制程序，并拓展了客户评价影响因素。

（三）信用风险管理系统的组织结构和协作关系

系统演化后，信用风险控制部专司风险控制，在营销副总裁领导下，与销售部密切配合，并与其他相关部门进行横向协作，在组织设计上分为营销系统内、外两个层次（见图 4-1）。图中，虚线框内为营销系统，由主管销售的副总裁领导（以销售收入和到期回款率考核其业绩）。

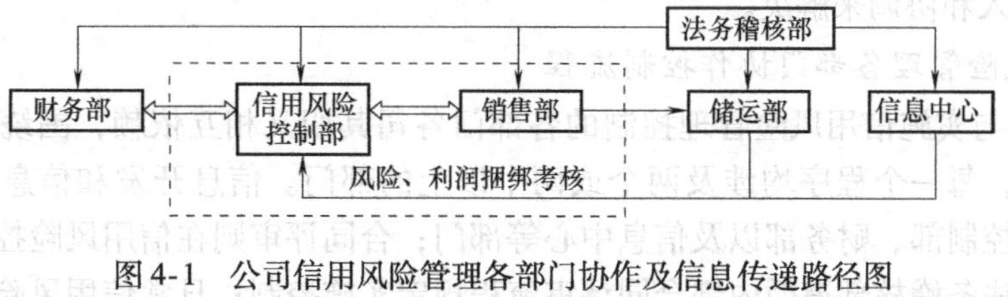

图 4-1　公司信用风险管理各部门协作及信息传递路径图

1. 营销系统内部信用风险管理协作

在营销系统内部，销售部主要负责提出信用申请，配合信用风险控制部提供和核实客户信息，执行信用政策；信用风险控制部负责全面的信用风险控制工作，包括信用政策制定、客户资信调查、信用额度评审、信用情况跟踪、逾期账款发布及跟踪、应收账款分析、恶意拖欠申请起诉等内容。LS 公司已经连续 5 年保持了高速的销售收入和利润增长态势，2008 年销售收入更是比上一年增长超过 30%，利润则增长高达 66%，销售部业绩斐然。但为了实现稳步良性的销售增长，信用风险控制部的任务则是要时刻关注客户信用风险，并提示销售部。两个部门在信用销售管理上需要密切配合，信息交换和传递相当频繁，有时甚至要求达到同步管理水平。但它们有时又会在目标以及利益上存在直接的冲突，如销售部要努力扩大销售，而信用风险控制部为控制风险需控制赊销规模。为此，LS 公司将信用风险控制部和销售部均设为同等级别，同受主管营销的副总裁领导，共同对企业信用销售和风险负责。

这样的设置便利了信用风险信息在两个部门间的传递，促进了沟通和协作，消减了因信息沟通不畅导致的组织冲突，提高了控制效率。同时，为了协调两个部门的目标和利益，LS公司创造性地将原本分属于两个独立部门各自的业绩考评指标捆绑在一起，即将考核营销副总裁的业绩指标捆绑打包后，分解下达到两个部门，以销售目标（销售收入）与现金流动性和安全性指标（到期回款率）同时考核两个部门。在共同的考核制度和激励政策下，信用风险控制人员被引导仔细小心地甄别客户，同时也大胆决策给予符合条件的客户赊销信用；而销售人员则被引导在保障回款安全的条件下，谋求销售额的增加。在这种“捆绑式”的业绩标准引导下，两个部门同时重视风险和效益，行为与营销系统的目标渐趋一致。但是，两个部门仍然保持各自的独立性，它们之间的相互制约机制仍然发挥着作用。

2. 营销系统外部信用风险管理协作

在营销系统外，信用风险控制部还与财务部、法务稽核部、储运部和信息中心协作对信用风险实施控制。信用风险控制部与财务部在应收账款规模的控制、追收逾期账款等方面的目标是一致的，对于信用销售的财务数据都有交换和合作处理的需求。法务稽核部主要负责企业各项控制流程执行情况的审查，对信用风险控制负有间接监管责任。储运部主要负责安排并实施货物储运，向信用风险控制部提示客户逾期信息，在采取第三方物流交易形式下，还负责与物流公司动态沟通，同时向信用风险控制部汇报客户提货的日期等信息。该部门及时地提供发货信息，对信用风险控制部高效准确地计算信用期、提高管理效率具有支持作用。信息中心主要负责电子信息系统管理及维护，为信用管理提供技术支持。总的来看，这些部门与信用风险控制部之间属于互补或支持关系，但也有不同程度的冲突。由于各部门的业务职能、目标迥异，设置同系领导和业绩捆绑都不适合。当冲突产生时，LS公司主要通过部门之间的直接沟通或者各部门高层领导（如营销副总裁、总会计师与法务稽核部总管等）之间的介入和协调来解决。

3. 信用风险管理各部门协作控制流程

LS公司参与实施信用风险管理控制的各部门各司其职又相互依赖，围绕信用销售过程形成控制流程，每一个程序均涉及两个或两个以上的部门。信息开发和信息更新涉及销售部、信用风险控制部、财务部以及信息中心等部门；合同评审则在信用风险控制部和销售部审核后，再由法务稽核部遵循内部合同评审流程规定实施控制；日常信用风险控制主要依赖信用风险控制部、财务部及信息中心提供的系统自动控制；收账程序主要由信用风险控制部、财务部和销售部联合控制；若有账款逾期，且经多次催收未果，就需要经过诉讼等特殊程序，此时参与控制的主体可能会进一步扩大，高层领导以及法律顾问都会被包括在内。各参与部门对每个控制点形成双重或多重控制。从控制过程上，可以较为清晰地看出三个控制阶段：旨在发挥事前预防作用的客户资信控制阶段；重在实时监控的事中客户授信控制阶段；事后账款回收阶段。三阶段的控制程序设计严密、环节紧凑，完成了信用风险的全过程控制。

（四）客户风险评价

LS公司分别基于品质、能力、资本、担保、环境、保险和公司治理状况对其信用等级进行评价，形成了“7C”评价法。图4-2展示了“7C”评价的主要因素。品质、能力、资本、担保或抵押和环境是较为传统的“5C”评价因素，保险和公司治理是LS公司为应对多变环境下客户风险变动大而实施的拓展性评价因素。保险主要考察客户是否对重要资产、重要交易进行了投保及其投保方式等，评价客户利用外部保险机构抵御自身经营风险的能力。保险是由第三方机构提供的，相较于由客户自身提供的担保保障，获得保险的客户其声誉一般良好，评价其保险情况可以获得更多的外部证据，使信用风险评价更全面。公司通过考察客户的股东（尤其是控股股东）的资产规模和风险状况、董事会结构及决策能力、管理层品质、知识、能力及稳定性、信息披露透明度等方面状况，评价客户内部制度环境对其违约风险的治理效果。

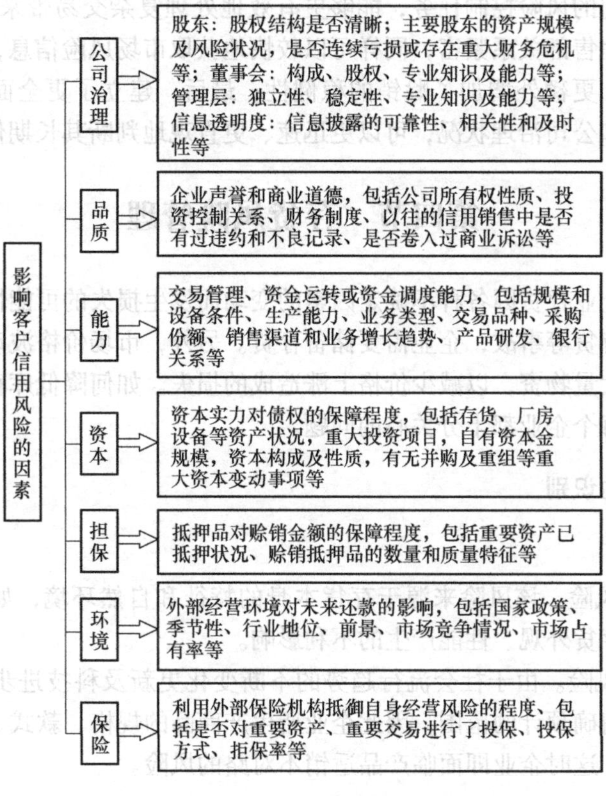
影响客户信用风险的因素
公司治理
股东：股权结构是否清晰；主要股东的资产规模及风险状况，是否连续亏损或存在重大财务危机等；董事会：构成、股权、专业知识及能力等；管理层：独立性、稳定性、专业知识及能力等；信息透明度：信息披露的可靠性、相关性和及时性等
品质
企业声誉和商业道德，包括公司所有权性质、投资控制关系、财务制度、以往的信用销售中是否有过违约和不良记录、是否卷入过商业诉讼等
能力
交易管理、资金运转或资金调度能力，包括规模和设备条件、生产能力、业务类型、交易品种、采购份额、销售渠道和业务增长趋势、产品研发、银行关系等
资本
资本实力对债权的保障程度，包括存货、厂房设备等资产状况，重大投资项目，自有资本金规模，资本构成及性质，有无并购及重组等重大资本变动事项等
担保
抵押品对赊销金额的保障程度，包括重要资产已抵押状况、赊销抵押品的数量和质量特征等
环境
外部经营环境对未来还款的影响，包括国家政策、季节性、行业地位、前景、市场竞争情况、市场占有率等
保险
利用外部保险机构抵御自身经营风险的程度、包括是否对重要资产、重要交易进行了投保、投保方式、拒保率等

图 4-2　LS 公司“7C”客户评价因素图

通过对客户股东的调查，了解和掌握客户公司的资本稳定程度和筹资能力，评价控股股东行为对客户公司风险的影响；通过对董事会的调查，分析并评价客户公司董事会在决策中是否发挥有效的作用及对战略风险控制的程度；通过调查客户公司管理层的能力和道德风险以及信息披露透明度，评价客户公司的信息不对称程度，推断客户公司是否有隐瞒信息或出具虚假信息的可能。传统的“5C”评价比较在意客户当前的还款能力和资产状况，目光比较短浅，忽视了客户长期的发展能力和风险。目前客户信用评价的趋势越来越关注客户资本资产以外的实力，如领导素质、财务披露质量等。公司治理评价也反映了这种趋势，通过它往往能够对客户未来的信用有更多直接的感知。值得注意的是，品质和能力因素与公司治理因素有较强的相关性，所以 LS 公司在信息收集乃至之后的风险评价时，都会进一步验证三者之间的关系，还对三者可能重复的部分进行了划分。比如，品质因素侧重评价企业整体商业信用和商业道德，而将管理者的个人品质划归到公司治理因素；能力因素侧重考察企业整体上管理、现金运营以及信用调度的素质，而将管理者个人在上述方面展示的能力划归到公

司治理因素。在资料收集完成后，LS 公司将客户调查内容分类列表进行评价并赋权评分，然后将评价得分与信用等级相对应，再根据等级进行信用决策。

（五）信用风险控制系统演化效果

与起步阶段简洁的控制系统相比，现有系统在组织设计和控制程序运行方面都能较为从容地应对当前外部市场环境的变化，及时传递风险信息，并能遵循战略意图，实施相应的信用政策。其主要表现在：首先，信用风险控制部作为控制核心，统一掌控风险水平，合理预期并统筹各相关部门的风险控制任务，能够更有效地处理复杂交易带来的信用风险；其次，信用风险控制部和销售部关系紧密，同样可以较快地获取市场风险信息，延续了原有销售导向控制系统的优势，更额外增加了赊销的稳健性；最后，建立了更全面的客户信用评价框架，考察客户保险和公司治理状况，可以更迅速、更直观地判断其长期信用，降低风险。

第四节　存货风险管理

存货风险是指企业存货因各种不确定因素的变动而发生损失的可能性。为避免或减少出现停工待料、停业待货等事故，企业需要储备存货。另外，市场价格波动也会使企业有必要在价格尚低时购入大量物资，以减少价格上涨造成的损失。如何降低库存风险，使库存经常处于合理水平，是每个企业都十分关心的问题。

一、存货风险的识别

1. 系统风险

（1）自然损耗风险。该风险来源于存货本身的特征和自然环境，如温度、湿度和光照等外在因素变化对存货外观、性能产生的不利影响。

（2）产品过时风险。由于社会流行趋势的不断变化更新及科技进步带来的现实应用要求往往超出企业可精确预计的范围，因此企业所生产商品的规格、款式、适应性很可能落后于现实的普遍要求，这时企业即面临产品适销不对路的风险。

2. 非系统风险

（1）现金占用风险。它是指企业拥有的存货因价格变动、产品过时、自然损坏等原因而令存货价值减少的可能性。若库存过多，易造成积压，不仅占用大量现金，而且会花费过多的保管费用。

（2）价格变动风险。它包括生产价格和销售价格变动的风险。从生产成本看，在产品设计环节企业需要对原材料、人工、机器损耗作出估计，但原材料的价格估计难度较大。从销售价格看，企业产品的价格应在一定时期内不作太大变动，但企业很难永远准确掌握市场和消费者的心理，当价格制定不当时，企业就存在着存货的价格风险。

（3）缺货风险。它是指由于存货供应中断而造成的不确定性，包括材料供应中断造成的停工风险、产成品库存缺货造成的拖欠发货风险及需要主观估计的商誉损失风险。

二、存货风险的评估

存货风险评估的主要指标有存货周转率、产成品存货积压率、存货风险模型等。

（1）存货周转率。它反映企业的销售效率和存货使用效率，若企业的存货周转水平明显迟缓，说明企业的销售状况开始下滑或恶化，企业将逐渐丧失竞争能力，且直接面临可能的财务危机。单就存货风险而言，可以溯源到原材料采购决策失误、产品老化等。

（2）产成品存货积压率。其公式为

$$产成品存货积压率=\frac{呆滞产成品总额}{产成品总额}$$

若该指标在一定时期内持续上升，说明企业的产成品已有一定程度的积压，若不及时采取对策，就有可能使企业陷入财务困境，它直观地呈现了存货风险。

（3）存货风险模型。首先需要度量影响存货风险的因素，即存货风险因子。它是构成存货风险模型的重要参数。通常，存货风险因子包括需求、成本、交易期和管理者的风险偏好。①需求。在采购数量和批量方面的随机波动，造成了整体需求的易变性和不确定性。②成本。绝大部分的存货成本都会随着物价的上涨而向上攀升，并且无法预知成本上涨的幅度和时间。③送货。订单是针对某种产品以一定数量发布的，然而在订货运抵时，通常会发生一些问题。

三、存货风险的控制

为避免存货风险造成的损失，以获得更大的经济效益，企业应从以下方面对存货风险进行控制：

（一）存货风险控制的基本思想

（1）根据企业战略目标的要求，确定合理的安全库存量。企业的战略目标规定了所要达到的服务水平。在确定安全库存量时，不同的服务水平对应不同的安全系数。服务水平越高，安全系数越大，要求的安全库存量越大。

（2）实施库存集中控制，减少需求的不确定性，降低安全库存。建立物流中心或配送中心，把不同地方的需求集中起来，实行库存集中控制，可以实现风险分担，降低安全库存。

（3）实施供应链管理，降低库存风险。供应链管理是在满足服务水平的条件下，为使系统总成本最小，把供应商、制造商、仓库和商店有机地结合在一起来生产、销售商品的一种管理方法。

（二）存货风险控制的主要方法

（1）安全库存。它是为了应对需求、制造与供应的意外情况而设立的一种库存。其计算公式为

$$安全库存=平均每日需要量\times保险储备天数$$

过多的库存会增加企业成本。在某些企业，由于物质具有季节性，或运输受季节影响，还需建立季节储备。物资储备定额必须随着生产任务、技术水平、生产周期、运输状况、自然条件等因素的变化而变化，以保持定额的先进性。

（2）订货提前期。它是指在库存量降到订货点时安排订货，等待物品到货后补充库存的等待时间，从订货开始到收到订货批量为止。严格来说，提前期是不确定的，但通常将它近似看成是一个确定的常数。订货提前期有利于降低供货的不确定性对存货带来的损失。

（3）保险储备。按某一订货批量和再订货点发出订单后，如果需求增大或送货时间延迟，就会发生缺货或供货中断。为防止由此造成的损失，需要多储备一些存货以供应急之用，即保险储备。

（4）存货储存期控制。即使不考虑未来市场供求关系的不确定性，仅是存货存储本身就要求企业付出一定的现金占用费和仓储管理费。因此，尽力缩短存货储存时间，加速存货周转，可节约现金占用，降低成本费用。

（5）ABC 分析法。它是一种分类控制的方法，即根据事物的主要技术经济特征，把分析对象分为 A、B、C 三类，区别重点和一般，并对起决定性作用的 A 类事物进行重点管理。

（6）供应链存货管理。为了消除需求、供应、客户等的不确定性给单个企业存货所带来的损失，往往几个上下游企业联合起来构成供应链，通过供应链的协同作用，管理供应链库存。其管理的关键是进行组织间合作。供应链存货管理有多种模式，如联合存货管理、多级存货优化等。

（7）适时生产系统（Just-in-Time，JIT）。它又称无存货管理，系统要求企业生产经营活动实行产、供、销环环相扣，各环节紧密配合，追求一种无存货、无缺陷的完美境界，同时要求各道工序紧密结合，更要求加工过程中不出现瑕疵，没有库存储备。

四、案例分析：家乐福的存货管理[⊖]

目前，我国制造业的存货管理存在很多有待解决的问题，但同时大型流通零售企业在近年的发展中普遍积攒了较多经验，特别是沃尔玛、家乐福等国际零售企业。以下介绍的是家乐福良好的存货控制、仓储管理等经验，以便为我国制造业存货管理提供有用的借鉴。

（一）需求估算阶段

预先制订周全的计划，可以防止各种可能的缺失，也可以使人力、设备、现金、时机等各项资源得到充分有效的运用，还可以规避各类可能的大风险。制订一个良好的库存计划，既可以减少公司不良库存的产生，又能最大效率地保证生产的顺利进行。

1. 家乐福的库存计划模式

家乐福实行品类管理，以优化商品结构。在一件商品进入卖场后，会有 POS 机实时收集库存、销售等数据，进行统一的汇总和分析，然后根据汇总分析的结果，对库存的商品进行分类。接着根据不同的商品分类，拟订相应适合的库存计划模式，对于各种类型的不同商品，根据分类，分别制定不同的订货公式参数。根据安全库存量的方法，当可得到的仓库仓存水平下降到确定的安全库存量或以下的时候，该系统就会启动自动订货程序。

2. 启发与启示

（1）运用 ABC 分析法对物料进行分类管理。家乐福根据流量大小和转移速度，把物料分为 A、B、C 三类。这有助于管理部门为每一分类品种确立集中存货战略。

（2）根据品类管理，制定不同的库存计划模式。大致而言，存货的管理模式有以下 7 种：A/R 法（订单直接展开法）、复仓法、安全存量法、定时定额法、定量定购法、MRP 法（用料需求规划法）以及 JIT。在同一个企业中，可以同时存在两种甚至两种以上的库存计划模式，这取决于物料的类型和企业的管理制度。家乐福已经按照 ABC 分类的概念并结合自身的情况进行了品种分类，分为 A 类物料、B 类物料和 C 类物料。A 类物料流量大、移动快速，在企业物料中最为重要；管理上会采取最为严密的管理方式和预测准确的库存计

⊖ 资料来源：本案例根据豆丁网的《家乐福存货管理案例》一文整理而成。

划，即使预测的成本较高，也要尽可能使无效库存数为零；管理模式可采用 MRP 方式。B 类物料流量适中，是仅次于 A 类的重要物料品种；管理上采用中度的方式，原则上，同时容许具有少量风险的无效库存存在；管理模式可以采取安全存量的管理方式。C 类物料流量低或转移缓慢，相对重要性也较低；管理上采取宽松的管制，同时要简化仓储出库、入库手续；管理模式可以采取复仓法。

（二）购料订货阶段

在选用合理的存货管理模式后，就要根据需求估算的结果来实施订货，以确保购入的货物能够按时、按量到达，从而保证以后生产、销售的顺利进行。

1. 家乐福的购料订货模式

OP（Order Pool）是家乐福的订货部门，也是整个家乐福的物流系统核心，控制着整个企业的物流运转。在家乐福，采购和订货是分开的。由专门的采购部门选择供应商，议定合约和订购价格。OP 则负责对仓库存量的控制，并生成正常订单与临时订单，同时保证所有的订单发送给供应商，另外还进行库存异动的分析。作为一个核心控制部门，它的控制活动将它的资料传送到其他各个部门。对于仓储部门，它控制实际的和系统中所显示的库存量，并控制存货的异动情况；对于财务部门，它提供相关的入账资料和信息；对于各个营业部门，它们提供存量信息，并提醒各部门根据销售情况及时更改订货参数，或增加临时订货量。

2. 启发与启示

（1）在公司内部形成一个控制中心。在公司内部形成一个类似 OP 的专门的控制部门，并以它为中心，呈辐射状对企业的其他各个部门形成控制，向财务部门提供资料，同时使各个营运部门形成互动的联系。在其他企业中，同样需要一个得力的控制中心的存在。

（2）明确各部门的职责。在订货流程中，若各个部门的职责没有分清，订货的效率会显著降低，或者说订货出错的概率会增加。企业需要让采购、仓库、财务、生产各个部门的职责清晰明白，才能够提高物料管理的效率。

（3）优化进货流程。比照家乐福的订货流程，可以拟定一个制造业的进货流程如下：①由计算机根据订货公式，自动计算订单。②由业务人员人工审核确认后，由计算机输出，并发给供应商。③供应商凭借计算机订单及订单号送货。④收货员下载订单到收货终端，持收货终端验收商品。未订货商品无法收货（严格控制未订货商品）。⑤上传终端数据至计算机系统，生成计算机验收单（超出订货数量的商品，作为赠品验收或退还供应商）。⑥将计算机验收单加盖收货章后交给供应商作为结算凭证。⑦开展业务要每日查验《超期未到货订单汇总表》，确保供应商准时送货。通过上述流程，可以达到优化进货流程的目的。

（三）仓储作业阶段

1. 家乐福的仓储作业

家乐福的做法是将仓库、财务、OP、营业部门的功能与供应商的数据整合在一起。从统一的视角来考虑订货、收货、销售过程中的各种影响因素。仓库在每日的收货、发货之外，会根据每日存货异动的资料，将存量资料数据传输给 OP 部门，OP 则根据累计和新传输的资料生成各类分析报表。同时，家乐福用周期盘点代替了传统的一年两次的实地盘点，节省了一定的人力、物力、财力，避免了一年两次实地盘点时大规模地兴师动众，提高了盘点的效率。

2. 启发与启示

（1）加强仓库的控制作用。根据战略储存的观念，仓库在单纯的存储功能以外，还有更重要的管理控制的功能：①加强成品管理，有效地维护库存各物料的品质和数量。②强化存货账务管理，依据永续盘存的会计处理理念进行登账管理。③及时提供库存咨询情报，要具备稽核功能和统计功能。以料、账和盘点的数据为基准，制定出有关信息报表。④注重呆废料管理。通过制定呆废料分析表，利用检查及分析等手段，使仓库中的呆废料凸显出来，并及早活用，最大限度地减少损失。

（2）推行周期盘点。家乐福的周期盘点做法也值得企业学习。周期盘点以一个月或几星期为一个周期，根据对物料的分类，对其进行盘点；每一次盘点若干个储位或项目，再根据盘点的结果进行调整，生成周期盘点的相关报表。这种方法缩短了盘点周期，能较早发现人的问题以及存货储存中存在的问题。但周期盘点的实施，需要企业财务、采购、仓库各个部门具有更强的控制和相互间联系反应的能力。

（四）账务管理阶段

物料的账务包含两部分内容：一是存货管理人员的收发账；二是财务部门的物料账。对这两类账务的日常登记、定期检查汇总，称为物料的账务管理。账务管理最主要的目标是，保证实物和账的准确，以真实地反映库存物料的情况。

1. 家乐福的账务管理

家乐福的做法是从整体角度出发，综合考虑仓库、财务、采购各部门的职责和功能，以减少不必要的流程，最大限度地提高效率和减少工作周期。在家乐福，账务管理的基本结构包括三个部分：一是库存管理，由仓库管理部门制定；二是异动管理，由 OP 部门负责人入库、出库、物料增减情况的记录；三是库存信息，包括库存量查询在内，由 OP 提供有关管理需求的账面报表，由财务部门提供有关财务需求的报表。

2. 启发与启示

（1）利用计算机构建财务的结算流程。流程管理无处不在、无处不需，进货流程是商品进出结算流程中的一环。同理，管理系统应具有一个完善的结算流程，即生成订单，依照订单验收商品并制作验收单，依照验收单生成日期并由计算机计算出应结算日期，供应商递交结算对账单、财务部门录入供应商结算对账单并在计算机系统中完成自动对账、在结算日由计算机作结算并由财务部门开票。在物料管理中，最后的财务阶段就要以计算机作为流程管理的要点，环环相扣，让计算机真正成为管理过程的控制工具，从而保证料账管理的有效性。

（2）财务人员参加周期盘点。周期盘点可以是仓库人员自发的，但这样的话，周期盘点就完全成为一个部门的内部作业了。在家乐福，盘点计划是由 OP 部门制订和控制，由财务部门组织，并与仓管部门共同负责实施的。每一次的周盘都与大盘一样，必须有财务人员到场，由财务人员来组织并参加周期盘点。一方面，可以监督周期盘点的正确实施，维持盘点结果的准确性；另一方面，也可以在部门与部门之间形成相互牵制、相互监督的关系。

第五节　流动负债风险管理

在我国，大多数企业的现金来源中，流动负债所占比例较高。因此，不断提高企业的流动负债管理水平，对于有效地控制营运风险具有重要意义。

一、流动负债风险的识别

流动负债是指企业将在一年或一个营业周期内偿还的债务，包括短期借款、应付票据、应付账款、预收货款、应付工资、应付福利费、应交税费、预提费用及一年内到期的长期借款等。流动负债具有债务负债的基本属性，也具有债务负债所具有的风险：利率风险、违约风险、短期现金长期使用风险和现金短缺风险等。由于流动负债的流动性，它还具有一些特殊属性。

1. 负债的期限结构

它是指企业所使用的长、短期借款的相对比重。如果负债的期限结构安排不合理，如应筹集长期资金却采用了短期借款，或者相反，都会增加企业的筹资风险。短期借款是经营管理的中心，在生产经营中具有重要作用，但不能长期采用，否则会造成资金周转困难。长期借款是企业长期拥有的，但期限不宜太长，以免造成利率增高、资金成本增大。所以，企业在安排负债期限结构时要根据实际情况，综合考虑自身市场利率和市场环境等因素，选择不同的期限以达到合理的结构。

2. 利率变动风险

企业在负债期间，由于通货膨胀等的影响，贷款利率会发生增长变化。利率的增长必然增加企业的资金成本，从而抵减了预期收益。

3. 现金流入量和资产流动性

现金流入量反映的是现实的偿债能力；资产流动性反映的是潜在偿债能力。负债的本息一般要求以现金偿还。因此，即使企业的资金处于盈利状况，但能否按合同的规定按期偿还本息，还要看预期的现金流入量是否足额、及时和资产流动性的强弱。如果企业投资决策失误，或信用政策过宽，不能足额或及时地实现预期的现金流入量来支付到期的借款本息，就会面临财务危机。此时企业为了防止破产，可以变现其资产。企业资产的整体流动性不同，对企业的财务风险影响很大。很多企业破产不是因为没有资产，而是因为其资产不能在较短时间内变现，最后不能按时偿还债务而宣告破产。资产控制得好与坏关系着企业的运转，因此，只有正确地把握好企业现金的流入量和资产流动性，才能按时偿还债务，使企业逐渐步入盈利阶段。

4. 经营风险

它是企业生产经营活动本身所固有的风险，直接表现为企业息税前利润的不确定性。经营风险不同于筹资风险，但又影响筹资风险。当企业完全用股本融资时，经营风险为企业的总风险，全部由股东承担。当采用股本与负债融资时，由于财务杠杆对股东收益的扩张性作用，股东收益的波动性更大，所承担的风险将大于经营风险，其差额即为筹资风险。如果企业经营不善，营业利润不足以支付利息费用，不仅股东收益化为泡影，而且要用股本支付利息，严重时企业丧失偿债能力，被迫宣告破产。

二、流动负债风险的控制

科学地管理流动负债，巧妙地将其形式和期限与流动资产的形式和回收期相匹配，能使现金发挥更大的效率，从而降低财务风险。现金、短期投资、部分应收债权的变现能力比部分应收债权、存货、待摊费用的变现能力强，流动资产各项目之间的盈利性也不同，货币现金和应收债权只能为企业带来微乎其微的收益，而短期投资和存货等能为企业带来较高的收益；流动负债分为实付性流动负债和非实付性流动负债。将这些流动资产与流动负债之间的关系进行匹配，产生以下几种融资方式：

（1）非实付性流动负债不仅融通变现能力弱的资产的现金需要，还解决部分变现能力强的资产的现金需要。由于较少地使用实付性流动负债，减少了企业短期偿还债务的压力，降低了短期财务风险。由于企业持有较多的易变现的流动资产，即使遇到现金紧张，也可通过变现流动资产渡过难关。但过多使用非实付性流动负债，可能增加企业短期现金成本。通过展期、延迟付款等方法增加企业非实付性流动负债，会损害企业的信誉形象，有时得不偿失。

（2）对于变现能力强的资产，运用实付性流动负债筹集现金，以满足其需要；对于变现能力弱的资产，运用非实付性流动负债筹集现金，以满足其需要。变现能力强的流动资产由实付性强的流动负债作为其现金来源，变现能力弱的流动资产由实付性差的流动负债作为其现金来源，还款压力适中，短期现金使用成本适中。这是一种比较理想的现金匹配方式，但需要较高的现金管理水平。

（3）非实付性流动负债只融通部分变现能力弱的资产的现金需要，另一部分变现能力弱的资产可选择实付性流动负债作为其现金来源。企业可能出现流动负债到期，却没有相应的资产可以变现进行偿还的情况，风险较大。但实付性强的流动债务通常现金成本较低，甚至不需要现金成本，企业可以获得节约现金成本的好处。若企业经营和财务状况良好，且有短期内筹措现金的能力，在安排好实付性流动负债到期日的前提下，可以采用该模式。

（4）可以把部分资金放在有价证券中。若企业在把流动负债中的资金投入长期资产的同时，把保证企业正常生产经营活动资金外的多余资金投入有价证券中，可以使这部分资金保值增值，也可以随时变现偿还到期的债务。

（5）资产证券化。企业资产证券化既是对企业已有存量资产的优化配置，又能在不增加企业负债和资产的前提下实现融资计划。资产证券化为企业提供了一种长期的资产流动性补充机制。一方面，它将不易流动或流动性较差的资产转化为高流动性的现金流，有利于盘活存量资产，提高资产周转率；另一方面，增加了用于生产经营的资金，提高了企业的盈利能力和自我积累能力。通过资产证券化，出售部分债权资产获得现金流，可以偿还原有部分债务。在降低资产负债率的同时，减轻了企业的利息负担，提高了企业的权益资本收益率和资产报酬率。

（6）保持和提高资产流动性。企业应根据自身的经营需要和生产特点来决定流动资产的规模，或者采取相应的措施提高资产的流动性。企业在合理安排流动资产结构的过程中，不仅要确定理想的现金余额，还要提高资产质量，逐步提高企业盈利水平，增加企业的现金流。

本章小结

营运资金是企业的血液。在企业日常经营活动中，营运资金风险是无时无刻不在的。建立一套科学的、行之有效的营运资金风险管理体系，既是企业健康持续发展的重要保障，也是提升企业财务管理水平的关键所在。

营运资金是对企业一定时期流动资产和流动负债的统称。由于营运资金具有周转速度快、形态波动频繁、来源广且期限不一等特点，决定了相关风险管理的灵活性和复杂性。因此，必须对企业的营运资金进行全面的风险分析和管理，将流动资产风险管理和流动负债风险管理结合起来，任何偏废的做法都是错误的。对企业营运资金风险的成因进行分析，寻求改变营运资金风险控制薄弱、现金低效运行现状的措施。

（1）流动资产风险管理。按照变现能力或流动性强弱，分别对现金（在生产经营过程中暂时停留在货币资金形态的现金，包括现金和现金等价物）、应收账款和存货，遵循风险的识别、评估和控制的逻辑顺序进行阐述。

1）现金作为最敏感也最容易出问题的资产，其风险主要是一种支付风险，即企业在生产经营循环中，无法按时回收到期货款或无法及时偿还债务的可能性。宏观和微观的原因都可能成为企业现金风险的来源。选取包括基本现金置存标准、现金债务指标、现金比率和相对流动性指标等操作性比较强的定量指标，以及各阶段现金流量风险参考识别表中的定性分析方法来识别和评估现金风险。之后，从道德层面、企业匹配现金流入流出时间和宏观层面给出管理建议。

2）应收账款风险的管控不当，曾经让无数企业栽过跟头。即使是国外知名的大企业，也存在着数目巨大的应收账款。应收账款通常会带来很多风险，如增加现金使用量，模糊经营成果等。应用应收账款周转率、平均收账期、实际坏账损失率、赊销比率、AHP模型这些定量指标并结合标准调查等定性方法，能测评应收账款风险。从外部和内部环境可以提出应收账款风险管理的具体措施。其中，从内部环境看，以设置专门的信用部门为主线，从事前、事中和事后进行说明。

3）存货风险是由于各种不确定因素的变动而给企业带来损失的可能性。这里排除了对自然灾害等非可控因素的探讨，主要从库存管理的角度阐述。引入存货周转率、产成品存货积压率、存货风险模型作为风险识别评估的手段，明确了包含安全库存量在内的几个着力点，针对这几个着力点实施几种操作性强的风险管理方法，如ABC分析法。

（2）流动负债风险管理。企业通常会根据自身的需要来安排流动负债。流动负债一旦发生，企业的主动性就会受限。因此，应当更多地进行事前的合理安排和全程的有效管理，这样才会使得债务偿还与现金回收相匹配。流动负债的风险大小与企业本身对风险的态度息息相关。通过匹配流动负债和流动资产的形式和回收期，可以权衡企业的风险、成本和收益。

习　题

1. 力源信息（300184. SZ）是一家计算机应用服务企业，在其2011年年报中披露了应收账款风险：本公司已建立起成熟完善的应收账款以及客户信用管理体系并严格执行。公司在2009年年末、2010年年末和2011年年末，应收账款余额分别为1472. 25万元、1391. 66万元和2230. 71万元，占当期营业收入的比例分别为8. 36%、5. 99%和9. 01%。随着公司业务规模的持续扩大，公司应收账款余额可能逐步增加。如果出现客户违约或公司信用管理不到位的情况，则存在发生坏账的风险。请提出力源信息的应收账款风险管理对策。

2. 浦东建设（600284. SH）是一家铁路、公路、隧道、桥梁建筑企业，在其2011年年报中披露了应收账款风险：由于公司所处的建筑行业一般项目工程工期都比较长，工程的完工、验收、审计决算有一定滞后期，因此公司应收账款金额较大，应收账款周转速度较慢，公司存在一定的应收账款回收风险。请提出浦东建设的应收账款风险管理对策。

3. 精工钢构（600496. SH）是一家土木工程建筑企业，在其2011年年报中披露了应收账款风险：公司目前大多数的业务收款进度情况如下：签订合同后业主支付30%预付款，在构件进行现场安装后，按照工程形象进度分期支付或按工程实物量按月结算，至竣工决算前支付到85%左右，至竣工决算后支付到95%，剩余5%作为质保金。所以，公司每年都有占营业收入较大比例的应收账款。请提出精工钢构的应收账款风险管理对策。

4. 宝胜股份（600973. SH）是一家输配电及控制设备制造企业，在其2011年年报中披露了应收账款风险：电线电缆行业是众所周知的料重工轻的资金密集型行业，且随着近年来行业竞争的不断加剧，公司为了扩大市场占有率，不但要在成本、价格上下工夫，而且必须大量地运用商业信用促销。然而随着公司销售规模的扩大，应收账款规模也不断增大，如公司应收账款管理不善，将会发生应收账款风险。企业同时披露了相应的对策：公司将加强在外货款的管理，定期安排专人核对账目。请对宝胜股份的应收账款风险管理对策进行评价和补充。

5. 英特集团（000411. SZ）是一家药品及医疗器械批发企业，在其2010年年报中披露了应收账款风险：应收账款上升，如果应收账款催讨不力或控制不当，可能形成坏账，给公司造成损失。随着公司经营规模的不断扩大，应收账款同步上升，截至本报告期末，应收账款占总资产的比例已高达41.09%。企业同时披露了相应的对策：①高度重视风险管控工作，将单一的应收账款管理逐步转向中前台授信管理和客户资信管理，加强销售客户的授信管理，加大对应收账款的管控力度；②加强风险管理培训工作，强化员工的风险意识，提高风险防范能力，全力加强风险管控工作，努力实现企业经营风险的可知、可控、可承受。请对英特集团采取的应收账款风险管理对策进行评价和补充。

6. 友利控股（000584. SZ）是一家合成纤维制造企业，在其2010年年报中披露了应收账款风险：由于应收账款增多，管理上存在风险。基于国内纺织行业现有的商业氛围和市场状况，氨纶产品的下游客户习惯于氨纶生产厂家提供一些产品铺底或收货后延迟欠账的付款方式。前述做法已成为行业约定俗成的商业惯例。由于公司氨纶包覆纱产品的下游客户数量众多、规模有限，因此，有可能造成公司在某些产品的应收账款管理上存在一定的风险。请提出友利控股的应收账款风险管理对策。

7. 精功科技（002006. SZ）是一家专用设备制造企业，在其2010年年报中披露了应收账款风险：应收账款增长较快及发生坏账的风险。目前，公司已完成产业转型升级，公司太阳能光伏专用装备及新能源产业的主营产品销售收入处于快速增长期。如果未来光伏行业出现重大不利波动或者公司主要客户的生产经营发生重大不利变化，则公司应收款项发生坏账的风险将会增加，从而使公司的经营成果受到不良影响。企业同时披露了相应的对策：①公司将严格按照合同约定的付款条件，加快应收账款的催收；②公司在确保产品如期交付的同时，将随时密切关注重点客户的生产经营状况，以便及时采取措施防范风险。请对精功科技采取的应收账款风险管理对策进行评价和补充。

8. 航天电器（002025. SZ）是一家电子元器件制造企业，在其2010年年报中披露了应收账款风险：应收账款增加可能造成公司债券风险。随着公司销售收入的增长，公司应收账款相应增加。从应收账款质量看，账龄1年以内的应收账款占应收账款总额的91%以上，同时公司按相关会计准则规定，对应收账款足额计提了坏账准备，应收账款总体质量较高；从货款回收情况来看，公司货款回笼正常，符合历年经营规律，并且公司与客户多保持长期业务合作关系，交易信用记录较好，公司应收账款产生呆坏账的概率较低。但是受宏观经济政策调整影响，个别客户可能存在由于资金周转、经营暂时困难等原因拖欠公司的货款，由此造成公司债权风险增加。企业同时披露了对策：①科学分析用户，选择有实力、信用度高、发展前景好的企业作为长期合作伙伴，事前控制不良债权产生；②在做好营销服务工作的同时，跟踪掌握客户信用信息，及时调整信用策略，控制债权风险；③加大货款回笼考核奖惩力度，激励营销员加快货款回收，遏制应收账款增长。请对航天电器采取的应收账款风险管理对策进行评价和补充。

9. 粤水电（002060. SZ）是一家土木工程建筑企业，在其2010年年报中披露了应收账款风险：应收款项余额持续较大并存在发生坏账的风险。公司所从事的水利水电工程施工、路桥市政工程施工多为合同金额大、建设周期长的项目，施工款项的结算一般根据监理方认可的工程进度确定，而工程款的确认支付要经过施工单位上报、监理方验收、业主审核确认、业主支付等环节，工程款结算与业主支付工程款有时间差，产生应收账款；目前建筑市场已普遍实行工程质保金制度，业主在支付工程款时按5%~10%的比例进行扣除，期限一般是工程总施工期加上一年时间，会产生较多其他应收款。如果工程业主资信较差，不能按合同及时支付工程款、延付工程质保金的时间过长，则会增加公司的经营成本，并有可能发生坏账损失，从而影响公司的现金流量和经营业绩。请提出粤水电的应收账款风险管理对策。

10. 瑞康医药（002589. SZ）是一家药品及医疗器械批发企业，在其2011年年报中披露了存货风险：随着业务规模的扩张，公司的存货规模也增长迅速。公司目前已具备较高的库存管理能力，但若不能有效地实行库存管理，则公司将面临一定的资金压力。请提出瑞康医药的存货风险管理对策。

11. 荃银高科（300087. SZ）是一家农业企业，在其2011年年报中披露了存货风险：由于受上一年度制种产量丰收且制种面积扩大的影响，2011年度公司种子存货量较大，除去子公司存货合并因素，比去年同期增长七成左右。虽然种子存货能有效保障不良气候年份公司种子的市场供给，但如果未来市场需求形势发生反向变化，公司现有的库存不能快速销售，随着时间的推移，库存种子将可能出现积压风险。请提出荃银高科的存货风险管理对策。

12. 力源信息（300184. SZ）是一家计算机应用服务企业，在其2011年年报中披露了存货风险：①采购风险。受IC生产厂商的产能及营销策略等诸多因素影响，IC产品的市场供求关系经常发生变化，价格也会出现波动。如果公司无法及时地采购到足够数量的IC产品以满足客户的需求，本公司的客户将转向其他IC销售商采购，公司的经营业绩也会受到不利影响。②保管风险。公司主要从事的业务是IC产品的推广、销售及应用服务，公司的主要资产为库存的IC产品现货。截至2011年12月31日，公司存货余额为13223.67万元，占公司资产总额的27.18%。如果公司所采购的IC产品在运输、仓储过程中保管不善，会存在损坏、遗失的风险，给公司造成损失。③跌价风险。公司在IC产品的选择上十分慎重，基本是在客户形成明确需求的情况下才组织采购。公司存货存在多品种、小批量的特点，单个品种库存量较小。如果由于公司没有预料到的原因导致报告期末存货价格低于采购成本，将需要计提存货跌价准备。请提出力源信息的存货风险管理对策。

13. 南国置业（002305. SZ）是一家房地产管理企业，在其2010年年报中披露了存货风险：产品销售不畅带来的库存上升风险。公司2011年1~4月可供销售的产品较少，新增物业销售主要在5月以后供应，如果届时市场销售不畅，有可能造成库存上升。请提出南国置业的存货风险管理对策。

14. 爱仕达（002403. SZ）是一家金属制品企业，在其2010年年报中披露了存货风险：存货余额偏高，市场环境改变将会导致存货跌价的风险。在2007年年末、2008年年末和2009年年末，公司存货余额分别为42516.12万元、35526.45万元和43061.20万元，存货余额占公司流动资产的比例分别为50.45%、39.98%和43.26%，存货余额占流动资产的比例较高。公司存货规模较大主要是由营业收入和生产规模增长较快、生产链较长、产品品种较多及主要原材料价格持续上涨所致。公司存货水平与公司行业特点、经营规模相适应，且近三年存货周转率均保持稳定。但公司整体存货规模较大，若市场发生重大变化，则公司存在因某类产品发生滞销而导致的存货跌价风险。企业同时披露了对策：①为有效降低存货水平，公司采取了强化产品设计、完善生产计划、调整产品种类、建立库存考核机制和增加经销商比重等一系列措施加强存货管理，有效地控制了存货水平的继续上升。②公司存货质量较高，近年来未发生较大的存货跌价损失。请对爱仕达采取的存货风险管理对策进行评价和补充。

15. 凯撒股份（002425. SZ）是一家服装及其他纤维制品制造企业，在其2010年年报中披露了存货风险：由于行业本身的特点，公司存在较大的存货风险。由于服装行业直接面对不同的消费者，每个消费者对服装个性化的要求不同，对花色、款式的审美观点不同，尺码要求不同，因此，零售店面需保证较大的产品配货。加之企业为下季提前开发产品以及产品断码、断色、过季等因素，造成服装行业普遍存在库存商品较多导致存货风险较大的现象。请提出凯撒股份的存货风险管理对策。

16. 英飞拓（002528. SZ）是一家其他电子设备制造企业，在其2010年年报中披露了存货风险：公司存货金额及存货占流动资产的比例一直较高，不仅影响了公司的资金周转速度和经营活动现金流量，增加了公司的资金压力，同时也增加了存货发生跌价损失的风险。企业同时披露了对策：①加强预算管理，尽量做到合理预算；②将公司常备库存按采购周期分类，根据采购周期、订单情况及生产能力重新测算各类原材料库存的合理限量。请对英飞拓采取的存货风险管理对策进行评价和补充。

17. 华谊兄弟（300027. SZ）是一家广播电视电影业企业，在其2010年年报中披露了存货风险：存货金额较大的风险。其具体表现为：公司存货占总资产比例较高的原因是，公司为影视制作、发行企业，自有固定资产较少，企业资金主要用于摄制电影、电视剧，资金一经投入生产即形成存货—影视作品。在公司连续扩大生产的过程中，存货必然成为公司资产的主要构成因素。另外，在公司的存货构成中，在产品占50%以上。这主要是因为在产品反映的是制作中的影视剧成本，该类存货只有在拍摄完成并取得《电影片公映许可证》或《电视剧发行许可证》后才转入库存商品，而库存商品则可以根据电视剧的预售、销售情况，以及电影的随后公映情况较快结转成本。因此，存货的主要构成为在产品。尽管公司有着严格的生产计划和质量控制体系，能够确保在产品按时、按质完成，但影视产品制作完成后，依然面临着前述的作品审查风险和市场风险。公司存货，特别是在产品金额较大，在一定程度上放大了作品审查风险和市场风险对公司的影响程度。请提出华谊兄弟的存货风险管理对策。

18. 江西长运（600561. SH）是一家汽车运输企业，在其2011年年报中披露了流动负债风险：道路运输行业是一个充分竞争的行业，为保持公司的核心竞争力与可持续发展能力，公司近年来成功收购了多家道路运输企业的资产或股权，并加大在车辆更新、站场建设等方面的固定资产投资力度。公司通过短期贷款方式对流动资金进行补充，使公司短期负债维持在较高水平。截至2011年12月31日，公司流动负债占负债总额的比例为75.62%，流动比率和速动比率分别为0.49和0.29，短期偿债压力较大。企业同时披露了相应的对策：公司充分重视流动负债风险，将通过增加长期借款、申请非公开发行股票等方式调整公司债务结构，注重长、短期债务的匹配，发挥债务的最大经济效用。请对江西长运采取的流动负债风险管理对策进行评价和补充。

19. 荣华实业（600311. SH）是一家粮食及饲料加工企业，在其2008年年报中披露了流动负债风险：公司目前流动资金较为紧张，且负债以短期借款为主，面临短期偿债风险。企业同时披露了相应的对策：①积极同债权单位沟通，延长偿付期限，为企业生产经营的稳步恢复创造条件；②积极提升公司的综合实力，拓展市场，增强同相关单位的业务联系，进一步提高公司的商业信用；③结合国家宏观政策，积极同金融部门沟通，充分利用公司负债率低、大量优质资产未作抵押的优势，争取银行贷款。请对荣华实业采取的流动负债风险管理对策进行评价和补充。

第五章

并购风险管理

并购已经成为现代企业发展中不可或缺的核心技巧。然而，并购并非法宝，其光环背后往往隐藏着巨大的杀机。要想成为并购中的赢家，进行有效的风险管理十分重要。

本章在明确并购风险基本知识的基础上，对并购前、并购中和并购后三个阶段的风险管理进行讲解，以期企业在并购的整个过程中能科学合理地控制风险，获得并购预期的经济效益。同时，分析跨国并购的风险管理。

企业并购过程中的财务风险除对外融资安排外，还包括对目标企业的估值、收购后现金的流动性管理等。企业并购中的主要风险不是财务风险，但对财务风险的管理是不能忽视的。

第一节 并购风险管理概述

一、并购风险的含义与特征

并购风险是指企业因并购而引起未来收益的不确定性，即导致未来的实际收益和预期收益之间偏差的风险。企业在并购过程中面临的内、外部不确定性因素很多，各种不确定性因素导致企业存在较大的不能实现预期并购目标的风险。并购风险有其独有的特征。

（1）客观性。和企业经营风险一样，并购风险也是客观存在的。一旦企业选择了并购战略，就必须面对一定的风险。研究风险的目的并非是要完全回避风险或消除风险，而是要通过控制风险发生的条件和时间，努力降低并购风险发生的概率，减少风险可能造成的损失，尽量把风险可能带来的损失控制在企业的承受能力之内。

（2）潜伏性。有些风险因子，比如并购双方之间的文化差异较大、目标企业的设施陈旧和大龄员工较多等易于发现和查明，但诱发并购风险的因子并不总是暴露在外的，有些还会潜伏较长的一段时间。期间，风险因子自身也处于不断变化的过程之中。在法律不健全、市场发育不成熟和信息不对称的情况下，目标企业的法律纠纷、坏账损失和未决诉讼等或有负债都是不容易发现的风险因子。

（3）长期性。并购风险是企业在并购的过程中，各种风险因子积累和孕育的结果。而风险因子从产生、积累到外在地表现出来，需要一定的时间，有些甚至在并购后数年内才会显露出来。并购风险的发生一般会经过一定的时间和过程，满足一定的条件时才转化为现实风险。

（4）动态性。构成企业风险的各种因素总是处于运动变化之中。在并购进程的各个阶段或环节中，因多种因素的综合作用而使并购风险发生的频率、影响的强度以及作用的范围都不尽相同。随着并购过程的推进，一部分风险因子消失，一部分风险因子得到控制，同时还会有新的风险因子产生，导致不同阶段并购风险的产生机理、表现形式和特征各异，从而对并购效果产生不同的影响。

（5）层次性。按影响程度及影响范围的大小，并购风险可划分为不同的层次。例如，根据对并购过程的影响程度，并购风险可划分为战略风险和操作风险。

（6）多源性。它是指企业并购风险有多个来源。按来源渠道划分，并购风险的来源有：来自并购方的风险，如战略制定不当；来自目标方的风险，如提供虚假信息；来自并购环境的风险，如违法风险。

（7）传递性。在并购过程中，从时间角度看，风险影响具有从前往后的单向传导特征，即前一并购阶段的风险因素将会对后续并购阶段产生影响。例如，对目标调研不足、决策失误会给企业并购的后续阶段带来致命的风险。

二、并购风险的影响因素

影响企业并购风险的因素有两个，即不确定性和信息不对称性。

（1）不确定性。企业并购过程中的不确定性因素很多。从宏观上来看，有国家宏观经济政策变化、经济周期波动、通货膨胀、利率汇率变动等；从微观上看，有并购方的经营环境变化、筹资与资本结构变动、支付方式的不同选择、并购整合期的不同举措，也有被收购方收购和收购价格的变化等。这些变化都会影响企业并购的各种预期与最终结果。同时，企业并购所涉及的领域比较宽泛，往往会牵涉法律、财务、人员、市场网络、专有技术、独特的自然资源、政府支持、市场环境等多个领域，这些领域都可能形成导致并购风险的不确定性。不确定性因素通过由收益决定的诱惑效应和由成本决定的约束效应机制，导致企业并购的预期与结果发生偏离。

（2）信息不对称性。在企业并购过程中，信息不对称也普遍存在。例如，当目标企业是缺乏信息披露机制的非上市公司时，并购方往往对其负债有多少、财务报表是否真实、资产抵押担保等情况估计不足，无法准确地判断目标企业的资产价值和盈利能力，从而导致价值风险。信息不对称主要表现在两个方面：一是不对称发生的时间；二是不对称信息的内容。在企业并购过程中，信息不对称对并购风险的影响主要来自事前知识的不对称和事后行动的不对称。事前不对称导致逆向选择行为，事后不对称导致道德风险（隐藏行为）。事前知识的不对称表现为，收购方掌握的目标公司的知识或真实情况信息，永远少于被收购方对自身企业的知识或真实情况信息的了解。

三、并购风险的分类

按照不同的分类标准，并购风险可有不同的分类。

（1）按照风险产生的阶段划分，并购风险分为并购前的决策风险、并购中的实施风险和并购后的整合风险。并购前的决策阶段通常包括制定并购战略、选择目标行业、选择目标企业以及进行可行性分析等环节，在决策阶段主要存在战略选择风险、定价风险等决策风险；并购中的实施阶段包括谈判磋商、融通现金、支付并购价款等环节，在实施阶段主要存在谈判风险、融资风险、支付风险等实施风险；并购后的整合阶段包括战略整合、管理整合、人力资源整合、文化整合、财务整合等环节，在整合阶段通常可能引发管理、人力资源、文化等整合失败风险。

(2) 按照风险的诱因划分，并购风险分为信息不对称风险和不确定性风险。信息不对称风险是指由于并购双方处于信息不对称的地位而使并购方面临的风险。不确定性风险是指因影响企业并购的诸多因素存在不确定性而导致的风险。不确定性存在诱惑效应—约束效应机制。当诱惑效应小于约束效应时，并购的预期与结果会发生负偏离，造成并购风险。例如，在整合期内，并购方的整合过程会面临诸多不确定性因素，可能由于整合失当造成不能及时偿还到期债务进而引发破产风险。不确定性因素是由并购活动本身的“物”的内环境、并购活动所处的“物”的外环境及相关“人”的因素所造成的。

(3) 按照是否可控的标准划分，并购风险分为可控风险和不可控风险。可控风险主要是指对于并购企业而言，通过合理制定并购战略、有效开展尽职调查等措施可以弱化的风险。一般来讲，由于对目标企业的有关信息掌握得不对称而导致的风险，可以通过开展实地尽职调查来降低风险发生的概率。不可控风险是指对于并购企业而言，不可能或无能力对其施加影响的风险。它主要包括在并购过程中与自然灾害、政府行为、宏观经济政策相关的风险。

(4) 并购风险也可分为政治风险、法律风险、信息风险、产业风险、整合风险和财务风险。

1）政治风险。它是指国内企业在进行海外并购时，目标企业所在国的重大政治事件对并购带来的不利影响。例如，东道国政府对外国投资所进行的政府干预或政策性限制。

2）法律风险。它是国内企业在海外并购时经常遇到的，包括目标企业所在国关于外资并购主体持股比例的规定、劳工法等。如果在并购前未对目标企业所在国的法律进行认真研究，并购后往往会陷入繁杂的法律纠纷中。

3）信息风险。并购企业与目标企业在信息上是不对称的。信息如果不准确甚至虚假的话，将直接关系到企业的价值评估。尽职调查优势受各种限制难以深入和充分，这样，并购后就可能带来一系列法律和财务问题。

4）产业风险。在产业性并购中，如果并购者对目标企业所处行业的发展趋势、竞争状况，以及目标企业在行业中的地位等分析不足，就贸然并购，则并购后的产业风险极大。

5）整合风险。整合风险主要体现在以下几个方面：人才流失，如并购后，被并购方的关键员工离职；文化冲突，尤其是在跨国并购中，不同国家员工的价值观、理念、思维方式和工作风格差异很大，融合起来极其困难；客户流失。

6）财务风险。并购的财务风险体现在：①对目标企业价值评估过高，从而支付了过高的对价；②对价安排与融资风险；③并购后的流动性风险。

第二节 并购前的风险管理

企业并购过程按照实施先后可分为三个阶段：并购前的决策阶段、并购中的实施阶段和并购后的整合阶段。不同的阶段有不同的风险诱因，存在不同的并购风险。

一、并购前的风险分析

(一) 并购前的主要工作

并购前阶段通常是决策阶段，包括制定并购战略、选择并购行业、甄选目标企业及进行可行性分析等环节。

(1) 制定并购战略。并购战略一般包括三类：产业整合型并购战略（横向并购）、产业扩展型并购战略（纵向并购）和新产业构建型并购战略（混合并购）。并购企业应根据自身的发展战略，选择符合自身实际的并购战略。

(2) 选择并购行业。企业需根据相应的并购战略选择并购的行业。企业需对备选行业结构、增长情况、主要竞争对手、进入壁垒、主要客户和供应商等信息进行详细的调研分析，还要分析政府、法律对该行业的影响和制约情况，然后在此基础上选择合适的并购行业。

(3) 甄选目标企业。企业确定了想要实施并购的行业，接下来就要在该行业中选择合适的并购对象。企业可以根据自己的经营状况和发展目标，制定相应的选择标准，通常需要考虑并购对象的财务状况、核心技术与研发能力、管理体系、在行业中的地位等信息。在实务中，并购方可以聘请投资银行或其他信息机构来制定恰当的选择标准。

(4) 进行可行性分析。在对目标企业状况进行估计的基础上，从技术、经济和工程等方面进行调查研究和分析比较，并对并购以后可能取得的经济效益和对社会环境的影响进行预测，提出具体的并购意见，从而为并购决策提供依据。

（二）并购前的风险识别

在明晰并购前的相关任务的基础上，应识别出并购前的主要风险，主要包括并购战略选择风险、并购时机选择风险和目标企业选择风险。

(1) 并购战略选择风险。它是指由于未形成长期并购战略或在并购战略选择上存在失误，而导致未来实际收益与预期收益之间产生偏差的风险。它主要表现在两个方面：①未形成长期并购战略。在以往的并购实践中，有些企业基本上没有并购战略，而是过多地关注短期财务利益，以短期内获取生产要素资源作为导向，缺乏以增强企业竞争力为导向的并购思维。②并购战略选择失当。若并购战略选择不当，可能引发并购风险，甚至可能会给企业带来灭顶之灾。企业应根据自己的核心能力和市场竞争优势，确定相应的并购战略，绝不可盲目选择并购之路，否则带给企业的可能是现金链断裂，甚至引发破产风险。例如，当企业具备一定的核心能力和市场竞争优势时，本应实施产业整合型并购战略抓住细分市场，进一步提升自身的竞争能力。若急于谋求发展，盲目构建产业，以快速实现多元化经营，则很可能导致企业失去在原有市场上谋求发展的机会，同时在新市场开拓上也可能处处碰壁，从而断送企业的发展前程。

(2) 并购时机选择风险。并购中有时会出现这样的情况，即同样一个公司，选择不同的时间点实施并购，其成本可能会相差很大，从而引发并购方选择并购时机的风险。这是时机选择的一个方面。时机选择的另一个方面就是，要在目标企业处于合适的发展阶段时实施并购。若并购的目标企业本身是一个有潜质的企业，但并购的时间太早，目标企业的市场还处于培育期，那么此时企业的投资往往更多的是起了一个培育市场的作用而不会带来切实的回报。

(3) 目标企业选择风险。目标企业就是并购方最终要购买的对象。选择合适的并购对象是实现预期并购目标的前提。如果并购方由于信息不对称等原因，选择了不恰当的并购目标，潜在风险是很大的。并购信息错误，会使得并购方对目标企业了解不够，往往难以准确判断目标企业的资产状况、负债状况和盈利能力，忽视潜在的并购风险。同时，目标企业往往会有意无意地隐瞒一些财务与经营方面的问题，这样会加大信息的不对称性，导致错误判断，从而引发风险。因此，很多并购方在选择目标企业时制定了严格的标准。例如，清华同方对目标企业的要求有三大原则：条件苛刻者不谈；企业没有生产潜力者不谈；政府干涉太多者不谈。

二、并购前的风险控制

并购决策阶段是并购活动的开始。俗话说“良好的开端是成功的一半”，如果在这一阶段得出的结论欠妥当，那么以后的工作恐怕都会是无效的。

（一）并购战略选择风险的管理

（1）以发展战略统领并购战略。管理并购战略选择上的风险首先要处理好企业并购战略与发展战略的关系，以发展战略统领并购战略。迈克尔·波特将企业发展战略分为总成本领先战略、差异化战略和专一化战略三种。从根本上说，企业实施的并购行为必须是为了实现上述发展战略中的一个或多个。通常企业实施产业整合型并购的核心是，通过并购达到规模效应，以实现成本领先战略或通过对细分市场的整合来强化市场的专一化战略；实施产业扩展型并购战略的核心是，通过产业扩展来提高企业控制成本、强化销售、提供“一站式”服务的能力，从而实现企业产品市场的差异化战略；新产业构建并购战略的核心是，通过构建新的产业群，实现战略转移或市场多元化，以分散经营风险。

（2）基于企业核心能力和市场环境选择发展战略。企业对战略的制定必须基于内部的核心能力和外部的市场环境。核心能力理论认为，核心能力来源于企业内部的资源和能力，它具有价值性、历史依存性、时间关联性及难以模拟和替代性。因此，企业战略的制定必须基于其市场竞争优势。比如，对处于行业领先地位的企业而言，企业应当优先把握行业结构变革的机会，通过实施行业整合策略以实现其扩大规模和提高市场影响力的目标。

（二）并购时机及目标企业选择风险的管理

并购时机及目标企业选择的风险主要是由信息不对称引发的，因而管理并购时机及目标企业选择风险的关键是要通过尽职调查尽量减少并购双方的信息不对称。

并购中的尽职调查包括资料的收集、权责的划分、法律协议的签订及中介机构的聘请，它贯穿于整个并购过程。尽职调查的内容主要包括业务、财务、法律和运营四个方面。在业务方面，主要调查目标公司所处的行业及其发展状况，目标公司业务与并购方业务的关系，目标公司业务未来的发展规划，目标公司现有的研发项目、研发水平、研发成果等；在财务方面，主要调查目标公司的内部控制制度、资产质量、真实盈利能力、债务情况、关联交易情况及或有事项等。在法律方面，由并购方聘请律师调查目标公司的主体资格、资产权属、债权债务等重大事务的法律状态，对可能涉及法律上的情况了然于胸，同时还需要调查了解哪些情况可能会对收购方带来责任、负担，以及是否可能予以消除和解决。在运营方面，应对并购后需要整合的所有方面进行全局性的把握，从而需要调查目标企业的管理团队、组织结构、人力资源状况和企业文化等。

三、案例分析：双鹤药业并购过程的风险管理[⊖]

（一）案例资料

1. 公司基本情况

北京双鹤药业股份公司（简称“双鹤药业”）是在原北京制药厂的基础上通过改制设立的股份制公司，公司股票于1997年5月在上交所上市，从而完成了北京最大的制药骨干企业由生产经营型向资本运营型的转变。作为中国高新技术企业和中国首家通过GMP认证的医药公司，双鹤药业秉承的企业宗旨是：关心大众，健康民生。至2005年，即上市后7年，双鹤药业战略性地构建了四大经营发展支柱：全国最大的输液供应基地、中国领先的全合成抗菌药生产基地、天然药物创新基地、全国性的药品销售服务体系。通过以上领域的协同发展，双鹤药业已经成为一个销售网络遍布国内外，主营业务涵盖新药开发、药物制造、医药经营及制药装备等领域的大型现代化医药企业。通过资本运营，公司已由区域性的制药企业成长为在全国10个省市拥有20多家控股公司的集科、工、贸一体化的全国性的大型现代企业集团。

2. 公司产品情况

双鹤药业在1997年时仅能够生产10余种剂型500多种药品，目前已拥有包括北京降压0号、利复星、奥复星、温胃舒、养胃舒、北京蜂王精、汤适平、大输液、小针等在内的一系列名牌产品。

强有力的营销能力，使其推广网络遍布全国。药品销售是实现药品利润重为重要的一环。医药类上市公司是否有完善的销售网络，成为决定其最终业绩的关键因素。为了创立自己的品牌，双鹤药业建立了自己的销售公司，目前已在全国29个省市建立了自己的办事处，拥有近1000名医药代表，基本形成了覆盖全国的销售网络。

3. 公司发展情况

（1）通过资本投资扩张，逐步扩大公司规模。双鹤药业进行频繁并购，是在面对市场竞争环境的变化，调整公司战略的情况下作出的决策。

（2）扩大生产规模，应对外企冲击。我国医药企业虽然最近几年发展迅速，但与外国大型企业相比还有较大差距。双鹤药业要想在国内医药市场占领一席之地，应对外资企业的冲击，就必须扩大自身规模，加大对外投资的力度。

（3）调整战略布局，丰富产品种类。双鹤药业的主要业务领域原来只覆盖了华北地区，通过扩张投资，其子公司遍布了西安、武汉、郑州、长沙以及黑龙江、云南等省市。另外，双鹤药业也力图全方位发展，积极培育新的利润增长点。在壮大主导产品规模优势的同时，还积极开发其他医药产品，培育新的利润增长点。双鹤药业通过这一系列的投资并购，形成了从研制到生产、销售的完整的产业链，迅速占领了市场。

（4）把握政策机会，扩张企业规模。双鹤企业响应国家政策，扩充自己的实力。双鹤药业的超速扩张，一方面扩大了公司规模，提高了市场竞争力；另一方面也带来了很多问

⊖ 资料来源：http：//wenku. baidu. com/link？ url = WxkTjI4Xz7dPnnokhRKS4yZ1dhSxoIzGRrPKEvTollOt5IonBVE4JHE1Pc7ApNHKeZCneQ8Jf0mxovHDNSf3MqsoQfxJPSD37OD5zgFNxBG.

题，比如对不良资产的处置不当、管理能力受到限制、对风险预期不足等。其一，公司在并购和固定资产投资上出现了重大的战略性失误。在分析投资失误的原因时，公司有关负责人指出："有的公司与我们的主业无关，有的公司买贵了。有的公司甚至存在欺诈行为，挪用了现金，给双鹤药业造成了损失。"其二，由于缺乏相应的管理人才，收购后的整合工作也做得不够到位，甚至造成某些控股公司各自为政，出现残酷的内部竞争。由于扩张过快，引发的后遗症防不胜防。其中，典型的要数昆山双鹤的"病灶"爆发。

（二）案例分析

从双鹤药业以上的并购过程可以看出，由于盲目并购，企业并没有得到预期的结果，相反影响了企业的利润。原因具体分析如下：

1. 并购前风险认识不足

企业在进行并购之前，应该进行科学的战略规划。而双鹤药业急于扩大规模，缺乏战略层的规划，直接导致并购后混乱的局面。公司从 1997 年上市到 2003 年大规模的投资并购结束，其资产规模、净利润、主营业务收入都处于超速发展态势。在这期间，公司共投资了 10 多家公司。这 10 多家公司的质量参差不齐，导致后来的一些公司出现亏损，使公司计提了大量的减值准备，直接影响到双鹤药业的长期投资。双鹤药业截至 2002 年，共有参股或控股企业 20 家。如果从 1997 年公司上市开始算起，双鹤平均每年大约投资 3 家企业，这样的投资速度是很少见的。虽然国内、国际的医药行业发展迅速，但双鹤药业显然缺乏并购的战略计划，并购速度过快，最终引起严重的问题。在急剧扩张的过程中，双鹤不仅投资了自己熟悉的医药行业，还投资了自己根本不了解的证券行业，如参股北京证券和华夏证券。券商需要大量的现金支持且风险很大，大量的国内优质企业虽对证券行业虎视眈眈，但都不敢轻举妄动。双鹤药业作为大型优质国企，敢于涉足新领域，发掘新的盈利方式，勇气可嘉。但是，其明显没有对证券行业的风险作充分的调查和研究，才导致了对参股公司计提投资减值。

2. 并购中的风险防范不当

双鹤药业在并购中，对目标企业缺乏全面的估计，从而产生了一定的股权投资差额，直接导致并购中的风险演变为实实在在的损失。当时西安双鹤已经形成股权投资借差，并且对外进行了连带责任担保，但是双鹤药业仍然对其进行并购。应该说，当时并购西安双鹤会有很大的风险，如果双鹤药业对其进行了细致的财务风险分析，应该可以避免后来的亏损和减值准备。

3. 并购后忽略整合风险

牡丹江温春双鹤药业有限公司经清查被发现部分收入确认有误，由于管理混乱，没有及时计提减值准备，事故发生后，又没有及时明确相关责任人，最后只能将其全部调入相应期间的损失。从该例可以看出，虽然双鹤药业投资并购了大量相关公司，但是实际上并没有对这些资源进行有效的整合，没有建立相关的管理制度，同时也缺乏相关管理人才。

总之，双鹤药业的投资扩张动机是好的，但是在扩张过程中，忽略了对并购风险的估计和控制这个重要因素，以致企业陷入了经营困境。部分医药商业和天然药子公司，如双鹤高科、双鹤神鹿亏损严重，影响了企业的整体盈利水平。

第三节　并购中的风险管理

一、并购中的风险分析

（一）并购中的主要工作

1. 财务估值

对目标企业的财务估值是制定支付价格的主要依据，也是企业并购中很关键且相当复杂的一个环节。能否找到恰当的交易价格是并购能否成功的重要因素。在实际操作中，对目标企业财务估值普遍采用的方法有企业资产估值法、市场比价法和净收益贴现法等。

（1）企业资产估值法。它通常是通过对目标企业的主要资产的成本进行估价来评估企业价值的方法。目前主要有账面价值、重置成本、清算价值三种成本评估标准。账面价值比较粗略，由于会计报表本身的局限性和评估方法的静态化，使其难以真实反映企业的资产价值。重置成本较之账面价值有其先进的一面，但它也忽视了企业的内在价值及其资源要素的协同效应。清算价值关注企业破产或停业清算时企业的主要资产分别出售的清算价值总和，主要用于评估破产、清算企业的价值。

（2）市场比价法。它是根据资本市场真实反映企业价值的程度来确定企业价值的方法。它主要包括市场自动定价法、市盈率法等。市场自动定价法是指在有效的证券市场上，对目标上市公司的估价只需要“随行就市”即可。在我国股市逐步成熟后，对上市公司的收购可以采用此方法估价。市盈率法就是根据目标公司的预期收益乘以预期市盈率确定其企业价值的方法。只有在企业进入健康稳定的发展阶段时，其市盈率指标才最容易反映其内部价值。在我国，壳的价值也会影响定价，因此市盈率指标不全面。

（3）价值基础评估法。它是基于企业内在价值的评估方法，主要通过尽可能多的信息，努力预测企业未来若干年内的经营业绩，通过估算企业未来的预期收益并以适当的折现率折算成现值，以此作为企业价值的评估值。它通常分为现金流量贴现法、净收益贴现法和股利贴现法。现金流量法以现金流量预测为基础，充分考虑目标公司未来创造现金流量的能力对其价值的影响，对公司并购决策具有现实的指导意义。净收益贴现法是以未来的净收益作为贴现的对象。股利贴现法是以企业的股利分配值作为收益贴现的基础。但在国内的收购业务实践中，大多数收购者并非以赚取股利为收购动机，很少采用该模式对目标企业进行价值评估。近年来，EVA 估值法和针对特定行业的估值模型也运用到并购的财务估值中。

2. 并购谈判

并购谈判包括接触和沟通、签订保密协议、签订并购意向书、履行应有的谨慎义务、签订并购协议和报政府有关部门备案或审批等项工作。

3. 融通现金

从并购的角度看，融通现金就是并购方利用各种融资工具，从各种可能的融资渠道，以最低的融资成本筹集到并购所需现金的经济活动。根据不同的划分方法，融资可以有不同的分类。

4. 确定支付方式

企业并购的支付方式主要有现金支付、股票支付、综合证券支付及其他支付方式。此外，还有承债式支付方式、卖方融资、杠杆收购和过桥贷款等。

(1) 现金支付方式。它分为现金购买资产和现金购买股票。现金支付在企业并购支付中所占比例较高。其主要优点是：清楚明了，没有复杂的技术和程序，易于被并购各方所接受；速度快，可使有抵触情绪的目标企业措手不及，无法获得充分的时间采取反收购措施；对于目标企业而言，可以立刻收到大量现金，不必承担较大的风险。当然，现金支付方式也有其不足：对于并购方而言，以现金收购目标企业是一项沉重的即时财务负担；对于目标企业的股东而言，现金收购方式使之无法推迟资本利得的确认，进而不能获得延迟缴税的好处。

(2) 股票支付方式。它可分为股票购买资产和股票交换股票（换股并购）。股票支付方式的优点是：并购方不需支付大量现金；目标企业股东可以推迟收益实现时间，享受税收优惠；在换股并购下，并购交易完成后，目标企业纳入并购企业，但目标企业的股东仍保留相应的股东权益，能分享并购所实现的价值增值。当然，股票支付方式也有缺点：对并购方而言，股票支付将改变其原有的股权结构，其结果甚至可能使原来的股东丧失对企业的控制权；股票发行、回购等行为，在不同国家都要受到证券监督管理部门以及其所在证券交易所有关规则的限制，手续较为烦琐、迟缓，增加了并购的变数。

(3) 综合证券支付方式。它是指并购出价，包括现金、股票、认股权证、可转债等多种形式的组合。采用综合证券支付收购方式，将多种支付工具组合在一起，尽管会使并购交易变得有些烦琐，但是又有少付现金、防止控股权转移等优势。在各种支付方式中，该方式的比重逐年递增。当然，该方式也有风险，如果搭配不当，非但不能尽各种支付工具之长，反而有集它们之短的可能。

(4) 承债支付方式。它是指在目标企业的资产与债务基本等价的情况下，并购企业以承担目标企业的债务为条件对其进行并购，而并购企业不需支付现金或象征性地支付少量现金的一种方式。

(5) 卖方融资。它是指并购企业在收购目标企业时，并不立即支付全部并购价款，只需要先支付其中一部分，其余价款按照协议规定，在并购后的若干年内分期支付。在企业并购中，如果并购方无法获得足够的现金，或者由于获取现金的成本太高、代价太大等原因导致并购方不愿从外部融资，而卖方愿意将资产出售给收购方或急于将资产出售，那么卖方可能会给买方提供信用。其一般形式是在分期付款条件下，以卖方融资的方式支付完成对目标企业的收购。

(6) 杠杆收购。它是指收购者以自己很少的本钱为基础，然后从投资银行或其他金融机构筹集、借贷大量、足够的现金进行收购活动，收购后企业的收入（包括拍卖资产的营业利益）刚好支付因收购而产生的高比例负债，这样能达到以很少的现金赚取高额利润的目的。

(7) 过桥贷款。它能满足并购方实施并购前的短期融资需求。过桥贷款（Bridge Loan）又称搭桥贷款，是指金融机构 A 拿到贷款项目之后，由于本身暂时缺乏资金而没有能力运作，于是找金融机构 B 商量，让它帮忙发放资金，等 A 金融机构资金到位后，B 则退出过桥贷款。这笔贷款对于 B 来说，就是所谓的过桥贷款。在我国，扮演金融机构 A 角色的主要是国家开发银行/进出口银行/中国农业发展银行等政策性银行，扮演金融机构 B 角色的主要是商业银行。过桥贷款为并购交易双方“搭桥铺路”而提供的款项，可以理解为银行和其他金融机构向借方提供的一项临时或短期借款。它的形式可以是定期贷款，也可以是循环信用证，只是在时限方面更短暂些。所以它只能是一种短期融资，在并购交易中起着“桥梁”的作用。过桥贷款的利率比一般的贷款利率要高 2%~5%。在市场情况变化异常时，交易必须加速运转，收购市场取费较高，迫使买方快速获得资金以结束交易，从而相继采用过桥贷款，随后通过销售债券与权益票据来偿还银行贷款。

(二) 并购中的风险识别

1. 定价风险

它主要是指由于收购方对目标企业的资产价值和盈利价值估计过于乐观，以致出现估计过高而超过了自身的承受能力所引发的风险。在确定目标企业后，并购双方最关心的问题莫过于以持续经营的观点来合理地估算目标企业的价值，以此作为并购双方谈判成交的预期。而这种预期又是建立在目标企业提供的财务报表和一定的价值评估方法的基础上的，一旦财务报表有虚假性，或评估过程中方法有误，则可能导致预测不当或不准，从而导致定价风险。

2. 谈判风险

并购双方就并购交易进行的谈判，实际上是双方为规避风险或将风险转移给对方分担的过程。这既是双方的合作，又是并购双方实力的较量。除目标企业选择中可能存在的方向性错误、卖方具有天然的信息优势和存在其他潜在的并购方外，认知能力和专属管理经验的局限性，决定了并购企业难以对目标企业有充分的了解，同时可能还因为谈判经验欠缺和谈判策略出现失误，丧失谈判的主动权，从而在并购谈判中处于不利地位。另外，对某些潜在风险点未作规定，没有具体的风险分担条款，也会进一步加大并购风险。例如，2000 年 10 月，中山公司以每股 10.83 元的价格收购佛山兴华，高于佛山兴华每股净资产的 3 倍；沃达丰 1999 年以 1830 亿美元的高价收购了德国传媒巨人曼内斯曼，当年便发生重大损失，股价下跌了近 50 个百分点。

3. 融资风险

它是指并购现金保证和资本结构有关的现金来源风险。其具体包括：现金是否在数量上和时间上保证需要，融资方式是否适合并购动机，债务负担是否会影响企业正常的生产经营等。融资风险最主要的表现是债务风险。它源于两个方面：收购方的债务风险和目标企业的债务风险。并购中的债务融资是由并购动机和并购双方的资本结构状况所决定的。一旦债务融资的现金量和期限结构没有根据并购现金的需要量和资本结构的现状来安排，就会导致并后利息负担过重，影响正常的生产运营，以致企业陷入财务困境。

4. 支付风险

它是指与现金流动性和股权稀释有关的并购现金使用风险。支付风险主要表现在三个方面：现金支付产生的现金流动性风险以及由此最终导致的债务风险；股权支付的股权稀释风险；杠杆支付的偿债风险。选择不同支付方式所带来的支付风险最终表现为支付结构不合理、现金支付过多，从而使得整合运营期间的现金压力过大。由于支付结构决定了并购的融资结构，因此，支付结构所带来的偿债风险和股权稀释风险本质上也就是融资风险。

5. 反并购风险

当目标企业不愿意参与并购时，它们往往会采取一系列措施，诸如金色降落伞、负债毒丸计划、人员毒丸计划、焦土战术等措施进行抵制。这样就会降低并购收益，增加并购成本，阻碍并购进程，使并购企业面临更大的风险。

二、并购中的风险控制

（一）定价风险的管理

并购定价的主要依据是对目标企业的财务估值，而财务估值风险具体表现为目标企业财务报告的局限性和财务估值中的信息不对称性。因此，管理定价风险的根本对策就是要尽量多地掌握目标企业的信息，减少信息不对称性，克服目标企业财务报告的局限性。

1. 充分认识目标企业财务报告的局限性

由于目标企业财务报告是并购过程中首要的信息来源和重要的价值评估依据，其数据的真实性对评估结果具有举足轻重的作用。因此，为了管理价值评估风险，首先要对目标企业的财务报告的局限性有充分的认识：会计政策具有可选择性；对或有事项与期后事项的披露未必充分；存在大量表外事项；不能反映一些重要资源的价值及制度安排。

2. 选择恰当的估价模型

对目标企业的估值定价是非常复杂的，往往需要对各种估价方法进行综合运用。并购公司可根据并购动机，收购后目标公司是否继续存在，以及掌握的资料信息充分与否等因素来决定采用合适的评估方法。并购公司也可综合运用定价模型，对目标企业的价值评估需要采取多种不同层次的思路和方法，仅用一种方法主宰定价是错误的。另外，在每次交易时都使用所有的定价模型也是不明智的。应根据并购的特点，选择较为恰当的收购估价模型。

3. 重视和实施尽职调查

并购方可以聘请投资银行进行全面尽职调查，从而对目标企业未来收益能力作出合理的预期，在此基础上再对目标企业作出合理估价。在实际操作中，为降低定价风险，并购方在尽职调查中应注意：①签订相关的法律协议。对并购过程中可能出现的未尽事宜明确其相关的法律责任，对于既往事实而追加并购成本要签订补偿协议。②充分利用公司内外的信息。这主要包括对财务报告附注及重要合同、协议的关注等。

4. 充分考虑影响并购价格的其他因素

通常，认真的买方重视并愿意使用复杂而精确的定量方法，但精明的买方从不被它们所制约，他们总是愿意在评估过程中加入一些直觉和定性的因素。因此，除了估价模型外，影响并购价格的还有其他一些因素。通常这些因素有两类：一类是经营性因素，如追求规模效应、扩大市场份额与寻求企业发展等；另一类是财务性的因素。经营性因素往往与特定时期的特定企业相关，一般不容易受其他因素的影响。因此，主要关注影响并购价格的财务性因素：收购融资能力、资本结构、税收情况、流动性和其他。

（二）谈判风险的管理

从国内并购的诸多实践看，欲有效管理并购谈判中的风险，须做好以下工作：

（1）建立良好的沟通和协调机制。在大型企业并购中，谈判通常会演变为由多方利益相关体所参与的复杂博弈格局。因此，对于买方而言，不仅需要与目标企业的谈判群体建立良好互动的沟通与协调机制，还要与其他相关主体进行广泛的沟通，甚至建立有效合作。对于任何可以影响此次并购交易的事件、机构和人员都要加以考虑。

（2）做到有进有退。在并购实践中，尤其当存在多家买方竞标时，由于买方竞购心切，不断互相抬高价格，令卖方渔翁得利。在这种情况下的竞标成功者，很可能由于最终定价过高而使并购失去应有的意义，甚至可能给并购方带来沉重的偿债负担。因此，有时战略性的暂时退让或坚持自己的报价原则是最终获得成功的保障。

（3）巧用附加承诺。报价外的附加承诺也可能成为买方胜出的重要手段。当买方的报价没有优势时，有时对目标公司的其他承诺将会有力地改变博弈格局。

（4）抢占优先权。在近年的企业并购中，许多企业通过抢先签订合作意向书、支付定金并设定违约金的方式来抢占并购的优先权。该方式在并购国企中非常有效。由于收购行为时间跨度的不确定性比较大，买方为了减少夜长梦多的风险，抢先签订合作意向书并支付定金后，便获得了足够的时间进行审慎调查和评估；而违约金的设定会使卖方不敢轻易解除合作。

（5）保留退路。并购交易也要充分考虑退路的安排。由于并购过程中的信息具有不对称性，导致参与者经常会出现并购过程中有退出的考虑。在并购中，安排退路是一个重要的原则，比如设定若干可以使自己安全退出的条款。

（三）融资风险的管理

1. 现金并购中融资风险的管理

现金并购中的流动性风险，本质上是一种资产负债结构性的风险，很难在市场上加以化解，必须通过调整资产负债匹配关系来解决。并购企业可以通过分析资产负债的期限结构，将未来现金流入与流出期限进行分装组合，找到出现正现金流和现金缺口的时点，不断调整自身的资产负债结构来管理流动性风险。由于债务的偿还日是固定的，而未来的现金流入却具有不确定性，企业无法做到使资产负债的期限与之完全匹配。现金流入的不确定性主要表现在资产的风险上。要降低资产的风险，就必须增强其流动性，而资产的流动性强又意味着收益性下降。解决这一矛盾的方法之一是建立流动性资产组合，将一部分现金运用到信用度高、流动性好的有价证券资产组合中。尽管这类资产的名义期限相对较长，但其变现能力强，可以满足目标企业和并购企业自身债务到期的现金需求。

对于可能出现的现金超支风险，并购企业可以采取以下措施加以管理：①严格制定并购现金需求量及支出预算。根据企业财务状况和融资安排，对企业并购现金、正常生产经营现金的使用情况作出合理安排，从而保证在企业现有经营活动正常进行的前提下，确保企业进行并购活动所需现金的有效供给。②主动与债权人达成偿还债务协议。为防止陷入不能按时支付债务现金的困境，企业在对已经资不抵债或处于破产边缘的企业实施并购时，必须考虑目标企业债权人的利益，在并购前通知目标企业债权人，并与债权人就债务清偿事宜进行协商，在与债权人取得一致意见后方可实施并购。

2. 股票并购中融资风险的管理

针对股票并购中股权分散、股价下跌的风险，并购企业应考虑两种情况：

（1）要考虑股东，特别是大股东对股权分散和股价下跌是否可以接受。对于股权分散是否可以接受的关键是，大股东控制权是否受到较大的威胁；对于股价下跌是否可以接受的关键是，从长期看股价是否会回升，即每股收益率是否会回到原有水平或能达到更高水平。

（2）要考虑收购公司股票在市场上的当前价格。如果当前价格处于历史上的高水平，处于它的理论价格左右或以上，利用换股并购是有利的选择；如果当前价格比它的理论价格低，换股就不是合适的选择，因为这会导致并购后每股收益率的相对下降。

3. 杠杆收购中融资风险的管理

对于杠杆收购中的融资风险，并购企业可以通过增强杠杆收购中目标企业的未来现金流量的稳定性来降低此风险。杠杆收购的特征决定了偿还债务的主要来源是整合后目标企业将来的现金流量。降低杠杆收购的偿债风险，首先，必须选择好理想的收购对象。通常，目标企业必须经营风险小，产品有较为固定的需求和市场，发展前景较好，保证收购后有稳定的现金流来源。另外，目标企业的经营状况和企业价值被市场低估，这是并购企业不惜承担风险的动力，也是实施杠杆收购后决定能否走出债务风险的主要因素。其次，收购前并购企业与目标企业的长期债务不宜过多，这样才能保证预期较为稳定的现金流量能够支付经常性的利息支出。再次，并购企业最好在日常经营中能提取一定的现金作为偿债证券，以应对债务高峰的现金需求，避免出现技术性破产而导致杠杆收购的失败。最后，虽然杠杆收购中并购企业负担着高额债务，但杠杆收购仍然可行，原因就是可以通过对目标企业进行重组，使企业的运作更有效率。因此，对目标企业的有效重组，也是管理杠杆收购融资风险的重要措施。具体内容包括：

（1）减少未能充分利用的资产（如存货）。在出售资产时，关键是要使得那些卖掉的资产、部门或附属机构的市盈率（最好是价格现金流比率）高于最初收购全企业时的相应比率。对于那些获取现金能力高于收购价格的资产、部门和附属部门则应予以保留，这些资产、部门和附属机构将为偿还债务提供所需的现金，并能使被收购企业的股票迅速增值。

（2）对被收购企业实施成功管理。杠杆收购方应当激励被收购企业的管理人员积极参与管理。通常的做法是，实施管理层持股计划。管理层持股计划可以使被收购企业管理人员的个人目标与企业目标保持一致——改善经营，提升业绩，获得分红，有效抑制代理问题的产生，从而可以提高杠杆收购的胜算。

4. 反并购风险的管理

并购方面临的目标企业进行反收购抵制是很正常的一件事情。这些反收购策略通常会使一个可行的并购计划变为不可行。有效管理目标企业的反收购风险，主要注意：①要熟悉各种反收购策略。作为并购企业，只有熟悉和洞悉种种反收购策略，防患于未然，及早采取应对策略，才能化险为夷。②重视人的工作。要想赢得目标企业的信任和配合，就必须做好人的工作。在这个过程中，并购方必须注意及时性、艺术性、策略性，也就是行动要迅速，方法要有灵活性，要有计划性。③要特别注意沟通，使信息公开明朗，并要尊重目标企业的利益。④注意自身行为的合法性，防止因为行为上的一点疏忽而处于被动地位。

三、案例分析：德隆忽视风险盲目并购[㊀]

（一）案例资料

1986 年，德隆前身——几个大学生集资 400 元创办的朋友公司，经营彩扩业务。1987 年，天山商贸发展公司成立，从事彩色照片冲扩、服装批发、食品加工等业务。1988 年，承包新疆维吾尔自治区科委下属的新产品技术开发部，出资研制卫星接收器。1991 年，成

㊀ 资料来源：吴成硕. 企业并购融资的风险管理问题研究——以德隆集团为例［J］. 企业研究，2010（6）.

立科海开发公司，主要经营计算机。1992 年，以 800 万元注册成立新疆德隆实业公司。1996 年，德隆开始真正地通过并购加快发展的步伐（当年并购新疆屯河投资股份有限公司，第二年并购湘火炬、沈阳合金）。2000 年，在上海浦东新区注册成立德隆国际展览投资有限公司，注册资本为人民币 5 亿元。

产业整合一直是德隆引以为荣的企业理念：以资本运作为纽带，通过企业并购、重组，整合制造业，为制造业引进新技术、新产品，增强其核心竞争力；同时，在全球范围内整合制造业市场与销售通道，积极寻求战略合作，提高中国制造业的市场占有率和市场份额，以此重新配置资源，谋求成为中国制造业新价值的发现者和创造者，推动中国制造业的复兴。

在这一理念的指引下，德隆涉足了十几个行业，以建材、食品、机电行业为主线，以新疆屯河、湘火炬、沈阳合金为核心，形成了德隆的产业投资布局。

在德隆入主新疆屯河、湘火炬、沈阳合金三家上市公司之后，德隆急速的产业扩张使得德隆需要更大的资本运作空间。1996 年，德隆成立了第一家金融机构——新疆金融租赁公司，持有新疆金新信托、南京信托、厦门联合信托、北方证券、新世纪金融租赁、重庆证券、湖南证券、深发展、伊斯兰国际信托投资有限公司及东方人寿保险有限公司等金融机构股权。德隆初步勾勒出了一个金融帝国的雏形。总体看来，在德隆的金融帝国中，租赁与信托是核心。

德隆从一个名不见经传的地方企业迅速膨胀为涉及数十个行业，控制多家上市公司、金融机构和国内外企业的大企业，其最基本的手段就是兼并和收购。按照德隆自己的说法，它是一家致力于整合中国传统产业、立足于资本市场与行业投资相结合的国际化战略投资公司。其基本特色是推行战略管理理念，充分利用资本市场的功能，采取兼并和收购的规模扩张方式，通过买壳上市和借助已上市公司为主体的资本市场与以金融机构为主体的现金市场的相互融通，来实行产业整合和规模扩张。德隆兼并和收购涉及的领域包括制造业、流通业和服务业。

截至 2003 年 6 月 30 日，德隆国际总资产为 204.95 亿元，其中大部分是通过并购形成的。然而，德隆在实施并购战略的过程中，由于规模扩张过快、行业涉及过多，致使现金结构和融资安排失控，最终导致现金链断裂，陷入财务危机。

（二）德隆的并购原则和策略

德隆所执行的并购项目，基本遵从以下三个原则：必须建立在充分的行业研究的基础上；必须符合企业战略规划的业务组合；必须落实在年度经营计划和财务预算中。这三个原则实际上针对了并购前的战略决策、并购中的具体实施和并购后的整合三个阶段的风险控制。

德隆的定位是“传统行业的整合者”，所以在并购的过程中，更加注重对传统行业企业价值的挖掘，力图发现传统行业中存量资产被低估价值者并找到合适的并购目标企业。并购之后，通过改善其管理机制，以产生协同效应，使企业的价值迅速提升，产生新增价值。这样，德隆最后得到的则是目标企业被低估的价值与新增价值之和。

德隆并购策略的特点是：并购的项目要始终遵循确定的战略方向，并在并购中重视资本市场的力量，通过资本市场的力量来达到以小博大，以资本市场为支点来撬动其产业整合的目的。另外，在并购的过程中，要充分考虑并购交易完成之后整合的实施，在并购交易前必须完成整合计划，确保该并购案能产生足够的战略协同效益。在交易完成后，德隆基本上保持原管理团队不变，执行包括战略规划、年度经营计划和偏差分析在内的战略管理。

德隆国际典型的并购和整合策略是首先控制上市公司，然后以上市公司为龙头来进行该行业的并购活动。

选择上市公司的原因：①上市公司是我国工商企业中较为优质的资产部分，同时较为透明，可以在一定程度上屏蔽收购的不确定性风险。②通过对上市公司的收购可以达到低成本扩张的目的。由于我国上市公司的股票被分割为流通股和非流通股两部分，其中非流通股的股票价格远远低于流通股的股票价格，因此通过非流通股的转让来控股上市公司，非常方便而又价格低廉，并可取得巨大资产控制权的收购方式。③利用上市公司的融资功能在资本市场上筹措股权和债权现金，以便供应一系列的对产业内企业的并购活动。

德隆通过上市公司整合产业，由于其所采取的方式主要是并购，使其作为平台的上市公司的业绩也明显呈现出两个阶段的波动：①第一阶段即并购阶段。在这一阶段，德隆通过所控股的上市公司，围绕产业战略，以并购策略进行存量资产的调整来达到扩张的目的。也就是说，采取并购方式的发展扩张模式，进行大量的兼并活动，以在产业中努力达到生产的规模化，促使成本降低和市场份额增加。具体表现在企业规模膨胀很快，合并而来的资产和利润增长迅速。②第二阶段即整合阶段。在这一阶段，企业的兼并活动减少，企业的规模由于对行业中主要生产企业兼并的完成而停止增长，企业的利润水平则保持稳定或有可能下滑，这主要是由于企业发展到很大的时候，其规模本身会对增长产生抑制作用。并购后企业总的收入可以通过对单个企业收入的合并得到，但由于规模庞大的企业集团的各项开支增加，使得集团发生的总费用往往要大于单个企业相叠加的费用，这就造成了企业在并购阶段的后期利润下滑的问题。但随着调整的完成，比如对相关重叠机构的削弱、业务流程的理顺，协同效应便会体现出来，逐渐使合并后的企业业绩稳定回升。

（三）案例分析——并购神话破灭的背后

从 1986 年投资 400 元创办的朋友公司，到 2003 年拥有的资产超过 200 亿元，德隆集团在十几年间飞速发展，的确成就了德隆的“并购神话”。然而，企业也是一个有机体，必须遵循一定的自然规律，否则，盲目多元化带来的快速扩张，只能成就暂时的“虚胖”，必然会导致“营养不良”，最终难逃失败的宿命。

1. 融资手段多样化，循环融资高风险

在并购项目的现金来源上，随着德隆通过对充当产业平台的企业在资本市场上融通能力的丧失，德隆需要通过提高这些企业的负债率，以财务杠杆的作用获得并购和整合现金。现金链环环相扣，对现金流要求很高。对并购项目的运作和整合，完全靠自有现金是不可能的，德隆的融资手段错综复杂，筹资注资流程也让人眼花缭乱。总的来说，德隆的现金来源主要有四个渠道：①利用上市公司再融资（包括配股、增发等），然后通过关联交易等手段占用上市公司现金；②利用上市公司的委托理财，挪用上市公司现金；③利用上市公司的信誉并通过其他公司的担保、资产抵押、股权质押等，从银行获取现金；④利用金新信托、金融租赁、德恒证券等多家金融机构作为融资平台进行融资。其中，除了第一种融资渠道外，后三种融资渠道均是短期融资。由于短期借款占有相当大的比例，而德隆整合的产业又多为传统制造业，投入大、见效慢、投资回收周期长，没有相应的融资作支撑，即将短期融到的现金投向了长期见效的产业领域，出现了典型的“短贷长投”现象，存在现金成本高、还

款压力大的危险。德隆通过并购上市公司，获得融资能力，然后以上市公司为平台，运用财务杠杆，撬动对行业内其他企业的并购。这是一种现金利用率非常高的运营手段，通过杠杆作用充分利用资本市场的融资功能来壮大自己，形成一种“滚雪球”的效应。但这种资本运营方式使整个产业乃至于整个集团内的现金链环环相扣，一旦某个环节出现问题，将会影响到整个系统的稳定。

2. 产业整合，多元发展，但无主业

产业发展是德隆经营发展的基本理念，但也仅作为一种理念。其战略与其说是产业整合战略，不如说是金融投资战略：没有认真地选择所进入的产业，也没有下工夫去提升企业的核心竞争力，几乎毫不相关的产业多元化和没有主业的格局使得德隆的产业并没有实现整合，反而为金融所累。在并购操作的过程中，由于并购进程的加快，不能完全保证并购的质量，导致整合质量参差不齐。在庞大的集团体系中，缺乏统一的企业战略和并购战略，无规划的并购行为最终导致了成本的迅速提高。除了金融业对各产业能形成现金支持，机电业和汽车零配件制造业有一定程度的相关外，德隆进行的几乎是毫不相关的多元化——无论是产业的上下游衔接，还是渠道的共享，都毫无相关之处。非相关多元化经营的初衷是分散风险，但德隆所涉足的行业多为传统行业，其对风险的分散作用实在有限。但这种多元化给企业的管理、资源的配置等都带来了很大难度。德隆在产业多元化经营不利时，并没有认真查找自己在核心业务上出现的问题，而是开拓了所谓的新的增长领域，更换主业，结果造成了德隆产业中的硬伤，使本来就没有得到系统整合的产业布局更显混乱。德隆在并购项目的结构性搭配上，短、中、长期项目失衡。虽然也有旨在短期持有，经过调整后抛售以获取收益的财务性并购项目，但仅是少数。其为了产业调整而完成的并购项目，则需要相当长时间的大量现金的投入和培育才可能显现成效，并带来足够的反哺收入和利润。这就使企业集团长期处于“现金饥渴”的状态，其间如果现金出现了问题，则会对整个集团带来威胁。

3. 人力资源缺乏，文化整合实施乏力

德隆选择的是 GE 模式的战略管理架构，但 GE 的战略管理审慎根植于其源远流长的企业文化。德隆作为一个新兴的民营企业，20 多年的历史，8 年快速发展史，还不足以将其建立起来的企业文化固化并行之有效地推广，并且德隆本身所倡导的文化“精英俱乐部”，代表的是一种松散型的文化。德隆的对待“人”的问题仍然显得随意性较大，没有章法，缺乏对战略管理所需要的人力资源以及各并购项目所需的人力资源的完善的储备、培训、管理系统。这就使得并购项目在实施时，缺乏强有力的人力资源去贯彻和推进德隆的管理文化和理念，有些并购项目的谈判、操作、整合似是而非，甚至背道而驰。

第四节　并购后的风险管理

一、并购后的风险分析

（一）并购后的主要工作

签订了并购协议并不意味着并购业务已画上圆满的句号，失败的整合足以让并购成为灾难。麦肯锡公司对 116 家并购公司的研究表明：至少 61% 的公司在并购后 3 年内无法收回其投资成本。其主要失败原因就是，并购后的整合效果不明显，不能取得“1 + 1 > 2”的协同效应。

整合是指调整企业的组成要素，使其融为一体。而盘活存量资产、激活企业发展，则是并购后的主题。一般地，企业实施并购后，企业的生产经营活动就进入了整合期，原企业的人力资源、资产资源、财务资源、企业文化等都需要及时、迅速地进行整合，以期实现企业的并购目标。整合一般包括战略整合、管理整合、人力资源整合、企业文化整合、财务整合等内容。

（1）战略整合。它是指企业根据并购双方的具体情况和对外环境，将目标企业纳入其自身发展规划后的战略安排，或者对并购后的企业的整体经营战略进行调整，以形成新的竞争优势或协同效应。

（2）管理整合。它主要包括对管理制度、管理能力的整合，以及对管理制度和管理能力的有效性进行识别，以选择最终采取的管理方式。

（3）人力资源整合。它是通过人员整合，以尽量避免由于并购给企业的管理层和员工带来心理上的焦虑、烦躁和不安，进而引起企业生产效率的下降、业绩滑坡，或尽量减少人力资源的流失。

（4）企业文化整合。它是将不同的企业文化经过合并、分拆、增强、减弱等形式，形成一种新的文化。大量的并购因文化整合失败而陷入困境，因此，探求并购企业的文化整合就显得尤为重要。

（5）财务整合。它是指并购方在并购完成后对被并购方的财务制度体系、会计核算体系统一进行管理和监控。企业通过财务整合，力求使并购后在经营活动上统一管理，在投资、融资活动上统一规划，最大限度地实现并购的整合和协同效应。

（二）并购后的风险识别

（1）管理整合风险。企业并购是为了提高资本运作效率，而管理是实现这种目标的手段。如果管理体制不加以变动，就会使并购效果大打折扣，很难实现预期的目标。企业并购后，随着规模扩大，管理协调工作的复杂性会提高，难度也会增加。并购之后，管理人员、管理队伍能否得到合适的配备，能否找到并采用得当的管理方法，管理手段能否具有一致性、协调性，管理水平能否跟上因企业发展而提出的更高要求等，这些都存在着不确定性，都会造成管理风险。例如，迪士尼公司1998年收购了达威（Starwave）和搜信（Infoseek）两家公司，整合全部资源后推出门户网站Go. com。并购后，内部组织管理并没有根本性的变化，结果内部争斗不断，两家公司的高级管理人员几乎纷纷离去。企业应当随着客观经营环境的变化，及时调整其决策机制、组织结构和管理方式，以提高管理者的素质，避免给并购带来新的风险。

（2）文化整合风险。并购双方能否达到企业文化的整合，形成共同的经营理念、团队精神及工作作风，受到很多因素的影响，这同样会带来风险。大到国家地域的冲突，小到个人行为准则的冲突，文化的无形性、历史性和隐蔽性，使得文化融合风险很突出。例如，1998年11月，德国戴姆勒-奔驰汽车公司兼并了美国第三大汽车制造商克莱斯勒公司。德国人以理性著称，在戴姆勒-奔驰汽车公司，管理严谨刻板；而在克莱斯勒公司，早已形成了美国式的自由公司经营风格。两种企业文化的冲突给双方带来了一系列的矛盾，双方的高层领导也陷入了矛盾，导致原克莱斯勒的高级经理和工程师乃至中层骨干纷纷离开了公司，并购之后的经营业绩极不理想。

(3) 人力资源整合风险。人力资源整合是一项敏感度较高的工作。并购方与目标公司信息不对称的一个重要方面就是，并购方关于目标企业人力资源及相关信息的了解不充分，使其在并购过程中不能充分地考虑和利用"人"的因素，把握不好并购后裁员的时机和火候，难以从关键员工那里得到对组织的承诺，导致并购双方员工之间产生较大的矛盾和冲突，而紧接着会带来沟通、执行上的不顺，甚至产生一连串的纠纷、诉讼和麻烦，由此引发并购整合风险。在International管理咨询公司对101家大公司进行并购失败原因的调查中，首席执行官和高级经理提及最多的是组织与人员问题。

(4) 经营协同风险。为了实现经济上的互补性，达到规模经济，谋求经营协同效应，并购后的企业还必须改善其经营方式，甚至产品结构，同时加大产品研发力度，严格控制产品质量，调整其资源配置，否则就会出现经营风险。

(5) 财务整合风险。它是指并购完成后，并购方并未实现经营活动上统一管理，投资、筹资活动上统一规划等财务整合目标，导致不能实现并购的整合和协同效应的风险。财务整合风险通常包括并购企业财务组织机制风险、并购企业理财风险、并购企业财务行为人的风险三种。并购企业财务组织机制风险是指并购企业在整合期内，由于相关的企业财务机制设置、财务职能、财务管理制度、财务组织更新、财务组织协同效应等因素的影响，使并购企业实现的财务收益与预期的财务收益偏离，因而存在遭受损失的可能性。并购企业理财风险是指企业在整合期内，由于宏观环境和具体环境的不确定性，并购企业内部财务行为的管理失误和财务过程的管理波动综合作用，使企业并购后未能实现预期的并购目标，导致的财务风险与财务危机；并购企业财务行为人的风险是指由于财务组织内部的管理主体因恶意或善意的财务失误，以及财务行为的监控不力，而导致并购企业的财务风险。

二、并购后的风险控制

对于并购整合不能采取极端化的态度，既不能不加分析、事无巨细地全盘改造，也不能听之任之，完全保持原来的市场关系。否则，都会因为整合不力而导致并购最终失败。

(一) 并购方需注意的问题

1. 明确实施整合的内容和对象

整合工作有针对性，需符合必要性。要分析清楚以下情况：哪些属于功能缺乏，哪些属于功能重叠，哪些是双方不一致的，哪些是目标企业应该独立继续保留的，以及哪些是并购方自身应该改良的等。分析清楚这些内容后，整合工作就有了具体对象，才不会盲目进行。比如，若目标企业本身就颇富有创业精神，则并购方就不应强加干涉，而要鼓励其继续保持，但要保留一定的干预权力，一旦发生冲突便可以果断采取措施减少损失；反之，若目标企业虽然有良好的物质资源，但缺乏有效的管理，则并购方管理层就必须对经营管理一体化作出安排，这样才能使并购双方正常运转并取得更高的效率。

2. 注意时间进度的控制和方法选择的得当

要尽量缩短整合时间，以便合并后的企业尽快步入正轨。若磨合期太长，很容易因双方的不协调而出现问题；但也不能贪图速度而仅看到短期效果，忽视长期发展。同时，整合是一项"人性化"的活动，方法的选择显得尤为重要。并购方可以向目标企业派出一个专门的整合工作小组，指导和配合目标企业进行整合。对"硬件"的整合，要更多在物质资源的配置、生产经营技术层面进行；对“软件”的整合，在可能的情况下，要坚持“多换思想、少换人”的原则。

3. 注意与目标企业的交流与沟通

通过与目标企业的及时交流与有效沟通，填补并购后经常出现的信息真空，并且同样的沟通可能要重复多次才能起到作用。

（二）相关风险的管理

在明确了需要进行调整、整合的领域之后，并购方可以有针对性地实施整合并进行相关风险的管理。

1. 管理整合风险的管理

不同的企业有着各自不同的管理理念，对于同样的生产流程、同样素质的员工采用不同的管理模式，其经营效果是完全不同的。而随着并购工作的完成、企业规模的扩大，对企业的管理水平也会提出更高的要求。对于管理整合，一要客观地对目标企业的原有制度进行评价；二要考虑清楚企业并购的目的所在，以便能够尽快建立起驾驭新结合在一起的资源的管理体系。

2. 文化整合风险的管理

企业文化的整合与企业并购方式、目标企业的时机选择等都有很大的关系。所以，企业进行文化整合在时间上、方式上不能只固守一个模式。如果并购双方是业务相关或相似的，那么企业要各自保留、互有妥协、互相补充，以形成互补。如果并购方完全“吸收”目标企业或是一种救济式兼并，那么并购方可以根据被并购方的具体情况，将自己良好的企业文化移植到被并购方。这是一种“同化”形式的文化整合。比如，海尔兼并原青岛红星机械厂时，只派去了3名企业文化中心的管理人员，通过输入海尔管理模式和文化，仅用了3个月就使这个厂扭亏为盈。如果涉及跨行业、新领域的并购，为了使目标企业能按本领域要求正常发展，可以使被并购方保持文化上的自主。并购方不宜直接强加干预，但要保持“宏观”上的调控。

3. 人力资源整合风险的管理

人员的优化与管理是并购整合的重中之重。为防止产生人事风险，应注意以下四点：

（1）通过正式的或非正式的形式对员工做思想工作，务必做好沟通工作。注意稳定员工的思想情绪，防止出现大的心理波动，转变员工的观念；与工会、当地政府取得联系，减少人员变动的阻力，防止演变为诉讼危机。

（2）不能轻易作出承诺，而一旦作出承诺就必须兑现。否则会失信于目标企业员工，极大地打击员工的积极性。

（3）可以采取优胜劣汰的用人机制，建立人事数据库，重新评估员工，建立健全人才梯队。根据所掌握的员工情况，对目标企业员工作出一定的划分，针对不同的人群实施不同的整合战略：对熟练员工、核心技术人员留用、调整、提升；对富余人员解雇、安置等。

（4）推出适当的激励措施。并且，这种激励要动态化、长期化，不能只做短期的权宜之计。

4. 经营整合风险的管理

企业并购后，其核心生产能力必须跟上企业业务、规模扩张的要求，否则并购没有任何意义。生产经营的整合主要包括：根据企业既定的或新设的经营目标调整经营战略、产品结构体系，建立统一的生产线，使生产协调一致，取得规模经济；采取有效措施，稳定上下游企业，保证并购前后价值链的连续性。企业的并购活动往往会对并购双方企业的销售、服务等部门形成冲击，所以并购方就必须警惕并购带来的客户风险。对并购双方原有的客户群都要给予一定的服务和质量的承诺与保证，或者提供更优惠的条件。尤其是当并购方的并购动因在于获得目标企业的客户和销售渠道以扩大自己的市场占有率或进入新领域时，采取有效措施稳定进、销渠道是非常重要的。许多公司都在并购后不久有过销售额下降和客户投诉增加的经历，发生这样的事情对企业是最为不利的。

5. 财务整合风险的管理

企业实施并购后，财务必须实施一体化管理，对目标企业按并购企业的财务管理模式进行整合。企业的财务整合必须以企业价值最大化为中心，偏离这个中心，会使财务整合走向官僚化和低效率。在以企业价值最大化为中心的同时，财务整合还必须以并购企业的发展战略为准绳。通过财务整合，使并购企业的经营活动实现统一管理，统一规范，企业的投资、筹资活动统一规划，最大限度地实现企业的整合与协同效应。具体而言，企业财务整合主要包括以下五项基本内容：

（1）财务管理目标导向的整合。目标一致，才能行动一致。因此，财务整合的首要任务就是完成财务管理目标的整合。

（2）财务制度体系的整合。它是保证并购企业有效运行的关键。财务制度体系整合主要包括投资制度、融资制度、固定资产管理、流动现金管理、利润管理、工资制度管理、财务风险管理等方面的整合。

（3）会计核算体系的整合。它是统一财务制度体系的具体保证，也是重组公司及时、准确地获取被并购企业信息的重要评价口径的基础。账簿形式、凭证管理、会计科目等必须统一，以有利于进行运营业务的整合。

（4）资产债务的整合。并购后的企业要实现资源优化配置，就必须剥离低效率资产，以提高资产效率和资产质量，提高核心竞争力和投资回报率。并购方还必须通过优化资产结构，改善财务状况，增强企业偿债能力，实现债务整合。

（5）绩效评估体系的整合。它是指并购公司对财务运营指标体系的重新优化和组合，评估体系是提高被并购公司经营绩效和运营能力的重要手段，包括偿债能力、资产管理指标、盈利能力指标等。

三、案例分析：科利华忽视风险借壳上市圈钱[⊖]

（一）案例资料

在2000年前后，科利华公司曾一度被认为是中国IT业升起的新星。2000年，科利华创造了3.44亿元的主营业务收入，利润也达到了近1.2亿元。然而，仅仅一年之后，科利华的净利润只剩下2000万元，同比暴跌92.6%。又过了一年，净利润已不复存在，亏损高达1.15亿元。

⊖ 资料来源：http//www.people.com.cm/GB/54816/54823/4000860.html.

1998年，科利华在教育软件市场的占有率为43.9%，市场份额占据较大优势。由于软件业具有进入壁垒低、市场风险大的特点，为了在激烈的市场竞争中保持优势，科利华对如何实现企业高速发展进行了积极的思考，如引入国外风险资本、实施职工内部持股等。针对公司所处的发展阶段，科利华管理层认为，公司应尽早从根本上改变资本结构，实现从民营企业到公众性上市公司的演变。结合国内A股上市额度紧缺、国有大中型企业有限的实际情况，科利华认为收购上市公司，借壳上市，将是一条达到上市最便捷的途径，可尽快打开融资渠道，扩大资产规模，加快资本结构和产业结构的调整，确保科利华持续、快速、稳定地发展。

1998年12月，科利华开始接触阿城钢铁集团公司（简称阿钢集团），不仅与对方的洽谈非常顺利，而且还得到了地方政府的大力支持，明确提出特事特办，仅仅4个月就办妥了有关手续，并得到了中国证监会的批准。正是因为速度过快，为后来科利华的陨落埋下了伏笔。

1999年1月23日，上市公司召开股东大会，并审议通过：将所属的第二炼钢厂全部固定资产和存货按评估后的净值5.55亿元的价格转让给阿城钢铁集团公司，阿城钢铁集团公司以现金和其他资产共计2.26亿元支付给上市公司，剩余3.29亿元等值对阿城钢铁集团公司的应付款。

1999年5月17日，阿城钢铁集团公司（出让方）将其持有的占总股本28%的法人股以2.08元/股协议价转让给北京科利华（入主方），总金额1.34亿元，转让给阿钢集团仍持有25.56%的股份，北京科利华实际支付现金3400万元。

上市公司对阿钢集团拥有2.26亿元债权。重组方案为：5000万元债权购买北京科利华持有的晖军公司80%的股权。5000万元债权购买北京科利华持有的经评估的“CSC电脑家庭教师”（初中版）软件著作权。阿钢集团以股权转让取得的现金3400万元，偿还部分债务，剩余9200万元以现金和资产限期偿清。

1999年5月，科利华成功借壳阿钢集团，完成了上市的夙愿。而股市当时也给了科利华以丰厚的回报，其股价从借壳前的7元，一路走高到30多元。但是科利华的厄运也由此开始。

科利华董事长是一个非常感性的人。当年，公司高层从没去过阿城钢铁集团公司，为了借壳上市后获得配股资格，他仅仅看了阿城钢铁集团公司的报表，便与对方一拍即合。事实上，当时的阿钢集团已经千疮百孔、诸病缠身。科利华没有经过详细的调研，对以下事实认识不足：

（1）大股东欠款。原大股东欠下上市公司的坏死账在科利华入主后浮出水面，近7亿元。想要收回坏账，无异于登天；但若不解决，根据有关规定，就无法获得配股资格。科利华百般无奈之下，将自己的老本都抵押了进去，欲尽力填平此窟窿，以拼死保住配股资格。然而，科利华随后的配股也是一波三折，最终宣告破产。

（2）官司缠身。科利华接手阿钢集团后，有近百起官司平地而起。“原来阿钢有很多欠账。当阿钢状况不好时，债主就认为要不回来了，不指望了。但我一进来，他们觉得有希望了，都来找我了。这在法律上还真没办法，一诉就输，稀里糊涂掏出400万元，稀里糊涂掏出80万元……就这样我们没有少掏钱。我算一下，有4000万元被掏走了。”在一次采访中科利华董事长如是说。

(3) 闲置人员的安置。数千人的大企业，每人几万元的安置费，又是一笔庞大的数字。为此，科利华又损失了近亿元的现金。

科利华收购案的结果是：收购前从未料想到的官司不断发生，公司业绩也呈急剧下降趋势。实际上，本次收购是以收购和被收购者共同沦陷为代价的。

(二) 案例分析

1999—2001 年间，我国 80% 的上市公司并购与获取壳资源有关，上市公司的财务性并购成为此期间并购的主要形式。由于财务性并购的双方一开始就"门不当、户不对"，导致并购后的重组之路举步维艰，也注定了最终以失败而告终的命运，科利华正是其中之一。

(1) 战略必须基于战略。在错误路线指引下，科利华选择了"借壳上市"的圈钱之路。其并购之路并非基于发展战略需要，而是从一开始就走歪了。一家软件公司很难通过并购一家千疮百孔的钢铁公司获得协同效应。这场并购一开始就注定了不会走得太远。

(2) 审慎调查必不可少。只要静下心来认真想想为什么并购进展得如此神速，这背后有文章吗？或是请专业人士稍微分析一下阿钢集团的财务报表，就能窥出其严重财务问题的端倪。然而，科利华一心只想尽快完成收购，实现配股目的，以致科利华的高层从没有去过阿城集团，就敢作出并购决定。选择目标企业十分重要，审慎调查必不可少。只要科利华进行了必要的审慎调查，那么后来的巨额坏账损失、复杂债务纠纷及沉重的人员安置包袱就可以提前知晓，科利华就可以获得定价上的主动权或尽早抽身。

(3) 整合风险必须提前考虑。麦肯锡公司的研究结果表明，在导致并购失败的 6 个主要原因当中，最主要的就是并购后的整合效果不明显，不能取得"$1+1>2$"的协同效应。任何一个并购方在并购开始之前都必须考虑的问题是：并购后能否将目标企业融入并购方的发展轨道上来？能否实现良性互动？能否最终实现并购的协同效应？如果不能，最好尽快收手。这样看来，如果科利华提前考虑了这样一个问题：在收购阿钢集团后，作为软件企业收购钢铁企业，如何进行组织整合、经营整合？作为民营企业收购国有企业，如何进行文化整合？对目标企业庞大的人员包袱如何安置？那么科利华董事长也就不会"仅仅看了一下阿城钢铁集团公司的报表，便与对方一拍即合，一周之内全部搞定"。

第五节 跨国并购风险管理

近年来，中国企业跨国收购的行动格外引人注目，如联想收购美国 IBM 的个人计算机业务，"五矿"收购加拿大的诺兰达公司，海尔收购美国的美泰克公司等。中国企业走向国际化是一个必然的趋势。但是，麦肯锡公司的一项研究表明，国际上的并购约有一半以上是以失败告终的。企业要成功实现国际化，跨国并购风险防范是一项极其重要的工作。

一、跨国并购概况

在跨国并购中，原来分属两个不同国家的两家企业的资产与经营被结合成一个新的法人实体。在跨国并购中，资产和经营控制权从当地企业转移到外国公司，前者称为后者的子公司。

跨国并购是跨国投资中最为方便和迅速有效的一种投资方式。它最直接的作用是使主并企业快速投入生产和扩大生产量，建立和完善产品的销售渠道，回避最初进入市场的困难，提高对市场的控制能力，取得更多的利润。

（一）跨国并购的动机

跨国并购的动机比国内一般并购复杂。它除了有类似于一般并购的种种动机外，还出于以下全球经营战略方面的考虑：

1. 获取国外不可再生资源

要实现长期、可持续发展，企业就必须重视资源和能源这类重要战略资源。随着我国经济的高速发展，企业对资源和能源的需求不断上升。虽然我国幅员辽阔，但不可再生资源毕竟有限。我国是一个能源消耗大国，国内资源供应日趋紧张，如何在全球范围内获取相对稳定的资源及能源供应，已成为我国企业不得不面对的重要战略问题。中国企业在海外资源、能源领域的并购，在很大程度上体现了企业在中国经济发展面临资源、能源瓶颈的大背景下而进行的经营战略调整。典型的以获取自然资源为目的的海外并购有"首钢"并购秘鲁铁矿等。

2. 拓展发展空间，抢占世界市场

跨国并购有助于企业扩大发展空间，抢占世界市场，加速企业发展。近年来，一些国家纷纷对我国的产品实施"反倾销""贸易制裁"等贸易限制措施，对我国的产品出口设置障碍。于是，中国企业纷纷选择跨国并购的方式，绕过贸易壁垒，尽快建立起中国企业的国际品牌，形成自己的或利用现成的营销网络，以实现中国企业的国际化经营。国内市场趋于饱和也是中国企业进行跨国并购、开拓海外市场的一个原因。一方面，国内企业（如联想）在国内的份额已经接近饱和，消费者的认知度也已经很高；另一方面，随着国际知名企业进军国内，市场竞争异常激烈，进一步开拓国内市场的难度非常大。在这种情况下，企业要想做大，只有拓展海外市场，走国际化发展的道路。

3. 获取国外企业先进技术

先进技术，特别是核心先进技术的缺失是我国企业最大的软肋之一。改革开放后的一段时期，我国基本上采取了"以市场换技术"的模式，允许外国企业通过合资、合作甚至独资方式进入我国市场，但事实证明，中方也很难获得外方的先进技术。而通过并购的方式直接接收外国企业的技术研发部门，则是中国企业获得先进技术、尽快提升自己技术创新能力的一种有效途径。许多企业因现金等其他因素，科技成果无法及时转化成生产力，主并企业通过加大投入，可以更好地释放竞争潜力。当然，由于国际技术创新竞争日益激烈，通过并购的方式很难获取最先进的前沿技术，但对于在一些领域的技术创新尚落后于世界先进水平的中国企业而言，通过海外收购仍然是提高自身技术创新能力的很好选择。

4. 获取品牌效应，拓宽销售渠道

中国品牌普遍缺乏核心技术的支持，在国际市场上缺乏知名度和竞争力。而通过跨国并购，收购国外企业及其品牌，正是中国企业提高海外市场参与程度、增强国际竞争力、加快国际化步伐的重要途径。例如，TCL 收购德国百年品牌施耐德，其战略考虑之一就是因为施耐德在德国，在欧洲有相当的市场基础。通过收购施耐德，TCL 可以利用其现成的品牌和网络，快速进入此市场。

5. 迅速实现多元化经营，分散经营风险

实施跨国并购能加快企业多元化经营进程，使企业在更好发挥自身优势的同时分散经营风险。许多企业竭力寻求发展多元化、多门类的产业经济，以雄厚的产业优势支撑公司发展，拓展国际、国内市场。不同行业的盈利水平不同，行业风险水平也有所不同，有的行业只是微利甚至亏损。通过跨国并购，可以减少企业盈余的剧烈波动，增强企业的稳定性，在一定程度上降低企业的经营风险。

（二）中国企业跨国并购的发展历程

我国企业的跨国并购可追溯到20世纪80年代对外开放的初期，它的发展历程大致可以分为以下三个发展阶段：

（1）起步阶段（1979—1991年）。我国的海外并购起步比较晚，因为当时我国计划经济体制刚开始向市场经济体制转型，进行对外投资还是一个新鲜事物。而我国企业当时也没有太强的竞争力，多以海外工程承包和劳务输出为主要形式。

（2）调整整顿阶段（1992—1998年）。1992年11月，首钢以1.2亿美元收购秘鲁铁矿公司是当时影响最大的跨国投资案例。从1992年开始，中国内地企业跨国投资出现了一个小高潮。从1992年起，我国海外直接投资金额急剧扩大。整个20世纪80年代，每年海外投资不过10亿美元，而1992年一年即达到40亿美元。

（3）积极推动阶段（1999年至今）。1999年年初，我国政府以推进海外加工贸易为起点，加速了我国企业海外投资，促进了我国跨国公司的成长。这一年春天，国务院出台了鼓励企业开展海外带料加工装配业务的规定。此后，围绕促进海外加工贸易，政府有关部门相继出台多项配套规定，鼓励企业海外投资。

（三）中国企业跨国并购的特征

通过分析近年来中国企业的跨国并购，发现具有以下特征：

（1）并购总额持续上升。联合国贸易和发展委员会的数据显示，1998—2003年，中国企业累计跨国并购总金额81.39亿美元，其中绝大部分发生在1997年之后。

（2）目标公司分布广泛。中国企业的跨国并购浪潮具有鲜明的产业分布特征。我国多数跨国并购案例集中于自然资源行业和技术密集型产业。最近几年来，中国企业在其他多个行业的跨国并购交易，在中国对外收购活动中的份额显著提高，涉及信息和通信业、汽车制造业、家电制造业等更广泛的行业。

（3）交易规模不断扩大。随着中国经济的迅速发展，政府不断出台利好措施，以及中国企业实力的不断增强和现代管理能力的不断提高，对规模庞大、实力雄厚的目标公司进行跨国并购成为可能。随着目标公司规模的增大，我国跨国并购的规模也在逐渐扩大。

（4）并购目的更加多元化。在中国企业海外并购的初期，往往以获得自然资源为主要目的。但随着并购浪潮的到来，企业跨国并购的目的更加多元化，发展为以获取先进技术、进行产业链的延伸、获取销售渠道及售后服务网络、取得品牌、绕开贸易壁垒、劳动力成本转移以及满足海外融资需求等多元目标。

（5）并购技巧日益娴熟。近年来，我国海外并购在支付方式上，由以现金为主，发展为现金、股份、资产、可转债等多种方式相结合；在融资手段上，由以自有现金为主，发展为自有现金、过渡性贷款、股权资产抵押贷款、私募、发行股票等多种方式的使用；在并购对象上，由主要对整个企业进行并购，发展为既对整个企业，又对企业部分业务进行并购。中国企业已具有全新的并购意识，并购技巧不断提高，能够制定完善的交易结构，采纳专家建议和分散交易风险。而并购方式日趋复杂，对海外并购知识与经验尚不足的中国企业来说，无疑大大增加了风险与难度。

(6) 民营企业跨国并购初现活跃。近年来，民营企业也加快了跨国并购的步伐，频频进军海外市场。我国民营经济有了较大的发展，民营企业的实力得到了显著提高；受到政府“走出去”政策的影响，民营企业也出现了一些较大型的海外收购案例，如浙江民营企业万向集团收购美国在纳斯达克上市的美国汽车零部件制造商 UAI 公司等。

二、跨国并购风险的识别

跨国并购风险识别是后续风险评估和控制的基础。只有正确地把握风险状况，才能有效地制定风险管理策略。跨国并购过程涉及多重风险，为了能够更清晰地把握各种风险，应按一定标准对其进行系统的识别和归类（见图 5-1）。风险有系统风险和非系统风险之分，按照这个标准，对跨国并购风险可进行如下分类：跨国并购系统风险，是指所有跨国并购都必须面对的、不因企业内部原因而改变的风险；跨国并购非系统风险，是指因个别企业内部原因而导致单个企业损益产生不确定性的风险。

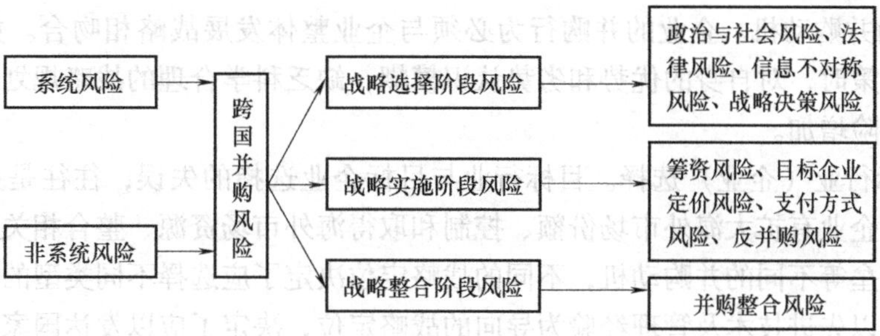

图 5-1 企业跨国并购风险分类

同时，企业跨国并购风险一般须经过三个阶段：战略选择阶段、战略实施阶段及战略整合阶段。值得注意的是，政治与社会风险、法律风险、信息不对称风险和战略决策风险虽集中体现于战略选择阶段，但战略实施阶段和战略整合阶段也会不同程度地遇到这些风险。例如，企业在进行目标企业定价时，可能会由于信息不对称而增加定价过高的风险等。因此，企业各种跨国并购风险在三个阶段的划分只是相对的。当然，在此未能穷尽跨国并购的所有风险，只是列示了其中相对重要、值得企业特别注意的风险。

(一) 系统风险

1. 政治与社会风险

在跨国并购过程中，东道国政治与社会因素的变动均有可能使跨国并购蒙受预料不到的损失。而我国企业在跨国并购中，一旦并购与该国的支柱行业、传统优势行业、稀缺自然资源行业、国家安全行业等相关的企业时，将不可避免会受到政治与社会因素的制约，极易导致并购成本上升、并购成功率下降、并购后整合难度加大等结果。例如，联想并购 IBM 的个人计算机业务时，便遭遇了来自美国部分人士的阻挠。在联想作出重大让步与承诺之后，并购才得以顺利通过。

2. 法律风险

法律是市场运行的基本准则，企业并购总是在一定的法律环境下进行的。我国企业在进行跨国并购时，面临的法律风险包括目标企业所在国法律风险和我国法律风险。目标企业所在国的法律就外资并购主体对目标企业持有产权或所有权的法律或政府限制，以及该国反垄断法的条例，构成了国外法律风险的主要因素。例如，国外有《反垄断法》《要约收购监管法》《公平交易法》《股市准则》等。此外，目标企业所在国政府对外资并购的态度和对外资进行证券市场的限制，也是我国企业需要着重考虑的因素。

3. 信息不对称风险

在不完全竞争的市场中，企业作为市场竞争的主体，常常处于信息不对称状态。并购双方为了各自的利益，可能会隐瞒对自己不利的信息。由于目标企业远在异国，并购方对目标企业的情况难以准确了解，所以存在很大的信息不对称。由于市场信息难收集，可靠性也较差，因此，对并购后该公司在当地销售的潜力和远期利润的估计困难较大。

4. 战略决策风险

它是指企业在进行跨国并购决策时产生的风险。其主要体现于并购动机及目标企业选择两个方面的决策中。

（1）明确并购动机。企业的并购行为必须与企业整体发展战略相吻合。如果企业在进行跨国并购决策时，对自身的优势和劣势认识模糊，缺乏科学合理的战略规划作指导，就会致使并购的风险增加。

（2）目标行业（企业）选择。目标行业与目标企业选择的失误，往往是并购战略定位失误的延伸。企业有扩大海外市场份额、控制和取得海外市场资源、整合相关产业、规避目标国的贸易壁垒等不同的并购动机，不同的战略定位决定了应选择不同类型的目标公司进行并购。例如，以先进技术及管理经验为导向的战略定位，决定了应以发达国家技术领先者为潜在的收购目标等。战略资源的匹配性是企业海外并购战略选择阶段应重点考虑的内容。

（二）非系统风险

1. 筹资风险

它也称融资风险，是指企业在筹资过程中遇到的风险。并购本身需要支付现金，同时目标企业的运作也需要投入现金，所以企业进行跨国并购，尤其是大型的跨国并购时，自有现金通常难以满足并购所需现金的需要，还需进行外部筹资。筹资风险主要体现在以下两个方面：

（1）筹资方式选择风险。不同的筹资方式给企业带来的风险是不同的。通过发行股权筹资，现金来源稳定，可以长期使用，没有固定到期还债的压力，但是也会遇到改变股权结构、股价下降等风险；企业进行跨国并购时通过银行贷款来融资，虽不会改变企业的股权结构，但也会遇到到期还本付息压力、银行的约束协议和市场利率下降等风险。

（2）筹资结构选择风险。筹资结构包括企业债券资本和股权资本结构、短期资本和长期资本结构。合理确定融资结构，一定要确定融资成本最小化原则、债权股权相结合原则和短期债务长期债务相结合原则。

2. 目标企业定价风险

目标企业的价值是最终成交价格的理性基础，因此，目标企业的定价是跨国并购的核心，价值评估的质量直接影响到并购的成败。并购谈判中，双方最关心、最敏感的问题就是价格问题。若定价过高，企业需付出更高的并购成本，对企业资源造成极大的浪费；若定价过低，则会导致目标企业不能接受，提高并购谈判成本，甚至导致企业与目标企业失之交臂。目标企业定价是一项复杂的经济行为，也是一种合作博弈，并购双方均对交易价值有不同的判断。目前，国内采取的企业价值评估方法与国际标准还有一定差别。例如，我国企业普遍采用净资产法，而国际上常用净现金流量法。如果目标企业是上市公司，企业可以直接从主并企业对外公布的经营状况和财务报表中获得信息；如果是非上市公司，主并企业只有通过与目标企业的合作来获取相应的信息。同时，双方的谈判技巧也会对目标企业的定价产生影响。这些都构成了跨国并购中目标企业的定价风险。企业完全按理论分析得出的企业价值往往是有偏差的。在实践中，企业往往需要聘请经验丰富的专业人员来进行判断和决策。

3. 支付方式风险

企业并购最终需要大量的现金来实现。并购者在选择具体的支付方式时，可以选择现金支付、配股筹资、股权置换、卖方融资等支付方式来完成并购。

（1）现金支付。企业通过现金支付，虽然风险比举债要小，但现金支付是一项现实的现金负担，会给企业现金流，特别是流动现金带来很大的影响。对目标企业来说，也无法实现税收优惠，或者带来更大的升值空间。

（2）配股筹资。这种方式虽然有时能获得超额的现金，但配股程序非常严格，需要多个部门严格审批才能获准配售新股。一旦股价下跌，必然使得整个过程被拖延，甚至无法完成配售目标。这种政策和市场的影响，可能最终导致并购的失败。

（3）股权置换。并购双方在置换股权时，首先对双方的股价进行评估，股票的定价存在低估或高估的风险。

（4）卖方融资（杠杆收购）。企业采用杠杆收购是一种风险很大的运作。杠杆收购必须以实现高回报率为保障，否则，企业极易因资本结构恶化、负债比例过高而使得并购以失败告终。

4. 反并购风险

有时，特别是主并企业为恶意并购时，目标企业对收购行为会持不欢迎和不合作的态度，还有可能不惜一切代价组织反并购。例如，在通货膨胀时期，很多公司会定期对其资产进行重新评估，评估后的资产价值都会比原有的资产价值要高，并把结果编入资产负债表，这就增加了收购者的收购成本。目标企业还有可能进行股份回顾，或以反垄断的理由对主并企业提起诉讼。这些都给主并企业的并购造成了极大的障碍。

5. 并购整合风险

进入并购整合阶段后，企业的主要任务是整合两个企业的文化、组织、管理、业务、人员和客户等，以求获得协同效应。并购整合风险主要包括文化整合风险和管理整合风险。

（1）文化整合风险。文化整合是跨国并购过程中的难点之一。中国企业海外并购的目标企业，主要是欧美成熟企业，这些企业对自身的文化有很高的认同感，并购双方常常存在严重的文化冲突。若并购后企业文化不能及时融合，就会造成双方激烈的文化冲突。

（2）管理整合风险。不同的企业有着不同的组织结构、经营模式和激励机制。随着并购后企业规模的扩大，相应的信息传递渠道、沟通方式和管理方法都会变得更加复杂。如何整合两个企业之间在组织、制度等方面的差异，从而形成一个高效的新组织，就是企业并购后必然会面临的管理整合风险。

三、跨国并购风险的控制

面对跨国并购的各种风险，我国企业必须保持清醒的头脑，采取有效的风险防范策略。

（一）政治和社会风险控制

对于跨国并购中出现的各种政治和社会干扰因素，企业应坦然处之、积极应对。跨国并购中将不可避免地会遇到这一问题，企业应深入了解目标企业国家的宏观经济形势，熟悉目标企业国家的各项政策措施，研究其未来的走势，尽量避免参与政治阻力巨大的并购项目，防止企业发生重要的方向性错误。通常，中国企业要与对方加强沟通，让他国政府、社会公众充分了解中国的市场经济体制建设情况、中国的对外政策以及企业自身的状况，将误解降到最低程度。这样，外交公关就成为跨国并购发展不可或缺的组成部分。

（二）法律风险控制

法律审慎性对海外并购十分必要。充分了解并购的双方所在国关于跨国并购的法律规定，是我国企业作出跨国并购战略决策的先决条件。进行跨国并购，首先要注意管理目标公司所在国的法律风险。企业应聘请目标企业当地的律师，帮助把握收购的法规和收购细节。

企业必须对目标公司所在国关于跨国并购监管方面的政策，在以下方面有详细的了解：该国是否允许外国投资者并购其国内公司，或有何鼓励性、限制性、禁止性规定；该国法律对外资并购的程序有何规定；该国政府对公司的控制程度和方式如何规定；该国法律对财产权的保护程度等。除了要深入分析目标企业所在国的并购法律，企业还应对我国相关法律的以下方面进行了解：我国对国内公司向海外投资是否有特别程序规定；我国与目标企业所在国之间是否有正常的外资关系和经贸关系；我国是否对向海外投资者提供信息咨询等支持；并购所需外汇如何取得和汇出等。为了防止跨国并购争端，企业最好聘用律师、会计师等专业咨询人员来参与并购过程，并作出协议条款安排。

（三）信息不对称风险控制

跨国并购时应注意对目标企业进行审查，以避免因信息不对称而引发并购风险。对目标企业的审查包括四个方面：

（1）财务调查。它包括公司资本状况调查、公司资产状况调查、公司负债状况调查、公司历年盈利状况调查、公司历年利润分配状况调查、公司历年纳税状况调查等。

（2）法律审查。它包括发起人的主体资格审查、公司资产权属审查、公司对外担保与抵押等有关合同审查等。

（3）对公司管理状况的了解。它包括了解公司治理结构、了解公司决策机制、了解公司高管人员与骨干员工的观念及工作状况等。

（4）业务调查。它包括公司所处行业背景调研、公司核心业务的盈利水平及竞争能力分析、公司近期业务战略调研、公司未来融资需求调研等。

在具体审查时，最好聘请专家、律师、注册会计师等机构成员协助对目标企业进行审查，出具独立的审查报告。必要时可聘请目标企业所在地的有关律师和专家参与，通过他们应可获得目标企业更详尽的信息。

（四）战略决策风险控制

对于管理战略决策风险，必须进行客观、科学的自我评价。这不仅包括当前基础上的自我评价，还包括兼并基础上的自我评价。当前基础上的自我评价包括以下四个方面：对自身的价值进行量化评价；对企业目前经营中存在的问题进行分析和预测；研究市场环境对企业的影响，并分析企业的成长机会；对企业资产情况进行分析评价，包括现有资产的利用、经营情况、资本结构的合理性等。兼并基础上的自我评价至少包括以下三个方面：分析并购可能对企业价值造成的影响；分析并购对企业流动性的影响；评价并购对企业资本结构的影响等。在跨国并购中，还需要考虑选择何时、对什么企业进行并购。企业可以采用产品生命周期模型、增长—市场占有率矩阵模型、价值链分析模型、核心竞争力分析法及基于指导性政策矩阵模型等方法对目标企业进行选择，本书仅对产品生命周期模型和基于指导性政策矩阵模型两种方法进行简要介绍。

1. 产品生命周期模型方法

该方法以企业产品在市场中的流通过程为基点，将产品生命周期分为初创期、成长期、成熟期以及衰退期四个时期，并根据产品所处的不同时期来分析企业所面临的不同机会与风险。企业处于不同的产品生命周期，其销售量、利润和现金状况一般均有规律可循。该方法可以帮助企业在并购之前认清自身产品和目标企业产品所处的生命周期，明确企业应在何时并购、寻找什么企业并购。这种方法比较明了、操作相对简单，但它主要适用于同行业企业之间的横向并购，而且只能对并购可行与否作一个粗略的判断，无法让决策者明确知道企业并购的优、劣势所在。

2. 基于指导性政策矩阵模型方法

它是由壳牌化学公司在“增长-市场占有率矩阵”（波士顿矩阵）的基础上创立的一种分析技术。该方法主要从产业发展前景与安全性等方面对目标企业进行分析。影响企业业务发展前景的因素主要有市场大小、市场增长率、利润程度、竞争程度以及受商业周期影响的程度等，这些都属于外部环境因素；而影响公司安全性（竞争力）的因素主要有市场占有率、产品质量、售价、资产质量、对顾客和市场的熟悉程度、加工制造的竞争力以及研发能力等，这些都属于企业可以加以控制的内部因素。该方法就是把外部环境因素和企业内部实力归结在一个矩阵内，并对此进行经营战略的评价分析。矩阵横向表示安全性，纵向表示产业前景，将矩阵九等分，形成（安全性，产业前景）的九个组合：（弱，差）、（弱，中）、（弱，优）、（中，差）、（中，中）、（中，优）、（强，差）、（强，中）、（强，优）。其中，只有（中，中）、（中，优）、（强，中）、（强，优）是相对现实的选择。这里将环境风险因素引入该矩阵模型，并将其直接应用于并购战略中。这里需要考虑目标公司的三个因素，按其重要性程度依次为：①安全性。它用于度量风险，包括来自目标公司和其所处环境两个方面的风险。②产业发展前景。它用于度量目标公司所在产业的发展前景以及产生协同效应的可能性。③公司发展前景。它用于度量目标公司相对于其竞争对手而言的发展前景。企业根据影响目标企业发展前景（外部环境因素）和安全性（企业内部实力）的详细因素，给予相应的权数和分数，最高10分（三等分，每等分3.3分），最低0分，按照得分多少在二维矩阵上描出相应的点。如图5-2所示，矩阵共分为6个区域。如果安全性小于3.3（安全性弱），表示目标企业的不可控制因素太多、风险太高，缺少安全性而不能接受；如果产业发展前景小于3.3（产业前景差），表示企业产业前景堪忧，也不能作为目标企业接受；如果处于第三个区域，表明并购能有效利用资产的生产能力和其他经营活动资产，能为公司在组织内部突破目前的生产能力提供一个合适的途径；如果处于第四个区域，表明可以通过这种并购所获得的增长来保证公司的生存；如果处于第五个区域，表明对这种企业的并购风险很高，但是所得到的回报相应也可能很高；而跨国并购如能进行第六区域是最理想的，因为既有很高的安全性，又有非常好的产业前景。但是，这种机会是很难得的。总之，企业在进行跨国并购时，可借助该方法对拟并购的企业进行科学的分析和评估，寻找合适的并购目标。而当企业实行多元化经营进入较生疏领域时，需特别分析自己是否具有技术、管理、产品、市场等方面的优势来管理新企业，防止企业由于介入新领域缺乏经验、盲目实行多元化所造成的风险和负担。

（五）目标企业定价风险控制

为了能在并购中确定一个合理的价格，主并企业要对目标企业价值进行评估，一般应特别关注以下三个方面：

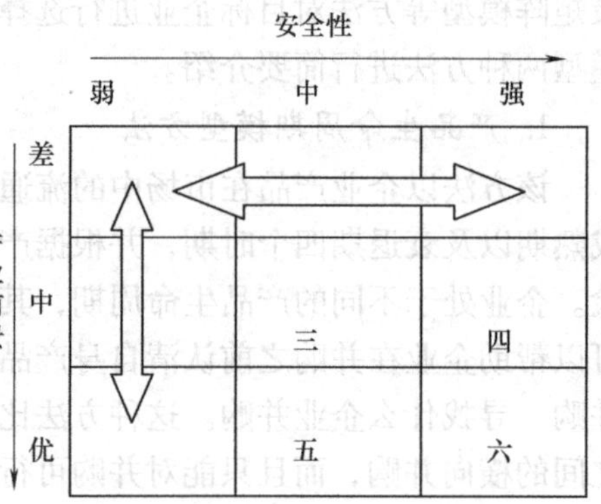

图 5-2　基于指导性政策矩阵模型在跨国并购中的应用

1. 对目标企业资产的评估

主并企业可采取如下措施：

（1）对目标企业资产进行分类。从目标企业的资产能否为自己的产品策略、技术开发、市场营销、管理方式等提供服务并发挥效用出发，目标企业资产可分为具有使用价值和不具有使用价值的两类。

（2）对目标企业有使用价值的资产进行可用性程度的鉴定。主并企业应以资产相关性、互补性和融合性为准则，将目标企业资产分为高、中、低三个不同的可用程度。

（3）对于不具有实用价值的资产，企业应在并购完成后，立即将其出售或剥离，以使损失最小化。例如，对那些已经成为呆账、死账的无法收回的债权，主并企业则不应继续承担。这一方面为评估目标企业资产价值、确定并购价格提供了直接证据；另一方面也为目标企业进行改造的难度以及并购后所需的资源投入数量进行了评估。

2. 对目标企业商标等无形资产的评估

主并企业可采取以下措施：

（1）为防止对目标企业的商标等无形资产夸大评估而出现的风险，主并企业可对目标企业的商标声誉进行详细的市场调查。具有良好声誉者可作为无形资产评估，声誉欠佳者则不应列入需要进行评估的无形资产范围。

（2）对目标企业使用的专利进行事前审查。对未到期者，可按其并购后的可使用年限作价评估。

（3）对目标企业的专有技术进行技术水平和技术层次鉴定，并依据鉴定结果进行评价。同时，应特别注意对专有程度的鉴定。对于已经发生扩散的专有技术，则不应将其作为无形资产进行可用性分析，并依据评估结果，确定相应的价格。

3. 对目标企业的债务（或有负债）的评估

为防止目标企业未列入债务清单的债务可能给主并企业造成损失，主并企业应特别关注目标企业包括或有负债在内的债务。企业可以对目标企业的业务往来账务进行周密的审查，与目标企业提供的债务清单进行对比；通过一定的媒体向目标企业的主要业务往来企业发函询问，同时向目标企业的律师和咨询专家发函询问。另外，采用不同的价值评估方法对同一目标企业进行评估，可能会得到不同的并购价格。主并企业可综合运用定价模型，如用清算法得到的目标企业价值作为并购价格的下限，用现金流量法确定的企业价值作为并购价格的上限，然后再根据双方的讨价还价在该区间内确定协商价格作为并购价格。

（六）筹资风险和支付风险的管理

企业应根据并购目的及企业的现金能力来确定支付方式，从而进一步确定并购所需现金的筹措方式。并购的支付方式有现金支付、股票支付和混合支付三种。

(1) 现金支付的现金筹集压力最大。通常，现金支付可以采取分期付款方式以缓解现金紧缩的局面。但为避免并购后的巨额还贷压力，企业最好对并购支付方式进行结构设计，如将支付方式安排成现金、债务与股权方式的各种组合等。

(2) 仔细分析公司自身所处的环境，分析各种融资方式的利弊。在股价高涨且对公司的控制权比较稳定的时候，采用股票融资方式，反之则采用债务融资方式。

(3) 如果企业并购是为了短期拥有目标企业，在适当改造后便会出售，则可以适当选择筹资成本相对较低的短期借款来满足并购需要。

(4) 如果企业并购是为了长期拥有目标企业，则应该合理安排负债偿还期限的长短，使投资回收期和还款期相匹配。

（七）整合风险的管理

企业跨国并购的最终目的是要获得并购后的协同效应，因此，企业要特别重视对并购整合风险的管理。

(1) 营造浓厚的文化环境。主并企业应在全面、翔实地分析本企业与目标企业的文化特点和差异的基础上，选择扬弃创新型、吸收整合型、包容发展型等方式，在新企业中加强企业变革宣传力度，强化员工的归属感和认同感，并在此基础上开展多种途径的传播企业价值观的活动。

(2) 保护经营渠道的畅通。并购后，很容易出现与目标企业原有客户关系恶化的情况。因此，企业并购后，如果能拿到目标企业原有客户的名单，应当立即发函给主要客户，阐明并购后将实施的经营政策，并且努力向客户证明，企业的产品和服务将比原来更好。对主要客户还可以考虑提供更优惠的条件，使客户对新企业充满信心。

(3) 对管理模式科学组合。成功并购的关键是，主并企业的现金管理模式与目标企业的内部管理制度能有机融合。目标企业被并购后，主并企业必须按照全球战略，对原目标企业的组织结构进行合理的调整，使之在组织结构、组织机制上与主并企业相适应，裁减多余的或重复的组织结构，增加需要强化的业务结构，对原目标企业的分支机构或分公司也要进行相应的合理化调整。

(4) 对并购后的人事合理安排。在进行跨国并购后，企业应积极制定出各项稳定人心的政策，出台一些实质性的激励措施，如员工认股等，充分考虑员工的利益，使员工减轻心理压力，尽快适应新的环境；应严格管理考核，淘汰不称职的人员，进行一些必要的人事调整；同时，企业还应适当选派专业管理才能、精明强干、精通目标所在国语言或英语，并忠诚于并购方的得力人才到目标企业担任主管，防止目标企业被内部人员控制。

总之，在跨国并购过程中，加强对风险的管理能够有效削弱风险，但风险是不能完全消除的。因此，进行跨国并购的企业必须认真分析多变的风险因素，根据具体的情况调整风险管理策略。

四、案例分析：联想跨国并购IBM个人计算机业务的风险管理[⊖]

（一）案例资料

2004年12月8日，我国最大的计算机集团联想与世界最大的信息工业跨国公司IBM正式达成协议，联想宣布以17.5亿美元的价格正式收购IBM全球的个人计算机业务。这是中国IT产业迄今为止最大的一笔跨国收购。2005年9月，美国外国投资委员会作出裁决，批准联想集团并购IBM全球的个人计算机业务。17.5亿美元中，6.5亿美元将以现金支付，6亿美元以联想的股票支付，每股计价2.675港元，包括8.2亿股联想普通股，9.2亿股优先股，共计17.4亿股联想股票，占联想股份的18.9%。IBM自此成为联想的第二大股东。

联想与IBM的跨国并购经历了一个长达13个月的马拉松式的收购过程。当三年前IBM主动上门提出由联想收购其个人计算机业务时，新联想董事会主席杨元庆以及元老柳传志都把这视为天方夜谭，因为当时觉得时机并不合适。但是在此后，联想开始了对IBM长时间的了解和分析，对联想与IBM并购的合理性和可行性进行了全方位的论证。最终，联想与IBM又重新启动谈判，双方正式坐在谈判桌上展开对话，具体商讨并购事宜。

在这次并购过程中，联想派出了强大的谈判阵容，首席财务官马雪征与高级副总裁乔松为谈判对外的领队，而收购所涉及的联想内部的部门，包括行政、研发、供应链、人力资源、IT、财务等部门都派出了专门小组全程跟踪谈判过程，这些小组每组大约有3~4名员工，谈判团队总共接近100人。除了颇具规模的内部团队外，联想还组建了一支庞大的国际化顾问团协助谈判，如高盛、麦肯锡、普华永道、奥美等公司分别承担了联想的战略、投资、会计及公关等具体工作。

在并购谈判过程中，双方将一半的时间都用在协商并购交易价格方面。在谈判过程中，常年亏损的IBM计算机业务又突然开始盈利，IBM提出的个人计算机也随之受到哄抬，一度阻碍了谈判进程。经过长期的沟通和讨价还价，期初IBM开出的收购价格曾高达20亿美元，最后形成了目前17.5亿美元。此外，在谈判过程中，IBM在个人计算机和笔记本产品上的专利、品牌等问题也一度成为双方谈判的重点。对于这些专利和品牌，在收购完成后联想可以“如何用，用到什么程度”等细节问题，双方进行了激烈的讨论。

从联想并购IBM的基本财务数据来看，其具体的交易总额是17.5亿美元，其中现金6.5亿美元，联想普通股票6亿美元，债务转让5亿美元。以双方2003年的销售业绩计算，联想此次并购后，其个人计算机的出货量将达到1190万台，年销售收入将增加4倍达到120亿美元。此次，联想和IBM的并购资产涉及160个国家和地区，IBM计算机事业部近万名员工也随之划归联想集团，身为本土企业的联想集团的总部将设在纽约，主要运营中心则设在北京和美国的罗利。

但是，联想此次引起轰动效应的收购并没有获得完全乐观的预期，外界的反应十分谨慎，联想的此次收购甚至被称为“豪赌”。从短期来看，此次并购的确恶化了联想的财务状

⊖ 资料来源：易碧蓉．跨国并购与风险：联想公司案例研究［J］．全国商情，2009（09）．

况。2003年，IBM的个人计算机业务亏损2.58亿美元，联想2003年纯利润为10.5亿港元，折合美元约1.35亿美元，联想将有1.23亿美元/年的账面亏损。从长期来看，新联想若想通过此次并购提高其盈利能力，就必须充分整合双方的优势资源，通过合并产生比较大的协同效应。新联想首先要解决IBM个人计算机业务亏损的局面，其次才可能获得比收购前更高的盈利能力，这些都还有赖于合并后的整合。对于联想集团并购后的运作问题，杨元庆提出了三步走战略：第一步，联想将在采购、制造方面与IBM合作；第二步，进行市场和销售的整合；第三步，进到对方没有涉足的领域去。

（二）案例分析

反观联想集团此次“蛇吞象”国际并购，有四个相关问题值得探索：

1. 关于并购成本问题

对目标企业的估值，系与并购有关的定价问题，向来是并购双方争议的焦点。本次收购的实际交易价格为17.5亿美元，从账面价值来看，截至2004年6月30日，IBM个人计算机业务未经审计的账面净资产为-6.8亿美元。账面价值包括实物资产的账面价值、外部取得并能够可靠计量的无形资产价值等。由于账面价值是以历史成本计价的，所以一般都低于公允价值。对于IBM的个人计算机业务而言，由于该部门存在大量自行开发的未入账技术价值、全球范围内完善的销售渠道和10000名员工的人力资源的价值，再加上联想在收购中能够获得的IBM品牌价值，该业务的账面价值远低于其实际价值。不仅如此，并购中还存在其他竞争者。此次收购是IBM主动寻找买家的结果。2000年，IBM第一次与联想就出售个人计算机业务一事进行协商，当时的目标价格是30～40亿美元。4年间，IBM也曾与东芝和富士康等其他个人计算机制造商进行过洽谈。另外，还应考虑到并购的协同效应。包括经营性协同效应和财务协同效应。此次并购属于横向并购，新联想将获得较强的规模效应。无论是东芝还是富士康，愿意支付的价格都不会超过15亿美元。与它们相比，IBM的品牌价值、技术力量、中国以外的市场、渠道与客户等资源对联想而言价值更高。因此，17.5亿美元的收购价格还是合理的。

2. 关于并购支付方式、现金支付工具及融资结构等各种财务风险

此次并购选择了现金支付、股权支付和承担债务的混合支付方法。联想采取部分现金收购可以在一定程度上减轻股份的稀释程度，保持联想在新公司中的控股地位。其缺点是收购时，联想只有4亿美元的现金，还需要通过外部融资获得现金。这将加大联想的财务杠杆，使联想的财务状况恶化。对联想而言，股票支付的弊端在于联想被稀释；优点是在减轻财务压力的同时，IBM成为联想的第二大股东，有助于联想获得技术支持和提升品牌形象。

3. 并购中与战略和品牌相关的风险问题

联想集团在中国个人计算机市场上占有最高市场份额，但在全球市场上仅占2%的份额。联想的业务收入长期以来主要集中在中国，而联想及“LENOVO”品牌在海外市场上的品牌效应并不明显。这次收购因IBM在世界上的地位而被全球媒体大量报道，“LENOVO”在这个过程中从一个默默无闻的品牌成为一个被广泛宣传的品牌。对于联想而言，此次并购的象征意义甚至超越了实际的利润所得，从此，新联想集团具有了对垒戴尔、惠普等国际知名品牌的地位。

4. 双方各种资源整合和营运的风险问题

联想的核心业务是个人计算机业务，联想的核心竞争力在于个人计算机业务在生产、国内销售渠道和技术支持上。此次收购加强了联想在核心业务上的竞争优势：一方面，联想获得了IBM的个人计算机业务在全球的销售渠道、国际品牌和技术；另一方面，由于在并购前IBM的个人计算机有一部分由中国长城计算机公司代工，故能减少并购后生产上的整合时间，有利于发挥双方的生产协同效应；并购后新联想成为全球第三大个人计算机生产商，有利于联想在原料供应市场上的议价能力，降低原材料成本。联想缺少把产品打入国际市场的销售渠道，而IBM在国际上有较为完善的销售渠道。完成跨国并购的新联想集团将把IBM的个人计算机和笔记本业务，以及联想的品牌知名度整合在中国这个全球增长最快的电子信息市场上，进而形成遍及160个国家和地区的庞大分销、销售网络和广泛的全球知名度。由于联想长期以来战略主要放在国内市场上，导致其缺乏开拓国际市场的经验和高效的团队。联想收购IBM的个人计算机业务后，通过利用IBM现有资源，连同IBM的个人计算机部门的员工一起，这些员工在国际市场上的丰富经验对想把"LENOVO"打入国际市场的联想来说是弥足珍贵的。人力资源的整合是并购成功的重要因素之一。联想在并购中对IBM个人计算机部门人力资源的重视，也是这项并购的成功因素之一。

本章小结

企业并购是经济活动中常见的一种现象。由于并购业务的复杂性以及并购对企业有着深远的影响，探讨企业并购风险管理显得极为必要。企业并购既可被视为一种特殊的投资决策，也可被视为一种筹资决策，其行为中还包括战略决策、定价决策、支付决策和整合决策等。

本章介绍了有关并购风险的基础知识，并分别对并购不同阶段的风险进行了较为详细的阐述。并购前风险主要包括并购战略选择风险、并购时机选择风险和目标企业选择风险；并购中风险主要包括定价风险、谈判风险、融资风险、支付风险和反并购风险；并购后风险主要包括管理整合风险、企业文化整合风险、人力资源整合风险、经营协同风险和财务整合风险。并且针对具体的风险提出了相应的防范策略。总之，并购有风险，管理需先行。

针对跨国并购风险管理，本章介绍了跨国并购的动机、中国企业跨国并购的现状和特征，并分别阐述了跨国并购风险中的系统风险和非系统风险以及跨国并购风险的管理措施。

习　题

1. 中元华电（300018. SZ）是一家输配电及控制设备制造企业，在其2011年年报中披露了并购风险：公司将继续积极实施并购的发展战略，做大、做强主业，延伸产业链，拓展新领域。但如果公司选择的并购标的不当，或者并购完成后未能做好业务整合、市场整合工作，将导致并购目的不能实现或不能完全实现。请提出中元华电并购风险的应对措施。

2. 青松股份（300132. SZ）是一家化学原料及化学制品制造企业，在其2011年年报中披露了企业并购整合的风险：报告期内，公司收购了张家港亚细亚化工有限公司100%的股权，未来还将继续通过兼并收购的方式来完善松节油深加工的产业链，以实现公司的发展战略。但如果所并购的企业无法融合公司现有的企业文化、意识形态和管理模式，会引起组织上的抵制和排斥，往往会使被并购企业的员工丧失认同感，使公司很难实现自身的战略目标，因而存在一定的并购风险。企业同时披露了应对措施：一方面，公司加强对被并购企业的一些重要职能和业务的集中控制，推行公司现行、统一的内控制度，并加强对并购企业的内部审计和监督，做好运营、财务的风险防范；另一方面，公司通过加强宣传与贯彻、沟通与培训，出台激励措施，使公司的文化、意识形态和管理模式能逐步、有效地渗入、推行，真正做到“1 +1 >2”。请对青松股份采取的并购整合风险应对措施进行评价和补充。

第六章

跨国经营风险管理

跨国公司在经济全球化进程中扮演的角色越来越重要，从企业的原创地到投资东道国，从区域市场走向全球市场，跨国公司成为推动经济全球化的核心力量。跨国公司同时在多国开展业务，在经营过程中面临着各种各样的风险。因此，对跨国公司汇率风险的控制方法和体系进行深入研究，对于指导我国正在壮大中的跨国企业健全财务制度，在经济全球化的背景下控制汇率风险，有着十分重要的实践意义。同时，对于我国今后吸引外资的相关工作，对于我国有关政府部门加强对在华投资的外国企业，尤其是跨国企业监管的有效性，也有着十分重要的理论与实践意义。

第一节　跨国经营日常财务风险管理

在经济全球化迅速推进的今天，积极“走出去”是中国企业的一项战略选择。但世界各国的经济状况、政治气候、法律环境、文化背景各有不同，在跨国经营过程中，公司会遇到汇率风险、政治风险、利率风险等多重风险，各种不稳定因素最终都会体现于企业的财务结果。因此，在跨国经营中，跨国公司必须对政治、经济风险等因素给予充分重视，并采取积极的风险管理措施，避免使企业蒙受巨大损失。

一、跨国经营日常财务风险的识别

由于跨国公司所处环境较国内公司更加复杂多变，从事的业务也受到更多不确定因素的影响，因而跨国公司所面临的风险较国内单一企业更大。根据是否与企业财务直接相关，跨国风险可以从整体上分为非直接财务风险（政治风险）和直接财务风险两大类。由于全球战略大多数涉及公司前途的问题，所以其见效时间长、信息反馈慢。

（一）非直接财务风险（政治风险）

基于跨国公司的经营特性，其经营和财务行为受到公司所在地区和国家诸多不确定因素的影响。在跨国经营中，由于所在地政府当局政策的不稳定性及其干预经济的行为，而使跨国公司收益产生的不确定性，就是政治风险。政治风险经常是突发性的，一旦发生，就会给企业带来极大的损失。在不同的国家和不同的时代，政治风险具有不同的特点、不同的种类。

1. 没收及征用风险

它是指东道国政府对外资企业实行诸如强制收购或出售、征用或没收的风险。由于任何国家都不可能容忍外国公司无限制地渗透到本国经济之中，因此，征用不仅存在于发展中国家，在发达国家也有一定程度的发生。目前，全球政治格局呈多极化趋势，政治上的不稳定因素大大增加了跨国公司面临的政治风险。而相对其他类型的风险，政治风险往往又是突发的，无一定规律可循，跨国公司政治风险管理的难度可想而知。

2. 汇兑限制风险

它也称转移风险，是指东道国国际收支困难而实行外汇管制，禁止或限制外商、外国投资者将本金、利润和其他合法收入转移到东道国海外的风险。自20世纪80年代以来，在世界性金融自由化浪潮的冲击下，大多数国家逐步开放了外汇管制，转移风险相应大幅度降低。大部分政治、经济秩序比较稳定的国家一旦放松外汇管制，通常就会尽力避免恢复，以免损害国内外投资者的信心，除非遇到了无法克服的货币危机，才会援引国际收支例外原则，暂时恢复强化外汇管制。尽管汇兑限制风险总体上已经大幅度降低，但部分金融危机高发国的转移风险仍然较高。

3. 税政歧视风险

它也称税收风险，主要是指跨国公司所在国出于保护本国民族工业或政治经济的考虑，在税收方面针对外国公司制定的一些带有歧视性的规定，主要表现在关税、非关税壁垒和税收政策上。高关税是所在国惯用的削弱外国产品竞争力的手段之一。税收政策上对外国公司的歧视，也是跨国公司经常面对的政治风险之一。例如，东道国有时会出于限制外资的目的，而提高外国公司所得税税率。

4. 延迟支付风险

它通常是指主权债务违约风险，即由于东道国政府停止支付或延期支付，致使外商无法按时、足额收回到期债权本息和投资利润的风险。延迟支付风险不可低估，据标准普尔公司统计，在1824—2002年间，共有93个主权实体曾经违反债务契约。

5. 政治暴力风险

它是指东道国发生革命、战争和内乱，致使外商及其财产蒙受重大损失，直至无法继续经营。例如，目前中国出口信用保险公司承保的战争险就是针对投资所在国发生的战争、内战、恐怖行为以及其他类似战争的行为。战争险下的保障包括战争造成的项目企业有形财产损失，以及因战争行为导致项目企业不能正常经营所造成的损失。

（二）直接财务风险

直接财务风险是指客观经济环境发生变化给企业跨国经营活动收益直接带来的不确定性。除了面临企业在国内从事生产经营可能会遇到的风险外，跨国经营的直接财务风险主要包括汇率风险和利率风险。

1. 汇率风险

跨国公司在跨国经营和财务活动中，不可避免地要在全球范围内收付大量外汇或拥有以外币表示的债权债务，这种外汇业务必须要进行货币折算或兑换。不同货币间的比价就是汇率。跨国公司在持有或运用外汇时，因汇率变动而导致收益的不确定性，就是汇率风险。由于汇率变动是跨国公司经营中的不确定性因素，会改变跨国公司未来的现金流量，影响跨国公司的成长和发展，因此它是跨国公司财务风险管理的重心所在。跨国公司财务相关人员的一个重要工作就是准确识别、分析各种汇率风险，并采取相应策略予以管理或化解。汇率风险多种多样，目前普遍的做法是将汇率风险分为折算风险、交易风险和经济风险。

(1) 折算风险。它是指对企业的会计报表进行处理的过程中，将功能货币转换成记账货币时，因汇率变动而呈现的账面损失的可能性。折算风险主要是从会计角度出发，考虑汇率变动对企业资产负债表的影响，具体包括报表日持有的外币计价的资产、负债的价值变动。由此导致的与汇率有关的损失或收益，会影响企业的报告收入及纳税收入。但是，折算风险所造成的损失或收益通常只会改变公司合并财务报表或外币折算财务报表上所反映的经营成果和财务状况，并不会真正实现，即不会影响企业未来的现金流量。对于折算风险，如果折算损益不影响公司纳税，金融市场是有效率的，并且公司的管理目标是使股东财务最大化，那么，公司不应该花费财力、物力去抵补折算风险可能造成的账面损失。

(2) 交易风险。它是指已经发生、尚未结清的交易，由于签约日与履约日之间汇率变动的不确定性而引起收付款项价值变化的风险。可能造成交易风险的经营活动主要有：以外币计价的商品或劳务的赊销与赊购业务、外币现金的借贷活动、尚未交接的远期外汇合约、外币期货买卖、其他。交易风险既包括对本期现金流的影响，也包括对未来可以预见现金流的影响。其对本期现金流的影响会导致已实现损益的变化，伴随一定的税收效应；对未来现金流的影响，有时也会根据应计制的原则，按估计的本期应分摊损益入账而产生税收效应。

(3) 经济风险。它是指汇率波动对企业现在和未来的现金流产生有利或不利的影响。它是由无法预料的汇率变动引起的，那些事先已经预料到的汇率变动不构成企业的经济风险。经济风险是企业面临的最主要的外汇风险，它更能反映企业因汇率变动而遭受的经济影响。经济风险的大小取决于企业投入—产出市场的竞争结构以及这些市场如何受汇率变动的影响，而这种影响又决定于一系列的经济因素，如产品的价格弹性、来自国外的竞争、汇率变动对市场的直接影响及间接影响。

以上三种汇率风险中，折算风险是基于账面价值，反映汇率波动带来的损失和会计处理中出现的账面损失，主要影响企业资产负债表和利润表，与现金流动无关，只造成账面的损益；而交易风险和经济风险则是从财务学和经济学的角度出发，反映汇率给企业现有现金带来的实际损失，以及估计对企业未来的现金流可能带来的预期损失，进而对企业价值产生的影响。

2. 利率风险

利率变动直接或间接带来收益的不确定性就是利率风险。对现金及其流转实施有效管理是跨国公司理财的灵魂所在，而这其中，作为现金成本，利率是跨国公司经营必须考虑的重要因素。跨国公司无论是在筹资还是在投资过程中，都会面临利率风险的挑战。有效管理利率风险不仅可以降低现金成本，还可以节约有限的现金，从中获利。一般而言，现金的利率由五部分构成，其一般计算公式为

利率 = 纯利率 + 通货膨胀贴水 + 违约风险报酬 + 流动性风险报酬 + 期限风险报酬

式中，纯利率是在没有风险和没有通货膨胀的条件下社会平均的现金利润率；通货膨胀贴水是指现金的供应者在通货膨胀时，必然提高利率来弥补通货膨胀带来的现金实际购买力的损失；违约风险是指借款人无法支付利息或偿还本金而给投资者带来的风险；若一项现金能够较快地转化为现金，其流动性强，则其流动性风险也就小，风险随时间的变化而变化，负债的期限越长，债权人遭受的不确定性因素就越多，承担的风险就越大，就越需要更高的利率风险来弥补，即期限风险报酬。

二、跨国经营日常财务风险的控制

（一）政治风险

政治风险管理的难点主要是对政治风险的来源认识和预测分析，以及在此基础上采取的政治风险管理策略。

1. 政治风险的评估

具体的评估方法很多，可以概括为两类，即定性评估法和定量评估法。

（1）定性评估法，即运用风险预测者的知识和经验，理智地对政治风险作出主观判断。跨国公司可以设立专门的风险分析机构，也可以由相关咨询公司提供专业服务。例如，美国兰德公司便创立了德尔菲法。对政治风险定性评估方法的准确性受到相关资料的可靠性、聘请的专家的水平及主观态度等多方面的影响。但在缺乏系统完整材料的条件下，该方法仍被企业广泛采纳并收到了较好的效果。

（2）定量评估法，即充分利用现有市场信息，运用统计和模型进行计算，对政治风险进行定量预测。为了使国家政治风险评估有可操作性，国际上许多机构都有自己评估国家风险的一套指标体系。

1）日本公司债研究所的国家风险等级包括 14 个项目，分别是内乱、暴动及革命的危险性，政权的稳定性，政策的持续性，产业结构的成熟性，经济活动的干扰，财政政策的有效性，金融政策的有效性，经济发展的潜力，战争的危险性，国际信誉地位，国际收支结构，对外的支付能力，对外资的政策，汇率政策。每个项目评分值从 0 ~10 分，并据此来确定风险等级。

2）美国纽约国际报告集团（ICRG）编制的国家风险国际指南，是由设在美国纽约的国际报告集团编制，每月发表一次。ICRG 的综合指数（CPFER）分为政治、金融和经济三部分。

ICRC 综合指数（CPFER）=0.5×政治因素指标+0.25×金融因素指标+0.25×经济因素指标

3）德国经济研究所制定的国家风险预警系统，包括一系列经济指标，用于考虑一国的国家风险状态，以便在该国国家风险出现之前预先报警，提请有关方面注意。预警系统包括以下指标：偿债比率、本金偿还比率、负债比率、偿债额对国民生产总值的比率、负债额对出口额的比率、负债对外汇储备的比率、流动比率等。

定量评估法的预测结果更为客观，但它是用历史趋势来代替未来，不能包括未来发生的异常变化。因此，政治风险预测是否有用，不仅要依靠数据、指标，还有赖于直观能力和判断力。跨国公司应结合应用定量、定性两类预测方法。

2. 政治风险的控制

根据评估结果，跨国公司应正确评价所在国的政治风险，采取积极和消极两种管理策略。

（1）积极管理策略。积极管理策略一般运用在政治风险事件发生之前，防患于未然。跨国公司如果具有很强的风险意识，积极研究外界因素的变化，及时主动地采取一系列可行的风险管理措施，便可在很大程度上降低风险造成的损失。积极管理整治风险的方法主要有四种：①针对可能发生的政治风险，作出缜密的安排，尽可能使本公司的发展方向与所在国的发展方向保持一致，减少冲突和矛盾。②投保政治风险也是跨国公司管理政治风险的积极举措之一。很多发达国家对本国跨国公司在外国的资产承办政治风险保险，最具代表性的是美国外国私人投资公司。③跨国公司可利用地域上的分散经营来管理政治风险。④加强同所在国各界的经济利益联系，降低产生矛盾和风险的可能性。例如，适度提高当地职员在公司持有股份的比例，使政府在采取有关行动时有所顾忌。跨国公司应保持高度风险意识，尽量采用积极策略管理能够预测出来的政治风险，可根据面临政治风险的时点和具体情况，从中合理选择。

（2）消极管理策略。消极管理策略是在政治事件发生之后，采取的补救措施。消极管理策略往往是通过内部转移价格进行现金、资产的转移，以规避限制和风险。例如，为了避免所在国的剥夺性措施，跨国公司常常以向该国子公司高价销售的方法，转移该国子公司的现金。在预测失误或未能预测到的政治风险真正发生时，企业应采取冷静的态度，迅速采取各种可能的方法将损失降到最低。转移价格策略作为一种重要的风险管理策略，为跨国公司所普遍采用。企业可以通过转移价格策略将其利润和现金转出东道国，减轻不确定因素的影响程度，规避相应的风险。因此，这种定价在很大程度上不受市场供求关系法则的影响。企业在跨国经营中制定转移价格的方法主要是以成本为基础的定价方式，而不是以交易为基础的定价方式。

（二）汇率风险

汇率风险有三个构成因素：本币、外币和时间。在确定的时间内，本币和外币存在的折算比率会产生折算风险。而一笔应收外汇或应付外汇账款的时间对汇率风险的大小也具有直接影响，体现为交易风险和经济风险。时间越长，汇率波动的可能性越大，汇率风险也相对较大。根据对这三个因素的控制，企业进行汇率风险管理的方法可分为以下六种：

1. 谨慎选择交易币种

在存在汇率变动时，最安全的情况就是以本币计价结算，企业既不会发生外币业务，也不会遭受风险。而企业一旦涉及用外币结算，就要谨慎对交易币种进行选择。其中一个基本的原则，就是出口争取硬币或具有上浮趋势的货币，进口争取软币或具有下浮趋势的货币。例如，在预测人民币会上升时，出口企业可选择以人民币作为计价货币，进口业务则选择美元作为计价货币。在金额较大的进出口合同中，为了缓冲汇率的急升急降，应当采用多种货币组合来计价。在选择货币组合时，可以采用硬币和软币组合的方法，使升值货币所带来的收益用以抵消贬值货币所带来的损失。但币种选择法是有成本的，由于交易双方都洞悉这一规律，出口方若坚持收取硬币，进口方就可以要求降低价格，从中得到补偿。

2. 调整外币资产负债结构

风险净头寸是指一定时期企业拥有的遭受外汇风险的净资产或净负债的余额。风险净头寸越小，企业受汇率变动的影响就越小，风险净头寸为零时最安全。因此，企业可以通过对受险资产和受险负债的调整，使二者趋于平衡，汇率变动带来的损益基本相抵，外汇风险便可以控制在较低水平。若预计人民币仍有升值空间，跨国公司应积极调整资产负债结构，增加人民币计价的资产，降低外币资产的比重；增加外币融资，减少人民币负债。此外，调整外币资产负债结构方法中，还有一种常用的方法，即对企业持有的或即将持有的外汇受险资产进行同币种的债务融资，这种方法称为债务法。很多企业都通过这种方法进行汇率风险的管理，如可口可乐公司，其受风险资产至少有一半运用债务法进行了保值。值得注意的是，如果是短期汇率的变动，债务法对折算风险的管理是有效的，而管理长期汇率的变动风险则通常不采用债务法。因为长期借款会影响企业的资本结构，从而造成进一步筹资的高成本。债务法比较简单易行，风险管理效果也直接而且有效，因此，许多企业都选用债务法。债务法的成本是债务的利息，只有在该成本低于债务法所能避免的风险损失时，该方法才是可行的。

3. 调整收付汇期限

进出口合同生效后，企业应当密切跟踪预期应收、应付货币对本币的汇率变化，一旦发现汇率出现较为剧烈的升降变化，就可以通过对外部应收、应付账款更改收付时间来规避。因为如果外币业务提前结清，受险项目不再存在，汇率风险也就随之消失。在人民币汇率趋升的情形下，跨国公司通常采取提前收汇和延期付汇或匹配外汇收支期限的方式规避汇率风险。

4. 利用合同保值条款避险

企业在产品进出口或对外借贷中，若无法自由选择优势货币，就必须在合同的价格、数量方面与交易对方进行协商，必要时可以在有关合同中加列保护性条款，将汇率风险限制在一定范围之内。企业这种加列保护性条款的方法可以转移或合理分担可能蒙受的经济损失，属于风险转移法的一种。合同保值条款法具体又可以分为两种操作形式：①加列货币保值条款。货币保值是指选择某一种或几种货币为合同货币保值。②加列均摊损益条款。均摊损益是指当合同货币的汇率发生变动而出现经济损失或经济收益时，由交易双方共同均摊。

5. 利用金融衍生工具避险

国际外汇市场上的金融工具发展迅速，根据是否采用金融（衍生）工具避险，汇率风险的管理方法可以分为自然避险法和金融衍生工具避险法两类。目前，企业已经从单纯依靠自然避险方法发展到综合使用两种方法。金融衍生工具避险法主要包括：远期结售汇、即期外汇交易、掉期保值、外汇期货、外汇期权业务等。它们当中有直接由基础金融工具中派生出来的，还有很多由基础工具和衍生工具组合而成的。

（1）远期结售汇。在规避汇率风险可选择的金融工具中，最常用的就是远期结售汇。这项业务是指客户与银行签订远期结售汇协议，约定未来结汇或售汇的外币币种、金额、期限及汇率，到期时按照该协议订明的币种、金额、汇率办理的结售汇业务。比如一个企业要在半年之后收回一笔美元，由于无法把握外汇市场的未来走向，那么就可以按照目前美元对人民币的汇率价格与银行签订协议，半年后无论美元升降，都按签订协议时的价格结算，这样就把汇率风险转嫁给了银行。2005 年后，远期结售汇业务的期限结构、合约展期次数和汇率由银行自行确定。这对于企业而言，没有了期限上的限制，在价格上又有了选择的余地。显然，远期结售汇业务是一件能够有效控制汇率风险的工具。

（2）即期外汇交易。它又称现汇交易，是指银行同业之间或银行与客户之间外汇买卖成交后，立即或在两个营业日内办理收付交割的外汇交易。即期外汇交易通常用于货币兑换与结算，或者结合远期外汇交易套期保值。企业持有现汇或近期打算买入现汇时，也可以根据汇率的预期变动加速卖出或买入，通过即期外汇交易管理外汇风险。

（3）掉期保值。它是指企业买进或卖出一种货币的即期外汇的同时，卖出或买进同种货币的远期外汇；或者买进或卖出一种货币的较近期间的远期外汇的同时，卖出或买进同种货币较远期间的远期外汇。实现同一时期，与已存在风险的货币相同币种、相同金额及相同期限，但是反方向的现金流。通过该交易，该企业可以轧平其中现金缺口，达到规避风险的目的。

(4) 外汇期货交易。它是一种标准化的远期外汇交易，交易时需缴纳一定的保证金，必须严格按照期货市场关于货币种类、交易金额、交割日期等统一的标准化规定进行；交易中需支付少量的手续费。外汇期货交易的双方通常都可以在合约交割日前的有利时机对冲平仓，保留至交割日的业务不足5%。对交易双方来讲，均可利用外汇期货交易降低甚至消除企业面临的外汇风险。

(5) 外汇期权业务。例如，出口企业若要收一笔欧元，可以向银行支付一笔期权费，并与银行约定将来有权以约定价格（如1.23欧元兑换1美元）卖出欧元。如果到期欧元价格高于约定价格，企业可以不行使期权，转而到即期市场上去卖欧元，只需要支付少量的期权费用；而如果到期市场欧元价格低于约定价格，企业可以行使权利，用比市场高的价格卖出欧元。虽然在此过程中，存在期权费用这项成本，但是给企业创造了选择的灵活性。

6. 调整生产及销售避险

除以上对汇率风险直接管理的方法外，企业还可以通过生产、销售方面的调整实现对汇率风险中经济风险的间接管理。常见的生产和销售策略的调整主要有以下四种：

(1) 分散供应商的来源地。当汇率变化时，不同来源地的原材料会产生差异，企业应不断根据相对价格的变动和产品的替代性，在国内采购与外购之间进行转换。分散供应商的来源地，增加海外供应商的数目，是分散风险的有效途径。

(2) 向货币贬值国家子公司转移产品。当企业在全球有较多的生产基地时，如果境外子公司所在国货币贬值，企业可以缩减该子公司的生产规模，尽量压缩该国子公司的生产成本，关闭亏损子公司；如果境外子公司所在国货币升值，企业可以增加该子公司的生产规模，从而减少经济风险。例如，日本尼桑汽车公司在日元相对美元升值，相对台币贬值，削弱了日本汽车产品对美国出口的竞争力时，增加在我国台湾的汽车销量，成功地降低了经济风险。

(3) 调整价格。当子公司所在国货币贬值时，由于出口国的生产成本相对降低，子公司便具有了较灵活的定价策略。子公司可以凭借竞争力的提高扩大市场占有率，这对整个企业集团的汇率风险会起到化解的作用。

(4) 创新产品以提高出口竞争能力。在预期人民币升值时，国内产品出口压力增大，在就原有产品提高价格阻力较大的情况下，企业可通过产品创新、增加附加值的方法，增强自身的竞争能力。例如，SX公司成功引进韩国三星SDI最新开发的超薄显像管生产线，产品出口时便可适当提高销售价格，以弥补汇率波动造成的损失。

总之，汇率风险的控制是相对的，这与企业的基本条件、现实环境、业务能力等各种不同因素紧密相关。不同的方法各有其优缺点，因此，企业应灵活掌握各种汇率风险管理措施。有时还需要对以上方法配合使用，在实际工作中形成各自的特点，才能达到管理汇率风险的效果。

（三）利率风险

跨国公司无论是在筹资还是投资过程中，都存在利率风险。

1. 筹资过程中利率风险管理

存在于跨国公司筹资过程中的利率风险，主要表现为利率波动所带来的不确定性。如果各国政府不断提高利率，就会使得跨国公司的筹资成本升高，筹资风险也随之不断加大。从国内企业进行国际筹资的方式来看，筹资过程中的利率风险主要有国际商业银行贷款方式下的国际利率风险和发行国际债权方式下的国际利率风险两种。

从贷款角度看，如果跨国公司以固定利率形式进行融资，在借贷期限内市场利率下跌，则跨国公司实际支付的利率将会高于按当时市场利率计量的可能支付数，从而造成机会损失；如果跨国公司以浮动利率形式融资，当市场利率在借贷期限内上升时，则跨国公司实际支付的利息将会高于根据借贷日利率计量的利息，也会造成机会损失。从发行国际债券的角度看，若跨国公司以固定利率的形式发行债券，在发行期限内市场利率下跌，则跨国公司实际支付的利息将会高于按当时市场利率计量的可能支付数，从而蒙受多付国际利息的损失；而如果跨国公司以浮动利率形式发行债券，当市场利率在发行期内上升时，则跨国公司实际支付的利息将会高于根据借贷日利率计算的利息，就定期多付了国际利息，也为企业带来了风险。

从目前的利率风险管理措施看，主要有非借助创新金融工具进行利率风险管理的自然避险法和借助创新金融工具进行利率风险管理的金融工具避险法两种方式。

自然避险法是一种较传统的风险管理方法，即在风险可能发生之前，筹资者基于对未来一段时间国际利率走势的预测，计算比较各种利率条件下的筹资成本，在固定利率和浮动利率之间作出选择，据以成交签约。预测利率较低时，采用固定利率筹资；预计利率较高时，采用浮动利率筹资。但是，这种避险对策是基于国际利率走势的判断，一旦预测失误，将会造成更大的损失。

在国际筹资活动中，更常用的国际利率风险管理方法是借助创新金融工具进行避险的金融工具避险法。其中，常用的方法如表6-1所示。

表6-1　五种金融工具的应用条件、特点和风险管理效果

保值方法	针对的风险	利率要求	风险管理效果
约定最高利率	利率上涨风险	利率固定	可防范利率上涨风险，但费用较高
最高利率担保合约	利率上涨风险	利率浮动	可防止上浮利率超过一定界限；当利率下跌时，可满足跨国公司在浮动利率下抵补利率风险的需要
利率互换	利率上涨或下跌风险	无要求	可避免利率波动带来的风险，既能降低借款成本，还可固定边际利润
远期借进和贷出	利率上涨风险	利率固定	企业在借贷现金闲置期内将其贷放出去，可降低借贷成本；但短期贷放收益率不高
利率购买期权合约	利率上涨或下跌风险	无要求	无论利率如何变化，都能较好地抵补浮动利率下的利率风险，更为灵活

（1）与银行签订协议约定最高利率，是由买方（筹资方）和卖方就固定未来某一特定日期的利率水平上限而签订的协议，买方需事先支付一定的费用。一旦市场利率超过约定利率上限，企业将得到利息补偿。该方法有助于管理利率上升风险，而无法管理利率下降风险。

（2）与银行签订最高利率担保合约，将借款利率限定在一定水平。它采用浮动利率，但规定一个最高利率。当市场利率下跌时，跨国公司可按市场利率支付利息；当市场利率上涨至高于规定利率的水平时，跨国公司按规定利率付息，银行支付利差。

（3）利率互换，又称利率掉期，是指交易双方同意于约定期间后进行利息支付的交换。

当利率看涨时，将浮动利率债务转换为固定利率；当利率下跌时，将固定利率转换为浮动利率。利息支付的互换金额以预定的期间利率金额为计算基础，交易双方的每一方支付给对方的金额为合同约定的期间利率与名义金额的乘积。互换的金额仅仅是利息支付额而非本金额。该方法可以满足在固定利率和浮动利率市场上具有不同比较优势的双方降低融资成本的需要。

（4）远期借进和贷出，是指企业借进一笔固定利率的远期款项，在闲置期内将该款项以固定利率贷出，以降低利率上涨带来的损失。该方法可降低借贷成本，但短期贷放收益率不高。

（5）利率购买期权合约，在买卖双方约定的未来某一日期或某一时期内，得到特定权利来选择是否按照事先商定的利率借款。在有效期内，如果市场利率高于约定利率，跨国公司可以按照事先约定的利率借款；如果相反，跨国公司可以放弃借款权利，但必须缴纳期权费。

2. 投资过程中利率风险管理

跨国公司投资过程中的利率风险，主要表现为利率变动直接或间接降低投资价值的可能性。投资过程中间接的汇率风险，是指跨国公司在直接投资中因现金不足而向金融机构等取得借款的利率风险。如果跨国公司在利率高时取得借款，还款时利率下降，便会引起投资收益的下降和资源的浪费。而这种间接的利率风险即筹资过程中的利率风险，可按照上述方法进行风险管理。投资过程中直接的汇率风险，是指跨国公司在进行证券投资时，利率变动对其受益直接产生的影响，主要表现在债券和股票的投资上。

（1）债券投资面临的利率风险。多数债券的票面利率都是固定的，但由于市场利率的不稳定性，各种债券的实际价值是不断变化的。企业投资于债券时，债券的价格与市场利率呈反向变化。若市场利率上升，则证券价格下降，跨国公司如果在此时出售持有的证券，必然受损。总体而言，购买的债券期限越长，面临的利率风险越长。

（2）股票投资面临的利率风险。企业投资于股票，主要收益来源于转让收益和股利收益。因为持有期间股价上涨的效果只有通过转让才能体现。当市场利率上升时，被投资企业的筹资成本增加，进而导致其盈利相对减少，其股票的实际价值便会相应降低，跨国公司的持有收益和转让收益也会因此而受损；而当被投资企业因经营管理不善或受其他外部因素影响，当期利率低于同期市场利率时，对其投资的企业也会因此而蒙受利率损失。只是由于股票收益的时间和金额并不像债券那样固定，因此，股票价格同市场利率之间的变动关系并不如债券那样明显。

跨国公司投资过程中的利率风险管理策略主要有两种：①尽量进行短期投资，规避利率风险。通常，期限越长，投资风险越大，预期收益也就越大。而短期投资可以根据利息变动随时进行理财调整，因此企业应密切注意掌握市场利率的变化和趋势。②合理进行证券投资组合，尽量选择多渠道投资，使其利率风险相互抵消，最终减少总体利率风险。证券组合投资降低风险的程度主要取决于各种不同证券之间的相关性。相关系数越小，分散风险的可能性就越大。这种证券组合投资策略不仅包括不同政权之间的搭配组合，还包括不同地域证券市场的组合投资。由于各国的经济波动周期和证券市场成熟度不同，造成国际间证券的相关系数不高，这就为证券组合理论提供了应用的可能性。在不同地域证券市场的组合投资更能体现跨国公司的理财特点。

三、案例分析：百富勤跨国日常经营风险管理失败㊀

（一）案例资料

百富勤投资集团有限公司（简称百富勤）自立门户不到10年，就从一个小公司发展成为拥有240亿港元总资产、126亿港元市值，包括融资、投资、证券、商品期货及外汇经纪与资产管理等多种业务的我国香港最大的证券集团，也是除日本以外亚洲市场中实力最雄厚、影响力最大的投资银行，并跻身于全球500强之列。

1997年7月，正当百富勤的发展如日中天时，东南亚金融危机爆发了。由于百富勤大量投资于东南亚债券市场，所以这次金融危机直接给百富勤带来了极大的冲击，使它受到巨大损失。东南亚国家货币的大幅度贬值，在亚洲债券市场上的过度扩张，使百富勤陷入了财务困境。在一整套“拯救计划”相继失败后，1998年1月12日，百富勤投资集团有限公司发出公告：百富勤已委托普华永道会计师事务所作为清盘人，进入法律程序进行清盘。这意味着百富勤最终正式宣告破产并进入清算阶段。

（二）案例分析

创业之初占尽风头的百富勤，是其领导者凭借在财经界的关系、经验及财产，使其得以迅速成长起来。在我国内地国企的改革中，百富勤也很早就开始了部署，顺利成为多个国企及红筹公司上市的主要财务顾问。百富勤虽显赫一时，却在金融风暴中漏洞百出，黯然收场。这不仅仅是由外界的国际资本市场环境所致，更显示出百富勤对外汇风险等各种风险管理的匮乏。引发其破产的根本原因，就是百富勤对财务风险管理的软弱无力。

首先，从表面上看，这次金融风暴是促使百富勤陷入财政危机的直接导火线，但早在百富勤推行国际化时，就已处处碰壁。百富勤的国际业务扩张过于迅速，却没有好的机制来识别和管理国际经营所带来的种种风险。随着香港华资财团业务日益国际化，百富勤也随之在欧美和亚洲的多个国家开设分行。但是，在很多新兴市场，百富勤不断遇到麻烦。

其次，造成风险管理和控制薄弱的最根本原因，在于百富勤的公司治理结构问题。经过两年的调查，独立审查员法兰特认为，虽然亚洲金融风暴是公司清盘的直接原因，但是导致百富勤倒闭的主要原因则是公司在报告及会计程序、风险管理和内部审计上的基础系统均不足。他认为，百富勤公司的高层人员对监管不当、风险失控负有不可推卸的责任。正是由于管理层没有高度警惕，没有妥善部署金融危机的管理措施，才导致公司在金融风暴中失去抵抗力，最终清盘。百富勤在失去效率的治理结构下，管理层可能不顾基本的风险管理原则，摈弃制衡和监控机制进行冒险，投资银行内部独立的风险控制体系就完全不能有效运行。小型投资银行在风险管理和控制水平相对滞后时还能取得一定的进展，但随着公司规模的扩大，风险管理和控制的重要性就日益显现出来。

总之，我国跨国公司将在未来全球经营中面临更大的汇率风险和国际跨国经营风险，企业如不及时建立健全完善的外汇风险管理体系，并运用恰当的风险管理策略对跨国经营业务进行管理，将会遭受巨大的经济损失。

㊀ 资料来源：http：//wenku. baidu. com/link？url = VNfkGfbuBifRJGKkXIGR7ldQ2N0hNnOBOwfpZA3OyTEQQP8bNsIdIWb6Q8 - v_QsP44QPNu-SOzBJn0agT2yBsfgwwq_P9l87bKGbTgvSR8O.

四、案例分析：哈杉鞋业跨国日常经营的风险管理[㊀]

（一）哈杉鞋业简介

哈杉鞋业有限公司（简称哈杉鞋业）的前身是恒丰皮鞋厂，由王建平建于1991年，当时是一个只有十几个人的皮鞋手工作坊。目前，哈杉鞋业有限公司是一家集研发、生产、销售为一体的民营跨国公司。哈杉鞋业在欧、美、亚、非四大洲设有8家全资子公司、3个制鞋厂，产品销往全球50多个国家和地区，其80%的利润来自海外市场。

哈杉鞋业的发展经历了制鞋、售鞋、研鞋三个阶段。制鞋阶段是1991—1997年，这一阶段哈杉鞋业主要是进行OEM（Original Equipment Manufacturer，贴牌生产）加工，自身没有销售渠道和研发力量；售鞋阶段是1998—2004年，这一阶段主要是以销售带动制造，开拓国际市场。哈杉鞋业通过摆地摊、进入百货公司柜台等形式，把自己生产的哈杉鞋卖到了哈萨克斯坦、俄罗斯、非洲等地，初步形成了自己的销售网络。公司于2001年开始树立哈杉品牌，进入品牌经营期。2004年，哈杉鞋业在尼日利亚建厂；收购了意大利著名制鞋企业威尔逊90%的股份，并在温州成立了哈杉·威尔逊鞋类研发中心；收购我国台湾的立将贸易公司。至此，哈杉鞋业既具有了欧洲品牌，又有了研发实力和全球销售渠道。2005年开始，哈杉鞋业进入了以研鞋为先导，在全球范围内整合品牌、研发、制造、销售等资源的阶段。

（二）哈杉鞋业跨国经营的经验

1. 运用“撇脂战略”，避开同行恶性竞争，为中小跨国经营企业开辟新市场

“撇脂战略”是企业在国际化的过程中，侧重于用最小的营销努力和代价取得销售上的成果，是在一个大市场上获得小份额的手段。这种策略是我国企业，尤其是中小企业刚刚开始跨国经营时普遍采用的战略。哈杉鞋业建于20世纪90年代初。由于国内市场已经趋于饱和，自身又无技术创新，哈杉鞋业只能在国际市场上寻求立足之地。在国际市场上，文化接近、华人居多的东南亚国家已经被同行占领，哈杉鞋业就选择了与中国接壤的哈萨克斯坦和俄罗斯。以哈杉品牌生产出欧洲风格的鞋，经由乌鲁木齐卖到俄罗斯境内，最终进入东欧轻工业集中地莫斯科。产品刚进入俄罗斯阶段（1998—1999年），一双成本约为4美元的鞋，在俄罗斯还有100%~200%的销售利润。由于利润丰厚，其他同行也跟随而至，中低端市场很快趋于饱和。为了争夺市场，价格战使得中国鞋企在俄罗斯的利润急剧下降。加上俄罗斯政府的“灰色清关”政策，哈杉遭受重创。于是，哈杉鞋业开始开拓非洲市场——从阿联酋的迪拜进入非洲，经过尼日利亚，最终把鞋销售到印度孟买。哈杉鞋业在维护欧洲、非洲市场经营的同时，于2001年开始开辟美国市场。目前，哈杉生产的皮鞋有30%~40%在美国50个州的2000余家高级百货公司和商店销售，2008年、2009年销售业绩均以100%递增。

2. 投资建厂，为中小跨国经营企业化解贸易壁垒风险

2004年1月8日，尼日利亚前总统奥巴桑乔为了维护和扶持本国的制造业，将哈杉男鞋在内的31种商品列入了进口产品的限制名单。对于已经在当地树立起品牌并建立了成熟

㊀ 资料来源：陈宁．我国中小企业跨国经营的风险防范——以哈杉鞋业为例［J］．企业经济，2011（1）．

销售渠道的哈杉来说，要维持已经占据的国外市场份额，只能采取本土化战略。因此，哈杉鞋业于2001年在尼日利亚的拉各斯成立了哈杉大西洋实业有限公司，进行自主品牌产品的制造和市场营销。目前该公司已拥有先进生产流水线4条，员工500余人，产品销往尼日利亚36个州和西非多个国家，被誉为“西非男装鞋第一品牌”。在意大利，哈杉鞋业于2004年收购了建立于1925年曾长期为POLO、Armani等知名品牌代工的威尔逊制鞋公司。哈杉·威尔逊制鞋公司一方面为VERSACE、A. Testoni、TRUSSARDI等世界顶级品牌做OEM、ODM，另一方面专注于自主品牌Giovanni Bianchi的研发、制造。哈杉·威尔逊制鞋公司主要是进行设计和接世界顶级品牌的OEM、ODM订单，制造则外包给当地的制鞋企业。从2007年起，哈杉鞋业将威尔逊制作的皮鞋返销到美国与中国，目前在上海开了3家威尔逊专卖店。通过本土化战略，在东道国建厂、生产哈杉品牌，哈杉鞋业成功地规避了贸易摩擦，在2008—2009年的全球金融危机中几乎未受什么冲击；同时，开拓了中国市场，增加了新的利润来源。

3. 入乡随俗，积极为东道国创造财富，为中小跨国经营企业预防贸易摩擦

为东道国政府、东道国人民创造财富，实现与东道国政府、人民的共赢，是我国中小跨国企业生存和发展的根本保证。哈杉鞋业在尼日利亚投资400万美元建立哈杉大西洋实业有限公司，在公司中，中方员工与当地员工的比例是1:30。除了财务部，生产车间、人力资源部等主要部门的管理人员都是当地人外，还雇用当地500多人。同时，哈杉鞋业还加强对当地管理人才的培训，专门成立了义务技术培训班，几年来培养当地的管理、销售干部的人数已经超过了400人。为了解决产业配套问题，哈杉一方面无偿向当地13家鞋厂输出冷粘技术和无钉夹包技术；另一方面大力加强与当地产业链的紧密合作，致力发展原料供应商，有效带动了当地原材料、零配件配套产业链的发展。自2001年以来，哈杉鞋业累计在尼日利亚市场销售皮鞋200万双（包括在当地生产的25万双），给尼日利亚政府创造了500多万美元利税。2007年，哈杉累计在尼日利亚的投资达1300多万美元，成为拥有4万m^2厂房、年产皮鞋600万双的非洲最大制鞋企业，解决当地就业人员近千人，其中培养300～350名管理干部。其制鞋所用原材料30%～50%来自当地。哈杉鞋业还计划在非洲及中东各大城市筹建300家以上销售连锁店，上缴的各种税收总额将达1200万美元。哈杉鞋业这种致力于在当地发展原料供应商、在当地招聘人才、培养管理人员的一系列举措赢得了尼日利亚有关部门的支持。

4. “产中学”，修炼内功——中小跨国经营企业防范风险的根本途径

哈杉鞋业的发展离不开在OEM代工过程中的“产中学”，代工占哈杉利润的40%。目前，哈杉鞋业为美国沃尔玛、澳大利亚的蒙特朋特、德国瑞克等10个国际企业和品牌代工。哈杉鞋业为瑞克公司生产鞋帮与鞋面，由瑞克当地的员工将其加工为成品鞋。瑞克公司要求从线头到每一道工序，都应做到精细、舒适、美观。因此，5年合作下来，哈杉鞋业的制鞋工艺水平有了很大提升。同时，工厂里每一个设备的位置和工艺流程均由德国瑞克公司管控。哈杉鞋业在为沃尔玛代工的过程中，应沃尔玛的要求对生产进行标准化管理。在哈杉鞋业的温州工厂里，打卡机、后勤、劳资、保障和物流都按沃尔玛的标准设计。代工客户一流的质量与流程控制标准保证了哈杉鞋业出口到海外生产基地的每一个半成品鞋质量过硬，也为其赢得了更多的客户。在这个过程中，哈杉鞋业不断地从国际行业巨头那里学习管理经验，再应用于自己海外的生产基地，提升生产和管理水平，以防范风险。

5. 收购、整合资源，向“微笑曲线”的两端延伸，为中小跨国经营企业占据行业制高点

1991—1997 年，哈杉鞋业主要从事皮鞋制造和加工，其订单主要来源于皮鞋贸易商，自己既没有销售渠道和力量，也没有研发资源和力量。由于国内市场趋于饱和，自有产品缺乏差异化，从 1998 年开始，哈杉鞋业被迫开始拓展国际销售线路。其第一条线路是：由乌鲁木齐→哈萨克斯坦的阿拉木图→俄罗斯境内→莫斯科。第二条线路是：从阿联酋的迪拜→非洲的利比亚、苏丹、索马里、尼日利亚→印度孟买。2000 年，哈杉鞋业成立了哈杉阿联酋销售公司，销售中转由尼日利亚生产的 HAZAN 品牌的产品到南亚、东非、北非、南非、中东等 40 多个国家和地区。第三条路线是：美洲市场。哈杉鞋业于 2002 年在洛杉矶建立了集设计和销售于一体的哈杉美国公司，其 CORONADO、BRAVO（HAZAN 的子品牌）品牌的产品在美国 50 个州 2000 余家高级百货公司和商店销售，最近几年销售业绩以 50% ~ 100% 递增。2003 年，哈杉鞋业在巴拿马科隆自由贸易区建立了哈杉巴拿马销售公司，销售中转 HAZAN 品牌的产品到中南美洲的十几个国家。2004 年，哈杉鞋业收购了具有 30 多年销售经验，在日本、西欧和美国都有很好销售网络的我国台湾立将公司，建构起全球销售网络。2005 年至今，哈杉开始实施研鞋、制鞋、卖鞋“三管齐下”的战略，在全球范围内整合品牌、设计、制造、市场、销售资源。为了加强研发资源和力量，2004 年，哈杉鞋业斥资 2000 余万美元收购了建立于 1925 年，曾长期为 POLO、Armani 等知名品牌代工的意大利威尔逊制鞋公司 90% 的股份，一举将对方的制作工艺、研发、品牌等收入囊中，以全面提升自身的制鞋工艺水平。

6. 贴牌与自有品牌“两条腿走路”，为中小跨国经营企业防范风险制定“平衡”战略

对于起步于 OEM 代工的中小跨国经营企业来说，贴牌生产因过分依赖于国外市场，受国际市场经济波动的影响过大，当遭遇国际经济冲击时，便难以生存和发展。走自主品牌的研发之路，对于大多数中小企业来说，由于资金、人才、技术等瓶颈的制约，难以进行。哈杉鞋业把贴牌生产和自主品牌研发结合起来，以克服以上两种路径的缺陷。哈杉鞋业从 1991 年成立就开始做 OEM（贴牌生产），由于没有市场销售渠道和力量、缺乏研发资源和力量，其经历了与其他制鞋企业的恶性价格竞争。为了生存和发展，哈杉鞋业致力于自主品牌的研发。从 1998 年开始，哈杉鞋业就开始了销售渠道和自主品牌的开发。2004 年，哈杉鞋业收购了意大利著名的威尔逊制鞋公司 90% 的股份。由于哈杉鞋业的人才、资金、技术缺乏，哈杉鞋一直处于国际市场皮鞋的中低端层次。同时，自主品牌的跨国经营资金回笼比较慢，加剧了中小跨国经营企业的资金紧张程度。为了缓解紧张的资金链，哈杉坚持为沃尔玛、德国瑞克等企业进行贴牌生产。目前，哈杉鞋业的贴牌生产和自有品牌分别占利润的 40% 和 60%。哈杉鞋业同时用贴牌与自有品牌“两条腿走路”，很好地规避了经济危机对其的冲击。

（三）启示

由于发展中国家与发达国家外部经济不平衡发展的加剧，对国际市场的争夺越演越烈，跨国经营风险呈现出复杂化、隐蔽性、多元化等特点。在后经济危机背景下，随着资源紧缺、自然灾害增加、人力资源成本上升等外在因素的变化，我国中小企业跨国经营将面临更大的风险。从哈杉鞋业跨国经营成功的经验看，我国中小跨国经营企业要降低跨国经营风险，就要从以下几个方面着手：

（1）要了解国内外行业变化趋势，“修炼内功”，提高生产经营水平，注重技术创新和

销售渠道的构建。国际行业变化趋势是企业未来发展的指向标。因此，我国中小企业跨国经营就要紧紧盯住行业变化趋势，积累技术与销售渠道，抓住时机，向产业价值链的高端发展，占据行业制高点。这是中小企业跨国经营规避风险的根本途径。中小企业可以充分利用国家建立的各级中小企业服务平台，加强对企业员工的技能培训，以及企业中高层管理人员的风险意识、风险管理、财务管理的培训，加强同国际的接轨。同时，注意浏览行业协会网站信息和国家商务部网站信息，随时掌握国内外行业变化，提早预防，减少跨国经营中可能遇到的风险。

（2）运用差异化战略，细分国际市场，进行跨国经营。我国中小企业跨国经营规模小、实力弱，以低价格为主要策略，与国内外大企业在资金、规模、创新人才等方面无法对抗。但是，在世界市场发展过程中出现了个性化、特色化的需求趋势，这给中小企业跨国经营带来了商机。中小企业在“专”“特”“精”“新”等方面具有天然优势，因此，我国中小跨国经营企业可以选择个性化比较强、有一定需求量的市场，如选择潜在需求量大、尚未开拓的国外市场进行跨国经营，以规避风险。

（3）对于以 OEM 代工出口为主的中小企业来说，要在代工的过程中学会学习，提升技术与管理创新是企业生存的根本。我国中小跨国经营企业大多数处于传统的劳动密集型行业，其规模小、资金短缺、技术力量薄弱，难以凭借自身力量实现自主创新，对新技术、新设备的引进和消化吸收也往往难以做到。针对我国中小企业参与国际化竞争，大多数是以 OEM 和 ODM 代工实现的这一无法回避的客观现实，如何在众多的代工企业中胜出，就要顺应行业发展趋势，从 OEM 代工中进行“产中学”，在代工的产品、服务等方面实现创新，提升管理水平，逐步形成自己的独特优势。这才是当下中小企业跨国经营避免风险的关键。

（4）处理好与东道国政府、社区和当地员工的关系，这是减少跨国经营风险的重要因素。任何一个国家或地区的政府，其职责就是在捍卫主权的同时促进国内经济社会的发展。因此，任何一个跨国经营的企业都要遵守东道国的法律法规、风俗习惯，帮助东道国当地社区人员走向富裕，只有这样才能持续地赚取企业利润。因此，加强与东道国政府的联系，尽一个企业应尽的社会责任，实现企业与东道国政府的共赢，也是跨国经营中小企业避免风险的一个途径。

第二节　海外上市风险管理

一、海外上市概况

海外上市是指国内股份有限公司向海外投资人发行股票，且该股票在海外公开的证券交易所流通转让。狭义的海外上市是指国内企业向海外投资者发行股权或附有股权性质的证券，该证券在海外公开的证券交易所流通转让。广义的海外上市是指国内企业利用自己的名义向海外投资人发行证券进行融资，并且该证券在海外公开的证券交易所流通转让。

（一）海外上市的重要意义

海外上市是在全球证券市场国际化的背景下，中国经济发展到一定程度、中国企业发展到一定规模的产物。“走出去”战略是中国证券市场国际化进程和企业融资战略的现实选择。

（1）海外上市可以为现金不足的中国企业在国际市场上寻求新的融资渠道。目前，国际证券已是世界范围内的大趋势。在国际资本市场上，证券融资已占到国际融资总额的80%。我国企业现金供给的缺口可以通过国际资本流动来解决。

（2）海外上市可以为中国企业提供走向世界的舞台。海外上市不仅为世界了解中国企业形象创造了机会，也为中国企业走向世界开辟了一条崭新的渠道，为企业充分吸收国外先进管理经验、步入国际化经营轨道创造了良好的机会，为企业素质的提高和今后的发展提供了有利的条件。

（3）海外上市是国企改革和建立现代企业制度的催化剂。中国企业海外上市更重要的意义是推动国企改革，使其借助国际市场的制度和环境，真正按照现代企业制度的要求，健全法人治理结构，完善企业内部组织管理制度，建立适应社会化生产和市场要求的、符合国际惯例的、有强大实力和发展活力的现代企业。

（二）海外上市的方式

中国企业海外上市的主要方式有三种：直接上市、间接上市和其他方式。

1. 直接上市

直接上市即直接以国内公司的名义向国外证券主管部门申请发行的登记注册，并发行股票（或其他衍生金融工具），向当地证券交易所申请挂牌上市交易，即通常所说的H股、N股、S股等。通常，海外直接上市都是采用IPO（Initial Public Offering，首次公开募股）方式进行。其程序较为复杂，因为需经过境内、海外监管机构审批，成本较高，所聘请的中介机构也较多，花费的时间也较长。但IPO也有好处：公司股价能达到尽可能高的价格；公司可以获得较高的声誉；股票发行的范围更广。从公司长远的发展来看，海外直接上市应该是国内企业海外上市的主要方式。但由于首次公开发行上市涉及两个国家的政治、经济、文化等因素，因此，也存在一些困难：一是两个国家直接的法律不同；二是国家之间的会计准则存在差异；三是审批手续繁杂。

2. 间接上市

它是国内企业在海外注册公司，该海外公司以收购、股权置换等方式取得国内资产的控股权，然后将该海外公司拿到海外交易所上市。间接上市主要有两种形式：买壳上市和造壳上市。其本质是通过将国内资产注入壳公司的方式，达到拿国内资产上市的目的，壳公司可以是已上市公司，也可以是拟上市公司。

1）买壳上市。买壳上市是指我国企业以现金或交换股票的手段收购一家已在海外证券市场挂牌上市的公司，即收购壳公司的全部或部分股份，然后注入国内企业的资产和业务，以达到间接海外上市的目的。

2）造壳上市。造壳上市是指我国企业通过在海外注册一家控股公司，由其对国内希望到海外上市的公司进行控股，然后由在海外的控股公司在海外证券市场上市，将所筹集现金投资于国内企业，从而达到国内企业到海外间接上市的目的。

3. 其他方式

除以上两种常用方式外，中国企业也有少数在海外已上市公司，再次融资时采用可转债上市和存托凭证上市等方式。但这两种上市方式往往是企业在海外已上市，再次融资时采用的方式。

1）可转债上市。它具有很多有利条件：一是便于国内企业以低成本在海外债券市场筹集现金，既易降低融资成本，又可增加财务控制机会；二是可转换债券具有股票的某些性质，为外国投资者投资中国证券市场提供了限制下跌风险的方法，受到广大外国投资者的欢迎。但是，可转换债券上市也存在一些困难，比如国内企业的信用等级评定问题。可转换债券上市对国内企业的信用等级要求极高，一般的国内企业难以满足要求。

2）存托凭证上市。存托凭证是一种以证书形式发行的可转让证券，一般是由美国银行发行的，代表一个或多个存放于原发行国托管银行的非美国发行人股权份额的可转让证书。根据美国证券法，存托证券可以被看做美国国内证券，任何外国公司如想在美国融资或吸纳美国投资，均可发行存托凭证。

3）私募。私募是指发行证券的公司（发行人）向社会投资者定向发行一定量的证券，以募集现金的一种融资方式。其发行的证券无须向证券监管机构进行证券发行申报和证券注册登记，通常只需在发行后备案即可。在美国证券市场，私募往往作为公司在公开市场进行融资前的一个阶段，当公司的盈利模式经过市场的考验后，即可开始考虑私募，以便较迅速地从资本市场获得一定量的现金，并为公司今后选择公开融资的发展要求铺路。

（三）海外上市的目标市场

我国企业海外上市主要选择在我国香港联合交易所（SEHK）、美国纽约证券交易所（NYSE）和美国纳斯达克（NASDAQ）股票市场上市。除此之外，部分企业还在英国伦敦证券交易所（LSE）、我国香港创业板（GEM）、新加坡股票交易所（SES）、新加坡股票自动报价市场（SASDAQ）、美国场外柜台交易市场（OTCBB）、加拿大创业板（CDNX）、加拿大温哥华股票交易所（VSE）、欧洲第二市场（EURONext）、欧盟股票自动报价市场（EASDAQ）等挂牌交易。

（四）中国企业目前海外上市的现状

1. 中国企业海外上市行业特征

中国企业在美国纳斯达克上市的6家公司都是新兴的高科技类公司；在美国纽约证券交易所上市的17家公司则绝大多数是基础能源类股，其他还有电信、保险和航空类股；在我国香港证券交易所上市的内地公司，其行业分布则相对较广。

2. 中国企业海外上市行业结构演进

1993年在我国香港首先上市的一批H股企业所处行业是国民经济的支柱产业，如制酒、机械制造、船舶制造、石化等传统行业。在随后的两年里，除了增加港口运输、建材、汽车等基础行业外，在行业结构上并无大的变化。同时，在美国纽约证券交易所上市的中国企业中，涉及众多国计民生的基础产业，这些企业的普遍特征是资产规模庞大、行业特征显著、在行业中处于领先地位、对行业及上下游企业影响深远。它们是优中选优的大企业，在整个国民经济中有着举足轻重的地位。在纳斯达克上市的中国企业则多是新兴的高科技公司。

二、海外上市风险的识别

随着经济的发展，中国企业日益增长的现金需求因为各种原因在国内无法得到满足，越来越多的企业选择去海外上市。但这个过程并非一帆风顺，企业局限于自身情况及对海外市场认识不足等，在海外上市途中会遇到种种困难。面对困难，要弥补自身不足，积极迎接挑战，取得海外上市的成功，必须对海外上市风险进行深入分析。

（一）发行风险

企业股票能否成功发行，取决于很多因素，这其中包括上市地点的选择、上市方式的选择、中介机构的选择、市场行情的变化等。每个因素都会影响到企业上市成功与否，都会使企业面临发行风险。

1. 上市地点选择风险

从中小企业海外上市现状来看，中小企业海外上市主要集中在我国香港、新加坡和美国。但这三个市场截然不同，其倾向的公司类别也完全不同。从行业来看，我国香港市场倾向于制造业和农产品业，其次是药业和电子业；新加坡市场比较倾向于制造业和食品业，其次是药业和纺织业，通信/IT、环境、服装业也比较受欢迎；相比较而言，美国市场比较倾向于通信/IT 和电子行业，能源、传统等行业近年来也成为美国市场的新宠。中国企业在海外上市地点的选择上，应根据自身所处行业的情况和海外市场的行业倾向性来慎重选择。如果盲目上市，就很可能不会成功，将使得企业面临很大的发行风险。一旦发行不成功，企业前期所投入的成本就白白浪费了，因而会蒙受巨大损失。

2. 上市方式选择风险

中国企业海外上市的方式主要有海外直接上市、借壳上市、造壳上市。每种方式的操作程序、申请程序、融资成本，对企业的影响各不相同。海外直接上市对企业要求最高，需要提供的资料也最多，申请程序较长，当然融资成本也相对较高。但能通过直接上市的企业也说明企业较为规范，往往在市值、股价增长方面均有良好表现，会吸引更多的投资者。2005 年，中国有些中小企业通过美国电子柜台板借壳上市，然后经过一年左右的市场培育，再申请转板到纳斯达克或美国证券交易所，甚至纽约证券交易所挂牌交易。这是一种时间短、风险小、成本低的上市方式。目前，美国多数中小企业都是通过这种方式上市的。在美国，上市和挂牌是两个不同的概念。挂牌并有交易并不等于上市。例如，在美国场外柜台交易市场上挂牌并有交易的公司，并不是上市，而是挂牌后的柜台交易。它由十几个造市商互相交易。也称店头市场。

3. 中介机构选择风险

中国企业的海外上市热情，吸引了国外的众多中介机构，大大小小的知名、不知名的国外投资银行蜂拥而至，其目光都聚焦在了上市中介费上。于是，一些自称提供海外上市服务的海外中介机构难免鱼目混珠。而国内一些民企决策者对海外上市的相关法规和具体过程缺乏必要的了解，于是偏信中介机构的片面之词，最终在上市过程中上当受骗、融资失败的案例频频出现。

（二）再融资风险

企业的股票成功发行之后，还会面临再融资风险，对此企业必须给予适度的关注。如果企业对于上市的招股说明书，只重视把它做得很漂亮，而不去履行它；如果企业将筹集到的现金随意改变用途，而不进行项目投资；如果企业在市场行情趋坏的情况下进行再融资，那么，企业都将面临再融资风险，难以重新筹集到资本。对于我国一些企业来说，存在一种错误的思维，就是只顾及初次的现金额度。这与我国企业在国内难以取得融资资格的大环境有一定的关系，所以大部分上市公司几乎一得到融资机会，就会使出浑身解数使融资额达到最大化，甚至一次性就要筹集多少使用的发展现金，并不重视再融资。这与国际资本市场上的规则相悖。想在国际资本市场上融资的企业都应十分重视再融资，因为按照国际惯例来说，融资应是一个持续的过程，而并非一次性行为。初次融资之后，更重要的是后续的再融资。所以，对于我国企业来说，应转变观念，重视上市的再融资工作，这样才能有效地避免再融资风险。

（三）法律风险

国内企业海外直接上市涉及的主要法律法规有《公司法》和《证券法》、国务院法律条例、国外上市条款，以及关于企业申请海外上市的通知等。以我国香港创业板为例，在香港创业板上市要有3年的经营历史，这3年中管理层不能够进行大面积即1/3以上的变化。虽然香港创业板对上市公司的盈利水平没有严格要求，但由于申请企业大都为新兴的中小企业，所以在对创业板市场上市公司的信息披露方面要求更为严格。联合交易所要求在创业板上市的公司需提供《良好业绩声明》，并且还要提供《经营目标声明》。其中，要详细说明上市后两年的发展规划，并提供公司季度报告，以及与《经营目标声明》进行对比的公司业绩的中期报告和年度报告。虽然世界各创业板交易市场已对企业上市条件放低了要求，但其对上市企业的监控并未放松，相反，会实行更严格的上市后的监控程序。加之语言不通，对海外市场不了解，中国企业要在国外上市，必然会受到各种法律法规的制约。特别是在美国市场，由于《萨班斯-奥克斯利法案》的影响，已在美国上市的中国企业面临着更为严苛的审查，并要付出高昂的合规成本。

（四）会计制度风险

国内企业海外上市面临的一项主要风险就是，国内的会计准则和上市地点要求遵循的会计准则差异较大。造成会计准则差异的主要原因是：

（1）由于经济体制不同、政府对经济的宏观调控方式和力度不同、各种组织形式的企业构成不同以及企业筹集现金的主要渠道和方式不同等，使得不同国家的会计目标表现出较明显的差异。

（2）由于会计目标的差别和传统习惯的影响，各国财务报表的构成有显著的差异。例如，美国式面向投资者的财务报告体系，除资产负债表、利润表、留存收益表外，还包括与财务会计目标相关的现金流量表、全面收益表等。

（3）经济结构的巨大差异将导致国家间会计准则的显著差别。例如，新加坡由于人力资源缺乏，特别强调企业对人力资源的利用及浪费情况，所以尤其重视增值表的作用。

（4）由于法系的差异以及政府在制定会计准则中所起的作用不同，导致国与国之间的会计准则有所不同。例如，采用英美法系和自有市场经济体制的美国，使用的是由民间会计职业团体制定成典的会计准则；而属于大陆法系和实行社会主义市场经济的中国，其会计准则采用法的形式，由国家制定，具有法律上的强制性和权威性。

会计准则的差异实质是国与国之间、地区与地区之间、发达国家与发展中国家之间政治、经济、利益和会计目标的冲突。国内企业因不熟悉和不习惯海外资本要求遵守的会计政策，在编制会计报表时，可能采用了不合乎海外会计标准的政策。由于差异的存在，很可能会对我国内地企业的海外上市造成极大的影响。由于中外会计制度本身的差异，加上企业会计制度的不完善，国际财务报告准则按照公允价值计量可能虚增利润。

（五）文化风险

在海外上市的过程中，我国企业还会遭遇文化风险。由于文化的差异，双方的沟通不到位，使双方对政策的理解、对外部环境的认知都容易产生偏差，这也会相应削弱企业再融资的能力。

三、海外上市风险的控制

面对海外上市过程中的种种风险，中国企业应当清楚地认识到海外上市是手段而不是目的。只有摆脱功利和圈钱心态、完善法规制度、不断增强企业竞争力，才能使中国概念股在海外资本市场中占据一席之地。

（一）完善海外上市企业的竞选机制

要完善海外上市企业的竞选机制，就要做到尊重国际资本市场规律，以市场标准选择海外上市企业，把部分垄断性的企业从政府的附属机构变成真正的企业，减少国家干预和企业依赖国家政策，按照国际资本市场的要求来规范企业运作。为了做好海外上市工作，取得更大成效，政府部门必须善于寻找和抓住资本市场的规律，按照市场需要选择企业。

首先，要遵循“重中选优，优中选好，好中选大”的原则，选择效益好的国家重点企业、高新技术企业和利润稳定增长的优质企业先行推向海外市场发行上市。不能搞“扶贫”，抱着为国企解困的初衷，把海外上市看成是使部分有困难的国企脱困的手段，重蹈国内资本市场的覆辙。但是要注意一种现象——低价海外上市。在这种情况下，优质企业在海外上市可能造成我国资本市场无法健康稳定地发展。

其次，在尊重企业实际情况和上市意愿的基础上，要宏观把握海外上市企业的题材特点。应该尽可能少地推荐一些主要靠优惠政策支撑的产业、产品及企业到海外上市，因为中国加入 WTO 以后，这些优惠政策会受到国际社会的更大压力，投资者对它们的兴趣肯定会递减；相反，应更多地推荐那些靠自身力量得以快速发展的优秀企业到海外上市。另外，要更多地选择一些有中国特色的产业上市，不要总是集中于能源、电信和 IT 业，尽量避免同一题材企业上市过多、过滥。

最后，要把好企业的“改制关”，严格按照“主业与辅业分离、优良资产与不良资产分离、企业职能与社会职能分离”等原则来要求海外上市的企业。只有那些真正做到转换经营机制，建立有效的法人治理结构，发挥“新三会”（董事会、股东会、监事会）的积极作用，维护广大股东的合法权益，努力开发新产品，不断增强发展后劲和竞争能力，提高经济效益的股份公司才能上市，从而尽可能保证中国企业在国际股票市场上的整体形象。

（二）完善国内相关法律法规

我国正处于从计划经济向市场经济转轨的历史进程中。在传统体制下，政府在国家政治经济生活中扮演着规则的制定者和经济活动的组织者甚至是执行者的多重角色，全面介入国民经济活动的各领域、各层次。因此，行政规定与政府指令成为调控经济活动的主要依据，法律体系建设不完善。这种局面虽然在改革开放进程中得到了迅速扭转，完整的法律体系逐步建立，市场规则日益发挥重要作用，政府职能也在逐步转变，但是必须看到，成熟市场经济国家的法律和市场体系上已发展了几十年甚至上百年，是通过不断完善总结才能得以达到比较完备的状态。国内的法制体系仍有待进一步加以完善。目前部分法规已经出台，但在具体执行的可操作性上仍有待完善。

（三）按照国际惯例，规范企业内部治理结构

首先，要严格做到政企分开，规范政府与公司的出资关系，力戒行政干预。一定要解除海外上市公司与政府部门的行政隶属关系，政府机构与公司的相应部门没有上下级关系，公司与政府部门在资产、财务、人员管理等方面也要彻底脱钩。政府部门不得干预公司的生产

经营管理，不得通过下发文件等形式影响公司机构的独立性。

其次，公司的经营机构与控股机构必须分开。在海外的上市公司，基本上都是由国内原有行政部门或企业集团分拆上市的。其控股机构往往就是背后的行政企业集团。在这种情况下，一定要使上市公司和控股机构独立核算，独立承担责任和风险。控股机构主要通过股东会以法定程序对公司行使股东权力。

最后，明确公司职能，强化“新三会”的作用。特别是我国在海外上市的国企，在上市前虽然已经进行了股份制改革，建立了董事会、监事会和股东会来对公司进行管理，可往往“新三会”形似神不似、徒有外表。如果这样，国内企业海外上市就失去了应有的意义。

（四）合理利用现金，提高企业经营业绩

中国企业海外上市融资只是一个开端，要想持续地推进企业发展，上市企业要在突出中国背景的同时，不断增强自己的发展意识，从长远的角度看问题。要看到事物的本质变化，不要被眼前的短期利益所迷惑，要真正发挥企业海外上市的融资功效，推动社会经济的发展。

经营业绩既是投资者普遍关注的问题，也是影响海外上市公司市场表现的重要因素。从根本上说，支撑一个企业股价和市场形象的主要因素是经营业绩。一个上市公司没有良好的经营业绩，就是无源之水，最终会被市场淘汰。提高企业的经营业绩，应从四个方面入手：①加强市场研究，对公司自身在市场中所处位置和同行业竞争者所处位置进行科学分析，对消费者的需求和开发潜在的消费需求有明确的把握；②加强产品和技术的研发，不断改善现有产品的质量，以新产品开拓市场、引导需求；③加强成本管理和成本控制；④实现规模经营，没有规模就没有竞争力，没有竞争力就没有效益。

（五）完善会计准则，减少差异成本

国内企业应努力消除会计差异对本企业的影响，在不违反我国准则的情况下，最大限度地按照美国财务会计准则、国际会计准则来进行账务处理，减少差异成本。

首先，从营造良好环境的角度看，国家应该加快制定新的会计准则，继续修订现有会计准则，以减少与国际会计准则之间的差异。

其次，加快培育国际会计人才。既要建立一套完善的会计人员培训制度，同时又要重视会计现职人员的后续教育，使目前的会计人员能够及时更新知识观念，全面了解国际会计惯例，提高业务素质。

最后，对于企业而言，在达到一定规模的情况下，应该主动提升企业会计从业人员的素质。

（六）加强信息沟通，健全信息披露制度

信息沟通活动是指发行公司所召开的一系列发布会，以及开展的一切有助于提高公司知名度的活动。这些活动通常在招股章程发布前，经过妥善规划后，即开始进行。信息沟通活动的成功与否，直接关系到投资者对上市股票的反应。信息沟通活动要能积极、真实地反映上市公司的情况，引发公众的投资兴趣。

信息披露制度是上市公司区别于一般企业的重要特征，也是上市公司必须严格履行的义务。信息披露制度主要有两项：定期公布公司业绩；及时公布可能会影响股价或成交量的敏感资料。客观地说，在什么情况下需要公布可能影响公司股价的信息，有时确实不好把握，对中国海外上市公司尤其如此。根据证券分析师、投资者的建议，海外上市公司在充分、及时、客观披露信息方面，需要认真做好以下六方面工作：

（1）公司管理层必须高度重视信息披露对公司的影响，制定信息披露的基本原则，委派专人负责领导和组织公司中期报告、年度报告的编制及其他信息披露工作。

（2）加强与证券分析师和投资者的信息沟通，建立固定联络制度，定期召开信息沟通会议，定期举行巡回推介会，主动介绍公司经营情况与发展前景，国家的宏观经济发展和政策，以及可能对公司产生的影响和影响程度。

（3）加强与股票承销商、上市保荐人的联系，及时沟通情况，使他们成为公司与投资者、社会公众之间的桥梁。

（4）无论是在信息沟通会、推荐会上，还是在接受投资者、证券分析师的访问中，都要耐心、细致地对他们不明白、不理解和表示担心的问题给予必要的说明和解答。

（5）提高公司相关人员的基本素质和职权层次，使相关员工能够及时、准确地获得公司的有关信息并向交易所和投资者披露。

（6）由专人负责收集、整理和研究各种市场分析报告，一旦发现问题，及时给予必要的说明，尽可能避免一切不实报道对公司产生的不利影响。

四、案例分析："无锡尚德"海外上市风险管理㊀

（一）案例资料

尚德太阳能电力有限公司是一家全球领先的专业从事晶体硅太阳电池、组件、硅薄膜太阳电池和光伏发电系统的研发、制造与销售的国际化高科技企业。2001 年，施正荣博士带着他在澳大利亚积累了 14 年的光伏专利技术和产业经验回国。施正荣以 40 万美元现金和作价 160 万美元的技术入股，经由前无锡市经贸委主任李延人和风险投资公司投资部经理张维国牵头，引入江苏小天鹅集团、无锡国联信托投资公司、无锡高新技术投资公司、无锡水星集团、无锡市创业投资公司、无锡山禾集团等国有企业出资组建"无锡尚德"公司。其中，施正荣占有 25% 的股份，施正荣名下股份通过他个人全资拥有的澳大利亚公司 PSS 间接持有，而上述国有企业出资 600 万美元占有股份 75%。2002 年 9 月，尚德公司第一条 10MW 太阳电池生产线正式投产，产能相当于此前四年全国太阳电池产量的总和，一举将我国与国际光伏产业的差距缩短了 15 年。

随着公司快速的发展，"无锡尚德"的资金已经明显成为发展的瓶颈，有时甚至连支付员工的工资都有困难。为了维持生计，"无锡尚德"甚至想经营一些和主营业务不相关的产品。例如，在其招股说明书中，从 2002 年到 2005 年 9 月底，公司的现金流净值从 28.7 万美元增加到 2457.1 万美元。但由于公司的扩张速度较快，投资净现金流也从 2002 年的 259.3 万美元迅速增加到 2005 年 9 月底的 2019.8 万美元。而由于没有良好的筹资渠道，筹资净现金流量却在逐步下降，2004 年筹资额达到 2811.2 万美元，但到 2005 年前三个季度，却只获得了 2187.9 万美元。资金的枯竭随时威胁到企业的生存。因此，寻找更为有利的资金途径已经成为必然，而海外上市逐渐成为"无锡尚德"进行融资的最优选择。"无锡尚德"在 2003 年上半年和 2004 年 3 月份分别与我国香港、新加坡的证券市场进行接触，但由

㊀ 资料来源：http：//wenku. baidu. com/link？ url = NU-ywOBCdBRsGN25_ f4TLTzdNNMhh52Ipxv9IlE7fKVH9cXgFn poYpCBE1hr0d9cGHM9zxphj0lqbRnUpRc1L5R6J1N1IHuPKh_ qaMaeWyC.

于种种原因，最终没有达成协议。此后，公司开始寻找新的上市途径。经过专业财务公司、财务顾问的调查和研究，“无锡尚德”逐渐将目光放在了美国的资本市场，最终确定去美国的纽约证券交易所上市。

“无锡尚德”作为一个具有国有控股背景的民营企业，若直接在纽约证券交易所上市，除了要符合海外证券交易所的上市要求外，还要遵守我国证券管理机构的规模门槛，如上市前的净资产要达到4亿元人民币。这对于仅仅创建3年的“无锡尚德”，是近几年不可能完成的任务。另外，据施正荣观察发现，中国大多数民营企业在海外直接IPO后，由于公司的治理机构、企业文化、管理水平等问题，盈利能力均有所下降，于是将目光转向了在海外买壳上市。在美国买壳虽然成本不高，但中国企业大多是在美国场外柜台交易市场（OTCBB），而OTCBB基本上没有融资功能，只能后续融资，但美国法律对后续融资的限制也是非常严格的。而剩下的则是通过造壳方式在海外曲线上市，这对于“无锡尚德”来说是一条捷径，能够更好地实施股票期权等激励机制，有效地改进公司的治理方式。

收购国有股权是完成海外上市的第一步，也是关键的一步。但是，施正荣缺乏应有的收购资金。此时，由David Zhang等人拥有的“百万电力”答应给施正荣提供资金，帮助其收购国有股份，双方于2005年1月6日签订了一份《过桥贷款协议》。2005年1月11日，意在帮助施正荣取得控制权的“尚德BVI”公司成立。该公司由施正荣持股60%，由“百万电力”持股40%，法定股本50000美元，分为50000股。2005年5月，“尚德BVI”海外风险投资机构签订了一份《股份购买协议》，拟以私募的方式向他们出售合计34667052股A系列优先股，每股2.3077美元，合计8000万美元。拟认购优先股的外资机构包括高盛等。除直接从发起人股东手中收购44.52%的股权外，“尚德VBI”还收购了一家BVI公司“欧肯资本”，后者从两家国有股东手中受让了“无锡尚德”24.259%的股权。《股份购买协议》中说明，“尚德BVI”通过向这些外资机构发行A系列优先股所得到的8000万美元收入，将主要用于公司“重组”，即将“无锡尚德”从一个国有控股的中外合资公司，通过股权转让的方式转变为由“尚德BVI”100%拥有的子公司。

“重组”完成后的架构将是：“尚德BVI”持有PSS和“欧肯资本”100%的股权及“无锡尚德”36.435%的股权；同时，PSS和“欧肯资本”持有“无锡尚德”其余63.57%的股权。根据《股份购买协议》，PSS和“欧肯资本”应当在随后90天内把自己所持有的“无锡尚德”的股份全部转让给“尚德BVI”，使“尚德BVI”直接拥有“无锡尚德”100%的权益。施正荣并没有直接利用“尚德BVI”为上市主体，而是在主承销商瑞士信贷第一波士顿银行和摩根士丹利公司的帮助下，由施正荣控股的壳公司D&M Technologies在开曼群岛注册成立“尚德控股”，发行1股，面值0.01美元。这主要是因为开曼群岛的法律环境最符合美国上市要求。在开曼群岛注册的最理想的上市主体“尚德控股”作为最终控股公司，将择机上市。

2005年12月14日，“尚德控股”在纽约证券交易所向公众出售2000万股新股，老股东向公众出售638万股旧股，完成了海外上市的过程。对外资机构来说，按公司发行价15美元计算，其23077美元的购股成本在半年内增值了6.5倍；按公司上市首日收盘价计算，增值了近10倍。对施正荣来说，除了“无锡尚德”成立之初的40万美元股金外，几乎没有追加任何资金投入，而最终拥有了46.8%的股份，价值超过14.35亿美元。“无锡尚德”在美国成功上市，当天行情表现非常好，高价发行、高价上市、高开走高、高定价、高市盈率。原计划发行价11～13美元，后因市场反应强烈，提高发行价至15美元，开盘价20.35美元，最终收盘21.20美元，比发行价上涨41.33%。而此后一年多时间里，由于无锡尚德经营规模不断扩大，业绩不断提升，股票价格经过一段时间的上升波动后，到2006年上半年稳定在31～40美元之间。

（二）案例分析

“无锡尚德”登陆纽约证券交易所是中国企业海外上市的一个典型案例，而且成为其他欲海外上市的企业竞相模仿的榜样。仅仅从该案例的技术层面上讲，其成功的关键在于“百万电力”的过桥贷款的助力，得以收购国有股权，最终完成上市。但透过表面观察本质，发现该公司在上市之前就完成股权“重组”，让一个原本拥有国有背景的民营企业变成具有国际规范的私有化公司。在上市之前，外资能够始终占有控股地位，这样在公司治理结构上就取得了海外投资者的信任。同时，选取合适的承销机构，积极游说证券交易所，帮助公司完成上市。不可否认，在“无锡尚德”上市的过程中，得到了当地政府、行业政策等不可预期因素的帮助，但幸运之神并非能降临到每个企业头上。每一个企业都有成功的机会，但机会是需要准备才能争取到的。目前，海外证券市场针对上市企业的监管力度越来越大，上市成本逐步上升，这就迫使每个守候在海外资本市场外的企业必须认真对待上市前的每个环节。企业上市前的重组是一项错综复杂的工作，需要所有的中介机构与企业一同来协调完成。根据上市方案的不同，每个企业的重组过程是不同的，不能一概而论。但总体上包括几个必要环节：确定重组方案、注册新公司、调整新公司账目、签署各项转让收购协议等。其中，在制订重组方案中需要考虑的因素众多，如产业政策、注资方式、关键交易、避税问题等。

本章小结

随着我国企业开拓海外市场步伐的加快，跨国经营已经成为企业非常重要的经营行为。本章主要阐述跨国经营日常风险管理的理论与实务，以及海外上市风险管理。

跨国经营风险管理主要阐述了跨国企业日常经营风险的管理，并将跨国经营的主要风险分为非直接财务风险（政治风险）和直接财务风险，且分别阐述了政治风险、汇率风险及利率风险等不同的风险及其管理。

就海外上市风险管理而言，本章介绍了海外上市的概况（包括海外上市的必要性、方式、主要程序及中国企业海外上市的现状），并在此基础上阐述了海外上市主要风险的识别和管理措施。

习　题

1. 中国中冶（601618.SH）是一家土木工程建筑企业，在其2010年年报中披露了海外经营风险：①公司所从事的海外业务，可能因当地政局不稳、社会动荡而导致生产和经营风险。公司在海外从事工程承包等业务，这些业务多处于发展中国家或经济欠发达地区，当地的政治及经济环境通常不够稳定，因此，公司的业务可能受到当地或国际政治、经济背景不断变化的影响。公司的海外项目可能遇到的政治风险包括但不限于：暴动、恐怖活动及战乱，全球性或地方性政治或军事紧张局势，政府更迭或外交关系变动或紧张而受损失的风险；政策、法律制度或优惠措施突然变更；外汇管制、贸易限制或经济制裁；海外劳工政策变化；海外项目所在国法律制度的完善程度。此外，在公司聘用雇员或经营业务的高风险地区，可能需要支付较高的安保成本以保护公司人员及财产的安全，而公司为此所实施的措施有可能不足。以上情形均可能使得公司的海外项目开发与实施过程受到影响，甚至造成经济损失和人员伤亡，影响公司的海外经营业绩。②在公司国际业务开展过程中，存在境外市场变化而引致风险的可能性。作为一家跨国经营的特大型企业，公司在亚洲、非洲、中东、北美、南美等地的数十个国家和地区设立了子公司、分公司、代表处（办事处）和项目部。由于海外国家或地区各自的总体商业环境与国内存在较大的差异，公司仍可能由于不能对境外市场变化及时作出反应而引致经营风险。公司的海外项目可能遇到的市场经营风险包括但不限于：项目询价的准确性存在偏差；所在国汇率波动频繁且幅度较大；对所在国外汇、税收、海关等政策法规了解不够深入；海外代理商选择风险；国内同行业竞争；与外国合资伙伴、客户、分包商或供应商的潜在诉讼。③由美国次贷危机引发的海外金融危机虽然有利于降低海外资源收购成本、原材料价格及人工成本，但是受海外金融危机影响，不仅因海外业主的经营业绩下降可能影响公司相关海外业务的拓展，而且已有海外在建项目也可能需要延长建设周期。企业同时披露了应对措施：公司对国际业务的开展已经积累了较为丰富的经验，在海外业务开展前均会进行详尽的风险分析和项目论证。请对中国中冶采取的海外经营风险应对措施进行评价和补充。

2. 中金岭南（000060. SZ）是一家有色金属冶炼及压延加企业，在其2010年年报中披露了海外经营风险：国际化经营使公司存在因别国或地区宏观环境与国内环境差异带来的风险。在公司的国际化进程中，可能会遇到因别国或地区在政治、经济、文化、法制、意识形态等方面与中国不同而产生的各种问题。企业同时披露了应对措施：公司正在逐步积累开展海外资源项目并购、国际化经营管理方面的宝贵经验，将加大力度培养和引进国际化的人才队伍，全面实施公司内部控制全流程的规范管理，防范经营风险。请对中金岭南采取的海外经营风险应对措施进行评价和补充。

3. 中色股份（000758. SZ）是一家重有色金属矿采选企业，在其2010年年报中披露了海外经营风险：受国外政治局势及经济变化的影响，公司的一些工程项目面临迟迟不能开工的局面。中东地区政治局势复杂多变，对中东各国经济产生较大的负面影响。公司工程承包业务在经历金融危机导致的萎缩后继续受到中东混乱政局的冲击——这些国家对有色金属建设需求减少、有色工程建设市场萎缩，增大公司项目开发的难度，也导致公司已经签署意向书的一些工程项目迟迟不能开工。请提出中色股份的海外经营风险管理对策。

4. 新希望（000876. SZ）是一家食品加工企业，在其2010年年报中披露了海外经营风险：目前，公司已在越南、菲律宾、孟加拉、印度尼西亚等国家建立了公司，今后业务所涉国家和地区将进一步扩大。由于这些国家的政治、经济、文化环境与国内存在着不同程度的差异，有可能出现经营战略、营运方式、管理模式以及与工作人员的配合、公共关系等方面的问题，加大了公司的管理难度，有可能引致国外公司的经营运作和收益状况在短期内不稳定或达不到预期目标。此外，若这些国家出现政局不稳、发生动乱等情况，国外公司也可能面临财产损失的风险。企业同时披露了相应的对策：针对上述问题，公司凭借在越南、菲律宾公司投资所积累的成功经验，派遣高素质管理人员到国外公司，并充分利用当地资源，使国外新建公司规避风险，少走弯路，早日投产并见成效。此外，公司对国外公司应收账款坏账准备估计进行调整，采用更为谨慎的计提办法，以减低相关风险。请对新希望采取的海外经营风险应对措施进行评价和补充。

5. 大连国际（000881. SZ）是一家综合类企业，在其2010年年报中披露了海外经营风险：海外业务受当地政局变动的影响较大。公司作为多元化外向型企业，其业务所涉及的主要国家有苏里南、新加坡、日本、加蓬、利比里亚和澳大利亚等，这些国家的政局变化会对公司的经营造成不利影响。企业同时披露了相应的对策：公司将高度关注这些国家的政局变化，制定相应的预防应急预案，防止当地突发政治事件给公司带来损失。请对大连国际采取的海外经营风险应对措施进行评价和补充。

6. 众合机电（000925. SZ）是一家专用设备制造企业，在其2010年年报中披露了海外经营风险：国际政治经济环境、所在国政治经济形势变化均可能对公司境外业务拓展、工程进展及经济效益产生影响，同时境外经营在结算时，汇率变动也可能对公司经济效益产生一定影响，因此，公司存在一定的境外经营风险。请提出众合机电的海外经营风险应对措施。

7. 海鸥卫浴（002084. SZ）是一家金属制品企业，在其2010年年报中披露了海外经营风险：①欧美房地产市场景气度将会影响公司在国外的产品销售，进而影响公司的海外收益稳定性。公司的主要客户为欧美顶级卫浴品牌商，2010年，公司对美洲、欧洲市场的销售额约占公司总销售额的80%以上。欧美房地产市场的景气度是影响公司收入和利润的重要因素。②世界各国贸易保护主义的出台使公司的产品出口受阻，海外经营受到较大的负面影响。由于世界经济的复苏还存在着不确定性，各国为了解决本国的经济、就业等问题，有可能设置或提高贸易壁垒，而公司产品主要以出口为主，将受贸易保护主义的影响。企业同时披露了应对措施：为降低欧美房地产市场波动给公司收益造成的影响，公司将在现有客户的基础上，拓展新产品，并积极开拓新客户，开拓新兴国家市场，拓展温控阀产品、地暖系统的内销市场，积极降低生产和管理成本，向整组龙头、淋浴房、浴缸、陶瓷洁具、研发设计、售后服务延伸，为客户提供更完整的服务，使海鸥卫浴在激烈的竞争中永远成为客户心中的首选，争取更高的市场占有率。①积极调整产品市场结构，完善产品体系，进行业务创新，增强抵御风险的能力；②凭借公司领先的温控技术，积极开拓国内地暖市场，分享国内经济快速发展的硕果。请对海鸥卫浴采取的海外经营风险应对措施进行评价和补充。

第七章

财务困境风险管理

目前，我国企业还没有充分树立起对财务风险的管理意识，对企业日常运营中的财务风险重视不够，一些企业破产倒闭的事件也屡见不鲜。特别是一些上市公司，当其财务风险累积到一定程度时，便会形成财务危机，严重时甚至会导致企业破产倒闭，对整个经济社会造成很大的冲击。加之目前企业的经营环境复杂多变，面临的不确定性因素也越来越多，因此有必要建立企业财务风险预警系统。

第一节　财务困境

当一个企业无法产生足够的现金流量来满足合同所要求支付的款项，如到期应付的债务和利息等，就会陷入财务困境。而一个企业对所要求的支付款项违约，则可能被强制以其资产来清偿。

一、财务困境概述

财务困境又称财务失败或财务危机，是财务风险的一种极端表现。处于财务危机状态的企业必然陷入了财务困境。在现代企业的经营活动中，如下现象屡见不鲜：企业年终利润表上显示盈利，可没过多久却宣布濒临破产。国内外的大量实例表明，陷入经营危机的企业几乎毫无例外地都是以出现财务危机为征兆。任何企业在其生存和发展的过程中，都会遇到各种各样的风险。财务风险是客观存在的，任何企业都必然要面对它。而财务困境是财务风险发展到一定程度的产物，是财务风险进一步加剧的表现。若企业抵御风险的能力较弱，且不能对风险采取有效的管理措施，则很可能会陷入财务困境的境地。企业若能在有效期间内采取有效的化解措施，就能降低财务风险、摆脱财务困境；否则，企业面临的财务困境将进一步加剧，甚至会陷入破产的厄运。因此，财务困境是财务预警管理的重要目标之一。

财务困境是指一个企业处于经营性现金流量不足以抵偿现有到期债务（如商业信用或利息）而被迫采取改正行动的境况。财务困境可能导致企业违反合约的规定，也可能涉及企业、债权人和股东之间的财务重组。通常，企业会被迫采取某些在有足够现金流量时不可能采取的行动。

当一家企业的净资产为负值，即资产价值少于负债价值时，就会发生“存量破产”；而当它的经营性现金流量不足以抵偿现有到期债务时，则将出现“流量破产”。

企业可以通过以下若干方法处理财务困境：出售主要资产；与其他公司合并；减少资本支出及研发费用；发售新股；与银行和其他债权人谈判；以债权置换股权；申请破产。

二、陷入财务困境的原因

拉克（Wruck，1990）认为财务困境是由经济低迷、行业进入衰退期以及管理不善等因素导致的，可以将企业陷入财务困境的原因区分为内因和外因。赵国忠认为内因包括财务因素和非财务因素。其中，非财务因素是诱发财务困境的深层次原因。财务因素受企业战略及经营管理决策影响，是企业决策的后果；而非财务因素往往代表企业的决策行为和决策过程，对企业财务状况产生较为深刻的影响。翟金花指出，陷入财务困境的企业都存在公司治理方面的问题。公司治理机制失效将严重影响企业的决策过程及运营过程，甚至导致企业财务困境。结合吴轶伦和任浩的分析思路，通过对公司治理、企业风险及财务困境三者之间关系的分析，得到企业财务困境形成路径，如图 7-1 所示。公司治理是企业战略管理和运营管理的基础，公司治理决定了企业战略和运营管理系统的良性运转。其中，战略管理主要负责企业资本结构决策和资本预算决策，二者决定了企业对筹资性以及经营性固定成本的投入，而这又在很大程度上决定了企业杠杆大小，经营杠杆系数越大，企业总风险越大。风险可能引致损失，也可能带来收益。当企业风险在企业的承受范围以内时，杠杆效应能够带来良好的业绩并提升企业价值；但是当企业风险超出其承受水平，杠杆负效应很可能使企业出现业绩亏损，导致企业价值下降，最终面临财务困境。因此，公司治理失败是引致企业财务困境的根源，而企业风险管理失败是企业陷入财务困境的直接原因。企业风险的不确定性主要表现在当期投资所期望的收益与实际收益之间的差距。企业面临的风险可划分为经营风险和财务风险。对经营风险和财务风险的计量有多种方法，可以用杠杆系数和相关变量的方差、均方差和变异系数对企业风险进行计量，结合数据的可获得性，对企业风险的衡量可以息税前利润为起点，将企业的经营风险和财务风险联系起来，以杠杆理论为工具，对企业困境进行分析。

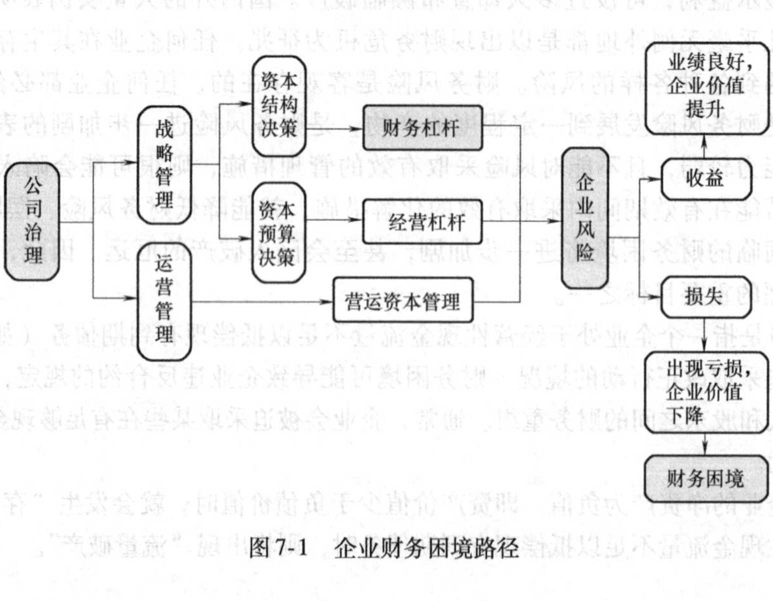

图 7-1　企业财务困境路径

三、案例分析：ST 德棉的财务困境预警㊀

（一）案例介绍

2006 年，山东德棉股份登陆深圳中小企业板。从 2005 年开始，企业持续扩大技术改革项目投入，投资高支高密无梭布项目和更新设备生产高档装饰面料技术改造项目等，造成企业上市之初资产负债率就已高达 74.17%。公司认为大规模的固定资产投资能够提高企业高端产品的比例，为企业带来良好的销售，公司的资产负债率偏高的情况会随着募集资金到位、公司销售收入持续增长而得到解决。但市场并不如公司预期的情况乐观。2007 年，德棉股份连续两年亏损，公司实行退市风险警示，股票简称变成“＊ST 德棉”，2010 年，＊ST 德棉“及时”收到了德州市政府的补贴，2011 年，＊ST 德棉顺利解除退市风险警示，摘星成功的 ST 德棉走上了重组之路。计算德棉股份 2005—2010 年的杠杆系数，并与纺织制造业杠杆系数的合理值域对比，结果如表 7-1 所示。经营杠杆（DOL）方面，2005—2006 年，企业经营杠杆处于行业合理值域以外，仅 2007 年其经营杠杆处于合理值域以内。企业 2007 年前后经营杠杆的显著变化表明，企业可能在 2007 年附近存在大幅的固定资产投资，导致企业的固定成本增大。在财务杠杆（DFL）方面，企业从 2006 年开始，财务杠杆一直处于合理值域以外，与行业比较，企业财务风险处于较大的情况。同时，企业可能在 2006 年附近增加银行借款，导致企业财务杠杆增大的情况。企业总杠杆（DTL）在 2005—2007 年均处于合理值域以内，表明企业经营杠杆控制较好，使得企业总风险较小。但 2008 年以后，企业总杠杆变化显著，并处于合理值域以外。企业总杠杆系数变动超过 20% 时，企业杠杆的变动幅度对企业财务困境情况具有预警作用。德棉股份的企业总杠杆（DTL）系数在 2007 年增长了 23%（$(3.32-2.69)/2.69\times100\%$），从 2007—2008 年期间，企业经营杠杆（DOL）增加了 7 倍多，而财务杠杆计算数值为负。企业经营风险大幅增加的同时，财务风险也出现了较为显著的异常变化。通过对企业风险状况的持续监测，发现企业财务状况在 2007 年以后出现了持续恶化的情况。

表 7-1　德棉股份的杠杆值域

	2005 年	2006 年	2007 年	2008 年	2009 年	2010 年
DOL	1.53	1.48	1.69	13.90	-0.22	-9.89
DOL 的合理值域	(1.64，1.99)	(1.62，2.09)	(1.57，2.07)	(1.74，3.28)	(1.81，3.33)	(1.69，2.18)
	外	外	内	外	外	外
DFL	1.83	1.82	1.96	-0.16	0.54	0.11
DFL 的合理值域	(1.29，2.07)	(1.30，1.61)	(1.35，1.95)	(2.09，4.00)	(1.20，2.56)	(1.32，1.67)
	内	外	外	外	外	外
DTL	2.80	2.69	3.32	-2.18	-0.12	-1.06
DTL 的合理值域	(2.19，4.39)	(2.22，3.33)	(2.27，3.77)	(4.26，13.04)	(2.82，6.72)	(2.37，3.57)
	内	内	内	外	外	外

（二）经营风险与财务风险分析

德棉股份 2005—2010 年的经营杠杆系数（DOL）如表 7-2 所示。企业 2005 年和 2006

㊀ 资料来源：龚凯颂，焦菲．企业财务风险与财务困境预算分析——基于 ST 德棉的案例分析［J］．财会通讯，2012（9）．

年销售收入增长，企业经营杠杆系数有所下降。但2007年开始，企业营业收入开始萎缩，企业在2007年其经营杠杆系数增长14%，2008年达到8.22倍。2006年，企业固定资产投资规模增长近一倍，且企业不断增加对固定资产的投资，是企业经营杠杆系数加大的根源。而2007年开始，企业销售收入的持续下滑使得企业经营杠杆进一步增大。截至2010年年底，与纺织制造业同行业公司比较，企业资产和收入规模在行业都只是中位数，其资产和收入规模尚未达到国内前列。企业战略的过于激进导致投资扩张速度过快，但企业盈利水平下降，企业经营杠杆不断增加，是企业长期经营风险增大的主要原因。同时分析企业在现金、应收款项以及存货方面的短期经营风险发现，企业应收账款和存货周转率在2006年前后显著变化，凸显出企业日常运营能力管理缺乏持续性，也反映了企业战略管理对企业日常运营的影响。由于企业激进的战略规划管理，导致企业固定资产盲目投资，一方面增大了企业的资金需求，另一方面固定资产投资的战略失当并未能带来销售的增长，反而导致库存商品积压严重，存货周转率下降，企业存货并不能适销对路。这一情况可以从企业2008年开始对存货跌价准备的计提中反映出来。整理企业2005—2010年的财务数据，计算企业财务杠杆，如表7-3所示。2004—2007年，企业财务杠杆总体呈不断增长的趋势，至2008年，企业 EBIT $< I$，息税前利润已不足以支付利息支出。在企业利息支出不断增长的情况下，EBIT 却在2007年以后显著下降，这也与企业固定资产投资未能带来相应的效益有关，反而增加了企业的风险。2006年以后，$K > R$（K 表示债务资本成本；R 表示投资收益率）企业因带息债务平均利率过高而导致财务杠杆负效应。这也体现了经营活动的失败对企业财务状况的深远影响。当企业战略决策和日常运营管理失当时，企业资产报酬率小于其所承担债务的比率，企业背负偿债付息的压力，增大了企业的财务风险。进一步分析企业财务报表数据，企业短期债务增长较带息债务增长迅猛，其占带息债务的比率一度达到90%以上。企业不仅承担还本压力，而且付息压力也非常大。2007—2008年年报显示，企业借入短期和临时借款用于固定资产投资，利用短期借款支持长期投资，二者并不配比。

表7-2 德棉股份的DOL计算分析

	2005-12-31	2006-12-31	2007-12-31	2008-12-31	2009-12-31	2010-12-31
营业收入/万元	91068.01	95227.40	91696.31	72445.02	65675.74	81685.75
营业收入增长率（%）	13.26	4.57	-3.71	-20.99	-9.34	24.38
EBIT/万元	6001.24	7498.50	8177.45	509.19	-6328.98	-723.02
F/万元	3178.18	3610.80	5651.19	6567.42	7575.28	7835.92
DOL =（EBIT + F）/EBIT	1.53	1.48	1.69	13.90	-0.20	-9.84

表7-3 德棉股份的DFL计算分析

	2005-12-31	2006-12-31	2007-12-31	2008-12-31	2009-12-31	2010-12-31
EBIT/万元	6001.24	7498.5	8177.45	509.19	-6328.98	-723.02
EBIT 增长率（%）	18.91	24.95	9.05	-93.77	-1342. 95	-88.58
I/万元	2717.48	3375.11	4007.91	3751.14	5384.49	5999.16
I增长率（%）	34.20	24.20	18.75	-6.41	43.54	11.42
DFL = EBIT/（EBIT - I）	1.83	1.82	1.96	-0.16	0.54	0.11
DFL 增长率（%）	9.43	-0.49	7.85	-108.01	-444.01	-80.09

（三）财务困境成因透析

公司治理是企业财务困境产生的深层次因素。从监督方面来看，山东德棉集团作为上市公司的控股股东，持股比例达54.65%，公司管理层绝大部分来自董事会，公司内部管理层对公司有着实质控制权，董事会对管理层几乎不存在任何监督作用。同时，德棉集团作为其大股东属于国有持股公司，企业终极所有者缺位。董事会主要由内部经理人员组成，没有形成决策控制和决策执行的有效分离和相互制衡机制。该董事会的组成模式容易形成“内部人控制”现象，经理人员的机会主义行为不容易得到遏制。从激励方面来看，德棉股份管理层均不持股，且管理层的平均薪酬非常低，一直占据行业最低值。公司管理层均不持有公司的股票，高管薪酬总体偏低，且2005—2011年未涨。金燕华和陈冬至研究认为：股权集中度的提高和其他股东对控股股东制衡能力的减弱增加了企业发生财务危机的概率；独立董事频繁更替则是公司趋于财务危机的征兆。德棉股份财务困境的形成与其股权结构缺乏制衡这一现象有关：大股东在制订企业战略计划时，缺乏对企业外部环境和其资源能力的审慎调研和考虑，这是导致企业经营风险和财务风险增大的重要因素；企业日常运营也受到企业战略失当的影响。同时，由于缺乏对大股东的必要监管，企业内部控制问题也较为严重，大股东对上市公司的资金占用等问题也在一定程度上加大了企业风险。

第二节　财务预警

一、财务预警概述

（一）财务预警的含义

企业财务预警是指为了防止企业经营偏离正常轨道而建立的报警和实时管理的控制手段。从财务角度对企业进行预警，是指架构在企业预警理论之上，通过对企业财务报表及相关经营资料进行分析，并利用及时的财务数据和相应的数据化管理方式，预先告知企业所面临的危险情况，同时分析企业发生财务危机的原因，发现企业财务运营体系所隐藏的问题，以便提早制定好管理措施，并提出相应的预警对策的财务分析系统。

（二）财务预警的内容

财务预警主要包括监测、识别、诊断与评价四项内容。

1. 监测

企业进行财务预警管理活动的前提，是以企业经营管理活动中的重要环节为监测对象，即对企业在经营运作中最可能出现的经营行为失误和经营管理波动，或对经营活动具有举足轻重作用的环节与领域等进行监测。其任务主要有两个：①过程监视。对监测对象的活动过程进行全过程监视，对监测对象同企业其他活动环节的关系状态进行监视。②对大量的监测信息进行整理、分类、存储和传输。监测活动的主要对象是外部环境因素和内部环境因素，以及订货、销售、售后服务等环节。企业可以通过建立监测信息档案，来对经营活动进行全面比较。其手段是采用科学合理的指标体系，并按程序化、标准化、科学化原则来处理。

2. 识别

企业通过对监测信息的分析，可确定经营活动中已发生的劣性状态和将要发生的劣性活动趋势。其主要任务是应用适宜的识别指标来判断哪个环节已经发生或即将发生劣性状态。它对整个预警系统的活动至关重要，其关键在于识别指标的适宜性。

3. 诊断

财务诊断功能是指根据跟踪、监测的结果进行对比分析，运用现代企业管理技术、企业诊断技术、财务分析方法等对企业运营状况的优劣作出判断，找出企业运行中的弊端及其病根所在。

4. 评价

对已被确认的主要劣性状态要进行损失性评价，以明确在此背景下会继续遭受什么冲击。其主要任务有两个：①财务损失的评价，包括直接损失和间接损失；②社会损失的评价，包括经济损失和社会波动后果。财务预警评价活动所使用的评价指标，应当是社会公认的或法律所认可的，或是从社会调查所获得的。其评价结论是预控对策系统开展活动的前提。

二、财务预警的分析方法

财务预警的分析方法是财务预警研究中不可或缺的内容。当前，国内外用于企业财务预警的分析方法有定性和定量两类。

（一）定性预警分析方法

1. 专家调查法

企业组织各领域的专家运用专业方面的知识和经验，根据企业的内外环境，通过直观的归纳，对企业过去和现在的状况、变化发展过程进行综合分析研究，找出企业运动、变化、发展的规律，从而对企业未来的发展趋势作出判断。由于这种方法的成本较高，大部分企业只采用其中的标准化调查法，即通过专业人员、咨询企业、协会等，就企业可能遇到的问题加以详细调查和分析，形成报告文件供企业经营者参考。该方法的优点是标准化；缺点是对于特定企业而言，无法提供特定的问题、损失暴露的一些个性特征。

2.“四阶段诊断”分析法

企业财务预警状况不佳，甚至出现危机肯定有其特定的症状，而且是逐渐加剧的。企业财务预警病症大体分为四个阶段，各阶段并发症状如图7-2所示。如果企业有相应的情况发生，一定要尽快弄清病因，并采取有效措施，以便摆脱财务困境，恢复财务正常运作。

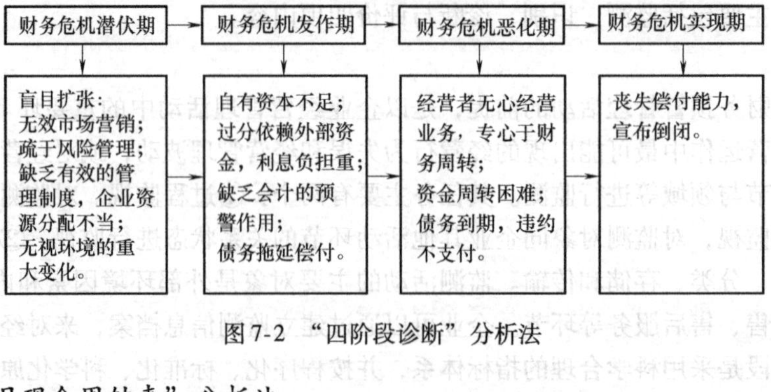

图7-2 “四阶段诊断”分析法

3.“3个月现金周转表”分析法

判断企业“病情”的有力手段之一是制定3个月的现金周转表。是否制定3个月的现金周转表，是否经常保持转入下一个月的结转额对总收入的一定比率与销售额对付款票据兑现额的一定比率，以及是否考虑现金周转问题，对维持企业的生存极为重要。该方法的思路是：如果销售额逐月上升，兑现付款票据极其容易；如果销售额每月下降，那么已经开出的付款票据也会难以支付。这种方法的判断标准是：如果无法制定3个月的现金周转表，那就说明企业本身已经存在问题；如果已经制定好了现金周转表，就要查明转入下一个月的结转额是否占总收入的20%以上，付款票据的支付额是否在销售额的60%以下（批发商）或40%以下（制造商）。这种方法的实质是，企业面临着变幻不定的理财环境，需要经常准备好安全度较高的现金周转表。假如企业连这一点都做不到，就说明该企业的财务状况已经处于非常严重的状态了。

4. 管理评分法

美国的仁翰·阿吉蒂调查了企业的管理特征以及可能导致破产的种种缺陷，将这几种缺陷、错误和症状进行对比打分，还根据这几项因素对破产过程产生影响的程度大小对它们作了加权处理。用管理评分法对企业经营管理进行评估时，每一项得分要么为0分，要么是满分，不允许给中间分。所给的分数就表明了管理不善的程度。如表7-4所示，对参照表中各项进行打分，分数越高，则说明企业的处境越差。在理想的企业中，这些分数都应为0分。如果评价的分数总计超过25分，表明企业正面临失败的危险；如果得分总数超过35分，表明企业处于严重的危机之中；企业的安全得分一般小于18分。因此，18～35分构成企业管理的第一个“黑色区域”。如果企业所作的评价总分位于“黑色区域”内，就必须提高警惕，迅速采取有效措施。该方法的前提是企业的失败源于企业的高管。它的原理是：企业的经营失败并不是突然发生的，而是有一个过程。企业首先会发生一些经营上的缺点或不足，如不能加以克服，这些缺点和不足就会导致经营上的错误产生。

表7-4　管理评分法评分表

项　目		评　分	表　现
缺陷	管理方法	8	总经理独断专行
		4	总经理兼任董事长
		2	独断的总经理控制着被动的董事会
		2	董事会成员构成失衡，比如管理人员不足
		2	财务管理能力低下
	财务费用	1	管理混乱，缺乏规章制度
		3	没有财务预算或不按预算进行控制
		3	没有现金流转计划或虽有计划但从未适时调整
		3	没有成本控制系统，对企业成本一无所知
		15	应变能力差，存在产品过时、设备陈旧、战略守旧等问题
合计		43	及格10分
错误		15	欠债过多
		15	企业过度发展
		15	过度依赖大项目
合计		45	及格15分

（续）

项　目	评　分	表　现
症状	4	财务报表上显示不佳的信号
	4	总经理操纵会计账目，以掩盖企业滑坡的事实
	3	非财务反应：管理混乱、工资冻结、士气低落、人员外流
	1	晚期迹象：债权人扬言要诉讼
合计	12	及格4分
总计	100	及格29分

（二）定量预警分析方法

1. 单变量分析

它是运用单一变量、用个别财务比率来预测财务失败的模型。按此分析方法，企业模型中所涉及的几个财务比率趋于恶化时，通常就是企业发生财务失败的先兆。在进行企业财务预警分析时，单变量分析尽管有效，但作用有限。

2. 多变量分析

多变量分析是从总体宏观角度来检查企业财务状况有无呈现不稳定的现象，从而未雨绸缪，以规避财务失败或延缓财务失败的发生。多变量分析法很多，包括第二章介绍的 Z 判断分析法和 F 分数模型，本节介绍企业安全率和相对流动性程度模型。

（1）企业安全率。通过计算该指标，有助于了解企业财务经营现状，并寻求企业财务状况改善的方向。企业安全率由两个因素交集而成：经营安全率和现金安全率。经营安全率用安全边际率表示。安全边际率越高，说明企业经营安全程度越高。通常，当两个安全指标均大于0时，表明企业经营状况良好，可以适当采取扩张的策略；当现金安全率为正，而损益平衡点安全率小于0时，表明企业财务状况良好，但营销能力不足，应当加强营销管理，增加企业利润的创造能力；当企业的损益平衡点安全率大于0，而现金安全率为负时，表明企业财务状况已露出险兆，此时应将积极创造自有现金、进行开源节流及改善企业的财务结构作为企业的任务；当企业的两个安全率指标均小于0时，则表明企业经营已陷入危险的境地，有爆发财务危机的可能。

（2）相对流动性程度（DRL）模型。

其计算公式为

$$DRL = TCP/E$$

式中，TCP为总潜在现金，它是初始潜在现金与来自正常经营中的潜在现金之和；E 为预期现金支出。

如果DRL比率大于1，说明企业能够满足期间内的流动负债，并在期末有一些净流动现金；如果DRL比率小于1，则说明企业应在期末前向外界寻找营运资本进行融资，且企业破产的可能性较大。DRL模型主要是衡量小企业的流动性以预测企业破产的备选方法，对大企业也有很强的适用性。

多变量分析模型的优点有：能够包括反映企业财务情况的多个指标，运用广泛；能够包含独立变量；一旦完成模型的建立，运用相对容易；模型直观。但由于它们的有效性依赖于严格的假设条件，而大多数财务困境的预测指标并不能满足这些假定，导致在财务困境预测中对这种方法的运用受到很大的局限性。

三、财务预警系统

（一）财务预警系统概述

财务预警系统是指以企业的财务报表、经营计划、相关经营资料及收集的外部资料为依据，采用各种分析方法，将企业所面临的经营波动情况和潜在的财务风险情况预先告知企业经营者和其他利益相关者，并分析企业发生经营波动和危机的原因及企业财务运营体系所隐藏的问题，以督促企业管理当局提早制定好防范措施，以避免企业陷入破产或财务困境，并为管理当局提供决策和控制所依据的组织手段和分析控制的管理系统。它具有五大特征：系统性、实时性、预知性、反馈性和成长性。

（二）财务预警系统的构建

构建财务预警系统的必要性：企业有关利益各方决策的需要；市场竞争的客观要求；加强财务监管的需要；克服财务信息披露局限性的迫切要求。

构建财务预警系统的基本原则：前瞻性原则、动态性原则、系统性原则、经济性原则、及时性原则、实用性原则。

构建财务预警系统的过程中需要注意的问题有：树立风险防范意识是财务预警系统建立并有效运行的前提；财务预警系统设计要遵循成本效益原则；保持预警系统的先进性和有效性；构建财务预警系统应和企业的各项制度建设结合起来；充分利用现代化监管手段，发挥计算机的强大功能；根据我国市场的实际情况完善财务预警模型。

总之，企业应根据自身的发展需要建立一个集日常风险监测、定期综合预警于一体的财务预警系统，及时发现和管理风险，将财务风险和企业危机扼杀在萌芽状态。

（三）财务预警系统的构成

1. 财务预警组织机构的子系统设计

为使财务预警系统的分析功能得到正常、充分的发挥，企业应建立健全财务预警组织机构。财务预警组织机构是对企业现存组织体系的一种深入和补充，主要有三种财务预警的组织机构设置模式。

（1）在财务部门中设立财务预警分析员的工作岗位。该岗位可以由财务经理、企业高层管理人员、企业外部财务管理咨询专家等兼任，也可以实行专人专岗。

（2）由企业中除财务部门以外的某些职能部门承担财务预警工作。该模式有利于将财务预警与企业的内部审计或信息安全管理等结合起来，并能保证预警工作的独立性和结论的客观性、公正性。

（3）在企业面临不正常经营波动和财务危机时设置临时性机构。设置临时性的机构，如财务危机处理小组、财务预警咨询小组等。

以上三种设置组织机构的模式各有利弊，企业应根据自身的特点和条件选用不同的模式。无论采用哪种模式，企业在设立财务预警组织时都需要把握和符合以下两个原则：经济效益的原则和机构精简的原则。

2. 财务信息收集与传递的子系统设计

财务预警系统的主要资料包括：内部数据和相关外部市场、行业等方面的数据。财务预警机制的重要前提是建立灵活、高效的信息系统。在这个系统中，最重要的是形成信息收集和传递的完整、快捷的渠道。

财务预警分析的具体步骤包括：根据所考察的内容和侧重点，明确信息收集目标；通过多种渠道收集多方面资料；进行资料的整理、汇编、计算研究工作，寻找资料中所隐含的经济发展趋势、重要启示以及危机与契机；将相关信息的分析结果汇集总结，分析企业的现状，判断企业的危险程度，寻找对应的原因；进行决策，分析是否应采取应对措施或采取何种措施；在风险征兆消除之后，将采取的措施及形成的经验转化为企业的管理活动规范。

3. 财务风险分析的子系统设计

（1）财务预警系统指标体系的建立。构建企业财务预警指标体系应遵循七大原则：目的性、系统性、动态性、灵敏性、直观实用性、预测性、先进性。财务预警的指标体系如图 7-3 所示。

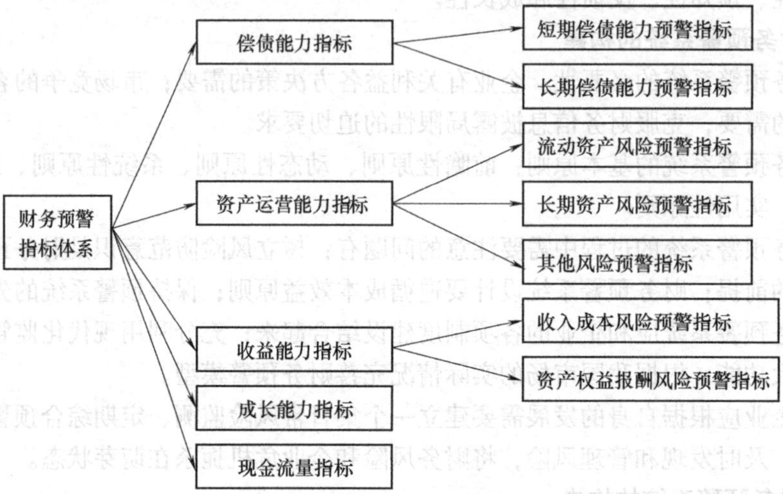

图 7-3　财务预警的指标体系

（2）财务预警度。财务预警度是一种判断标准和原则，用来确定在不同的情况下，是否应当发出警报以及发出何种程度的警报。对财务预警度的设置标准要把握好度。如果设置过松，可能导致有危险时不能发出警报，即造成漏警；若设置过严，可能导致不该发出警报时发出了警报，导致误警。

1）指标预警。指标预警是指根据预警指标数值大小的变动而发出不同程度的警报。设要进行警报的指标为 X，灰色区域为（X_a,X_b），安全区域为 $X>X_b$，初等危险区域为（X_c，X_a），中等危险区域为（X_d,X_c），高等危险区域为 $X<X_d$。

2）财务预警信号图。根据定期财务预警系统输出的预警信号，企业可以绘制一个连续的全面的财务预警信号波动趋势图（见图 7-4）。在绿色区域，企业虽然处于顺境，但信号图能显示出这种顺境的稳定程度。如果信号图显示企业运行是在绿色区的上部区域，或在此区域内上下剧烈波动，则意味着企业顺境并不稳定。在蓝色区和黄色区，说明企业内部已经出现了一些导致财务状况恶化的因素。在红色区，信号图的“坡度”也能表示企业危机发生发展的时间特征：若图形很陡，说明存在某一现象使企业财务状况恶化并迅速发展；若图形平缓，则说明是由于诸多矛盾状态的积累效应而引发企业危机。总之，绿色区、蓝色区和黄色区是企业活动可承受的区域，而红色区是不能让其存在的区域。财务预警信号图既可以帮助分析当期的企业情况，也反映了这种境况的形成过程和发展趋势。

4. 财务风险处理的子系统设计

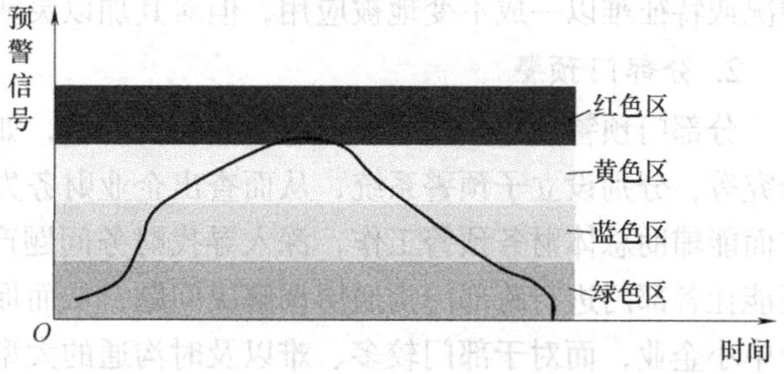

图 7-4　财务预警信号波动趋势

在对财务风险分析清楚之后，就应立即制定相应的预防、转化措施，尽可能减少风险带来的损失。

（1）财务重整。当企业陷入财务困境时，一般会首先考虑进行财务重整。这是对已经达到破产界限的企业的抢救措施，通过这种抢救，濒临破产企业中的一部分甚至大部分能够重新振作起来。

（2）寻找涨价原料的替代品。开展产品的功能成本分析，寻找供应紧张的主要原材料的替代品，降低成本，以便为企业生存带来一线生机。

（3）削减和压缩资本性支出。关闭无效率的生产线，延缓非生产经营性支出，厉行节约，节省支出。

（4）处理制成品、原料与零部件等存货。财务危机发生时要减少存货的数量：有时要处理闲置资产，即将呆滞资产变现，处理的手段通常为折价变卖等；有时出租或出售无用的存货、降低劳务费价格、收回对外投资等。

（5）实施资产重组。通过资产重组，优化资产配置，提高资产运营效率，改善企业经营不利的局面等。

（6）售后回租资产。采取这种措施，有利于缓解企业短期内现金紧张的状况，同时能满足生产、经营的需要。

（7）寻求过渡时期的现金支持。寻找新的债权人，设法取得其对企业偿债能力的信任，获得新的现金支持；与债务人交涉，加速回收应收账款，清收个人欠款；寻找新的抵押和担保贷款；寻求并获得新的投资。

（8）拟订长期整顿方案及实施时间表。通过拟订长期整顿方案及实施时间表，重新检讨企业的策略方案和目标，以吸取经验教训。

（四）财务预警系统的实施

财务预警系统的运行最终都要依靠人的行为来实现。针对以上对财务预警运行流畅的分析，财务预警人员的工作相应地可分为两大部分：总体预警和分部门预警。

1. 总体预警

总体预警工作旨在掌握企业的整体运作是否出现潜在危机，指出企业目前经营运作中可能存在的盲点，让企业经营者能够预先了解企业的财务危机。总体预警工作通常采取多种风险控制和评估方法来进行。例如，运用单变量分析模型和多变量分析模型的思路，计算企业的风险预警指标。此外，把对企业内部控制制度的考核和监控作为一项经常性的工作，以确保财务预警系统顺利实施。

（1）考察企业有无健全的内部稽核制度。通常，良好的内部控制制度不但离不开诚实、有能力的员工，而且要使组织建设权责分明、交易处理程序适当、审计客观独立等。

（2）非定量因素有时比财务指标对预测财务状况更可靠、更灵活和更有效。可以通过企业的外在特征和财务特征出现的情况，来推断企业的财务状况发生了某种危机。尽管这些情况或特征难以一成不变地被应用，但对其加以灵活运用还是很有必要的。

2. 分部门预警

分部门预警工作是按照企业的主要经营活动，如采购、生产、营销、财务、人事、开发研究等，分别设立子预警系统，从而查出企业财务失衡的地方，进而进行必要的改进。它一方面能辅助总体财务预警工作，深入寻找财务问题产生的根源，以便对症下药；另一方面，还能让各部门进行跨部门沟通协调解决问题，从而促成企业综合效益的提高。该方法比较适合中小企业，而对于部门较多、难以及时沟通的大型企业，应该以各个部门为独立单位，以各部门的可控因素为关键点，分别开展有针对性的部门预警工作。进行财务预警分析时，应掌握以下三点：切实了解影响企业的核心问题；为各部门设定相应的预警指标；关注财务预警资料的传递处理情况。

四、案例分析：宁夏银新能源财务预警系统的设计与应用㊀

宁夏银新能源上市公司由于2003年、2004年连续两年亏损，被列为＊ST公司。为了及早地发现和控制财务风险，避免财务状况进一步恶化，以及再次成为＊ST公司，该公司建立行之有效的财务预警系统以加强风险管理已成为当务之急。

（一）财务预警系统的设计

1. 预警模型指标筛选

（1）单变量模型的指标筛选。单变量预警指标包括偿债能力状况、盈利能力状况、资产营运能力状况、现金流状况和发展能力状况指标。偿债能力风险预警指标选取资产负债率和速动比率，具体如表7-5所示；盈利能力风险预警指标选取净资产收益率、总资产报酬率和主营业务利润率，具体如表7-6所示；营运能力风险预警指标选取总资产周转率、应收账款周转率和存货周转率，具体如表7-7所示；发展能力风险预警指标选择销售增长率和资本积累率，具体如表7-8所示；现金流风险预警指标选取现金流动负债比率和可用于投资分配股利的现金比，具体如表7-9所示。

表7-5　偿债能力风险预警指标的预警区间

项　　目	无警警限	轻警警限	中警警限	重警警限	巨警警限
	绿灯	浅蓝灯	深蓝灯	黄灯	红灯
资产负债率（A）（%）	$A \leqslant 44.8$	$44.8 < A \leqslant 57.5$	$57.5 < A \leqslant 66.5$	$66.5 < A \leqslant 97.4$	$A > 97.4$
速动比率（B）	$B \geqslant 1.09$	$1.09 > B \geqslant 0.87$	$0.87 > B \geqslant 0.60$	$0.60 > B \geqslant 0.27$	$0.27 > B$

表7-6　盈利能力风险预警指标的预警区间

项　　目	无警警限	轻警警限	中警警限	重警警限	巨警警限
	绿灯	浅蓝灯	深蓝灯	黄灯	红灯
净资产收益率（C）（%）	$C \geqslant 9.4$	$9.4 > C \geqslant 6.1$	$6.1 > C \geqslant 2.2$	$2.2 > C \geqslant -8.2$	$-8.2 > C$
总资产报酬率（D）（%）	$D \geqslant 5.6$	$5.6 > D \geqslant 3.9$	$3.9 > D \geqslant 1.6$	$1.6 > D \geqslant -4.0$	$-4.0 > D$
主营业务利润率（E）（%）	$E \geqslant 21.4$	$21.4 > E \geqslant 16.5$	$16.5 > E \geqslant 12.7$	$12.7 > E \geqslant -1.0$	$-1.0 > E$

㊀ 资料来源：纪丽芳．上市公司财务预警系统设计与应用研究——来自宁夏银新能源的案例分析［J］．财会通讯，2008（12）．

表 7-7 营运能力风险预警指标的预警区间

项 目	无警警限	轻警警限	中警警限	重警警限	巨警警限
	绿灯	浅蓝灯	深蓝灯	黄灯	红灯
总资产周转率（F）/次	$F\geqslant 0.9$	$0.9>F\geqslant 0.7$	$0.7>F\geqslant 0.4$	$0.4>F\geqslant 0.1$	$0.1>F$
存货周转率（G）/次	$G\geqslant 8.5$	$8.5>G\geqslant 5.6$	$5.6>G\geqslant 3.2$	$3.2>G\geqslant 1.1$	$1.1>G$
应收账款周转率（H）/次	$H\geqslant 12.3$	$12.3>H\geqslant 7.8$	$7.8>H\geqslant 4.2$	$4.2>H\geqslant 1.4$	$1.4>H$

表 7-8 发展能力风险预警指标的预警区间

项 目	无警警限	轻警警限	中警警限	重警警限	巨警警限
	绿灯	浅蓝灯	深蓝灯	黄灯	红灯
销售增长率（I）（%）	$I\geqslant 22.4$	$22.4>I\geqslant 14.7$	$14.7>I\geqslant 6.2$	$6.2>I\geqslant -23.4$	$-23.4>I$
资本积累率（J）（%）	$J\geqslant 10.8$	$10.8>J\geqslant 6.5$	$6.5>J\geqslant 1.2$	$1.2>J\geqslant -15.7$	$-15.7>J$

表 7-9 现金流风险预警指标的预警区间

项 目	无警警限	轻警警限	中警警限	重警警限	巨警警限
	绿灯	浅蓝灯	深蓝灯	黄灯	红灯
现金流动负债比率（K）（%）	$K\geqslant 15.1$	$15.1>K\geqslant 9.5$	$9.5>K\geqslant 3.9$	$3.9>K\geqslant -0.9$	$-0.9>K$
可用于投资、分配股利的现金比（L）	$L\geqslant 0.88$	$0.88>L\geqslant 0.73$	$0.73>L\geqslant 0.58$	$0.58>L\geqslant 0.44$	$0.44>L$

（2）Z 模型的指标选取。$Z=0.717X_1+0.847X_2+3.11X_3+0.420X_4+0.998X_5$，判别准则为：当 $Z>2.9$ 时，企业财务状况良好，发生财务危机的可能性很小，处于不会破产之列；当 $1.2<Z<2.9$ 时，企业处于财务的灰色地带，财务状况极不稳定，不易判断其财务变化趋势；当 $Z<1.2$ 时，企业陷入财务危机，处于破产之列。该模型的适用情况及特点与宁夏银新能源上市公司较为吻合，本文选择该模型作为多变量预测模型。

2. 财务预警系统框架设计

通过对预警指标的选择分析，得出如图 7-5 所示的财务预警系统框架结构。

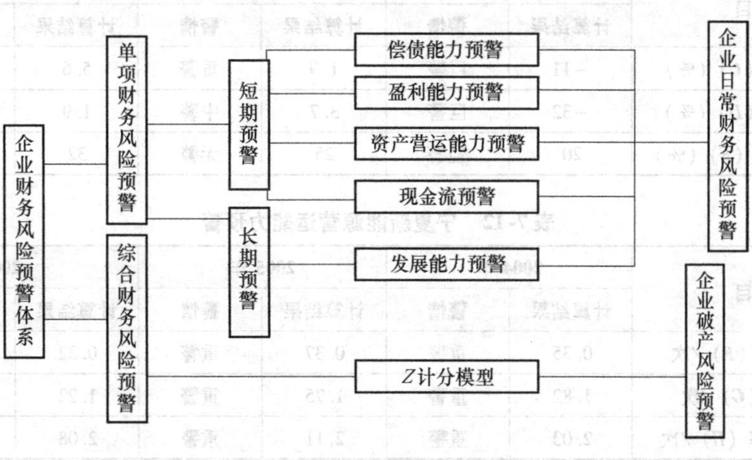

图 7-5 财务预警系统框架结构

（二）宁夏银新能源上市公司财务预警的应用

1. 财务状况单项指标风险预警应用

以该公司最近三年的年报数据为基础对该公司近三年的财务风险趋势进行应用分析。

（1）偿债能力风险预警（见表7-10）。在最近三年中，长、短期偿债能力都达到了重警警限，说明该公司资金结构中负债资金比例过高，短期负债占负债比例过大，随时面临着因无法偿还债务被起诉经营困难资不抵债的财务危机。

（2）盈利能力风险预警（见表7-11）。净资产收益率连续三年都属于重警及以上警限，总资产报酬率的总体状况也表现出严重的财务风险，主营业务利润率为无警或轻警警限。企业经营的目的是赚取利润，获利是企业生存和发展的前提。如果该公司不能迅速形成利润源，公司的经营发展将面临重大的财务危机。

（3）营运能力风险预警（见表7-12）。在这三年中，总资产周转率、存货周转率及应收账款周转率都为重警警限，说明该公司资产的总体管理水平低、流动性差。如果公司不能采取措施加速存货与应收账款周转，资产营运风险将会进一步恶化。

（4）发展能力风险预警（见表7-13）。该公司从2004—2006年销售增长率逐年下降，资本积累率有所提高，但仍具有较大的财务风险，说明该公司缺乏自我积累和自我发展的良性循环机制，资本积累能力差，企业利润留存少，净资产增值缓慢，公司未来发展前景暗淡。

（5）现金流风险预警（见表7-14）。现金流动负债比率逐年上升，但仍具有较大的财务风险，可用于投资分配股利的现金比在近三年中较为稳定，都属于中警警限，说明该公司现金用于短期负债的偿债能力较差，用于投资分配股利的现金短缺。

表7-10　宁夏新能源偿债能力预警

项　目	2004年		2005年		2006年	
	计算结果	警情	计算结果	警情	计算结果	警情
资产负债率（A）（%）	85	重警	82	重警	79	重警
速动比率（B）	0.57	重警	0.57	重警	0.38	重警

表7-11　宁夏新能源盈利能力预警

项　目	2004年		2005年		2006年	
	计算结果	警情	计算结果	警情	计算结果	警情
净资产收益率（C）（%）	-11	巨警	1.9	重警	5.6	重警
总资产报酬率（D）（%）	-32	巨警	3.7	中警	1.9	重警
主营业务利润率（E）（%）	20	轻警	25	无警	32	无警

表7-12　宁夏新能源营运能力预警

项　目	2004年		2005年		2006年	
	计算结果	警情	计算结果	警情	计算结果	警情
总资产周转率（F）/次	0.35	重警	0.37	重警	0.32	重警
存货周转率（G）/次	1.82	重警	1.75	重警	1.22	重警
应收账款周转率（H）/次	2.03	重警	2.11	重警	2.08	重警

表 7-13　宁夏新能源发展能力预警

项　目	2004 年		2005 年		2006 年	
	计算结果	警情	计算结果	警情	计算结果	警情
销售增长率（I）（%）	61	无警	−12	重警	−23.68	重警
资本积累率（J）（%）	−7.5	重警	8	轻警	6	中警

表 7-14　宁夏新能源现金流预警

项　目	2004 年		2005 年		2006 年	
	计算结果	警情	计算结果	警情	计算结果	警情
现金流动负债比率（K）（%）	−7	重警	3	重警	10.02	轻警
可用于投资、分配股利的现金比（L）	0.62	中警	0.59	中警	0.58	中警

（三）财务状况综合指标预警应用

以该公司 2001—2006 年连续六年的年报数据为基础对 Z 计分模型进行有效性应用。该公司的普通股股票面值为 1 元/股，2001 年 12 月 31 日股票市价为 9.69 元/股，2002 年 12 月 31 日为 7.3 元/股，2003 年 12 月 31 日为 5.08 元/股，2004 年 12 月 31 日为 2.61 元/股，2005 年 12 月 31 日为 2.45 元/股，2006 年 12 月 31 日为 2.72 元/股。运用 Z 计分模型对该公司 2001—2006 年的相关数据计算得出六年的 Z 值（见表 7-15）。

由表 7-16 可知，2001 年 Z 值远大于临界值 2.9，说明该公司 2001 年财务状况良好，没有破产风险；2002—2004 年三年的 Z 值均小于临界值 1.2，并呈逐年下降趋势，说明该公司在这三年财务状况不断恶化，出现财务危机，具有破产风险；同时，这也为该公司 2005 年成为 *ST 起了很好的警示作用；2005 年及 2006 年 Z 值大于 2004 年 Z 值，但仍远低于临界值 1.2，且 2006 年 Z 值稍高于 2005 年 Z 值，说明该公司 2006 年财务状况虽有微弱改观，但仍具有严重的财务危机。

表 7-15　宁夏新能源六年 Z 值的计算

指标项目	2001 年	2002 年	2003 年	2004 年	2005 年	2006 年
X_1	0.1164	0.0741	0.1385	−0.1773	−0.1863	−0.2855
X_2	41.47	0.0418	−0.1034	−0.5274	−0.6101	−0.6732
X_3	0.0568	0.0280	−0.1312	−0.3612	0.0396	0.0820
X_4	2.721	1.5252	1.0171	0.4872	0.5353	0.8323
X_5	0.2078	0.27	0.1932	0.4009	0.3939	0.3373
Z 值	36.74	1.0857	0.5347	−1.0925	0.0907	0.1663

表 7-16　宁夏新能源依据 Z 值的财务预警

指标项目	2001 年	2002 年	2003 年	2004 年	2005 年	2006 年
Z 值	36.74	1.0857	0.5347	−1.0925	0.0907	0.1663
判别结果	>2.9	<1.2	<1.2	<1.2	<1.2	<1.2
警情	无破产风险	有破产风险	有破产风险	有破产风险	有破产风险	有破产风险
公司是否属于“*ST”	否	否	否	否	是	是

本章小结

本章首先阐述了财务困境的表现和原因，并进行了案例分析；然后阐述了财务预警的含义、内容和方法，以及进行定性和定量分析的方法，重点阐述了企业财务预警系统及其构建原则、基本框架和实施要义。财务预警贯穿于企业经营活动的全过程，使经营者能够在财务危机出现的萌芽阶段采取有效措施以改善企业经营，防范和化解危机，使投资者和债权人依据这种信号及时调整投资、管理账款并作出决策，也使审计人员和法律人员等据此更准确、合理地判断企业的经营情况，以提供更加优质的中介服务。

习　题

以下是关于东星航空财务困境的案例。请分析其财务困境的形成原因，以及是如何有效地应对财务困境的。[⊖]

1. 案例资料

东星航空有限公司（简称东星航空）先是与武汉黄陂区政府签署了《公共航空运输项目投资落户协议书》，达成了投资5.5亿元、用地1500亩的意向，在两年内完成停机坪、器材库、维修房及员工公寓等的建设。2005年11月27日，东星航空宣布从法国空客、美国通用等国际巨头手里购买和租赁20架豪华空客A320型飞机，总资金达120亿元且无担保，成为美国通用航空在全球范围内对新成立航空公司的最大订单；2006年5月13日，东星航空与全球知名的德国汉莎航空技术公司签订了60亿元的航材、维修的外包协议；2007年10月底，东星航空又从世界最大的飞机租赁公司——国际金融租赁公司租来2架空客A320型飞机；2007年11月22日，东星航空和苏格兰皇家银行签订了融资4亿多美元的协议，用于未来几年内购买6架空客A320型飞机。以28架飞机计算，东星航空已创下民营航空公司的纪录，一度以"东星速度"成为国内发展最快的民营航空公司。

东星航空没有经历生命周期理论所描述的一个企业一般会经历的初创、成长、成熟、衰退四个阶段，而是在企业的快速发展中，于2009年3月收到了民航总局的"停飞令"，并一度陷入破产重整僵局，最终于2009年8月宣告破产。东星航空投入运行的第一个月内，运营成本是1403万元，销售收入则为1512万元。自2006年5月在一年半的时间内，东星航空利用已经到位的5架飞机，实现销售收入5.2亿元，利润2631.69万元，在三家民营航空公司惨淡经营、国际原油价格居高不下的当时，实属航空业的"神话"。但很快，东星航空资金链断裂的事实就公之于众。全球四大会计师事务所之一的安永会计师事务所就东星航空的资产负债情况进行了一次初步审计，这次审计的截止日期是2008年12月31日。根据这次审计，东星航空在当时的资产总额是62961万元，而负债则是103279万元，已经处于严重资不抵债的状况。

杭州萧山机场于2009年1月6日宣布将对其进行制裁，原因是东星航空从2007年9月起已累计拖欠杭州萧山机场300余万元的费用。后美国通用航空（GE CAS）又因东星航空2008年9月以来开始拖欠其飞机租金，数次催要无果，于2009年3月10日将其告上法庭，并向地方政府提出交涉，申请进入法律程序。为确保人民群众生命财产安全，民航中南地区管理局决定自2009年3月15日0时起，暂停东星航空航线航班经营许可。从此，东星航空被迫走上了破产重组的道路。这个过程曲折复杂，先是东星航空拒绝了国航的母公司中国航空集团公司（简称中航集团）提出的收购其100%股权的计划。后法院于2009年3月30日立案受理东星航空债权人的申请，破产程序启动。接下来，武汉中院对中航油、东星国旅、上海宇

⊖ 资料来源：田园．浅析企业财务困境的形成与控制——基于"东星航空"破产的案例分析［J］．中国集体经济，2010（10）．

界实业有限公司、北京信中利国际投资有限公司等的破产重组申请均作出了不予受理的裁定，并于5月27日最终裁定东星航空破产清算。

2. 财务困境的原因

（1）行业困境。2008年年初南方冻雪，“5·12”大地震、持续在历史高位运行的油价和席卷全球的金融风暴，使东星航空与其投资方东星国旅和东盛房地产公司都遭遇到了前所未有的困难。属高风险的中国民航业面临了全行业亏损的局面，进一步加速了东星航空资金链的断裂。

1）对航空业的分析。①属资金密集行业。民航业属于高收益、高风险、资金密集、利润率低的行业，对安全性要求极高，同时需要大量资金。业界普遍存在融资需求大、融资途径窄的难解之题，因此一直以来都是一个“难进难出”的高门槛行业领域，东星航空的总裁兰世立也曾感叹：“不做航空不会知道自己很缺钱！”②国家政策偏向。虽然航空业对民营资本放开，但市场环境从来都偏向“三大航”，国家在政策、资源拨付方面多倾向于国有大航空公司。③石油产品价格变动情况。2008年金融危机发生前，国际原油价格一路上涨。从2002年10月的每桶27美元上涨到2007年的每桶71美元。进入2008年后，原油平均价格更是从1月的每桶94.5美元上涨到7月的每桶137.62美元，这使得以廉价为招牌的民营航空公司难以再度降低成本来保证利润，大多处于“飞不飞都严重亏损”的局面。

2）民营航空公司接连“倒下”的原因分析。在金融危机横扫之下，民营小航空公司像多米诺骨牌一样连连倒下：鹰联航空被“招安”；奥凯航空则陷入股东争斗的内争；东星航空更是以破产清算结束了自己4年的“振翅”生涯，成为国内首家破产的民营航空公司。一方面，油价居高不下；另一方面，航空经营成本也很难再降低，利润无法保证。金融危机来临后，国内旅行需求放慢，融资也变得更加困难，使民营航空雪上加霜，纷纷被国企合并，全行业惨淡经营。

（2）资金链断裂

1）严重亏损是资金链断裂的原因之一。2008年春节前，东星航空实际上已有3个月没有发工资了。东星集团全年无利润，经营利润为-220169元。这就意味着，东星的资金在资金循环过程中只出不进，也就是资金存量只减不增。

2）高负债是资金链断裂的原因之二。东星航空是2005年批准筹建的，只用了11个月的时间就“飞上了天”，真可谓是“东星速度”。该公司注册资本仅8000万元，其租赁和购买了近170亿元的飞机，担负的经营所需的200亿元资金，全部来源于负债筹集的资金，公司自身不能偿还债务的风险极大。

3. 财务困境的形成过程

东星航空主要在民航业风险和高负债运营风险两方面因素影响下陷入了严重亏损，并导致资金链断裂进而形成了财务困境。以8000万元撬动200亿元资金和170亿元飞机的过快扩张的资本运作方式是企业风险管理控制的失败，更是财务战略的失败。因此，战略和管理失败、民航业风险是东星航空陷入财务困境的根本原因。近几年，国际原油价格大起大落，民航业，尤其是民营航空公司，处于飞行员资源垄断的局面，在高利润航线难申请、刚性成本难以下降等不利因素下艰难生存。这些不确定的因素使得东星航空的收入、利润处于不利状态，其经营风险较高。东星航空采用多元化的经营方针进军民航业，以高负债的投资策略进行扩张，使得该公司的财务风险极高。经营风险与财务风险构成企业总风险，因此，东星航空是在企业总风险很高的情况下经营与扩张的。由此，企业总体风险较高是东星航空陷入财务困境的直接原因。避免财务困境的路径可以为：强化战略管理和其他管理，防范企业高风险经营与扩张，完善公司治理。

4. 基于经营风险的财务困境的控制

高风险是企业陷入财务困境的重要原因之一。从高风险的构成来看，避免企业发生财务困境的关键是将经营风险与财务风险的组合风险控制在一定水平。也就是说，如果企业面临较高的经营风险，那么就应该将财务风险控制在较低水平；反之，如果企业面临较高的财务风险，那么就应该将经营风险控制在较低水平。就东星航空的案例来看，无论是经营风险还是财务风险，都处于很高的水平。企业总体风险高，发生财务危机是很正常的；相反，若不发生财务危机，就难以从理论上解释了。东星航空面临的经营风险主要来源于上游原油的价格波动，控制这类经营风险可选择的方法有以下几种：

(1) 利用金融衍生工具对航油进行套期保值。2004 年 8 月，国内燃料油期货交易品种在上海期货交易所正式推出，国内各大航空公司可以通过燃料油期货交易来对航油进行套期保值的操作。所谓套期保值，就是买入（卖出）与现货市场数量相当但交易方向相反的期货合约，以期在未来某一时间，通过卖出（买入）期货合约补偿现货市场价格变动带来的实际价格风险。在进行操作时，企业必须审慎运用金融衍生工具，严格坚持套期保值原则，与现货的品种、规模、方向、期限相匹配，禁止任何形式的投机交易。

(2) 在资本市场参与石油资源的开发、经营等运作。2005 年 8 月 1 日起实施的《国内投资民用航空业规定（试行）》（简称《规定》）中对航油市场的销售、储运和加注环节进行了开放，允许多家企业参与竞争。许多企业已积极参与到航油资本的运作中，进入油料供应行业，并受益匪浅。以上海机场为例，上海机场通过获得浦东航油公司 40% 的股权，在 2004 年仅从航油公司就获得收益 2.46 亿元人民币，对净利润的贡献非常明显。

(3) 强化内部管理，做好节省航油工作。民航业要继续调整航线结构，减少短途航线、增加长途航线、多开国际航线。优化航线，裁弯取直，减少绕飞，在去年缩短航程 1000 多万公里的基础上继续减少航程；尽量减少飞机在机场的等待时间，去年每个航班减少了 3min 的等待时间；在具体组织运营过程中，采取节能减排措施，如飞机在地面等待起飞、维修时尽量使用地面电源等。航空公司要培养竞争对手难以模仿的核心竞争力，比如先进、合理的管理方法，和谐、具有凝聚力的企业文化，以应对竞争对手的模仿；关注旅客的不同需求，研发合适的航空产品，以差异化应对低成本优势丧失的风险；打造企业品牌，提高品牌忠诚度，以减少客户流失，开发更多低成本的目标客户，以应对由于人们兴趣发生转向而带来的风险。

(4) 实施联盟合作。目前以上海为基地的民营航空公司有两家，在云贵地区有昆明航空公司、华夏航空公司和鹰联航空公司。通过航空公司之间的合作，可以有效降低竞争压力，合理分配航线，提高效益，体现协同效应。

5. 基于财务风险的财务困境控制

东星航空面临的财务风险主要包括市场风险和流动性风险。控制这类财务风险可选择的方法有以下几种：

(1) 建立有效的财务风险防范与监控体系。企业需要建立完善的财务系统和内部监控体系，有效识别、评估风险的存在。开发简明清晰的报告工具，编制现金预算计划，降低流动性风险的可能性，利用已经过测试的技术，对规划投资进行彻底评估。

(2) 实施对冲政策。利用市场中存在的、企业有能力操作的衍生金融工具对冲汇率和利率风险。如货币远期合同、货币互换、期权与期货、远期合同与远期利率协议等。

(3) 与企业自身特点相匹配。在分配财务风险管理职能时，应考虑企业的规模、活动范围和复杂性，分别采取集中和非集中两种组织结构。在进行重大经济决策时，如确定负债融资比例，应考虑企业可能承担的风险，从企业长远发展的角度合理控制企业规模，择机进行适度的扩张，使企业的发展具有可持续性、稳健性和灵活性。

第八章

成本风险管理

本章主要阐述两类成本风险管理问题：成本信息扭曲风险管理和成本失控风险管理。成本信息扭曲风险包括财务报告成本信息扭曲风险和管理报告成本信息扭曲风险。

第一节 成本风险管理概述

一、成本风险的定义

成本是取得资产而付出的代价，或者说是费用的对象化。成本可分为两类：已消耗的资产和未消耗的资产。一项支出，有可能是成本，也可能是费用和损失。

简单地说，成本就是费用的对象化。从管理角度看，成本对象不仅是产品，还可以是客户、部门、项目、作业等。为满足不同管理需要，产品成本可分为三个层次：

（1）传统的产品成本观。它以制造成本法核算产品成本，包括直接材料、直接人工、直接费用，而营销费用、一般管理费用则属于期间费用。这种成本观主要是为了满足企业对外财务报告的需要。

（2）经营性产品成本观。产品成本不仅仅包括传统概念中的产品成本，还包括针对客户的产品营销成本、产品配送成本和服务成本。这种成本观可以满足企业战略性产品设计决策以及战术性盈利分析的需要。

（3）价值链产品成本观。为了满足企业的定价决策、产品组合决策和战略性盈利分析的需要，产品成本包括整个价值链各环节（设计、开发、生产、营销、配送、服务等）的所有支出。

成本费用是指企业生产经营过程中发生的各种耗费和支出。在企业生产经营过程中，会发生各种成本费用，而这其中面临着一系列风险，特别是由于成本费用失控而导致企业效益下降的风险，因此需要对成本费用进行风险管理。

二、成本风险的分类

企业成本方面的风险，从管理的角度看分为以下两个方面：

（1）产品成本核算方面的风险或成本信息扭曲风险。企业产品成本核算不正确，会扭曲成本信息，影响甚至误导企业的相关管理决策（如定价决策、产品组合决策等）。成本是费用的对象化。根据不同的管理需要，需要核算不同层次的成本。不少企业的财务主管比较熟悉传统的产品成本核算，而对经营性产品成本和价值链产品成本的核算及其有用性知之甚少。随着我国经济的市场化程度不断提升，企业产品定价的准确性和企业经营成功的相关性越来越高。为了满足企业的定价决策、产品组合策略和战略性的盈利分析的需要，必须正确地核算各层次产品成本，即企业的财务主管们必须高度重视成本信息扭曲的风险管理。

（2）成本上升甚至失控的风险。企业若不能有效地识别成本形成过程中的各种风险（特别是价值链成本的风险），则必不能在日益激烈的市场竞争中取得成功。当前，为了应对全球性的金融危机，世界各国纷纷采用宽松的货币政策和积极的财政政策，大宗商品和原材料价格上涨较快，使得国内企业成本失控的风险加大。企业管理者应突破传统的成本费用管控思路，加强成本预测，抓住关键领域，从战略高度出发，在战略层面、运营层面和控制层面上“多管齐下”，来管理成本失控的风险。

三、成本风险管理的目标

成本费用风险管理的目标是：保证成本费用得到有效控制或者降低，从而最大限度地增加利润，提高企业经济效益。其具体包括：合理、经济地购入或制造商品或产品；使列入利润表的销售成本公允、恰当；保证支出预算的科学性、合理性；保证支出预算得到有效执行；确保每一项费用支出合理，节约费用；正确核算费用支出，确保其真实、准确和完整；费用预算符合财政部、公司相关方面的规定；费用支出符合国家相关法律法规的规定。

生产成本风险管理目标为：①经营目标。合理组织生产，优化生产流程，充分利用资源，降低生产成本。②财务目标。合理归集、分配、摊提生产成本，保证成本真实、准确和完整。③合规目标。符合国家有关法律、法规及公司内部规章制度。

期间费用风险管理目标为：①经营目标。确保费用支出合理、节约和有效。②财务目标。费用核算真实、准确和完整。③合规目标。费用支出符合国家有关法律、法规和公司内部规章制度。

四、成本风险的识别

关于生产成本风险，国内外大多数企业内部控制手册将其分为以下类型：①经营风险。具体包括：成本预算不合理、审核不严，影响成本控制效果；生产损失、消耗加大，增加成本支出；由于人为舞弊、统计资料不真实，导致成本核算信息错误；盲目降低生产成本，导致产品质量下降或产品结构恶化。②财务风险。不能合理归集、分配、摊销成本费用，未按要求结转成本，致使财务报表不能真实反映生产成本。③合规风险。主要是违反国家有关法律、法规以及公司内部规章制度导致处罚。

关于费用风险，国内外大多数企业内部控制手册将其分为以下类型：①经营风险。具体包括：费用支出不合理，导致资源浪费、资产流失；费用控制措施不力，影响公司效益。②财务风险。具体包括：舞弊或欺诈，报销虚假费用；费用归集、分配和摊提不合理。③合规风险。主要是费用支出不符合国家有关法律、法规和公司内部规章制度，造成损失。

五、成本风险的控制

控制成本费用风险，要建立健全成本费用业务控制制度，确保成本费用风险得到有效控制。

1. 岗位分工及授权批准

企业应当建立成本费用业务的岗位责任制，明确内部相关部门和岗位的职责、权限，确保办理成本费用业务的不相容岗位相互分离、制约和监督。成本费用业务的不相容职务至少包括：成本费用定额、预算的编制与审批；成本费用支出与审批；成本费用支出与相关会计记录。例如，中天恒管理咨询公司为三泰恒业集团设计的岗位分工为：授权批准产品生产计划的人员必须和具体执行计划的人员职务分离；仓库管理人员必须和具体进行财产物资清查的人员的职务分离；仓库保管人员、成本会计记账人员、生产管理人员、材料物资和产品检验人员的职务必须分离等。

2. 成本费用预测、决策与预算控制

企业应当根据本单位历史成本费用数据，同行业、同类型企业的有关成本费用资料，料工费价格变动趋势，人力、物力的资源状况，以及产品销售情况等，运用本量利分析、投入产出分析、变动成本计量等专门方法，对未来企业成本费用水平及其发展趋势进行科学预测。开展成本费用预测，应本着费用最少、收益最大的原则，明确合理的期限，充分考虑成本费用预测的不确定因素，确定成本费用定额标准。成本费用预测应当服从企业整体战略目标，考虑各种成本降低方案，从中选择最优成本费用方案。

3. 成本费用执行控制

企业应当根据成本费用预算、定额和支出标准，分解成本费用指标，落实成本费用责任主体，保证成本费用预算的有效实施。企业应当建立成本费用支出审批制度，根据费用预算和支出标准的性质，按照授权批准制度所规定的权限，对费用支出申请进行审批。企业应指定专人分解目标，记录若有差异，及时反馈有关信息。企业应当规范成本费用开支项目、标准和支付程序，从严控制费用支出。对已列入预算但超过开支标准的成本费用项目，应由相关部门提出申请，报上级授权部门审批。企业内部相互提供劳务和转移产品零部件等，其成本费用确认方法，应当本着有利于转出、转入双方和企业整体利益的原则，制定相应的控制制度。

4. 成本费用核算

（1）企业应当建立成本费用核算制度，制定必要的消耗定额，建立健全材料物资的计量、验收、领发、盘存以及在产品的移动管理制度，制定内部结算价格和结算办法，明确与成本费用核算有关的原始记录及凭证的传递流程和管理制度等。

（2）成本费用的归集、分配应当遵循相关要求。其具体包括：成本的确认和计量应当符合《企业会计准则》以及国家统一的会计制度的规定；成本费用核算应与客观经济事项相一致，不得人为降低或提高成本；成本费用核算应当为企业未来决策提供有用信息；成本费用应当分期核算；一定期间的成本费用与相应的收入应当配比；成本费用应当以实际发生的金额计价；成本费用核算方法应当前后一致；成本费用的归集、分配、核算应当考虑重要性原则。

（3）企业应当根据本单位的生产经营特点和管理要求，选择合理的成本费用核算方法。

（4）企业应当建立合理的成本核算、费用确认制度。成本费用核算应符合《企业会计准则》以及国家统一的会计制度的规定，对生产经营中的材料、人工、间接费用等进行合理的归集和分配，不得随意改变成本费用的确认标准及计量方法，不得虚列、多列、不列或少列成本费用。成本计算方法应当在各期保持一致，变更成本计算方法应当经过有效审批。

5. 成本费用分析与考核

企业应当建立成本费用分析制度。企业可以运用对比分析法、因素分析法、相关分析法等方法开展成本费用分析，检查成本费用计划的完成情况，分析产生差异的原因，寻求降低成本费用的途径和方法。企业应当建立成本费用内部报告制度，实时监控成本费用的支出情况，发现问题应及时上报有关部门。企业应当建立成本费用考核制度，对相应的成本费用责任主体进行考核和奖惩。企业在进行成本费用考核时，可以通过目标成本节约额、目标成本节约率等指标和方法，综合考核责任中心成本费用预算或开支标准的执行情况，保证业绩评价公正、合理。

6. 成本费用风险管理方法

成本费用风险管理的方法主要是常规风险管理方法，其中压力测试和指标分析比较常用。

7. 制定成本费用风险管理制度

（1）成本定额和费用预算制度。就生产环节来讲，制定成本定额和费用预算制度尤其重要。因为成本和费用的节约就意味着盈利的增加，所以越来越多的企业开始关注制定成本定额和进行费用预算。

（2）财产安全控制制度。它是为了确保企业财产物资的安全、完整所采取的各种方法和措施。就生产环节而言，它是指材料物资应采取永续盘存制与定期不定期的实地盘点相结合的方法，保证材料物资处于账实一致的状态。

（3）人员素质控制制度。具体方法是：考核员工的职业技能，合格者方能上岗工作；建立员工的定期培训制度，以不断提高员工的职业道德素质和技术业务素质；建立奖惩制度，鼓励和激励员工的积极性和责任心等。

（4）成本费用的分析、考核评价制度。每期期末，都要对该期成本费用进行考核评价，以便及时修正，为制定下一期成本费用预算作准备。

8. 生产成本风险控制的关键环节

包括：编制生产计划，下达生产计划，专业部门编制成本费用预算，编制公司成本费用预算，分解成本费用预算，原料采购、领用和组织生产，专业部门建立成本费用统计资料，归集、计算成本费用，计算结转产品生产成本，完工产品入库，成本费用分析。

9. 期间费用风险控制关键环节

其具体包括：费用预算分解落实，费用控制，费用核算，费用分析检查，考核奖惩。

10. 生产成本风险控制证据

其具体包括：月、季、年生产计划，成本费用预算，材料、动力消耗定额，采购计划，领料计划，领用材料效果评价报告，计划价格表，材料出库单，动力平衡表，物料平衡表，非计划停工分析报告，操作记录，巡检记录，材料领用计划与出库核对表，存货盘点表，辅助生产工时分配表，产品合格证等。

第二节　成本信息扭曲的风险及其管理

成本信息扭曲风险分为两种类型：财务报告成本信息扭曲风险和管理报告成本信息扭曲

风险。

一、财务报告成本信息扭曲风险及其管理

(一) 财务报告中产品成本信息的扭曲

下列事项的发生会造成产品成本核算的不准确，从而降低企业财务报告（对外报告）的质量：

(1) 不能正确地进行成本归集，不能及时核算成本。比如，有些企业在工程项目的实施过程中，直接从供应商处领用材料，不办理入库出库手续，影响了项目成本的及时核算；又如，有些企业的年度奖金不在当期预提，而在下一年实际发放时计入成本；再如，有些企业发生的大量差旅费不能及时报账，长期挂在应收款上。

(2) 不能正确地划分期间费用和成本。比如，有些企业将应属于期间费用的支出按不恰当的标准分摊至成本中。

(3) 不能将成本与收入进行恰当的配比。比如，企业综合性的长期合同（包括代购材料，集成、软件开发等）由于跨越多个会计期间，材料的一次性投放并不能客观反映项目的进展情况和工程进度，而不少企业缺乏详细的项目预算，成本在各期的计算和分摊比较随意。

(二) 财务报告成本信息的风险管理

这种成本核算所提供的信息，主要是满足对外财务报告的需要。对于任何影响财务报告可靠性的风险，企业都必须高度重视，并采取必要的措施加以控制或消除。这些控制措施包括：

(1) 认真学习有关企业会计准则方面的各种规范，严格产品成本的确认、计量和报告。

(2) 根据企业会计准则的要求，结合企业实际情况，建立内部成本核算制度，如长期合同的预算制度、合同成本的确认与计量的具体标准等。

(3) 选择适合本企业生产经营特点和管理要求的产品成本核算方法，如品种法、分批法、分步法等。

(4) 加强企业财务信息系统建设及企业财务报告的内部审计。

二、管理报告成本信息扭曲风险及其管理

(一) 管理报告中相关成本信息的扭曲

从管理角度看，企业产品成本可以有不同层次的划分。下列事项的发生会使其他层次的产品成本信息扭曲，从而影响企业管理报告质量：

(1) 成本不完整，不能反映真实的产品成本，影响企业的定价决策和产品目标盈利的实现。比如，将生产人员的福利支出、维修工人的工资支出计入管理费用；将与生产设施相关的部分土地使用权的摊销计入管理费用；将无形资产摊销、存货差异等计入管理费用等。这些费用与生产活动直接相关或间接相关，应直接或分配计入制造费用（产品成本）中。

(2) 企业的成本标准不能及时修订。材料消耗定额是编制材料消耗计划、核定材料成本的依据。劳动定额是科学组织生产、合理定编定员所必需的，可以贯彻按劳分配原则，达到挖掘生产潜力、降低成本、提高劳动生产效率的目的。很多企业几年甚至十几年都不修订企业的材料定额、工时定额，这既不能准确反映不同产品的成本，也不利于企业产品成本的

控制。

（3）间接制造费用不能合理分摊。随着社会需求的变化，制造类企业和服务类企业的间接成本都有大幅提高，但国内企业对间接生产（服务）成本基本上仍采用单一的、传统的分配基础（如产量、直接人工小时或直接人工成本、原料成本、机器小时或预先确定的百分比等），而不是现代的、科学的方法（如作业成本法等）进行分摊，这势必影响到企业产品成本的正确性，难以满足企业产品规划与定价决策对高质量成本信息的需要。

（4）不能根据不同的管理目的，及时、正确地提供不同维度的成本信息。企业内部控制的其中一个主要目标是报告的可靠性。报告的可靠性不仅是财务报告的可靠性，也包括内部管理信息的可靠性。

总之，管理视角下的成本信息不准确，对某些企业来说，后果并不严重。比如，国内某些企业，产品定价由采购方审批，实行成本加成定价法，若成本算高了，反而对企业有利。但是，对产品或服务的市场化程度较高且竞争激励的企业来说，产品成本信息不准确，就会给企业的经营与可持续发展带来重大影响，甚至产生致命后果。上述成本信息的不准确，会直接影响甚至误导企业的管理决策，影响企业经营目标的实现。但一些企业对管理视角下成本信息扭曲风险的重视程度远远不够，可以引入作业成本法，提供更准确的管理成本信息。

（二）管理报告中成本信息的风险管理

一些企业对管理报告提供的信息的可靠性重视不够，需要尽快建立起相关的内部控制制度和流程。

（1）树立正确的成本观。许多企业管理者只有传统产品成本的概念，不能根据决策需要进行更多维度的成本计算和分析。例如，假定北京的A企业通过一辆大型运输车将一批产品销售给上海的B企业，发生的过路费、燃油费、车辆折旧费、运输人员的费用等合计20000元（由A企业承担）。车上有甲、乙、丙三种产品，甲产品80个、乙产品10个、丙产品10个。这20000元的费用该不该分摊到产品成本中？如何在三种产品中分担？从财务报告角度看，这部分费用应作为销售费用直接在期间收入中扣除。但从管理视角看，这部分费用应该计算到产品成本中去，否则产品成本就不完全，也会影响到产品的定价和对盈利客户的分析。不能按照传统的分配方法，因为不管是运送10个产品还是100个产品，发生的过路过桥费、车辆折旧费、运输人员的费用都差不多。故正确的成本观对企业的经营决策很重要。

（2）建立健全管理信息系统。成本信息的收集、处理和加工是企业管理信息系统的一个组成部分，企业在建立和健全管理信息系统时，应注意成本信息系统的改进和完善。可以利用作业成本法，及时提供高质量的成本信息。作业成本法的逻辑是“产品消耗作业，作业消耗资源”。其分配程序是，先将资源按资源动因分配至各作业成本库，再按作业成本动因将作业成本库中的成本分配至产品。对于那些间接制造费用在产品成本所占比例较高的企业，可以考虑采用作业成本法：产品报价难以解释；竞争对手的产品价格显得不可思议的低；很难生产的产品却有较高的利润率；生产经理希望放弃的产品却显得很有利润；客户并不抱怨产品价格的上涨；会计部门为特定产品花费很多时间提供成本信息；某些部门使用自己的成本核算系统；因为财务报告准则的变化而使得产品成本发生变化。

（3）高度重视企业的预算管理工作。企业的经营活动都是在计划和预算的引导下进行的，管理报告的主要内容就是预算执行情况。正确的成本信息是改进和提高预算管理水平所必需的。

三、案例分析：成本信息在港务集团杂货公司成本管理中的运用㊀

（一）港务集团杂货公司概况

港务集团杂货公司现有泊位13个。其中：万吨级以上泊位11个，拥有散粮筒仓2座，仓容13万t；散水泥筒仓1座，仓容3.6万t；散化肥大库1座，可堆存货物12万t；库场面积44.6万m^2，其中：万米大库7座；国际一流的散粮、散化肥灌包设备构成了独特的装卸优势。公司不仅能装卸粮食、化肥、矿石、水泥、钢材、木材、饲料等大宗货物，而且能够承接玻璃、液体沥青、生铁、活羊、食品油、水果等特种货物，形成了集散（件）杂货、散粮、散水泥运输、灌包、仓储为一体的大型综合性港务公司。截至2005年年底，公司总资产8.92亿元，其中固定资产7.93亿元。货物吞吐量1040万t，营运收入1.8亿元，总成本2.59亿元，利润-0.8亿元。由于港口的经济腹地较小，杂货货源不足，职工人数达1800多人，导致公司连年亏损。为了减少亏损，该公司广揽货源，增加收入，但由于客观原因收效甚微。为此，只有在成本管理上下工夫，才能使企业立于不败之地。

港口企业是利用码头设施，使用装卸机械等工具，实现被运送对象位置转移的基础产业部门。它具有与一般工商业显著的不同点：产品形态的非实物性；效用的同一性；产品的生产、销售与消费的同时性。港口企业的这些生产经营特点决定了其成本核算的特殊性。

（二）港口企业内部成本信息系统建立的必要性

首先，港口企业是海洋运输业的重要组成部分。伴随着全球经济一体化进程的发展，其在现代物流中所起的关键性作用日渐明显。各地区不断加大港口建设的投入，一方面加快了港口的发展，另一方面也势必造成港口企业间竞争的加剧。如何在企业竞争中立于不败之地？只有加强内部的成本管理。港口企业的内部成本管理目标一般包括两个：成本计算的目标和成本控制的目标。成本计算的目标是为所有信息使用者提供成本信息，包括为外部和内部使用者提供成本信息。外部信息使用者需要的信息主要是关于资产价值和盈亏情况的，因此成本计算的目标是确定盈亏及存货价值，即按照成本会计制度的规定，计算财务成本，满足编制资产负债表的需要；而内部信息使用者利用成本信息除了了解资产及盈亏情况外，主要是用于经营管理，因此成本计算的目标即通过向管理人员提供成本信息，借以提高人们的成本意识，通过成本差异分析，评价管理人员的业绩，促进管理人员采取改善措施，通过盈亏平衡分析等方法，提供管理成本信息，有效地满足现代经营决策对成本信息的需求。成本控制的目标就是在港口企业生产的一切活动中，对影响成本的各种因素加强管理，在各种费用消耗过程中，将实际发生的耗费严格控制在计划标准范围之内，随时揭示并及时反馈，解决港口企业在生产过程中的损失浪费现象。

其次，港口企业的生产经营成果表现为一种效用，即运输对象的空间位移，其生产组织管理结构存在着一定的特殊性，其产品是无形的，就是所完成的货物吞吐量，并且港口企业集团内部的各港务公司、辅助生产单位与集团各职能部门构成了一个相互制约、密切联系的整体。各部门分工明确、各负其责，这样就为成本信息的提供创造了良好的条件。

㊀ 资料来源：王春凤. 成本信息在港口企业成本管理中的运用［J］. 交通财会，2006（10）.

最后，港口企业集团按照国家对国有企业经营者进行业绩考核的总体要求，将下属的内部单位经营者的经营行为与集团公司的经营目标相统一，强化对经营者的激励和约束。集团公司制定考核标准，将业绩考核结果与经营者年薪收入和本单位新增效益工资挂钩。这样，就必须将企业集团考核期制订的总成本计划，分解到各责任单位头上，形成各自的目标成本。各责任单位应按期及时计算实际发生的总成本。所以，为保证成本归集和分配的准确、及时，就有必要建立一个由企业集团财务部门负责的成本管理与核算的信息系统。随着企业的成本管理变得日益重要，会计电算化手段的广泛应用，电子计算机技术、信息技术的发展，均能加快成本信息的集成化速度，使企业有限的资源得到充分发挥，企业的经济效益不断提高。

（三）成本信息的具体运用

1. 细化成本项目

企业的总成本包括固定成本和变动成本。根据港口企业成本费用构成的特殊性和港口企业变动成本的特点，按照变动成本与吞吐量之间的线性关系，变动成本可分为线性的变动成本和非线性的变动成本。线性的变动成本可随着吞吐量的增加而增加，反之则降低，如流动机械使用费、矿石倒运费、计件人员工资、动力及照明费、部分外付劳务费、材料费等。非线性的变动成本与吞吐量的增减变动无关，如水费、修理费、燃料费、低值易耗品、管理费用。

2. 将集团下达的成本指标层层分解，形成“千斤重担众人挑，人人头上有指标”的局面

将集团下达给公司的成本指标按照细化的成本项目，先按照科室的管理职能分解到成本主控科室。成本主控科室根据基层队的生产经营情况，将主控成本分解到各基层队。各基层队再根据班组情况分解到各班组或个人。然后各基层队配备办事员统计每月发生的成本情况，上报主控科室，主控科室汇总各队情况上报公司财务科。由财务科完成成本信息的收集工作并上报公司管理层，以便制定成本控制办法，对成本效益进行宏观分析，以免人力和资源的重大浪费。对固定资产的管理，采取的控制措施是：5万元以上固定资产的购置，由技设科根据公司内部固定资产的实际使用情况，制订购置计划，由公司党政联席会讨论后，上报集团公司设备主管部门；5万元以下固定资产的购置，由公司内部各科或各队根据本单位的实际情况，于当年9月底之前上报下年固定资产购置计划，由技设科汇总后交计统科，计统科上报公司经理办公会讨论，根据满足生产经营所需的原则，确定需购置的项目，然后购置。杜绝固定资产存在相对或绝对过剩的现象，适应现代成本管理的需要。对线性变动成本的管理，采取的控制措施是：每年将线性的变动成本指标，按照上年实际发生数占上年吞吐量的比重计算每吨吞吐量所需变动成本数额，根据年初集团公司下达给单位的吞吐量指标，测算出本年线性的变动成本指标，分别下达给生产业务科（流动机械使用费、矿石倒运费、承包工劳务费）、技设科（动力及照明费）、物资科（材料费、低值易耗品费），将这些指标与它们的效益奖金挂钩，并要求它们将这些指标再分解到基层队，还要求与各队的效益奖金挂钩，达到层层控制成本、人人管理成本的目的。对非线性变动成本的管理，采取的控制措施是：严格控制该部分支出，每年将集团公司下达的成本指标，由公司压缩10%或10%以上，下达给成本主控科室，再由成本主控科室将指标分解给基层队，基层队再分解给各班组或个人，实行分级考核的制度，并与本人、本队或本科室的效益奖金挂钩。以上控制措施的

落实，降低了公司的成本消耗，使公司2004年和2005年均减亏1000多万元，达到了节约成本、提高企业经济效益的目的。

3. 重视成本信息系统的开发

传统的成本信息管理是由下自上通过纸质介质传递的，速度慢，工作烦琐，若计算过程中出现错误就更慢，势必造成成本计算、分析不及时。近几年来，公司加大力量在公司范围内开发电子计算机系统，培养成本管理专业人才，利用内部经济核算、量本利分析、成本预测决策、班组成本管理和作业成本法等一系列管理方法，利用计算机技术，使许多核算工作变得简单迅捷，信息的处理更为精确，信息的集成化速度更快。

4. 公司在集团成本信息系统中的地位

港口企业集团的成本信息来自两个方面：内部信息和外部信息。内部信息是从内部获得的信息，如各港务公司、辅助生产单位及集团各职能部门的原始记录、统计报表、各种账表、定额、计划指标、成本分析资料、规章制度；外部信息是来自企业外部的信息，包括国家的政策法规、上级的规章制度、同行业的成本信息、港口费率、物价等变化情况、社会咨询机构和专业情报机构发布的信息，以及通过各种形式的参观学习、经验交流等所获得的信息。无论是内部信息还是外部信息，都要依据港口企业的经营特点，随着不断变化的各种情报信息，及时掌握成本的开支和成本报表中各项成本开支费用所占的比例。将信息系统提供的成本信息数据进行归集分配，并且改变只到月末、季末的成本核算方式，进行以周、旬为结算期的核算。这样就能随时掌握成本管理中的动态情况，计算出整个企业成本开支计划的完成情况。同时，作为企业的决策机构和财务部门，还要随时将国家的政策法规、成本开支标准及管理办法及时反馈到各基层单位，并对超计划的成本项目进行分析，从各种不同方案中选择最优方案。为此，为了配合集团成本信息系统的应用，只有通过对各种成本信息的收集、保存、整理、加工，揭示执行过程中偏离计划的因素和原因，排除干扰因素的影响，从而使成本脱离计划的偏差趋向平衡；使外部影响成本计划完成的因素尽量减少，使整个系统的运动摆脱干扰，以保证集团成本信息系统的通畅，使其指导基层单位的成本管理工作，并为决策机构进行决策提供真实、可靠的数据。

（四）成本信息在港口企业集团生产中的作用

1. 成本信息是成本决策的基础

管理的基本职能是决策（计划和控制）、组织、指挥、协调，所以港口企业集团的成本管理，首先要作好决策（计划）。决策过程需要根据成本信息资料确定目标成本，并且根据目标成本提出一系列的指标，定额、预算、港口费率以及完成成本指标的措施、条件等。同时，在决策的制定和进行过程中，往往存在着某些不确定的因素，需要通过信息反馈进行控制和调整，以实现目标成本。

2. 成本信息是实现目标成本的有效工具

港口企业成本的高低主要取决于其市场货源的开发、生产作业和服务全过程的成本是否合理。因此，在市场货源开发阶段，就要根据所承揽货源的预期收入与预计利润相比较，求得目标成本，以便在以后的生产作业过程中逐步推行和分解该目标成本。这些都需要借助历年积累的成本信息系统来完成。

3. 成本信息是港口企业制定具有竞争力港口费率的基础

目前，各个港口都面临着前所未有的激烈竞争。这种竞争不仅来自于邻近港口，还来自于具有区域战略地位的国外港口。竞争的焦点在于港口能否为所在经济中心城市、经济区域及国际经济活动提供最大程度上的最为便利、快捷、低成本、安全、可靠的全方位物流服务。客户的低成本要求港口企业提供的各种服务收费要低，而国家制定的部分港口收费价格又不容改变，港口企业只有在可自定浮动价格的范围内制定价格。这就要求港口企业的成本核算必须精细，以便为港口制定具有竞争力的港口费率提供信息资料。

4. 建立健全成本信息体系是港口企业内部成本管理的要求

港口企业的生产经营管理特点，决定着成本管理应具有自己的特点。因此，各项成本计划应随着内部和外部条件的变化加以修改，保证成本计划定额的先进性和合理性。组成成本的各种要素的增加与减少以及市场经济指标发生变化等，都要由财务、计划、业务等部门将这些成本信息进行归集、加工、整理，然后进行修改。另外，如果企业内部的经营形式、结构发生了变化，在成本信息双向反馈的原则下，要调整成本信息传递、反馈的通道。同时，为了更好地保证整个信息系统的正常运行，首先，成本信息系统应由主管领导和权威机构具体负责操纵，各职能部门和基层单位要绝对服从成本信息传输反馈的各项规定，保证信息数据的真实可靠、及时；其次，各职能部门和基层单位要执行国家和企业制定的各项成本管理、成本核算的法规和纪律，并采取先进的技术措施，努力寻求降低成本的途径；最后，建立成本信息还必须遵循真实性、同质性、系统性、及时性原则，做到在主管部门的统一领导下，分层次归口管理，并使之制度化。

第三节　成本失控的风险及其管理

一、成本失控的风险

国内大部分企业成本失控的风险主要源自以下事件发生的可能性：资源类产品价格剧烈变动，导致外购存货价格上涨；由于推行劳动用工制度改革，可能会造成人力资源成本上升；为了保护资源和生态环境，促进人和自然的和谐，国家会适时调控自然资源价格，开征各种各样的资源税；汇率变动引起的融资成本上升；同行业内的优秀企业采用新材料、新工艺、新流程，生产同类产品的成本已有很大改进；成本费用支出未经适当审批或超越授权审批，可能产生因重大差错、舞弊、欺诈而导致的损失。

这些事件的发生，对不同企业有不同压力。例如，对钢铁企业而言，影响企业盈利目标能否实现的主要风险来自于钢铁需求的下降。若钢铁需求旺盛，则主要原料（铁矿石）价格的上涨能够向下游企业转嫁。而对于制造企业来说，原材料成本上升，新的《劳动合同法》《环境保护法》的实施，均会导致企业成本上涨。但由于下游产品竞争激烈，基本不能转嫁，成本包袱主要积累在主机制造环节，必须靠企业自身挖潜消化。

二、成本失控的风险管理

企业可以采取有效的措施来管理成本上升的风险。

（1）提高预测能力，制定科学、合理的成本目标。企业的采购部门、财务部门及其他相关部门，应加强对国家宏观经济、行业发展状况和政策变化的研究，提高外购存货价格变化的预测能力，根据外部环境的变化，结合对企业历史成本数据的分析，通过对未来企业成本费用水平及其发展趋势进行科学预测，制定科学、合理的成本管理目标。例如，江西铜业就是通过成功预测原材料成本变动而利用衍生工具来规避成本变动风险的。1997 年下半年东南亚金融危机后，铜价持续走低，从 1995 年的高点 32000 元/t 跌到 1997 年的 20000 元/t 左右，到 1998 年上半年，铜价大幅下跌，江西铜业利用套期保值化解了风险。“9.11”事件之后，铜价更是跌至最低点 14000 元/t 左右，江西铜业在这一国际铜价最低时期，由于充分利用期货市场的套期保值功能避免了价格风险。

（2）深入剖析不同维度的企业产品成本构成、各成本项目变动对企业盈利目标实现的敏感性，预测各成本项目变动的幅度及其可能性，准确把握成本风险管理的重点，并据此采取相应的成本管理策略和控制活动。例如，三聚氰胺事件对蒙牛乳业造成的损失主要来自产品销量下跌、撤销存货，以及处理原奶和促销产品宣传活动时产生了额外成本。产品安全事件在带来销售量下降的同时，也令企业的生产成本格局彻底改变。蒙牛公司表示，已出资近 8000 万元增添能有效监测三聚氰胺的设备，以加强相关检测。由于原奶质量标准的提高，企业在原奶收购环节也相应地提高了收购价格，其每年总成本增加上亿元。对国内企业而言，要特别重视价值链产品成本的分析。企业内部价值链包括研发、设计、生产、销售、配送和售后服务。过去分析比较侧重于产品生产成本的分析。实际上，随着竞争的激烈，越来越多的质量保证和分销渠道增加了企业的营销成本。由于企业所处的行业不同、经营战略不同，因而成本结构也大相径庭。例如，实行产品差异战略的企业，相对于采用成本领先战略的企业，其研发成本占价值链产品成本的比例要高出很多。

（3）及时修订成本定额，防止因定额宽松而引起的成本上升。企业应当根据单位历史成本费用数据，同行业同类型企业的有关成本费用资料，料工费价格变动趋势，人力物力的资源状况，对产品设计、生产工艺、生产组织环节进行深入分析，及时修正或提高成本费用的定额标准。例如，徐州首创自来水公司的亏损原因之一就是没有及时修订成本费用定额。据财务总监王晓军提供的徐州首创 2005—2008 年的财务数据显示，除了 2005 年外，近几年徐州首创的营业收入维持在 8100 ~ 8200 万元之间。而其支出中，由于电费上涨，2008 年的电费花销达 1998.91 万元，比 2005 年多了 133 万元左右；管道维修所需要的原材料——球墨铸铁管，在 2007 年年底和 2008 年价格疯狂上涨。

（4）加强战略成本管理，从企业战略层面取得成本管理上的突破。对某个特定企业来说，成本并不是越低越好，企业的成本设计、核算和管理必须与企业的竞争战略相适应。对一个集团来说，还需要从战略层面上加强成本管理。例如，奥康集团以生产皮鞋为主业，2008 年整体制鞋成本比上年增加 20%，这对于目前单纯依靠成本生存的企业来说，压力巨大。公司经过调研后发现，西部具有绝对的土地、能源、交通运输、劳动力等优势。因此，为应对成本上升，公司实施了西进战略。

（5）从运营层面挖掘降低经营成本的潜力。例如，丽珠集团以前对于存货的采购，各分子公司单独运作，议价能力不强，采购价格偏高。从 2007 年开始，通过对生产需求的调研，集团把内部可以合并的共同采购的物资集中在一起，进行集中联合招标采购。由于采购量增大、议价能力增强，供应商也因为业务量增大而愿意降价。

（6）在控制层面，公司应建立健全有关成本方面的内部控制制度，根据费用的支出性质、金额大小实施不同控制方式（如预算内外的控制、比例控制、特定事项控制、额度控制等）。例如，企业对于大批量的外购材料，可以运用期货合约来固定采购成本；对于汇率变动，可以采用适当的衍生金融工具来管理风险。

(7) 基于价值链分析的成本管理。为了满足企业的定价决策、产品组合决策和战略性盈利分析的需要，产品成本中还应该包括整个价值链各环节（设计、开发、生产、营销、配送、服务等）的所有支出。正确理解某一产业的价值链是做好战略成本管理的关键。某一产业的价值链是指从基本原材料的生产或购置到最终用户的产品处置的一系列相互关联的价值活动的集合。价值链成本分析的作用在于通过系统的设计和管理企业内部价值链上各环节的成本和价值，在更好地满足客户需求的前提下，促使企业内部价值链系统的总成本最优。联系价值创造来进行成本管理，对于每一项成本费用，企业管理者都应该提出这样的疑问：是否与创造的价值有关？虽不直接创造价值，但是否必不可少？若这种支出是一种损失，则其是否在合理的范围之内？

三、案例分析：宜家的成本控制[㊀]

近年来，我国制造业遭遇劳动力成本快速上涨、人民币持续升值、融资成本急剧攀升等众多不利因素的制约；同时，用电、环保以及社会公益等支出也在很大程度上增加了企业的生产经营成本；全球木材资源趋于紧缺，进口木材价格不断上涨；各种生产要素成本过快上涨导致家居企业不堪负重，生产经营举步维艰。随着人工和原材料价格的不断上涨以及行业的不断成熟，我国家居行业已经进入了微利时代，仅仅依靠外部增长来带动企业发展的模式已经过时。家居企业不得不认真审视自身内部的成本结构，以便有效削减成本，争取在此轮大浪淘沙的竞争格局中生存下来。

宜家（IKEA）作为全球最大的家居商品零售商，其 2011 财年销售额总计达 252 亿欧元，同比增长 7.2%，净利润约 30 亿欧元，同比增长 10.3%，销售额和净利润都保持着强劲的增长态势。如此辉煌的成绩，与宜家推行的成本控制策略密切相关。

（一）宜家家居集团背景介绍

1. 发展历程

宜家是一家来自瑞典的跨国性私有家居用品零售企业，主要贩售平整式包装的家具、配件、浴室和厨房用品等商品。宜家家居是开创以平实价格销售自行组装家具的先锋。自 1943 年英格瓦·坎普拉德创立宜家以来，历经半个多世纪的成长，宜家现已成为全球最大的家居企业，总资产达 418 亿欧元。截至 2011 年 9 月，宜家在全球 26 个国家、地区拥有 287 家商场，2011 财年其销售额总计 252 亿欧元，净利润约 30 亿欧元，在 Interbrand 营销研究机构的全球最有价值品牌中排名第 44 位。2011 年，宜家在中国的采购量已占到总量的 22%，在宜家采购国家中排名第一。中国现已成为宜家最大的采购市场和业务增长最重要的空间之一，在宜家的全球战略中具有举足轻重的地位。

2. 股权结构

为了保证宜家不从属或受制于某个国家和政府，而是永远处于家族控制之中以及能够享受到利益的最大化（避税），宜家拥有十分复杂和巧妙的组织结构。英氏-宜家基金设在荷兰，是宜家机构的后台老板，下设英氏控股集团，其中所有者基金（英氏基金）拥有英氏

㊀ 资料来源：http://www.doc88.com/p-898572671452.html.

控股集团所有的账面价值，英氏基金由公益基金（宜家基金）管理控制，但宜家基金的资金来源却由英氏基金提供。英氏控股集团是宜家集团的母公司，用以支持和管理宜家集团。宜家集团管理全球所有宜家的商店业务，包括战略、产品研发、供应链、销售、员工以及宜家工业；宜家集团拥有宜家商标的所有权，授权宜家旗下的商店及公司使用。

3. 文化理念

宜家的产品理念是"简约、自然、清新、设计精良"。宜家源于北欧瑞典（森林国家），其产品理念中的"简约、清新、自然"亦秉承北欧风格，注重融入自然、以人为本；"设计精良"则是瑞典家居设计文化史的凝聚，其注重现代但不追赶时髦，实用而不乏新颖。宜家的顾客理念是"十分体验，娱乐购物"。宜家的各种家居产品都可以在商店里试用，并且在商场设计上将饮食与购物相结合，并配有家具自提区，快速便捷，满足消费者的需要。宜家创始人坎普拉德曾说："宜家是一个充满娱乐氛围的商店，我们不希望来这里的人们失望。"宜家的经营理念是："提供种类繁多、美观实用、老百姓买得起的家居用品。""种类繁多"既指产品系列广泛，又指产品的功能广泛和风格广泛。宜家的产品系列约有9500种，基本上，任何品位的顾客都可以在宜家买到所需的家居产品。宜家一贯强调产品设计精美、实用、耐用，单纯地设计精美并不难，但是在低价格的基础上同时做到精美、实用、高质量，却有很大的难度。宜家将成本控制完美地融入每个细节之中，既做到了低成本，又保持了原来的设计创意，真正做到了低价优质。低成本战略作为宜家的长期战略，贯穿于整个价值链，是宜家获得成功的基础与保证。

（二）成本控制的供应链整合

宜家作为全球最大的家居企业，其在家居产业的供应链中占据绝对主导地位。为了进一步降低成本以及实现精细化成本控制，宜家推行了供应链整合。

1. 宜家准则（IWAY）整合供应商

宜家准则（IWAY）是宜家关于产品、材料和服务的采购准则以及对供应商的行为规范。它一共包含14个章节、75个问题，其中包括不能雇用童工或者不能拖欠工人的工资，以及相关的环境保护条例。根据2011财年宜家审计结果显示，宜家现有供应商中，有60%符合IWAY，其中欧美供应商合格率都达到了90%，亚洲供应商的合格率仅为41%。宜家将逐步淘汰不愿或不能遵守标准的供应商，以实现2012财年年底所有供应商全面遵守IWAY的目标。

IWAY的推行在一定程度上增加了供应商的成本，但对于激励供应商不断改进、促进供应链的发展有着十分积极的作用。IWAY有利于宜家实现可持续发展，它的推行使宜家的原材料质量及合法性得到了可靠的保障。一方面，能够树立宜家良好的公众形象，降低宣传成本；另一方面，使宜家和劳工公平协会及环保协会保持了良好的合作关系，避免因社会公平及环保问题受到起诉或者公众抵制，有效降低了司法及社会风险成本。

IWAY是宜家选择供应商的标准之一。对于和宜家具有战略默契的供应商，宜家将与其构建长期战略联盟关系，采取合作与必要的扶持态度。在产品的设计开发阶段，供应商可以充分发挥他们的技术优势；同时，宜家也有各方面的专家帮助供应商提高管理水平、改善品质、缩短交货期等。此举能够有效缩减新产品的开发成本与时间，使其早日进入市场，尽快获得更高的利润，最终实现双方的互赢。

IWAY有助于宜家对供应商的制约。宜家在全球53个国家拥有1026个供应商，各个区域的供应商相互竞争，在遵循IWAY的同时报出自身可接受的最低价格。通过激励竞争机制，可以非常有效地制约各个产品的价格。为避免因产品专利而受制于供应商，宜家对每个产品都拥有产品设计的专利，这也是宜家控制供应商的另一件法宝。

2. 宜家文化整合员工

宜家在全球41个国家共拥有13.1万名员工，每天24小时都有宜家的员工在工作。这给宜家在人力资源管理上带来了新的挑战——如何使全球员工实施统一服务？如何使整个企业保持高效率？答案是文化。宜家的员工是宜家成功的关键，宜家文化是整合员工的核心。

宜家注重"平等、诚实、尊重、简朴、创新"，其在招聘员工时的首要原则便是认可宜家的文化。宜家文化在实际中主要表现为员工结构多元化、员工管理标准化、员工反馈简捷化。

宜家在招聘时追求多元化，招聘具有不同背景和经验的员工，为员工提供平等的待遇和机会，充实员工的职业生涯，并营造安全卫生的工作环境。宜家为踏实肯干、诚实坦率的人提供机会，帮助其在专业及个人能力方面与公司一起成长。强大而富有活力的企业文化鼓励员工质疑现有的解决方案，尝试新的想法，并把犯错看成是学习的一种方式。尊重、简朴以及成本意识等共同的价值观推动企业与员工一起成长，同时为顾客创造更美好的日常生活。

宜家在人力资源上创造性地使用了标准化。由在荷兰的宜家集团人力资源部统一为宜家员工制定全球一致的规章制度和服务标准。"标准"细致到姓名。为了有效对各国员工的基本特征进行把握和管理，"标准"规定，无论世界上任何地方宜家的员工，均要拥有属于自己的英文名字，并在从事宜家的工作中，使用其英文名字。为了突显宜家品牌的视觉识别系统，"标准"规定了全球员工统一着装。宜家员工的工服是以其宜家标志的底色—蓝色为主色调，配以"IKEA"的黄色为辅助色，强烈地突出了工服的视觉效果。为了达到标准化的经营发展模式以及降低成本，"标准"确立了详细的员工培训流程；通过对员工的高效的培训、科学的考核制度，使得宜家员工在全球市场上，面对顾客采取统一的"宜家式微笑"。宜家每年都会对员工进行"心声"和"宜家领导力指数"调查，确保能够准确评估员工对企业及经理的看法。调查主要通过问卷的方式展开，问卷问题涵盖各个方面，如员工参与度、企业价值观等。宜家文化有效地增强了员工的凝聚力，提高了整个企业的效率，同时将节俭的理念深入到了每个员工心中，为企业成本控制的实施奠定了基础。

3. 宜家理念整合顾客

宜家的顾客理念是"十分体验，娱乐购物"。这种理念主要体现在以下方面：

（1）产品设计重视顾客需求。宜家进行新产品开发设计时，十分注重让了解顾客需求的市场一线人员参与到设计过程中来。

（2）卖场布局人性化。宜家的卖场设计有其标准规范，进入商场后，地板上有箭头指引顾客按最佳顺序逛完整个商场。主通道旁边为展示区，展示区的深度不会超过4m，以保证顾客不会走太长的距离。展示区按照客厅、饭厅、工作室、卧室、厨房、儿童用品和餐厅的顺序排列。这种顺序是从顾客的习惯出发制定的，客厅最为重要，饭厅是人们处理日常事务的地方，家庭办公室紧随其后，卧室是最后一个大型家具区。这种展示方法有利于给顾客一个装饰效果的整体展示，同时还有利于其连带购买很多东西。

（3）顾客随意体验，娱乐购物。在宜家卖场内，顾客可以体验任何一种产品，在轻快的音乐伴奏下，能静心浏览，轻松、自在地逛商场和作出购物决定。宜家卖场还为顾客提供咖啡、点心等餐饮，顾客在休息的时候可以浏览附赠的制作精美的宜家商品目录。每年印刷量高达一亿本的宜家商品目录中，收录有大约12000件的商品，散布极广。

宜家的顾客导向理念培养了大量忠诚客户，并且通过顾客进行宣传，为宜家赢得了良好的社会声誉和品牌形象，同时节约了大笔的广告营销费用。宜家通过供应链整合，将整个产品链条有机连接起来，为实行成本领先战略以及进行成本控制奠定了基础。

（三）成本控制的价值链分析

企业有许多资源、能力和竞争优势。如果把企业作为一个整体来考虑，则很难识别这些竞争优势。这就必须把企业活动进行分解，通过考虑这些单个的活动本身及其相互之间的关系来确定企业的竞争优势。从价值链的角度看成本控制，实际上任何一种价值活动都是创造低成本的潜在来源，价值链中的各个因素都有可能对成本领先作出贡献。宜家推行低成本战略，为其创造了独特的竞争优势。

1. 五种基本活动中的成本控制

（1）进货后勤方面：①以平板包装降低库存成本。宜家的家具采用“平板包装”，即把家具做成可以拆装的零部件，采用尽可能平板化的包装方式。②根据低成本产品设计方案进行原材料的选购。

（2）生产经营方面：①通过JIT，对其生产加以管理，减少大量的库存产品。②通过订单保证方式促使厂商更新生产设备，降低投资成本。每年仅此一项就为宜家节省了15%的成本。③简朴节约。在生产中不放弃废弃的边角料，充分利用原材料。用原材料采购代替半成品采购，将原始可预见成本降至最低。

（3）发货后勤方面：①通过顾客自行提货降低送货成本。在宜家，没有亦步亦趋的销售人员，顾客需自行提货、自行安装。②准确及时的订单处理系统，降低物流成本。③“平板包装”降低送货成本。④选择位置最佳、运送成本最低的仓库。宜家将全球28个分销中心和仓储中心建立在海、陆、空的交通要道，并将大量的采购任务从欧洲移到远东和亚洲地区以降低成本。⑤采用多种运输工具，降低配送成本。宜家预计在未来进一步增加铁路运输与联合运输的比例。⑥采用第三方物流。宜家在14个国家建立了25家配送中心，这些配送中心中，有的是宜家自己拥有的，有的则是采用第三方物流外包。

（4）市场营销方面：①目录促销。宜家从1951年开始正式发行其目录册，现已成为被广为散布的书籍，达到了极佳的品牌渗透效果。②与顾客合作打造低价格的理念。宜家的理念是：“我们做一些，你来做一些，宜家为你省一些。”宜家把顾客也看成合作伙伴：顾客翻看产品目录，光顾宜家自选商场，挑选家具并且自己在自选仓库提货。由于大多数货品采用平板包装，顾客可方便将其运送回家并独立进行组装。这样，顾客节省了部分费用（提货、组装、运输），享受了低价格；宜家则节省了成本，保持了产品的低价格。

（5）售后服务方面：宜家卖场的合理布局以及购物指南降低了服务人员数量，进而降低了成本。

2. 四种辅助活动中的成本控制

（1）采购方面：①大批量采购。宜家的29个采购服务公司分布于25个国家，全球大批量的集体采购可取得较低价格。②严格的供应商评估。宜家对供应商的评估主要包括四个方面：持续的价格改进；严格的服务水平；质量好且健康的产品；环保及社会责任。③本土化采购，降低运输成本和关税成本。④全球竞价系统。宜家的全球采购策略提供了全球的竞价系统。宜家鼓励各供应商之间的竞争，把订单授予那些总体衡量起来价格较低的厂商。⑤控制原材料的采购与使用。宜家对原材料采购的控制和各种标准件采购的控制减少了不必要的浪费，节约了成本。

（2）研发方面：①低成本设计理念。宜家的设计理念是“同样价格的产品，比谁的设计成本更低”，因而设计师在设计中竞争焦点常常集中在是否少用一个螺钉或能否更经济地利用一根铁棍上。这样不仅能有效降低成本，而且往往会产生杰出的创意。②模块式设计方法。这样有利于大规模生产和大规模物流；不同模块可以根据成本在不同地区生产；有些模块在不同家具间可以通用。③先确定成本再设计产品。宜家的定价机制为先设计价格，再设计产品。在同一产品的各种设计方案中，选择设计成本最低的方案。此举能够有效控制成本。④产品设计过程中重视团队合作。宜家设计师的背后是一个研发团队，包括设计师、产品开发人员、采购人员等。这些人一起密切合作，能够在确定的成本范围内做出各种性能变量的最优解。⑤持续创新。宜家不断采用新材料、新技术来提高产品性能并降低价格。

（3）人力资源管理方面：①标准化管理降低管理成本。②宜家文化培养团队凝聚力，以及人员的成本控制意识。③部分环节实行自动化，减少人力投入。

（4）基础设施方面：①出色的管理信息系统。宜家与全球所有销售终端通过网络连接，及时了解其各地所有终端的产品种类、销售情况、库存、订单等一系列数据，并以此向OEM厂商发送生产订单。另外，宜家建立了中心仓库管理系统（ASTRO），商场的工作人员只要通过计算机就能迅速得到分拨中心的库存信息，从而提高整个分拨中心的运作效率。②不断更新设备，提升能效，降低成本。2011财年，宜家通过改善供暖、通风和空调系统（HVAC）以及用LED灯更新照明系统，使所有宜家商场的能效同比提高4%，共节省620万欧元。

总之，宜家通过企业文化与理念对供应链进行了有效的整合，为其推行低成本战略奠定了基础；打造了“节俭、创新、高效”的价值链，使其历经半个多世纪，一直业绩不菲，独居领先地位。近年来，我国家居行业面临着消费市场成熟、竞争激烈、产品同质化、发展空间减少等严峻形势。虽然家居企业的销售规模在显著增加，但经济效益却在明显下降，成本控制问题已经迫在眉睫。宜家凭借其卓越的成本控制策略，已成为全球家居行业乃至制造业的标杆。宜家通过深入价值链的各环节，与供应商、顾客联手打造竞争优势，达到多赢的效果，深值中国企业学习。

本章小结

企业主要有两类成本风险：成本信息扭曲风险和成本失控风险。成本风险管理的目标是保证成本信息真实、准确，保证成本费用得到有效控制或者降低，从而最大限度地增加利润，提高企业经济效益。

成本信息扭曲风险包括财务报告成本信息扭曲风险和管理报告成本信息扭曲风险。财务报告成本信息扭曲风险包括：不能正确地进行成本归集，不能及时核算成本；不能正确地划分期间费用和成本；不能将成本与收入进行恰当的配比。加强财务报告成本信息管理，需要认真学习有关企业会计准则方面的各种规范，严格产品成本的确认、计量和报告；根据企业会计准则的要求，结合企业实际情况，建立内部成本核算制度；选择适合本企业生产经营特点和管理要求的产品成本核算方法；加强企业财务信息系统建设及企业财务报告的内部审计。管理报告成本信息扭曲风险包括：成本不完整，不能反映真实的产品成本，影响企业的定价决策和产品目标盈利的实现；企业的成本标准不能及时修订；间接制造费用不能合理分摊；不能根据不同的管理目的，及时、正确地提供不同维度的成本信息。加强管理报告成本信息管理，需要做到：树立正确的成本观；建立健全管理信息系统；高度重视企业的预算管理工作。

国内大部分企业成本失控的风险主要源自以下事件发生的可能性：资源类产品价格剧烈变动，导致外购存货价格上涨；由于推行劳动用工制度改革，可能会造成人力资源成本上升；为了保护资源和生态环境，促进人和自然的和谐，国家会适时调控自然资源价格，开征各种各样的资源税；汇率变动引起的融资成本上升；同行业内的优秀企业采用新材料、新工艺、新流程，生产同类产品的成本已有很大改进；成本费用支出未经适当审批或超越授权审批，可能产生因重大差错、舞弊、欺诈而导致的损失。加强成本失控风险的管理需要采取以下措施：提高预测能力，制定科学、合理的成本目标；深入剖析不同维度的企业产品成本构成、各成本项目变动对企业盈利目标实现的敏感性，预测各成本项目变动的幅度及其可能性，准确把握成本风险管理的重点，并据此采取相应的成本管理策略和控制活动；及时修订成本定额，防止因定额宽松而引起的成本上升；加强战略成本管理，从企业战略层面取得成本管理上的突破；从运营层面挖掘降低经营成本的潜力；在控制层面，公司应建立健全有关成本方面的内部控制制度，根据费用的支出性质、金额大小实施不同控制方式；基于价值链分析的成本管理。

习　题

1. 国农科技（000004. SZ）在其2011年年报中披露了成本风险：在原辅材料、能源价格和人工成本不断上涨的情况下，如何有效控制成本、提高盈利能力将是下一步公司关注的重点。企业同时披露了应对措施：加强内部管理，强化成本控制，降低原辅材料等价格波动对公司盈利能力的影响，以确保公司的整体运作能力。请对国农科技采取的成本风险管理措施进行评价和补充。

2. 深深宝A（000019. SZ）在其2011年年报中披露了生产成本上升的风险：由于受原辅材料、人工成本上涨等因素的影响，企业运营成本增加，利润空间受到挤压。企业同时披露了应对措施：深化成本费用控制，并通过技术升级改造，提升产品附加值，同时优化原辅材料采购管理，完善供应商管理模式；结合市场需求调整产品结构，加强新品研发和市场拓展力度，着力提高公司业务的生产和销售规模，提升企业的盈利水平。请对深深宝A采取的成本风险控制措施进行评价和补充。

3. 南京中北（000421. SZ）在其2011年年报中披露了成本上升风险：①作为城市公共交通客运企业，对燃油依赖性较强，燃油价格的波动将直接影响公司的经营成本。②电煤供需矛盾是影响火电企业盈利的主要因素：一是电煤价格上涨的矛盾；二是供应关系的不稳固，若煤炭价格发生异常波动或采购供应渠道不畅，将给公司带来一定的经营风险。企业同时披露了应对措施：公司将从优化地煤采购、保证山西煤供应、加强应急燃煤采购和储备方面，做好燃煤管理工作，满足公司发电、供热用煤，力求减少煤炭费用，增加煤场库存。请对南京中北采取的成本上升风险控制策略进行评价和补充。

4. 金路集团（000510. SZ）在其2011年年报中披露了生产成本不断增加的成本风险：公司属高耗能行业，受国际宏观经济环境影响，国际、国内能源与资源价格持续处于高位，原材料价格上涨、人工成本上升导致公司产品生产成本压力不断加大。企业同时披露了应对措施：公司将紧跟市场，把握原材料价格波动的节奏，抓住阶段性的市场机遇，降低原材料采购成本；强化内部管理，促进公司主要能耗与物耗达到行业先进水平，降低生产成本，提高产品盈利能力。请对金路集团的成本风险控制策略进行评价和补充。

5. 靖远煤电（000552. SZ）在其2011年年报中披露了成本上升风险：钢铁、电力、水泥、矿用设备等生产资料价格上升，以及用工数量增加、人均工资的上升等，均会造成企业生产成本的上升；行业管理部门对安全投入要求的提高，政府对资源税、环保治理基金、可持续发展基金等相关税费计提项目要求增加、计提水平的提高，以及同区域、同行业企业成本费用项目和水平变化产生的溢出效应，均会导致公司成本压力增大。企业同时披露了如下对策：①在营销策略方面，加强对宏观经济形势和煤炭市场变化的分析、预测，根据市场情况，及时调整煤炭营销策略，优化产品结构，提高产品质量，增强市场营销能力，有效化解市场风险；继续强化煤质管理，执行煤质考核制度，提高煤炭质量，努力扩大煤炭销售，实现提质增收。②在生产组织方面，加快对收购资产和现有生产资源的整合，简化生产系统，合理配采，优化采掘接续和生产布局，改进生产组织方式和回采工艺模式，调整生产及通风、运输等系统能力，提高公司整体产能、资产效能和矿井生产管理水平。③在经营管理方面，强化经营管理，强化成本目标控制，加强深挖内潜，创新创效，实现质量与效益的高度统一；量化班组业绩，挖掘班组潜力，加大材料、配件、用水用电等管理，降低成本，提高效益。请对靖远煤电采取的成本上升风险管理措施进行评价和补充。

6. 七喜控股（002027. SZ）在其2011年年报中披露了成本控制风险：公司原材料成本、员工成本、物流成本和渠道营销成本都面临持续上涨压力，如果自身不能内部消化或者不能传导给消费市场，公司将面临较大的运营压力。企业同时披露了如下对策：针对成本持续上涨的压力，公司将通过绩效考核机制提高生产和运营效率，通过提高产品内在价值和适当的价格调整缓解成本压力。请对七喜控股的成本风险控制措施进行评价和补充。

7. 宁波华翔（002048. SZ）是一家交通运输设备制造企业，在其2011年年报中披露了成本上升风险：公司主要原材料包括ABS、聚丙烯、尼龙等，多为石化产品，材料成本变动与石油价格的变动成正相关。目前国际油价一直处于高位运行，这一方面阻止了汽车消费的拉动，另一方面造成公司原材料价格居高不下，公司面临较大的原材料成本压力。另外，最近几年随着我国劳动力供需的变化，人力成本急剧上升，预计在未来几年，我国劳动力成本会处于一个长期上升的过程中，这将对公司产生长期影响。请提出宁波华翔的成本上升风险的应对措施。

8. 新民科技（002127. SZ）是一家化学纤维制造企业，在其2011年年报中披露了关于成本上涨难以有效消化的风险：报告期内，公司主要原材料单价比去年同期均有20%～25%的上涨。其中，化纤切片平均单价从2010年的8941.82元/t涨至2011年的11139.55元/t，同比涨幅为24.58%；桑蚕丝织造原材料平均单价从268.86元/kg涨至335.39元/kg，同比涨幅为24.75%；其他织造原材料平均单价从25.79元/kg涨至31.71元/kg，同比增长22.95%。此外，在20万t熔体直纺项目陆续投产阶段使用的主要原材料PTA和乙二醇同比2010年也有一定程度上涨。报告期内，公司主要能源（水、电、气、煤）成本也均有不同程度上涨。其中，耗气单价和耗水单价同比涨幅均超过10%，分别为12.73%和12.17%，加上耗气、耗水数量也有所增长，导致两项能耗成本分别增加389.93万元和92.45万元。此外，公司购煤单价同比增长7.01%，由于20万t熔体直纺项目采用水煤浆作为主要燃动能源，故报告期内公司购煤数量同比大幅增加303.31%，购煤成本增加1782.36万元。同样，虽然耗电单价涨幅不大，仅为5.08%，但由于20万t熔体直纺项目陆续投产后造成耗电绝对数增加，故公司耗电成本同比增加6721.42万元。与原材料单价涨幅均超过20%不同，公司主要产品销售价格上涨幅度不大。其中，化纤丝平均单价从2010年的13785.12元/t涨至2011年的13828.62元/t，同比涨幅仅为0.32%，远不及原材料涨幅。这大大降低了公司差别化涤纶长丝产品的毛利率，成为公司效益减少的一大直接因素。而真丝织品和其他丝织品平均单价分别上涨14.96%（从21.25元/m涨至24.43元/m）和10.40%（从7.31元/m涨至8.07元/m），涨幅也均低于原材料单价涨幅。由此可见，原材料成本的上涨并没有全部转嫁到产品销售价格的上涨上，从而造成了公司营业利润的大幅减少。因此，报告期内，公司主要产品销售价格涨幅低于原材料价格涨幅，加之居高不下的能源成本和节节攀高的劳动力工资成本，造成产品毛利率降低、公司利润减少。请提出新民科技应对成本上涨难以消化风险的有效措施。

第九章

预算风险管理

企业管理者对待预算的态度可以用“欲罢不能”来形容。如果不编预算，则胸中无数，心里不踏实；如果编制预算，则耗时费力，年终将实际执行情况和预算目标一对比，大相径庭，预算似乎没有起到什么作用。这一现象本身说明企业预算管理过程中存在很大的风险。本章主要从预算编制、执行和考核三个环节阐述预算风险管理，在每个环节进行预算风险的识别和控制。

第一节　预算风险管理概述

一、预算风险概述

企业的 CFO 大都有这样的深切体会：预算指标下达后，往往支出、费用好落实，收入、利润难实现，也就是“花钱容易挣钱难”。这主要是因为管理者没有充分认识到预算的固有缺陷，没有将企业的战略、业务计划和预算协调好，没有根据企业所处的行业特点、经营策略和管理水平选择适当的预算管理方式，没有正确识别、评估和管理好预算管理各环节的风险，在预算管理中也没有很好地运用现代的、科学的预算管理理念、思想和方法。

“凡事预则立，不预则废。”企业要想取得持续的成功，就必须不断提高规划、计划和预算的能力，不断改进企业的预算管理工作，不断提高预算的执行力。

预算管理是一个持续改进的过程，主要由以下三个环节构成：①预算的编制环节。其包括预算目标的确定，根据预算目标编制、汇总与审批预算。②预算的执行与控制环节。在这一过程中，非常重要的就是预算执行情况的反馈与分析，并根据变化了的环境进行预算的修正与调整。③预算的考核与评价。预算管理的每个环节都存在一些风险，需要设计相应的内部控制程序和流程加强管理。

企业经营既要有规划性，又要有计划性。预算管理就是计划性的一种体现。有了良好的预算管理，企业经营就会在有序的轨道上运行；倘若企业忽视了预算管理，就将处于财务风险之中。

企业的全面预算由业务预算和财务预算构成。业务预算描述企业收益产生的活动，包括销售预算、生产预算、采购预算、人力预算、费用预算以及预计损益表等。财务预算描述现金的流入和流出，以及企业的财务状况，包括现金预算、资本预算，以及预计的资产负债表等。

从内控角度看，企业的预算具有双重性：它既是一个风险管理的工具，同时本身也是控制的对象。企业预算的主要风险有：预算编制不完整，目标设立不合理；预算执行与控制不力；分析报告不及时且缺乏价值；预算考核不科学。如果不能对这些预算风险进行很好的管理，企业的经营目标必定难以实现。

企业预算风险是指在企业预算业务的进行过程中，由于预算环境、预算活动等因素发生偏差，导致企业的实际结果与预算目标相背离，产生企业未能达到战略目标的结果的可能性。简言之，企业预算风险是指在企业的经营过程中，预算行为主体的预算目标与实际结果的偏差。

按预算管理流程的顺序，预算风险可分为预算编制风险、预算执行风险和预算考核风险。

按风险来源的不同，预算风险可分为内部风险和外部风险。预算内部风险是指预算体系本身存在的风险，如预算制度、预算流程、预算管理机构设置等方面的风险；而预算外部风险是指存在于预算体系之外的因素可能造成预算目标难以实现的可能性，主要包括企业内部的文化风险、人员风险、信息风险等。

按风险事件的不同，企业在预算中存在如下风险：预算制度系统性风险、预算制度认识风险、预算编制风险、预算管理中的道德风险以及预算实施中的调整与控制风险。

二、预算风险的识别

预算风险识别的方法有风险清单分析法和专家调查法。风险清单法也称为安全检查表法，它是分析人员较为全面地列出某类事项面临的一些危险项目以及有关的已知类型的危险、设计缺陷和事故隐患，从而用于逐个识别风险的方法。这种方法运用了系统工程的分析思想，在对系统进行分析的基础上，将所有可能存在的风险因素作为检查表的基本检查项目，并针对基本检查项目查找有关控制标准或规范，依据标准初步判断风险因素的风险程度，依次列出问题清单。专家调查法是通过相关专家的知识、经验与能力，对可能出现的风险及风险因素的影响程度进行定性估计，以最终获得风险因素发生的概率分布及可能的影响结果的方法。对于企业的预算识别阶段而言，主要工作是进行风险的定性估计。

识别财务预算风险，主要应识别以下风险：

（1）识别财务预算编制风险。其具体包括：编制的预算脱离实际；财务预算未经有效审批。

（2）识别财务预算执行风险。其具体包括：未形成全方位的财务预算执行责任体系；未将年度预算细分为月份和季度预算，以分期预算控制确保年度财务预算目标的实现；对于预算内的资金拨付，未按照授权审批程序执行；各预算执行单位未定期报告财务预算的执行情况。

（3）识别财务预算调整风险。其具体包括：财务预算调整不符合调整条件；财务预算调整未经有效审批；财务预算调整事项偏离企业发展战略和年度财务预算目标。

（4）识别全面预算考评风险。其具体包括：财务预算考评未正确评估企业及各单位在预算期的风险水平和经营形势，寻找企业及各单位与同行业的差距及产生的原因，以便采取措施防范风险；财务预算考评结果不公正，影响了员工的积极性。

三、预算风险的评估

（1）企业应当建立财务预算分析制度，由预算管理委员会定期召开财务预算执行分析会议，全面掌握财务预算的执行情况，研究、落实解决财务预算执行中存在问题的政策措施，纠正财务预算的执行偏差。

（2）开展财务预算执行分析，企业财务管理部门及各预算执行单位应当充分收集有关财务、业务、市场、技术、政策、法律等方面的信息资料，根据不同情况分别采用比率分析、比较分析、因素分析、平衡分析等方法，从定量与定性两个层面充分反映预算执行单位的现状、发展趋势及其对预算执行和完成的影响。针对财务预算的执行偏差，企业财务管理部门及各预算执行单位应当充分、客观地分析偏差产生的原因及其对预算执行的影响，提出相应的解决措施或建议，提交董事会或经理办公室研究决定。

（3）财务预算的差异分析。第一阶段差异分析是将预算的执行进度和结果的计量数据与预算指标加以比较：如果无差异，则结束差异分析；如果差异在允许的范围内，则结束差异分析；如果差异超出允许的范围，则进入第二阶段差异分析。第二阶段差异分析主要是对差异进行更深入的分析，以确定应对差异负责的部门：完全由本部门对差异负责；由本部门和其他部门共同负责；由其他部门负责；由整个企业对差异负责。第三阶段差异分析的内容主要是在差异责任单位的配合下，或者由差异责任单位主导，对差异进行全面、详细、深入的分析，以确定造成差异的原因：现在的有关管理制度、业务流程规定或操作规定不合理或过于复杂，难以使用；管理人员和员工的工作未遵守有关规定；企业外部环境因素导致。

（4）从企业的角度看，评价财务预算风险可选择的预算指标有：投资报酬率、剩余利润、销售利润率等。

（5）对风险的衡量和评估主要包括风险重要性和后果两方面。其计算公式为

$$R_{风险}=f(P,C)$$

式中，P 为风险的时间维度，表示事件发生的概率（可以是客观概率也可以是主观概率）；C 为风险的空间维度，表示事件发生的后果，包括绝对绩效（与预期比较）和相对绩效（与竞争对手比）两方面。

1）风险的定性分析。对各风险从发生的可能性和影响的严重性两方面进行风险矩阵图分析，对预算风险进行确认和计量，分析每个风险的可能性及重要性，以及这些风险的相对位置或者排序，并根据分析的结果制定其风险应对措施。

2）风险的定量分析。对于选取的风险指标，根据收集的资料数据建立概率分布，结合蒙特卡罗模拟法、情景分析、敏感度分析和其他分析工具，确定预算风险事件发生的概率及其损失程度，从而更全面、更准确地计量风险并进行预测。根据主要风险因素制定有针对性的管理策略，制定目标风险标准、风险指标预警范围、风险控制的方法等。同时，将要控制的主要风险因素作为预算管理的考核指标，分解到各业务部门，随同预算的执行进行动态监控，借助强大的信息管理系统，采用先进有效的风险动态控制方法及时处理，达到预算与风险管理结合的实时控制。

四、预算风险的控制

财务预算风险管理的具体目标是：规范预算编制、审批、执行、分析与考核；提高预算

的科学性和严肃性；促进实现预算目标。

加强预算风险控制具有重要意义：

（1）风险控制有助于强化预算标准的地位。企业财务预算标准的制定是有据可依的，各项预算标准的重要地位不可忽视。按照科学预算标准实施后续的业务工作是财务风险降低的起点。

（2）风险控制有助于规范预算执行的流程。财务预算的风险控制不仅涉及预算制定环节，更需要执行流程作后盾保障。预算标准确立后，各部门对预算的执行也是改革的重点。

（3）风险控制有助于深化财务运营的监管。企业的财务运营存在很多问题，这些问题的存在必须借助预算执行的监督管理予以治理。

为了更好地实施企业预算的风险控制，监管部门和企业应当发挥各自的优势，从标准、流程、监管等方面改进现有工作。

（1）制定企业财务预算的科学标准，合理分配预算资源。预算风险的控制应当依据严格的标准，包括客户资质的审核标准，并且随着行业的发展、企业自身的进步，应动态调整部分指标标准，确保各项预算费用的制定都对行业风险进行了有效的控制，使财务管理工作拥有良好的开端。基于风险敏感因素，合理分配预算资源。①注重组织（股东、管理者和员工等利益共同体）成员的全面参与，通过上下级协商提高预算信息横向和纵向的透明度，解决组织中信息流动障碍，以确定有效的预算水平。②为充分关注预算的组织激励功能，预算目标的确定需要从公司战略、公司治理和内部管理三个方面进行讨论。因此，结合本年度的经营战略、投资重点以及各种可能的环境变化对预算值的影响，滚动确定未来期间的预算目标和与之相适应的风险偏好及风险容忍度，作为风险管理的基准。

（2）加强企业财务预算的科学执行。预算制定完毕，执行的流程是改革的关键，原先从各部门角度出发的随意执行必须转变为以责任制为基础的预算执行流程。财务部门的预算要求应当与各部门主管、实际执行人员严格对接。财务人员要建立科学的执行流程，按期核查各岗位责任人对预算的执行情况，根据每期核查的结果支配各部门下一阶段的预算费用。①以扁平化组织结构为依托，以信息技术作为有效工具，有效协同横向和纵向价值链的信息，实现全方位的会计实时控制、沟通与监控，形成“计划——行动——衡量——学习”的循环回路，进而实现预算价值危机预警与企业流程再造。②在企业风险管理理念的指导下，进行基于企业风险的预算，围绕经济资本相关概念的整合进行财务危机概率的评估，为公司预期财务定位和整体风险描述提供依据，从而有效地进行风险管理。③通过业务外包，将不能创造价值的业务单元转交给外包商，组织能获得一笔现金流，从而解放一部分资源用于其他战略投资，以帮助组织重构财务预算，从而改善企业的平衡报表并避免企业对未来投资的不确定性。

（3）确保企业财务预算的科学监管，有效实现预算业绩评价。除在企业内部强化财务预算科学化管理以外，监管部门的外部监督力量也是不可或缺的。因为企业从维护自身利益的角度出发，对各项资金的违规使用不可能完全依靠内部监督制约。政府应指定专业的监管部门对企业的资金开展预算执行监管，由企业首先提交预算报告，监管部门对各项预算的执行进行抽查，用每一年度的监管评估结果作为下一年度企业各项支持的依据。基于风险激励报酬方案，有效实现预算业绩评价。正确的激励计划是该方法的核心，通过引入 EVA 价值管理指标，建立包括财务标准、非财务标准的多维度衡量 KPI 指标的体系，进行预算激励制度和考核管理，使预算管理进一步有效协调企业内部各部门之间的利益冲突，以确保长期预算目标落实到位。

(4) 岗位分工与授权批准。企业应当建立预算工作岗位责任制，明确相关部门和岗位的职责、权限，确保办理预算工作的不相容岗位相互分离、制约和监督。预算工作不相容职务包括：预算编制（含预算调整）与预算审批；预算审批与预算执行；预算执行与预算考核。企业应当建立预算工作组织领导与运行体制，明确企业最高权力机构、决策机构、预算管理部门及各预算执行单位的职责权限、授权批准程序和工作协调机制。其具体分工为：股东大会或企业章程规定的类似最高权力机构负责审批企业年度预算方案；董事会或企业章程规定的经理、厂长办公室等类似决策机构负责制订企业年度预算方案；企业可以设立预算委员会、预算领导小组等专门机构具体负责本企业预算管理工作；总会计师应当协助企业负责人加强对企业预算管理工作的领导和业务指导；企业内部相关业务部门的主要负责人应当参与企业预算管理工作。

(5) 构建预算风险管理系统。预算风险管理系统是企业内控管理的核心，通过预算可以更好地进行资源配置和战略实施，它和风险管理的结合可以更好地防范和控制经营风险。利用风险管理方法，构建包括风险识别、风险分析和评估、风险应对三个子系统在内的预算风险管理系统，以使风险管理成为企业价值预算的有效手段。预算风险管理贯穿企业预算管理的全过程，在预算管理周期循环进行，形成动态风险管理的回路：预算的启动阶段，进行风险辨识，在此基础上明确预算目标；预算的计划阶段，进行风险定性分析，根据风险图确定排序，合理规划资源的分配，确保目标、环境、资源相互之间的满足与平衡；预算的实施阶段，根据风险的定量分析和评价，做好风险监控工作，并随内外部环境的变化作出适时调整；预算的收尾阶段，进行风险追踪和风险防范，实现监控与学习的双重目的。

(6) 建立预算风险管理的决策支持系统。基于价值流的观点，以预算管理信息系统为平台，建立预算风险信息收集、处理、决策、预警等全过程的风险管理辅助决策系统，以实现快速反应、监督控制的实时性、信息共享性等功能。企业预算风险管理的决策支持系统主要包括管理系统和信息系统两部分。管理系统就管理职能和机构设置进行有效的界定；信息系统涵盖信息收集、处理、存储、决策、预警等全过程的管理，包括信息输入模块、风险识别模块、风险分析工具模块、风险预警及控制模块、风险应对管理模块等，通过预算风险管理信息系统的有效运行，进行合理的预算监控和流程再造，实现风险流和价值流的互动，增强创造价值的效率，最终支持预算风险最小、价值最大目标的实现。

第二节 预算编制的风险及其管理

一、预算编制的风险

预算编制环节是预算实施的起点，因此，识别该阶段的主要风险相当重要。预算编制环节包括预算目标设定与下达、预算编制与上报、预算审查与平衡以及预算审议批准等工作。该环节的主要风险如下：

(1) 企业使命、愿景的陈述过于宽泛或狭窄，缺乏长远的目标与战略规划。例如，一些企业对长远目标的表述是做“国际一流的企业”。

(2) 经营战略不明晰，职能战略不配套。例如，某上市公司的经营战略是“资本加技术，发展与合作”。这样的经营战略太笼统、太模糊。

(3) 规划（五年、十年）与年度经营计划的联结不够紧密，对企业内部管理、外部环境的分析不够透彻，总部与分支机构在预算目标上“讨价还价”，造成年度目标过低或过高，预算目标的可靠性差。

(4) 部门内部和部门之间的计划缺乏协调性，容易发生公司资源分配的冲突。例如，销售预算、生产预算不能与资本预算相结合，则可能会使部分有效订单不能实现。

(5) 预算指标单一。有些企业的预算指标主要是收入和利润，甚至不编制预计的资产负债表和现金流量表，只编制预计的损益表。

(6) 不能根据变化了的情况修正预算“假设”。预算的编制是建立在一系列假设之上的，这些假设包括原材料价格、销售价格、员工薪酬、税收和其他政策环境情况等。不少企业在编制下一年的预算时，往往不能及时根据变化的环境，及时修正这些假设。

(7) 预算编报不及时。有些企业从上年11月、12月就开始编制预算，当年2月、3月才下达预算，待预算下达时，往往事过境迁，为时已晚。

二、预算编制风险的管理

预算编制风险管理的目标是：企业持续、健康发展；股东、员工合理回报；预算先进、合理。预算编制环节的风险管理主要应侧重于以下方面：

(1) 做好企业的使命、远景、战略方向、战略规划、年度业务计划与财务计划（预算）的协调工作。战略方向确认企业进入某一产业领域的限制条件和战略目标；战略规划是在限制条件下作出的战略决策或大致的行动方案；年度计划与预算则决定着如何实施战略，也就是更为详细的行动计划。例如，国内一家中药厂商的长远目标是成为国内中药企业前三名，衡量的指标是销售收入。其具体的年度经营目标是：计划年度销售收入比上年增长40%，销售费用率控制在25%左右，销售收入再按区域、渠道、产品结构等进行分解。其实现目标的战略是：产品销售向终端（医院、药店）转移；加强与代理商的合作，拓展新的销售区域；利用资金优势，加强产品研发，更新生产与检测设备，提高产品质量等。

(2) 企业预算目标的科学与合理，是预算管理成败的关键。①加强基础数据的采集与管理，使预算目标的确立建立在可靠的基础之上。例如，通过切片分析，公司的经理可以了解历年各个季度、各个地区直接销售或间接销售的情况。各种各样的切片分析的综合运用，称为“多维分析”。通过切片分析，再运用钻取技术以及特别报告，公司的决策者可以查找出以往年度未实现或超额完成各项预算的原因，结合公司外部环境与营销策略的改变，将计划期的销售与利润预测建立在科学可靠的基础之上。②提高预测的准确性。企业需要及时地分析外部环境变化、竞争对手的经营策略，正确确定企业的销售收入、成本、费用和利润目标。并且，为了提高预测的准确性，预测还需要从整体上进行。整体预测可以避免不切实际的假设，以及内部各指标预测的不协调。例如，在预测销售收入与盈利增长的同时，还需要考虑销售收入的增长所需要的营运资本和机器设备的增长，以及资产增长所需要的资金来源。

(3) 通过对上年经营业绩的分析，根据企业的经营水平、季度变化、行业发展趋势以及成本的可控性等因素，给各部门下达切实可行的目标。预算目标体系应该在短期与长期、财务与非财务、领先与滞后、内部与外部之间取得正确的平衡，否则就会给预算的执行和考核造成隐患。在这方面，可以借鉴平衡计分卡的指标体系。

(4) 企业，特别是大型企业应该运用先进的预算管理软件，不断提高预算编制、汇总的自动化程度，以便预算能够及时地上传下达，避免企业的经理们被淹没在海量数据的计算、审核之中，从而影响企业长远规划、经营战略的制定与执行。

(5) 企业应当加强对预算编制环节的控制，对编制依据、编制程序、编制方法等作出明确规定，以确保预算编制依据合理、程序适当、方法科学。

(6) 企业应当明确预算管理部门和预算编制程序，对预算目标的制定和分解、预算草案编报的流程和方法、预算汇总平衡的原则与要求、预算审批的步骤以及预算下达执行的方式等作出具体规定。

(7) 企业年度预算方案应在预算年度开始前编制完毕，经企业最高权力机构批准后，以书面文件形式下达执行。实行滚动预算的企业，其审批程序比照年度预算方案执行。

(8) 企业可以选择或综合运用固定预算、弹性预算、零基预算、滚动预算、概率预算等方法编制预算。企业确定预算编制方法，应当遵循经济活动规律，并符合自身经济业务特点、生产经营周期和管理需要。预算编制应当实行全员参与、上下结合、分级编制、逐级汇总、综合平衡。企业预算管理部门应当加强对企业内部预算执行单位预算编制的指导、监督和服务，对预算编制不及时或不符合规定要求的单位，应及时作出报告。

三、案例分析：预算中的博弈

A 企业集团是国内著名的 IT 上市公司，集团下属甲、乙、丙、丁四个子公司。甲公司主营业务为计算机、服务器生产和销售；乙公司的主要产品为外围设备，包括打印器、终端等；丙公司主要生产 ADSL、调制解调器、路由器等网络产品；丁公司是软件公司，主要从事应用软件的开发与销售。母公司实质持有各子公司 100% 的股份，各子公司董事长由集团副总裁兼任。

集团对各子公司的业绩考核的基本精神是：完成预算收入、利润等财务目标以及其他非量化的业绩指标后，按超额利润的一定比例提取奖金。

A 公司在确定子公司乙 2014 年预算目标时，集团总部与子公司经营班子始终无法达成一致。集团总部要求利润目标在上年的基础上再增加 10%；而子公司经营班子则强调各种不利市场因素（如因竞争激烈而需要对产品进行调价、广告支出增加、竞争对手上年末将本公司在北京的一支服务团队全部挖走等），认为最多只能完成上年的利润目标。双方僵持 1 个月之久。最终，乙公司还是接受了总部的目标。但接受的原因却出人意料，集团公司另一位副总裁对乙公司的经营班子说了一句话："你们不干，我干。"

分析：合理的预算目标是预算管理能否成功的前提。预算目标确定中的上下博弈，是预算管理方式固有的缺陷。这也是国外一些优秀企业家指责预算的主要原因。企业不可能没有规划、计划与预算，但合理确定预算目标也很重要。在预算编制环节，目标确定存在巨大的风险，应引起重视。

第三节　预算执行的风险及其管理

一、预算执行环节的风险

企业预算的执行环节，具体包括预算执行与控制、预算分析与反馈、预算调整等。该环节的主要风险有：

（1）各责任中心控制重点不明确。

（2）不能正确地核算产品成本，造成产品定价错误，影响了企业产品的竞争力或盈利目标的实现。

（3）预算分析报告缺乏历史的、基本的业务数据，缺乏行业数据，缺乏与竞争对手的比较，对业务数据的分析不够深入，不能揭示经营中存在的风险，不能对经营策略改变的财务后果进行评估。

（4）不能根据外部环境和市场变化适时调整业务计划与预算，从而造成企业资源的错误配置，或不按规定的程序随意调整预算。

（5）预算执行与控制不力、效果差。其表现在企业预算越权审批、重复审批和预算执行随意，从而导致企业全面预算工作无法开展，预算目标难以实现。其原因在于：预算指标未细化，导致预算执行没有具体目标可依，预算执行盲目；缺少有效的预算监控、反馈及报告体系，使得执行过程中无监督，事后不能及时反馈与分析；预算的审批权限和程序不清晰或者未严格执行授权审批制度；各责任中心和部门的控制重点不明确，使得全面预算目标难以实现。

二、预算执行环节的风险管理

财务预算执行控制的目标包括：刚性约束各项经济活动；全面完成企业董事会下达的各项目标；正向激励，奖优罚劣。全面预算的执行主要任务是预算执行、计量实际执行结果、审计计量数据、进行差异分析和编写反馈报告。对于预算执行与控制环节的风险管理，企业应重点做好以下工作：

（1）确定企业内部各责任中心预算的控制重点。企业的预算，从内容上看，由销售预算和生产预算构成；从层次上看，包括分支机构的预算和本部职能部门的预算。不少企业将大量的精力放在管理费用和生产成本的控制上，而对销售收入的完成情况及存货、采购成本的控制重视不够。销售收入和存货、采购成本恰恰是大多数企业预算执行情况不好的主要因素。

（2）适应外部环境的变化，正确核算产品成本。不少企业，特别是大型企业，采用材料计划成本和劳动定额的方式来核算企业的产品成本。但市场环境瞬息万变，企业必须及时修订材料的计划价格、消耗定额以及劳动定额，否则就会造成成本核算的严重失真。

（3）将费用控制与价值创造相结合。有些企业犯有“大企业病”，行政建制的观念依然很强，员工出差只能坐火车，老总出差才能坐飞机，不能将费用支出与价值创造统一起来进行考虑；有些企业的职能部门，本来费用预算有结余，支出也可以避免，但在年终突击花钱，以使来年预算宽松。

（4）企业应建立预算执行预警机制，提高预算执行分析报告的质量。预算执行情况的分析报告是控制的基础，也是企业预警机制的重要组成部分。分析报告应该能够反映企业经营战略的实现程度。

（5）关于预算的调整，过于强调预算的刚性或严肃性是一种不理智的行为。如果企业出现以下情况，应及时、主动地调整预算：国家政策法规发生重大变化，致使预算的编制基础不成立，或导致预算与执行结果产生重大偏差；市场环境、经营条件、经营方针发生重大变化，导致预算对实际经营不再适用。

（6）企业应当加强对预算执行环节的控制，对预算指标的分解方式、预算执行责任的建立、重大预算项目的特别关注、预算资金支出的审批要求、预算执行状况的报告与预警机制等作出明确规定，确保预算严格执行。

（7）企业应当建立预算执行责任制度，对照已确定的责任指标，定期或不定期地对相关部门及人员的责任指标完成情况进行检查，实施考评。

（8）企业应当以年度预算作为预算期内组织、协调各项生产经营活动和管理活动的基本依据，将年度预算细分为季度、月度等时间进度预算，通过实施分期预算控制，实现年度预算目标。

（9）企业对重大预算项目和内容，应当密切跟踪其实施进度和完成情况，实行严格监控。企业应当加强对货币资金收支业务的预算控制，及时组织预算资金的收入，严格控制预算资金的支付，调节资金收付平衡，严格控制支付风险。

（10）企业应当建立预算执行情况内部报告制度，及时掌握预算执行动态及结果。预算管理部门应当运用财务报告和其他有关资料监控预算执行情况，及时向企业决策机构和各预算执行企业报告或反馈预算执行进度、执行差异及其对企业预算目标的影响，促进企业完成预算目标。

三、案例分析：市场发生了变化，预算要不要调整？

2006 年 3 月底，国内一家 H 股上市公司召开了一次预算调整会议。该公司是一家中药生产和销售企业，业务专一，采购、生产和销售统一管理。其 2005 年的全年销售收入约为 10 亿元人民币，2006 年的预算销售收入全年为 14 亿元左右，相关的收入、利润指标已经分解到各季度。此次会议的召开，是因为销售公司总经理提出：根据一季度的预算执行情况，全年预算收入和盈利目标不能完成，请求调整预算。会上，两种观点争执不下。

一种观点认为：预算的调整“牵一发而动全身”，销售收入目标的调整会影响到生产、采购等各方面业务计划的调整，调整工作量巨大；另外，不能因为一季度的销售遇到一些挫折就要调低预算，应保持预算的严肃性。

另一种观点认为：预算应该调整，以制定出更切合实务的目标，避免挫伤销售人员的积极性以及造成资源的浪费。

分析：首先，销售公司总经理要求调整预算的理由不充分，分析不到位：为什么完不成预算收入和利润目标？是营销策略和市场策略不对，还是因为市场需求不足引起的行业整体性下降？是完不成收入目标还是完不成利润目标，还是两个目标都完不成？如果对某些产品进行促销是不是能够完成销售收入目标，需要考虑调整的是不是只有利润目标？其次，营销公司有没有考虑需要根据市场和行业变化作出修正和调整营销策略？有没有或能不能及时测算因销售策略改变带来的相关财务后果？如果有，营销公司应该在会上作出说明。最后，若确实由于市场环境、经营条件、经营方针发生重大变化，导致原先的预算编制假设不再成立，公司营销策略经适当修正与调整后也不能完成相应的预算目标，预算就应该调整，并且调整得越快越好，以避免资源的错误配置而造成更大的浪费。

第四节 预算考核的风险及其管理

一、预算考核环节的风险

预算考核环节的风险主要包括：

（1）预算考核流于形式。比如，有些企业在年终进行预算考核时，当一些分公司和子公司没有全面完成预算目标时，分公司和子公司的经营班子只需要强调一下外部环境的变化、竞争的加剧等客观因素，考核往往就顺利通过。

（2）业绩操纵。近年来，有的预算单位发现预算目标难以完成时，往往会进行业绩操纵。特别是当年预算目标比较单一时，概率会大大增加。业绩操纵的手段很多，包括提前确认收入、延迟必要的费用支出、增加存货等。

（3）仅根据预算执行结果对各预算单位进行业绩评价和相应的激励，考核不全面。有些企业的预算考核，考核指标的定义模糊，不仅不能量化，且权重过大。例如，有些企业的分支机构，其预算目标完成得很好，应该得到较高的货币或非货币形式的奖励，但总部考核部门往往以管理水平低、企业文化建设差等指标压低对预算单位的业绩评价，从而扭曲了企业的绩效考核。

二、预算考核环节的风险管理

加强预算考核环节的风险管理的措施包括以下方面：

（1）建立科学的业绩评价制度（绩效考核的多重标准），妥善解决预算管理中的行为问题。企业的业绩评价一定要与预算的目标体系有良好的协调。这样，预算考核的主要内容就是比较预算目标和实际执行结果，避免考核中的意见分歧和讨价还价。例如，国内某家上市公司在某年末对各子公司进行预算考核时发现，各子公司在预算报告中都认为其完成了预算的主要目标（收入、利润），但各子公司的财务报表以及集团合并的财务报表却显示巨额亏损。其主要原因就在于预算目标的定义不清晰以及各子公司的业绩操纵。在收入确认上，一些子公司的预算报告中，只要与客户签订了合同、产品已经发出就确认为收入，甚至将一些产品尚未发送到客户手中的订单也全部确认为收入。

（2）明确预算考核的内容。预算考核的内容有两类：预算目标的考核和预算体系运行的考核。预算目标的考核侧重经营的效率和效果，包括收入、利润、资产周转率等财务指标，市场占有率、客户满意度等非财务指标，以及研发、广告宣传、渠道拓展等长期指标。预算体系运行的考核是对企业各预算部门预算管理水平的考核。例如，预算编制的准确性和及时性、预算执行力；预算调整是否按程序进行；预算分析报告的质量等。国内不少企业往往忽视了对预算体系运行的考核，所以虽然年年作预算，但预算管理水平始终提不高。

（3）加强预算考核的严肃性。企业应当建立严格的绩效评价与预算执行考核奖惩制度，坚持公开、公正和透明的原则，对所有预算执行单位和个人进行考核，切实做到有奖有惩、奖惩分明，不断提升预算管理水平。

（4）预算年度终了，财务预算委员会应当向董事会或经理办公室报告财务预算执行情况，并依据财务预算完成情况和财务预算审计情况对预算执行单位进行考核。

(5) 企业内部预算执行单位上报的财务预算执行报告，应经本部门、本单位负责人按照内部议事规范审议通过，作为企业进行财务考核的基本依据。

(6) 企业财务预算按调整后的预算执行，财务预算完成情况以企业年度财务会计报告为准。

(7) 企业财务预算执行考核是企业绩效评价的主要内容，应当结合年度内部经济责任制考核进行，与预算执行单位负责人的奖惩挂钩，并作为企业内部人力资源管理的参考。

三、案例分析：煤炭企业的预算风险管理⊖

(一) 煤炭企业全面预算管理的现状

全面预算管理作为一项科学的控制行为，将企业的决策目标及其资源配置以预算的方式加以量化并使之得以实现。近年来，各煤炭企业积极探索全面预算管理科学方法的应用，但新形势对生产经营管理提出了更高的要求。受传统经济体制和思维的影响，一些煤炭企业即使实施了全面预算管理，但在观念及认识上对预算管理还存在误区，存在预算编制及控制与生产业务管理相脱节的现象，预算调整也不灵活，造成了效益评价不充分、业务预算缺乏科学性等问题，使得预算管理在煤炭企业生产经营管理中的作用弱化。这就要求煤炭企业充分认识全面预算管理的重要性。

(二) 煤炭企业全面预算管理中面临的风险

1. 预算目标设定时面临的风险

(1) 对全面预算管理认识不到位的风险。一些煤矿，特别是小型煤矿的管理者，传统管理理念根深蒂固，不能准确地把握全面预算管理的定义，导致对全面预算管理认识不到位。有的企业负责人简单地把全面预算定位为财务预算，甚至定位为财务部门的预算，认为预算管理就是财务部门控制资金支出的计划和措施。这样会使预算管理的全面控制约束力得不到很好的发挥，最终导致全面预算管理陷入困境。

(2) 缺乏长远目标与战略规划的风险。企业战略是对企业的整体谋划，决定着企业的发展方向。在这方面，某些煤炭企业没有给予足够的重视，在预算管理中没有一个完整的企业规划，结果造成目光短浅，只看到眼前利益，看不到未来的发展变化及企业的应对措施。

(3) 全面预算管理的组织体系不健全带来的风险。全面预算管理工作能否做好，主要依赖组织的保证，各级企业领导都要融入预算管理，要选择专业人才来组织和控制预算管理。但多数煤炭企业在全面预算管理过程中，普遍存在缺乏全面预算管理组织体系保障的问题，部分企业未设置专门的全面预算管理机构，这样就给预算管理工作带来了困难。

2. 预算编制过程中面临的风险

(1) 绩效指标单一的风险。在实践中，管理者往往根据责任人的所属部门或业务范围对其制定相应的绩效指标。这些指标往往是单一的，或者有若干个类似的指标。单一的绩效指标往往会使利益相关者采取和企业目标不一致的行动。比如，对销售部门仅仅设定合同额

⊖ 资料来源：http://wenku.baidu.com/link? url = lddv5cPBKRujMVKkXa5US6_LOL_hfMheHFMIJDLySg8secg-wHFjkO-sJjtlzMdWWGQCOBFTZWRVItmg-vUXqBO4lDNyCn_q0URfFIQ9Nbqm.

考核，会促使其在销售合同拟定上采取合同虚高，回款期数变多，周期变长等对策。企业真正的目的是既激励其销售积极性、增加合同额，同时又能带来稳健的现金流，但指标设定的缺陷使利益者采取了偏离企业目标的对策。同样，只对生产部门设定成本考核指标而没有质量控制指标，也是致命的。

（2）预算编制方法过于模式化的风险。预算编制是集团企业实施预算管理的起点，也是预算管理的关键环节。全面预算编制的方法主要有固定预算、弹性预算、滚动预算、零基预算和概率预算等。企业采用什么方法编制预算，对预算目标的实现有着至关重要的影响，并直接影响到预算管理的效果。由于多方面的原因，我国许多煤炭企业为简化预算，基本上都采用传统的全面预算编制方法，即固定预算、定期预算和增（减）量调整预算，且普遍存在“上年完成数+增长率”的模式，而诸如弹性预算、零基预算等现代全面预算编制方法运用较少。这样就会使预算编制的科学性和实用性大打折扣。

（3）预算编制不及时的风险。一般情况下，企业从上年10月份开始编制预算，按照上下结合、分级编制、逐级汇总的原则，历经下达目标、编制上报、审查平衡、审议批准、下达执行等程序，至上年12月末完成预算的编制工作。但有些煤炭企业上年11、12月开始编制预算，当年2、3月预算才能下达，这样一些月份的经济业务已成为过去，必然会使预算管理的有效性降低，达不到预算的目的。

（4）预算编制松弛的风险。在编制过程中，由于企业各层级之间存在信息不对称，预算执行者为了自己的利益，可能会利用参与编制预算的机会，蓄意将预算标准放宽。而制造松弛预算的目的是降低难度、虚增业绩套取奖金乃至获得职位升迁。任何形式的预算松弛都会给企业的生产经营带来不利影响。过于宽松的预算难以激发企业的潜力，带来了大量无效成本，为管理者提供了掩盖失误的弹性空间，妨碍查明预算差异的真正原因，造成资源的不合理分配，掩盖了企业经营中存在的问题，影响到业绩评价的客观性，致使考核不公允。

3. 预算执行过程中面临的风险

（1）预算执行不到位或根本不执行的风险。目前很多煤炭企业在全面预算管理中普遍存在重编制轻执行的现象，预算编制与执行考核不成体系。有些企业不重视预算执行和预算考核，没有建立预算管理所必需的责任会计核算体系，有些企业没有将预算与经营活动、预算执行与预算反馈结合起来，也没有在企业内部各个单位部门之间建立起信息渠道，缺乏预算反馈环节或预算反馈信息质量不高。

（2）预算控制力度不够带来的风险。在一些煤炭企业的预算管理中，缺乏完整的预算控制系统，难以令预算管理部门对由于预算执行过程受到各种主客观因素的影响而造成的变化作出快速反应 。一些企业尚未建立健全预算管理制度。有的虽然制定了预算管理制度，却有章不循、随意更改。资金的收支随意性大，缺乏统一的筹划和控制，资金使用混乱，经常出现项目资金互相挪用，投资与成本随意调节，寅吃卯粮，资金的流向与控制脱节，造成编制的预算与执行的结果偏差很大。

4. 预算调控过程中面临的风险

预算调控是预算协调职能及在预算执行过程中的日常调节职能。它是预算目标顺利实现的必要手段。在企业内、外环境无重大变化时，为保证预算的顺利执行，需在各个预算责任单位之间对人力、物力、财力、时间等资源要素作适当微调，以维持整体平衡。在预算调控环节，如果企业不能根据外部环境和市场变化适时调整业务计划与预算，或不按规定程序调整预算，就可能导致预算与实际严重不相符，严重影响管理水平的发挥。另外，预算调整权力也要有相应的制衡机制，否则，超预算或无预算的项目可能因为预算调整权力的滥用而照样开展，造成预算对实际行为的预控作用严重受损。

5. 预算考评过程中面临的风险

业绩评价是全面预算管理中的重要组成部分，但相当多的企业在业绩评价环节上出现问题。其主要原因就是奖惩制度不合理，导致业绩评价不公平、不客观，从而挫伤员工的积极性，使他们不认同预算管理，最终导致预算管理失败。以预算标准考核责任单位和责任人，并以考核结果来执行奖惩时，被考核方往往过多地强调客观因素对绩效的不利影响，故意回避主观方面的原因；而考核方则常常掺杂个人情感，使考核缺乏刚性，或者没有配套的奖惩措施，缺乏应有的激励机制，最终使考核流于形式。

（三）煤炭企业全面预算中的风险规避措施

1. 预算目标指定过程中的风险规避措施

（1）强化全面预算管理的认识。全面预算管理作为一种科学的管理模式，将企业的决策目标及其资源配置以预算的方式加以量化，并使之得以实现。全面预算管理具有全面、全额、全员的特征，是一种把所有部门、所有人员和所有环节都纳入预算管理体系的全过程、全方位的管理模式，也是一种整合企业实物流、资金流、信息流和人力资源流要素的经营指标体系。企业要通过全面预算管理达到提升员工的成本理念，以及提高成本管理水平和实现煤矿成本全面预算控制的目的，因此在实施全面预算管理前，要对员工进行教育，使他们都对企业即将进行的预算管理能够理解透彻，并克服抵触情绪。

（2）确定具有可操作性的企业发展战略，建立预算管理的战略导向机制。战略是企业为实现其宗旨和目标而确定的组织行动方向和资源配置纲要；可操作性是指能够将战略目标指标化并将其纳入预算管理体系中加以考核。确定企业发展战略，实际上就是对企业所处竞争环境和企业自身战略资源及能力的评估，运用多种分析手段和技术方法提供并分析企业财务、顾客、内部业务流程、学习和成长等综合信息，制订出企业的长期、中期、短期发展计划及相应的资源配置计划，以此保持企业的长期竞争优势。全面预算管理的战略导向机制就是以企业发展战略为导向，通过预算指标体系全方位、全过程反映企业的战略规划，全面控制企业的生产经营行为，将企业战略与日常经营活动有机衔接，优化配置企业的资金、财物、信息及人力资本等要素资源，顺利实现企业既定战略目标。

(3) 建立全面预算管理的权力分层机制。权力分层机制是根据公司管理体制和经营管理活动特点进行流程再造，对全面预算管理的各项权力进行细分授权和监督的过程。一般来讲，企业总部作为投资、融资和经营管理主体，对公司总体发展目标、投资和融资决策、重大生产经营决策和目标利润计划负责；下属公司作为生产经营主体对本公司的生产经营，特别是收入成本利润负责。比如，可设立公司总部、基层矿处两个全面预算管理层面，相应的全面预算管理组织机构划分为预算管理决策层、预算管理职能部门、预算管理责任部门三个层次。当然，每个企业的实际情况不尽相同，具体的权力分层体系还需根据具体情况划分。

2. 预算编制过程中的风险规避措施

(1) 建立企业预算目标指标体系。预算目标指标的选择旨在体现企业预算管理导向，保证企业战略目标的实现。预算目标指标可分为财务指标以及非财务指标。煤炭企业应根据年度经济工作指导意见，结合预算责任单位的不同特点和实际情况，按照导向性、可控性、可操作性和层次性的要求，从生产指标、经营指标和投资计划等方面，选择产品产量、安全利润、销售收入、存货及应收账款占用、现金流及维简计划、基建计划等，设立相应的预算控制指标体系。该指标体系应按其涉及的领域细分为经营预算、资本预算、筹资预算和财务预算。各类预算都有具体的指标支撑，包括综合类、财务类、经营类、成本类、费用类、损益类、投资类和筹资类等。全部指标体系构成有机整体，对全面预算管理起到有力的支撑作用。

(2) 建立全面预算管理方法体系。建立全面预算管理方法体系是为了使全面预算管理在编制、实施、分析、评价等各个阶段均有科学的理论方法为指导。该体系将各种先进的管理预测方法与全面预算管理相结合，充实现有的全面预算管理理论与方法。全面预算管理方法体系涵盖从预测编制、指标体系构建到考评等多个方面。对全面预算管理中各个步骤可能涉及的方法，在考虑成本效益的前提下，企业要正确选择预算编制方法，以保证预算科学性、可行性，建立高度集成的信息系统，建立全面预算管理信息系统，并与企业的财务管理系统、存货管理系统、采购管理系统、生产管理系统等高度集成。这样不仅便于预算的编制，也便于预算跟踪、预算调控、预算考核及信息反馈，为实现高效、科学的全面预算管理提供一种工具和手段。

3. 预算执行过程中的风险规避措施

企业实施全面预算管理的效果如何，很大程度上取决于预算执行效率的高低。因此，要提高预算管理质量，关键要提高预算的执行质量。日常业务中，按照“谁负责谁承担”的原则在企业内部层层落实经营目标和经营责任，通过收集各种预算和实际资料，进行计量、对比，及时发现、揭露实际脱离预算的差异，并分析其原因，及时反馈给各责任单位，以便采取必要措施，消除虚弱环节，实施对经济活动的事中控制。预算一经审批下达，即具有指令性，各预算责任部门必须认真执行。但在外部环境发生重大变化或企业战略决策发生重大调整时，企业应该对预算作出适当调整，但要以建立规范的调整程序和调整权力的相互制衡为前提，以保证预算目标的实现。此外，应防止责任转移，将各项预算指标归口到各相关职能部门进行管理，并作为该部门的年度考核指标。

4. 预算调控过程中的风险规避措施

在企业实际经营过中，下达的预算指标是与业绩考核挂钩的硬性指标，一般情况不得突破。但成本费用如遇预算控制不善确需突破时，必须由责任部门提出书面申请，说明原因，经分管副总经理批准后，按资金类预算控制程序办理，经过各级审批后纳入预算外支出，同时纳入考评。对预算外资金申请，须由责任部门根据业务的实际需要填写申请。该申请应该包括使用目的、使用的责任部门和责任人、使用目标、使用方式等内容。在审核时，应首先分析为什么需要钱、利润收入跟上了没有。如果是业务的增长，一些指标的增长跟上了，还要分析增加这笔业务的风险点在哪里、是不是主营业务、是不是可控业务。该申请经下属子公司、部门全面预算管理领导小组审批通过后报公司全面预算管理委员会审批，经全面预算管理委员会审批通过后执行，同时该责任部门的预算外资金需备案。

5. 预算考评过程中的风险规避措施

预算考评在整个预算管理循环过程中是一个承上启下的环节。预算执行中及完成后都要适时进行考评，所以它是一种动态考评，也是一种综合考评。企业首先应将指标层层分解到风险责任人。指标分解必须全面，必须将所有可控风险全部分解到位。责任人的确定必须合理，责任人必须可以控制此项风险。其次，必须在企业内公布绩效考核办法。各级公司经理层面应做到事先与相关责任人进行充分沟通，签订目标责任书，约定权责，奖罚分明。对于部门经理以下员工，应建立明确的岗位责任制，约定其对风险的管理职责，坚持公正、公开、透明的原则，切实做到奖惩分明，使企业经营者和员工形成责、权、利相统一的责任共同体，最大限度地调动经营者和员工的积极性和创造性。

本章小结

企业预算风险是指在企业预算业务的进行过程中，由于预算环境、预算活动等因素发生偏差，导致企业的实际结果与预算目标相背离，产生企业未能达到战略目标的结果的可能性。预算风险包括预算编制风险、预算执行风险和预算考核风险。预算风险的评估方法包括投资报酬率、剩余利润和销售利润率等。预算风险的控制措施包括：制定企业财务预算的科学标准，合理分配预算资源；加强财务预算的科学执行；确保企业财务预算的科学监管，有效实现预算业绩评价；岗位分工与授权批准；构建预算风险管理系统；建立预算风险管理的决策支持系统。

预算编制风险包括：企业使命、愿景的陈述过于宽泛或狭窄，缺乏长远的目标与战略规划；经营战略不明晰，职能战略不配套；规划与年度经营计划的联结不够紧密；部门内部和部门之间的计划缺乏协调性，容易发生公司资源分配的冲突；预算指标单一；不能根据变化了的情况修正预算“假设”；预算编报不及时。加强预算编制风险控制的措施包括：做好企业的使命、远景、战略方向、战略规划、年度业务计划与财务预算的协调工作；确定科学、合理的预算目标；运用先进的预算管理软件；对编制依据、编制程序、编制方法等作出明确规定；明确预算管理部门和预算编制程序；企业年度预算方案应在预算年度开始前编制完毕，经企业最高权力机构批准后，以书面文件形式下达执行；可以选择或综合运用固定预算、弹性预算、零基预算、滚动预算、概率预算等方法编制预算。

预算执行风险包括：各责任中心控制重点不明确；不能正确地核算产品成本，造成产品定价错误；预算分析报告缺乏历史的、基本的业务数据，缺乏行业数据，缺乏与竞争对手的比较；不能根据外部环境和市场变化适时调整业务计划与预算，从而造成企业资源的错配；预算执行与控制不力、效果差。加强预算执行风险控制的措施包括：确定企业内部各责任中心预算的控制重点；适应外部环境的变化，正确核算产品成本；将费用控制与价值创造相结合；建立预算执行预警机制，提高预算执行分析报告的质量；适度进行预算调整；对预算指标的分解方式、预算执行责任的建立、重大预算项目的特别关注、预算资金支出的审批要求、预算执行状况的报告与预警机制等作出明确规定，确保预算严格执行；建立预算执行责任制度；以年度预算作为预算期内组织、协调各项生产经营活动和管理活动的基本依据；企业对重大预算项目和内容，应当密切跟踪其实施进度和完成情况，实行严格监控；建立预算执行情况内部报告制度，及时掌握预算执行动态及结果。

预算考核风险包括：预算考核流于形式；业绩操纵；仅根据预算执行结果对各预算单位进行业绩评价和相应的激励，考核不全面。加强预算考核风险控制的措施包括：建立科学的业绩评价制度，妥善解决预算管理中的行为问题；明确预算考核的内容；加强预算考核的严肃性；预算年度终了，财务预算委员会应当向董事会或经理办公室报告财务预算执行情况，并依据财务预算完成情况和财务预算审计情况对预算执行单位进行考核；企业内部预算执行单位上报的财务预算执行报告，应经本部门、本单位负责人按照内部议事规范审议通过，作为企业进行财务考核的基本依据；企业财务预算按调整后的预算执行，财务预算完成情况以企业年度财务会计报告为准；企业财务预算执行考核是企业绩效评价的主要内容，应当结合年度内部经济责任制考核进行，与预算执行单位负责人的奖惩挂钩。

习　题

请学习《企业内部控制应用指引第 15 号——全面预算》，并从中总结出预算风险管理的相关方法。

第一章　总则

第一条　为了促进企业实现发展战略，发挥全面预算管理作用，根据有关法律法规和《企业内部控制基本规范》，制定本指引。

第二条　本指引所称全面预算，是指企业对一定期间经营活动、投资活动、财务活动等作出的预算安排。

第三条　企业实行全面预算管理，至少应当关注下列风险。

（一）不编制预算或预算不健全，可能导致企业经营缺乏约束或盲目经营。

（二）预算目标不合理、编制不科学，可能导致企业资源浪费或发展战略难以实现。

（三）预算缺乏刚性、执行不力、考核不严，可能导致预算管理流于形式。

第四条　企业应当加强全面预算工作的组织领导，明确预算管理体制以及各预算执行单位的职责权限、授权批准程序和工作协调机制。

企业应当设立预算管理委员会履行全面预算管理职责，其成员由企业负责人及内部相关部门负责人组成。

预算管理委员会主要负责拟定预算目标和预算政策，制定预算管理的具体措施和办法，组织编制、平衡预算草案，下达经批准的预算，协调解决预算编制和执行中的问题，考核预算执行情况，督促完成预算目标。预算管理委员会下设预算管理工作机构，由其履行日常管理职责。预算管理工作机构一般设在财会部门。

总会计师或分管会计工作的负责人应当协助企业负责人负责企业全面预算管理工作的组织领导。

第二章　预算编制

第五条　企业应当建立和完善预算编制工作制度，明确编制依据、编制程序、编制方法等内容，确保预算编制依据合理、程序适当、方法科学，避免预算指标过高或过低。

企业应当在预算年度开始前完成全面预算草案的编制工作。

第六条　企业应当根据发展战略和年度生产经营计划，综合考虑预算期内经济政策、市场环境等因素，按照上下结合、分级编制、逐级汇总的程序，编制年度全面预算。

企业可以选择或综合运用固定预算、弹性预算、滚动预算等方法编制预算。

第七条　企业预算管理委员会应当对预算管理工作机构在综合平衡基础上提交的预算方案进行研究论证，从企业发展全局角度提出建议，形成全面预算草案，并提交董事会。

第八条　企业董事会审核全面预算草案，应当重点关注预算科学性和可行性，确保全面预算与企业发展战略、年度生产经营计划相协调。

企业全面预算应当按照相关法律法规及企业章程的规定报经审议批准。批准后，应当以文件形式下达执行。

第三章　预算执行

第九条 企业应当加强对预算执行的管理，明确预算指标分解方式、预算执行审批权限和要求、预算执行情况报告等，落实预算执行责任制，确保预算刚性，严格预算执行。

第十条 企业全面预算一经批准下达，各预算执行单位应当认真组织实施，将预算指标层层分解，从横向和纵向落实到内部各部门、各环节和各岗位，形成全方位的预算执行责任体系。

企业应当以年度预算作为组织、协调各项生产经营活动的基本依据，将年度预算细分为季度、月度预算，通过实施分期预算控制，实现年度预算目标。

第十一条 企业应当根据全面预算管理要求，组织各项生产经营活动和投融资活动，严格预算执行和控制。

企业应当加强资金收付业务的预算控制，及时组织资金收入，严格控制资金支付，调节资金收付平衡，防范支付风险。对于超预算或预算外的资金支付，应当实行严格的审批制度。

企业办理采购与付款、销售与收款、成本费用、工程项目、对外投融资、研究与开发、信息系统、人力资源、安全环保、资产购置与维护等业务和事项，均应符合预算要求。涉及生产过程和成本费用的，还应执行相关计划、定额、定率标准。

对于工程项目、对外投融资等重大预算项目，企业应当密切跟踪其实施进度和完成情况，实行严格监控。

第十二条 企业预算管理工作机构应当加强与各预算执行单位的沟通，运用财务信息和其他相关资料监控预算执行情况，采用恰当方式及时向决策机构和各预算执行单位报告、反馈预算执行进度、执行差异及其对预算目标的影响，促进企业全面预算目标的实现。

第十三条 企业预算管理工作机构和各预算执行单位应当建立预算执行情况分析制度，定期召开预算执行分析会议，通报预算执行情况，研究、解决预算执行中存在的问题，提出改进措施。

企业分析预算执行情况，应当充分收集有关财务、业务、市场、技术、政策、法律等方面的信息资料，根据不同情况分别采用比率分析、比较分析、因素分析等方法，从定量与定性两个层面充分反映预算执行单位的现状、发展趋势及其存在的潜力。

第十四条 企业批准下达的预算应当保持稳定，不得随意调整。由于市场环境、国家政策或不可抗力等客观因素，导致预算执行发生重大差异确需调整预算的，应当履行严格的审批程序。

第四章 预算考核

第十五条 企业应当建立严格的预算执行考核制度，对各预算执行单位和个人进行考核，切实做到有奖有惩、奖惩分明。

第十六条 企业预算管理委员会应当定期组织预算执行情况考核，将各预算执行单位负责人签字上报的预算执行报告和已掌握的动态监控信息进行核对，确认各执行单位预算完成情况。必要时，实行预算执行情况内部审计制度。

第十七条 企业预算执行情况考核工作，应当坚持公开、公平、公正的原则，考核过程及结果应有完整的记录。

提示：《企业内部控制应用指引第 15 号——全面预算》中，至少有以下几点应该引起企业管理者关注：

（1）必须高度重视预算管理工作。不少企业的预算管理流于形式，根本原因在于企业的最高领导者对预算的重要性认识不足，支持力度不够。该指引第四条指出：企业应当加强全面预算工作的组织领导，明确预算管理体制以及各预算执行单位的职责权限、授权批准程序和工作协调机制。企业应当设立预算管理委员会履行全面预算管理职责，其成员由企业负责人及内部相关部门负责人组成。企业的总会计师或分管会计工作的负责人是协助企业负责人负责企业全面预算管理工作的组织领导。

（2）充分认识做好预算管理工作的关键点。预算管理环节主要有三个：预算编制、预算执行和预算考核。预算编制环节的关键是目标的下达，而目标是否科学合理，取决于企业的预测能力。在预算执行环节中，对预算执行情况的分析与反馈是一个关键。根据该指引第十二条的规定，预算考核环节的关键是企业科学的业绩评价体系和规范有效的考核制度的设计和执行。

（3）辩证地看待预算刚性。预算是一种资源配置计划，具有固化战略的作用。随着我国经济的市场化程度不断提高，以及经济全球化趋势的逐步形成，企业经营环境的不确定性日益增加。为了应对这种不确定性，企业必须及时根据变化了的环境调整经营的战略和战术，也必须及时地调整预算。但应避免走向另一个极端，即随意调整预算，使预算管理流于形式。

第十章

财务报告风险管理

本章从两个角度阐述了企业财务报告风险管理：一方面阐述了治理层面和经营层面的财务报告风险管理；另一方面阐述了财务报告编制与信息披露的风险管理。最后，本章还介绍了财务报告的风险信息披露。

第一节 财务报告风险管理概述

一、财务报告风险的含义

企业财务报告的目标是向财务报告使用者提供与企业财务状况、经营成果和现金流量等有关的会计信息，反映企业管理层受托责任履行情况，这有助于财务报告使用者作出经济决策。为实现其目标，企业的财务报告应达到一定的质量要求，即会计信息的相关性、可靠性、可比性等。企业的财务报告应按照适用的会计准则和相关会计制度的规定编制，在所有重大方面公允地反映企业经营实质。

企业财务报告的编制过程，实质上是一个判断和估计的过程。不管企业的治理结构如何完善，企业管理当局如何努力，企业财务人员的职业道德和专业水准如何之高，面对复杂的经营环境和日益不确定的经营环境，企业管理当局和财务人员的判断和估计都不可能始终准确无误。任何企业的财务报告都会有一定的扭曲，不管是有意的盈余管理、会计造假，还是无意的会计估计错误、会计政策选择失当、会计披露不充分等，企业财务报告质量总是处于“完全的公允反映”与“彻底的会计造假”之间。所以，“真实公允反映”是一个区间，是一个“度”的把握。企业财务报告风险就是企业财务报告未能达到相应的质量要求，从而不能实现财务报告目标的可能性。

影响企业财务报告质量的主要因素有会计准则、会计政策选择、会计估计和会计披露等。除会计准则外，后三个因素都是可控的，即在既定的会计准则下，企业是否能提供高质量的财务报告，这取决于企业管理者的意愿和能力。

二、财务报告风险的特点

与其他财务风险相比，企业财务报告风险有如下特点：

（1）风险形成的原因不同。企业的其他财务风险主要是受外部因素的影响，如现金短缺风险受国家宏观政策和货币政策的影响；而财务报告风险主要来自企业内部。

（2）风险的可控性不同。企业财务报告是由企业的管理层负责编制的，其风险是企业完全可控的。企业管理层只有认真对待财务报告风险，通过设计并有效执行相应的内部控制，才能够控制或消除重要的财务报告风险。

（3）企业管理层对待风险的态度不同。对于现金短缺风险、汇率变动风险、成本上升风险，企业的管理层都高度重视，会通过收益与成本的权衡，将其控制在可接受的范围内；但对于企业财务报告风险，有些企业管理层往往漠然视之，甚至主动为之，如财务报告的粉饰与造假等。

（4）后果的表现形式和严重性不同。企业财务报告的风险一旦发生，对企业带来的经济损失往往是间接的、严重的。比如有些申请IPO的企业，由于其财务报告未能达到相应的质量要求，未能获得证监会发审委的批准。

三、财务报告风险的类型

从企业管理层是否故意的角度出发，企业财务报告风险分为两类：①治理层面的财务报告风险。这类风险是指企业管理当局进行盈余管理、粉饰财务报告，甚至直接虚构交易和事项、伪造凭证进行会计造假的风险。世界各国因财务报告风险发生而使企业破产倒闭、使投资者遭受巨大损失的，几乎都源自企业管理层的故意行为。②经营层面的财务报告风险。这类风险是指企业管理当局希望提供高质量财务报告，但由于会计政策选择不当、会计估计不正确以及会计披露不完整等而形成的财务报告风险。

从企业财务报告风险产生的原因出发，企业财务报告风险分为两类：①财务报告编制风险；②财务报告信息披露风险。

四、案例分析：《企业内部控制应用指引第14号——财务报告》及分析

第一章　总则

第一条　为了规范企业报告，保证报告的真实、完整，根据《中华人民共和国会计法》等有关法律法规和《企业内部控制基本规范》，制定本指引。

第二条　本指引所称报告，是指反映企业某一特定日期状况和某一会计期间经营成果、现金流量的文件。

第三条　企业编制、对外提供和分析利用报告，至少应当关注下列风险：

（一）编制报告违反会计法律法规和国家统一的会计准则制度，可能导致企业承担法律责任和声誉受损。

（二）提供虚假报告，误导报告使用者，造成决策失误，干扰市场秩序。

（三）不能有效利用报告，难以及时发现企业经营管理中存在的问题，可能导致企业和经营风险失控。

第四条　企业应当严格执行会计法律法规和国家统一的会计准则制度，加强对报告编制、对外提供和分析利用全过程的管理，明确相关工作流程和要求，落实责任制，确保报告合法合规、真实完整和有效利用。总会计师或分管会计工作的负责人负责组织领导报告的编制、对外提供和分析利用等相关工作。企业负责人对报告的真实性、完整性负责。

第二章　报告的编制

第五条　企业编制报告，应当重点关注会计政策和会计估计，对报告产生重大影响的交易和事项的处理应当按照规定的权限和程序进行审批。企业在编制年度报告前，应当进行必

要的资产清查、减值测试和债权债务核实。

第六条　企业应当按照国家统一的会计准则制度规定，根据登记完整、核对无误的会计账簿记录和其他有关资料编制报告，做到内容完整、数字真实、计算准确，不得漏报或者随意进行取舍。

第七条　企业报告列示的资产、负债、所有者权益金额应当真实可靠。各项资产计价方法不得随意变更，如有减值，应当合理计提减值准备，严禁虚增或虚减资产。各项负债应当反映企业的现时义务，不得提前、推迟或不确认负债，严禁虚增或虚减负债。所有者权益应当反映企业资产扣除负债后由所有者享有的剩余权益，由实收资本、资本公积、留存收益等构成。企业应当做好所有者权益保值增值工作，严禁虚假出资、抽逃出资、资本不实。

第八条　企业报告应当如实列示当期收入、费用和利润。各项收入的确认应当遵循规定的标准，不得虚列或者隐瞒收入，推迟或提前确认收入。各项费用、成本的确认应当符合规定，不得随意改变费用、成本的确认标准或计量方法，虚列、多列、不列或者少列费用、成本。利润由收入减去费用后的净额、直接计入当期利润的利得和损失等构成。不得随意调整利润的计算、分配方法，编造虚假利润。

第九条　企业报告列示的各种现金流量由经营活动、投资活动和筹资活动的现金流量构成，应当按照规定划清各类交易和事项的现金流量的界限。

第十条　附注是报告的重要组成部分，对反映企业状况、经营成果、现金流量的报表中需要说明的事项，作出真实、完整、清晰的说明。企业应当按照国家统一的会计准则制度编制附注。

第十一条　企业集团应当编制合并报表，明确合并报表的合并范围和合并方法，如实反映企业集团的状况、经营成果和现金流量。

第十二条　企业编制报告，应当充分利用信息技术，提高工作效率和工作质量，减少或避免编制差错和人为调整因素。

第三章　报告的对外提供

第十三条　企业应当依照法律法规和国家统一的会计准则制度的规定，及时对外提供报告。

第十四条　企业报告编制完成后，应当装订成册，加盖公章，由企业负责人、总会计师或分管会计工作的负责人、财会部门负责人签名并盖章。

第十五条　报告须经注册会计师审计的，注册会计师及其所在的事务所出具的审计报告，应当随同报告一并提供。企业对外提供的报告应当及时整理归档，并按有关规定妥善保存。

第四章　报告的分析利用

第十六条　企业应当重视报告分析工作，定期召开分析会议，充分利用报告反映的综合信息，全面分析企业的经营管理状况和存在的问题，不断提高经营管理水平。企业分析会议应吸收有关部门负责人参加。总会计师或分管会计工作的负责人应当在分析和利用工作中发挥主导作用。

第十七条　企业应当分析企业的资产分布、负债水平和所有者权益结构，通过资产负债率、流动比率、资产周转率等指标分析企业的偿债能力和营运能力；分析企业净资产的增减变化，了解和掌握企业规模和净资产的不断变化过程。

第十八条　企业应当分析各项收入、费用的构成及其增减变动情况，通过净资产收益率、每股收益等指标，分析企业的盈利能力和发展能力，了解和掌握当期利润增减变化的原因和未来发展趋势。

第十九条　企业应当分析经营活动、投资活动、筹资活动现金流量的运转情况，重点关注现金流量能否保证生产经营过程的正常运行，防止现金短缺或闲置。

第二十条　企业定期的分析应当形成分析报告，构成内部报告的组成部分。分析报告结果应当及时传递给企业内部有关管理层级，充分发挥报告在企业生产经营管理中的重要作用。

分析：《企业内部控制应用指引第 14 号——财务报告》认为，企业编制、对外提供和分析利用财务报告，至少应当关注以下风险：①编制财务报告违反会计法律法规和国家统一的会计准则制度，可能导致企业承担法律责任和声誉受损；②提供虚假财务报告，误导财务报告使用者，造成决策失误，干扰市场秩序；③不能有效利用财务报告。

第二节　治理层面财务报告风险的管理

一、治理层面财务报告风险的识别

企业财务报告的第一类风险，即管理当局故意提供失真的会计信息，手段包括利用会计政策选择、会计估计来粉饰报表。不管是盈余管理、报表粉饰、利润操纵，还是直接的财务造假，虽然手段有高下之分、程度有轻重不同，但都是管理当局故意的行为，其结果都是提供了低质量的财务报告，都不利于企业财务会计目标的实现。应该及时发现这种风险并加以控制。

二、治理层面财务报告风险的控制

治理层面的财务报告风险，主要通过外部环境（特别是资本市场）的改善、法律法规的健全、外部监督的加强以及外部审计独立性的提升等，才能得到有效控制。加强治理层面财务报告风险的控制，主要是完善公司治理结构和财务治理结构。

首先，充分发挥监事会和审计委员会的监督职能。监事会的主要职责之一就是对公司财务进行监督；审计委员会的主要职责也包括审核公司财务信息及其披露。

其次，加强内部审计对财务报告内部控制系统的设计和执行有效性的评价。公司内部审计除了向公司管理层汇报工作外，也应该向董事会负责，特别是要接受公司审计委员会的工作指导。

再次，设计合理的预算目标，制定科学的业绩评价和薪酬激励制度。有些企业经股东大会批准的预算目标过高，不切实际，而企业绩效评估体系又比较注重短期结果。这样，公司管理者在难以完成任务时，就容易产生利润操纵行为。

最后，建立反舞弊机制。对于治理层面企业财务报告风险的控制，企业应当坚持惩防并举，重在防御的原则，建立投诉举报制度。

三、案例分析：万科年报信息披露重大差错责任追究制度㊀

2010 年 4 月 27 日，万科在发布一季报的同时，公告了万科信息披露重大差错责任追究

㊀ 资料来源：http：//wenku. baidu. com/view/1b4f2e4c2b160b4e767fcf17. html.

制度。制定该制度的目的是进一步提高公司规范运作水平，加强职业操守，加大对年度报告信息披露相关责任人员的问责力度，提高年度信息披露的质量和透明度，增强年度报告信息披露的真实性、准确性、完整性和及时性，推进公司内部控制制度建设。该制度适用于公司的董事、监事、高级管理人员、公司各子（分）公司的负责人、公司以及各子（分）公司财务部门的工作人员以及与年度报告信息披露工作有关的其他人员。年报信息披露相关人员在年度报告信息披露工作中违反国家相关法律、法规、规范性文件以及公司规章制度，未勤勉尽责或不履行职责，导致年度报告信息披露发生重大差错，应当按照本制度的规定追究其责任。

该制度第四条指出：本制度所指年度报告信息披露重大差错包括年度财务报告存在重大会计差错、其他年度报告信息披露存在重大错误或重大遗漏、业绩报告或业绩快报存在重大差异等情形。具体包括以下情形：

(1) 年度财务报告违反《中华人民共和国会计法》《企业会计准则》及相关规定，存在重大会计差错，足以影响财务报表使用者对财务状况、经营成果和现金流量作出正确判断。

(2) 会计报表附注中财务信息的披露违反了《企业会计准则》及相关解释规定、中国证监会《公开发行证券的公司信息披露编报规则第15号——财务报告的一般规定（2010年修订)》等信息披露编报规则的相关要求，存在重大错误或重大遗漏。

(3) 其他年度报告信息披露的内容和格式不符合中国证监会《公开发行证券的公司信息披露内容与格式准则第2号——年度报告的内容与格式（2007年修订)》、证券交易所信息披露指引等规章制度、规范性文件和《公司章程》《公司信息披露事务管理办法》及其他内部控制制度的规定，存在重大错误或重大遗漏。

(4) 业绩预告与年度报告实际披露业绩存在重大差异。

(5) 业绩快报中的财务数据和指标与相关定期报告的实际数据和指标存在重大差异。

(6) 监管部门认定的年度报告信息披露存在重大差错的其他情形。

在该制度中，还对年度报告信息披露重大差错的认定、处理程序以及责任追究等内容进行了规定。

分析：企业的内部环境是企业内控制度发挥作用的前提和基础，而公司高管的正直和道德是企业内部环境中最重要、最核心的内容。万科管理层主动制定并公告信息披露重大责任追究制度，显示出管理层严于律己、不断提升职业操守的决心和信心。当然，仅仅对年报信息披露中发生的重大差错进行责任追究是不够的。从企业的角度看，影响财务报告质量的因素还有会计估计、会计政策选择等。社会期望更多的企业建立健全与企业财务报告相关的内部控制，并能够有效地加以执行。

第三节 经营层面财务报告风险的管理

一、经营层面财务报告风险的识别

大部分企业都希望提供高质量的企业财务报告，因为低质量的财务报告会影响企业的品牌和美誉度。

经营层面的财务报告风险是指企业管理当局希望提供高质量的财务报告，但由于会计政策选择不当、会计估计不正确以及会计披露不完整等而形成的财务报告风险。

二、经营层面财务报告风险的控制

关于经营层面财务报告风险的控制，可以通过四个步骤进行：一是要明确企业财务报告质量的主要会计政策和会计估计，即明确企业财务报告的主要风险点；二是结合公司的主要业务循环，设计与执行企业财务报告相关的内控制度；三是通过对财务报告相关内控的审计与评估，及时发现内控体系中存在的重大漏洞和重要缺陷并加以弥补，为企业编制高质量的财务报告提供合理的保障；四是提高财会人员的职业道德素质和专业技能。

（1）确定影响企业财务报告质量的主要会计政策和会计估计。一般来说，影响企业财务报告质量的主要因素有：会计规范、会计政策选择、会计估计以及会计披露等。作为集团公司，子公司财务报告的质量也直接影响到集团公司合并报表的质量。

1）会计规范。我国企业会计规范体系主要是指财政部制定的会计准则及其应用指南、企业会计制度，以及其他政府经济管理部门发布的信息披露规定等。会计规范质量的高低直接影响到企业财务报告的质量，但会计规范的质量不是企业所能控制的。例如，国内某电信企业前些年将研发支出进行资本化处理，而当时的会计制度规定，企业的研发支出，一经发生就应当作为费用计入当期的损益表。因此，按当时的会计制度，这种会计处理方法是违规，该公司也要受到国家相关审计部门的处罚。而依据新的会计准则，该企业研发支出的会计处理不一定错误，如果企业的内部开发支出符合相关的确认条件，就可以进行资本化处理。

2）会计政策。例如，某股份 2008 年年报显示，2008 年该公司实现营业收入 3.12 亿元，净利润 4357.48 万元，同比增长 67.47% 和 1844.98%。营业收入的增长主要是因为该公司 2008 年度新开发的项目——某广场竣工并实现销售。但市场分析人士及会计专家普遍质疑其收入确认的政策，认为该公司 2008 年年报存在收入确认上的重大瑕疵。

3）会计估计。企业主要会计政策的恰当与否，对财务报告质量影响巨大。例如，某股份 2007 年取得了高额净利润，但公司当年的拨备覆盖率仅为 48%（正常的覆盖率应为 70% 左右），因而市场人士认为公司是以少额拨备隐藏费用，从而使得业绩与公司高管收益大幅增长。

4）会计披露。会计准则要求对所有重大的交易或事项和重要的会计政策、会计估计进行充分披露。但部分上市公司披露的信息不全面、不完整，报喜不报忧，不严格按照会计准则的要求在附注中披露有关重要信息，如资产可收回金额、公允价值的确定方法等，从而影响了会计信息的有用性。

5）子公司财务报告的影响。例如，某公司 2004 年前三季度的季报累计净利润为 7000 多万元，但最后一季度公司突然预告巨额亏损近 3 亿元，后又修正年报预告，亏损额增至 7.2 亿元，亏损的主要原因是子公司在前三季度未计提足额的资产减值准备。总之，企业如何结合企业业务循环来确定影响企业财务报告质量的主要因素呢？企业正常的经营活动包括以下几方面的业务循环：销售与收款、购货与付款、生产与费用、筹资与投资，以及货币资金流入与流出等。但不同行业、不同经营策略、处于不同发展阶段的企业，经营的主要风险点也是不同的。对于创新型企业，主要的风险领域是研发、新产品推广与销售等；对于竞争日益激烈的家电消费品制造企业，渠道建设、存货管理、成本控制、销售策略与信用政策是经营成败的关键因素；对于银行类金融企业而言，贷款坏账的估计，以及坏账准备计提比率的确定直接影响到企业的经营业绩，因而主要是会计政策和会计估计。

（2）设计并执行与财务报告相关的内控制度。企业在设计控制财务报告的政策和程序时，应注意以下几点：

1）企业与财务报告相关的内控制度、其他风险管理制度，与企业日常的管理制度并不是分离的，而是一个相互联系的、有机的整体。以销售为例，一般企业销售的业务流程是：接受客户订单；批准赊销信用；编制销售通知单；按销售通知单发货装运；向顾客开具销售发票；记录销售，办理和记录货款收入；办理和记录销售退回、销售折让等；提取坏账准备等。从控制财务报告风险的角度看，主要关注的风险点及其内控政策和程序是：订单接手的授权制度；存货的进出库制度；销售发票的管理制度；货款入账及资金管理制度；收入确认是否符合条件，计量是否公允，即收入确认政策等。在销售与收款的业务循环中，还有其他的非财务报告风险的内部控制制度，如企业根据经营目标、销售策略而制定的信用风险管理制度等。

2）对财务报告可能产生重大影响的交易或事项，其会计政策选择、会计估计应当及时提交董事会及其审计委员会审议，企业管理当局不得随意变更会计政策、调整会计估计事项。根据实际情况需要变更会计政策、调整会计估计的，应及时将方案提交董事会及其审计委员会审阅。

3）注意会计工作日常管理制度与财务报告风险管理制度的结合。做好企业财务会计的基础工作，是提高财务报告质量的前提。企业应当建立财务报告编制与披露的岗位责任制，根据内部牵制原则，明确相关部门和岗位在财务报告编制与披露过程中的职责与权限。企业内部参与财务报告的各单位、各部门应当及时向财会部门提供编制财务报告所需的信息，子公司应及时向集团总部财会部门提供本公司的财务报告，并对所提供信息及财务报告的真实性和完整性负责。

（3）测试、评估与财务报告相关的内控，以便发现内控中的设计缺陷或运行缺陷，及时堵塞重大漏洞和修正重大缺陷，完善与财务报告相关的内控，为企业提供符合质量要求的财务报告。财务会计系统作为企业整体信息系统的一部分，也存在一些应用方面的风险：首先是贯穿业务处理各环节的风险，包括业务流程本身设计不合理，业务处理授权、职责分离不当等；其次是输入、处理、输出各环节的风险。企业应加强这几方面的风险控制。企业应合理设计信息系统中的业务处理流程，在业务处理的各个环节，应考虑用户在系统中的权限控制，实现业务流程中必要的职责分工。输入控制确保只是有效的、经授权的信息才能进入系统，提高数据的质量，确保数据的准确性、有效性和完整性。处理控制确保系统按规定对数据进行处理，包括：能够对经济业务进行正常处理；业务数据在处理过程中没有丢失、增加、重复或不恰当的改变；处理中错误能够被发现并得到及时更正。常用的控制措施有：处理权限控制、合理性检测控制、业务时序控制、审计跟踪控制、备份及恢复控制。输出控制确保系统处理结果的完整性和正确性，且输出结果仅提交给有权使用的人员。输出数据的正确性控制分为输出正确性控制、输出权限控制和输出资料分发控制。常用的输出数据正确性控制措施有合计数控制、抽样统计控制、数据稽核控制等。输出权限控制只是特定的、经过授权的用户才可以执行输出操作，而且不同权限的人应该只能输出相应权限的内容。输出资料分发控制使资料只能分发给有权接受资料的人。

（4）提高财会人员的职业道德素质和专业技能。大多数财务人员都具有良好的职业道德，但在专业技能方面还需不断学习和提高。例如，从2005年中国证监会发布《上市公司股权激励管理办法》至今，A股上市公司已公布和已实施股权激励计划的上市公司有很多家，但各家上市公司实施的激励方式不尽相同。有的采用股票期权激励计划，有的采用限制性股票激励计划，还有不少企业采用了股票增值权激励计划。企业如何按照会计准则的要求，公允地反映这一事项，直接关系到企业财务报告质量的高低。

三、案例分析：A公司的财务报告风险

2008年10月7日，A公司发布公告，披露了财政部驻某市财政监察专员办事处的《行政处罚决定书》。根据该处罚书，A公司在财务报告方面存在的问题有：①财务报表编制方面，主要存在集团内部往来未完全合并抵消以及报表科目重分类列报的问题；②营业收入核算方面，主要存在建造合同预算总成本不能可靠确定的情况下，需要按成本补偿法结转收入的问题；③个税返还手续费核算方面，主要存在未按相关规定确认为营业外收入的问题；④成本费用核算方面，主要存在研发费用预提不当、预提促销费结余未作调整的问题；⑤国债专项资金核算方面，主要存在未及时向有关部门书面请示以明确项目建设的国家资本金账务处理问题；⑥企业所得税汇算清缴方面，主要存在部分应纳税所得额调整的准确性与及时性问题。为此，A公司被罚款16万元，补交税收380万元。

分析：从公告内容来看，A公司财务会计方面存在的上述几个问题，对企业2007年合并报表财务状况、经营业绩等影响均在5%以下。根据违规金额可以推断，公司管理层应该不是有意操纵收入或盈利。A公司因该事件不仅被罚款16万元，而且由于这一事件的广泛传播，大大损害了公司的品牌和美誉度。这也凸显了公司加强财务报告风险控制的必要性。

第四节　财务报告编制的风险及其管理

一、财务报告编制风险的识别

关于财务报告编制风险，国内外多数企业内部控制手册将其分为以下类型：

（1）经营风险。它是指会计报表编制不及时，导致信息披露的延误和未能满足各方信息需要。

（2）财务风险。它包括：没有按照会计准则的规定进行确认和计量；不同会计期间列报项目不一致；按规定应当单独列示的项目、重要项目没有单独列示；违反规定将资产与负债、收入与费用相互抵消。

（3）合规风险。不符合规定编制财务报表，导致受到相关部门处罚。

二、财务报告编制风险的控制

（1）明确财务报告编制风险管理的目标。目标主要包括：确保对外报送的财务报告及时、真实、准确地反映企业的财务状况和经营成果及现金流量等信息；编制财务报告符合国

家相关法律法规及公司内部制度规范的规定；防范企业滥用资产减值政策和公允价值政策可能对财务会计报告产生的重大影响；降低因错误或舞弊导致的风险。

（2）建立健全财务报告编制控制制度，确保财务会计报告编制风险得到有效控制。通常，控制财务会计报告编制风险，至少应强化以下关键方面或环节的风险控制：财务会计报告编制的岗位分工和职责安排，与财务会计报告编制相关的部门和岗位的职责应当明确；财务会计报告编制过程中结账、核对与报表编制、校验、送审等流程应当规范；资产减值准备确认、计提、转回、核销等流程应当规范，资产减值的责任追究机制和内部审计制度应当明确；公允价值的取得及可靠计量应有保证，与公允价值计量有关的风险防范机制应当建立。

1）岗位分工与职责安排。企业应建立财务会计报告编制的岗位责任制，明确相关部门和岗位在财务会计报告编制过程中的职责和权限，确保财务会计报告的编制和审核相互分离、制约和监督。企业董事长等对本企业财务报告的真实性和完整性负责。企业财会部门是财务会计报告编制的归口管理部门，其职责一般包括：制订年度财务会计报告编制方案，收集并汇总有关会计信息，编制年度企业年度、半年度、季度、月度财务会计报告等。企业内部参与财务会计报告编制的各单位、各部门应当及时向财会部门提供编制财务会计报告所需的信息，并对所提供信息的真实性、完整性负责。对授意、指使、强令企业编制虚假的或者隐瞒重要事实的财务会计报告的情形，企业有关人员有权拒绝并及时向上一级领导汇报。

2）财务报告编制及其控制。①企业财会部门应当制订年度财务报告编制方案，明确年度财务会计报告编制方法、年度财务会计报告会计调整政策、披露政策及报告的时间要求等。②企业编制财务报告，应当以真实的交易和事项以及完整、准确的账簿记录等资料为依据，并按照有关法律法规等规定的编制基础、编制依据和编制原则与方法进行。③企业应当对交易或事项所属的会计期间实施有效控制。对故意漏记、提前确认或推迟确认报告期内发生的交易或事项的情形，应查明原因并进行处理。④企业应当对本期与确认、计量、分类或列报有关的会计政策和会计估计进行分析、评价，特别关注是否存在滥用或随意变更会计政策、不恰当调整会计估计所依据的假设以及改变原先作出的判断等情形。⑤企业在和编制年度财务会计报告之前，应按照《企业财务会计报告条例》的有关规定，全面清查资产、核查债务，并将清查、核实结果及其处理方法向企业董事会或相应机构报告。⑥企业应当依照法律法规规定的年度、半年度、季度、月度结账日进行结账，结出有关会计账簿的余额和发生额，并核对各会计账簿之间的余额是否符合勾稽关系。⑦企业应当核对各账簿记录与会计凭证的内容、金额是否一致，记账方向是否相符，以确保会计记录的数字真实、内容完整和计算准确。

（3）财务报告编制风险管理的方法主要是常规的风险管理方法，其中压力测试和比较分析法比较常用。

三、案例分析：三泰恒业集团的财务报告编制风险管理

中天恒管理咨询公司为三泰恒业集团设计的财务报告编制风险管理如下：

（1）建立财务报告编制风险管理责任制。①部门责任。财务部门负责各种财务报表的编制、审核和分析、评价及上报工作。②岗位责任。包括：财务部门主管负责对财务报表、财务分析报告等的审核工作；会计人员负责各种会计报表的编制和审核；复核员主要负责财务报表的复核工作；综合分析员负责全面分析企业财务状况和经营成果，编写财务分析报告。

（2）合并报表编制风险控制关键环节。其具体包括：制订合并会计报表编制方案和工作日程表；制订重大事项的会计核算方法；分级收集、汇总全部合并范围内基础单位的会计报表并审核；归集、整理合并抵消基础事项和数据；编制合并抵消分录；编制合并工作底稿；完成合并会计报表。

（3）报表编制风险控制证据。其具体包括：合并报表编制方案；合并报表工作日程表；分级机构会计报表；内部交易及内部往来表；合并抵消分录及合并工作底稿；合并会计报表。

第五节 财务报告信息披露的风险及其管理

一、财务报告信息披露风险的识别

企业在信息披露过程中会面临各种风险，如何控制信息披露过程中的风险是企业风险管理的重要内容，风险管理应贯穿信息披露的全过程。关于财务报告信息披露风险，国内外多数企业内部控制手册将其分为以下类型：

（1）经营风险。信息披露不真实、不准确、不完整、不及时、不公平，导致股份公司形象受到损害，生产经营受到影响。

（2）财务风险。财务报表披露不真实、不准确、不完整、不公平。

（3）合规风险。信息披露未满足境内外监管的法律法规和上市地证券交易所的信息披露规则，股份公司和董事、监事、总裁、财务总监、董事会秘书及财务负责人因此受到谴责或惩罚。股份公司股东、其他利益相关者因此对股份公司或董事、监事、总裁、财务总监、董事会秘书及财务负责人提起诉讼。

二、财务报告信息披露风险的控制

（1）明确信息披露风险管理的目标。企业信息披露风险管理的主要目标是：规范信息披露行为；确保信息披露充分、透明；避免虚假陈述、误导性陈述或重大遗漏；避免不应披露的信息被披露。

（2）控制信息披露风险。企业要建立健全信息披露控制制度，确保信息披露风险得到有效控制。通常，控制信息披露风险，至少应当强化对以下关键方面或环节的风险控制：完善企业信息披露的整体制度设计，确保信息披露的质量；明确信息披露的主要内容，信息披露的一般流程应当规范；规范关联方的披露行为，关于关联方的界定、交易事项的审议、关联交易的披露等应明确规定。

1）信息披露整体制度设计。①企业应当建立信息披露岗位责任制和授权审批制度，确保披露信息的真实性，避免出现虚假陈述、误导性陈述等情形。②企业应当建立信息披露的内部报告制度，创建并维持有效的信息内部报告和外部披露渠道，确保披露的及时性。③企业应当建立公平信息披露制度，保证所有的信息使用者可同时获悉同样的信息，不得私下提前向特定对象单独披露、透露或泄露，确保披露的公平性。

2）信息披露的一般流程控制。①企业对外披露信息，包括但不限于下列形式：定期报告、临时报告、日常信息披露。②企业应当定期报告披露时间，制订定期报告披露工作计划，及时编制定期报告，连同审计报告一并报董事长等审核，经董事会批准并形成决议文件后，予以对外披露。③需要对外披露的临时报告，应当由发生该事件或交易事项的部门提出书面议案，经企业内部相关部门会签、董事长审核后，提交董事会审议。④企业应当结合本单位发展战略和生产经营情况，制订日常信息披露计划，包括披露内容、时间和方式等，并组织有关部门编制信息披露草案，经董事会秘书审定后，予以对外披露。⑤企业对外披露信息，其内容应当保持前后一致，不得随意更改。⑥对于监管机构需要企业澄清的信息以及企业欲主动澄清的信息，应当立即组织制订应急澄清方案并编制信息披露内容，经董事长审定后，予以对外披露。

(3) 信息披露风险管理的方法主要是常规风险管理方法，其中压力测试和实际调查法比较常用。

三、案例分析：三泰恒业集团的财务报告信息披露风险管理

中天恒管理咨询公司为三泰恒业集团设计的信息披露风险管理如下：

(1) 信息披露人员职责。①公司负责人。公司负责人是本公司会计责任主体，应对会计资料的真实性、完整性负责，不得授意会计人员编制虚假会计资料。②总会计师。其对会计资料的真实性、完整性负责，不得授意会计人员编制虚假会计资料。总会计师应组织落实内部控制制度，对财务工作进行检查、指导，检查财务资料编制前的准备工作，审核财务报表的数据，以保证报出报表的质量。③财务负责人。其对财务资料的准确性、真实性、完整性和合法性负责，不得授意会计人员编制虚假会计资料。财务负责人负责组织本部人员的日常工作，组织财务资料编制前的准备工作，在财务资料编制完成后进行审核，以保证财务资料的准确、完整。④制表人员。其对财务资料的准确性、真实性、完整性和及时性负责，不得编制虚假会计资料。制表人员负责落实报表编制前的准备工作，负责编制报表，应当根据真实的交易、事项以及完整、准确的账簿记录等资料，按照《企业会计准则》规定的编制基础、编制依据、编制原则和方法编制财务会计报告。制表人员应对报表数据认真核对，保证数据准确，并保证报表及时报出。

(2) 信息披露风险控制措施。中天恒管理咨询公司为三泰恒业集团涉及的信息披露风险采取的控制措施如表 10-1 所示。

表 10-1　对三泰恒业集团信息披露风险的控制措施

控制点	控制部门	控制措施
审查	财务部门	对需披露的财务会计信息进行认真审核，确认无误后及时呈送审批人
审核	见《管理授权手册》	审核财务报告和重大会计信息数据的真实性、正确性和完整性
审批	董事会	召开年会审议年度财务会计报告，依法批准报出
审批	见《管理授权手册》	对有权批准报出的财务会计报告和重大会计信息签署意见
报出	财务部门	将经审批的财务会计信息及时报出；在专用登记簿上详细记录报出的财务会计信息

(3) 信息披露风险控制的关键环节。①定期报告。其具体包括：确定报告时间表、编制报告、审核报告、审批报告和发布报告。②临时报告。其具体包括：提交议案、确定报告时间表、编制报告、审核报告和审批并发布报告。③日常信息披露流程。其具体包括：收集信息、制订披露计划、编制披露内容、审定披露内容和对外披露。

（4）信息披露风险控制证据。其具体包括：定期报告、临时报告编制及披露时间表和工作计划；定期报告框架稿；董事会、股东大会的会议文件资料；监管机构的信函及回复。

第六节 财务报告中风险信息的披露

目前，我国的理论和实务都更关注财务报告信息的披露，但较多的财务舞弊和造假在一定程度上削弱了财务报告的信号作用。风险信息的披露能够对资本市场的信息不对称性进行弥补，使其更有效地运行。企业风险信息披露质量提高能够降低资本成本。由于企业面临的各种风险是影响其实现经营目标的原因，上市公司年报中的风险信息具有很大的潜在价值。

一、风险信息披露的分类

一般公认会计原则（GAAP）与美国证券交易委员会（SEC）提供了一个有关风险披露的粗略框架，将风险大致分为四类：市场风险、信用风险、经营风险和会计风险。但其中市场风险的规定比较模糊，在某些方面与信用风险以及经营风险有一定重复，逻辑关系显得不够明晰。

刘晓楠（2005）将风险信息披露分为信用风险、资产风险、经营风险和会计风险。

（1）信用风险。它侧重于企业债权债务方面的风险，主要是指企业作为债权人或债务人未能履行合同，或者是没有按合同的要求履行而带来的未来收益或损失的不确定性，同时也包括企业的信用政策、信用状况整体变化对企业带来的不确定性影响。

（2）资产风险。它包括企业实物资产、无形资产等存在的风险，侧重于企业金融工具投资方面存在的风险，主要反映金融工具、衍生金融工具受市场参数变化影响，由此造成的未来盈余不确定性。

（3）经营风险。经营风险范围比较广泛，主要是指企业经营价值增值链的各个环节中存在的风险。例如，原材料环节、生产环节、销售环节和特有竞争优势环节（专利、特许权、牌照等）等，这些环节所存在的风险都可以归入经营风险。这里侧重于披露特有竞争优势环节方面的变动对企业未来收益产生的不确定影响。

（4）会计风险。它包括两方面内容：一方面是强调会计政策、会计估计发生变动对未来收益产生的影响，也就是要把未来收益变动中由于会计处理而引起的这部分进行事前估计单独披露；另一方面是将纳入表内的估计事项的未来不确定性进行详细披露。通过会计风险的披露，投资者可以了解企业财务报表编制中使用的很多关键的估计。

这四个方面的风险信息披露相互联系，共同作用影响企业未来收益的不确定性。分类披露可以清晰地反映企业风险构成及各种风险对企业未来收益的影响，同时有助于企业自身进行风险管理，采取正确的策略。

企业年报中的风险信息可分为以下九种：

（1）政策性风险。它是指影响所有企业的与政治因素有关的风险，如国家政策的调整、领导人的更替、外交关系的变化、战争的爆发等。这些对企业财务目标的实现都会产生直接、间接的影响。从一般意义上讲，国际关系越复杂、国内外政局变化越快，就越要关注政治风险，并将其作为风险评估、衡量的首要因素。

（2）汇率变动风险。它是指由于汇率的变化引起的企业外汇业务成果的不确定性。汇率变动风险具体包括外汇经营风险、交易风险及换算风险，表现在当汇率变动时，外汇业务可能使企业遭受的损失。同时，汇率变动对用外币表示的会计报表的折算过程会造成某些影响。以上都成为财务上潜在的风险因素。

（3）市场风险。它是指那些超出公司自身适应和控制能力，由于经济盛衰、通货膨胀、利率高低等因素的影响而产生的风险。其对购并的影响很大，属不可控风险。

（4）筹资风险。它是指企业在筹资活动中由于资金供需市场、宏观经济环境的变化或筹资来源结构、币种结构、期限结构等因素而给企业财务成果带来的不确定性。它包括债务筹资风险和股权筹资风险。前者属债务清理性质，不能直接肯定其就是企业的经济损失，但问题一旦出现，势必导致企业某一经营期间现金流出量的增加，加大企业的资金周转难度，如不能及时解决，轻则影响企业信誉，重则危及企业生存；后者出现时，会使投资者抛售公司股票，造成公司股价下跌，同时使企业再筹资的难度加大、筹资成本上升。

（5）投资活动风险。它是指企业在投资活动中，由于受到各种难以预计或控制因素的影响给企业财务成果带来的不确定性，致使投资收益率达不到预期目标而产生的风险。它包括自营投资项目风险和对外投资项目风险。前者一般是长期投资，主要投入固定资产和流动资产，一般规模较大，耗费的金额相对较大，所产生的风险相对也大；后者有长期投资和短期投资，投资中既有实物资产，又有货币资金，因受国家政策和资金来源等多种因素制约，一般规模较小，耗费的资金相对较少，所产生的风险相对也小。

（6）经营活动风险。它主要包括：产品成本的不确定性（如成本结构的变动）、市场需求的不确定性（如消费热点的转移或竞争对手市场份额的上升）和产品价格的不确定性（如遭遇价格战）等。营业风险可能使企业息税前收益下降，进而导致股东收益降低，严重时可能使企业丧失偿债能力，即发生财务危机。

（7）销售活动风险。它主要是指产品销售过程中的价格变动风险、产品所在行业的风险及销售过程中发生的各项费用变化所带来的风险。

（8）研发活动风险。它是指公司研发能力不足，硬件水平不高，缺乏世界级的学科带头人，可能存在研发能力无法满足公司未来发展需要的风险，以及产品和技术创新的巨大压力。

（9）管理活动风险。它是指公司在购并过程中，由于管理层方面的原因造成的收益不确定性和不可能性。其形成的具体原因主要包括管理者素质、管理体制、管理方法以及其他相关因素。

二、风险信息披露的维度

风险是对企业收益产生不确定性影响的因素。这种不确定性可以给企业带来收益或者损失，而风险一般用概率来反映其发生情况。从风险的这些特征可以看出，要反映风险，就需要反映风险的三个维度：收益、损失和不确定性。收益就是为企业带来多少价值，这个维度反映风险的正面意义；损失也就是毁灭企业多少价值，其反映风险的负面影响；不确定性可以反映事件发生的概率分布情况，包括置信度的确定，是从事前估计反映未来事件的情况。这三个维度紧密联系，如果企业已经知道风险的存在，其必定会采用一定的措施来引导风险收益的发生而规避风险损失的发生。因此，在风险信息披露维度中加入企业措施这个维度，将显得更加完善。从而，风险信息披露维度有四个：收益、损失、不确定性和企业措施。对风险信息披露从这四个维度入手，可以较为详细地反映企业所面临的风险类型，更重要的是可以对风险进行较为详细的量化，反映其对未来价值的影响程度。

三、风险信息披露的计量

林斌（2000）曾系统地探讨了不确定性事项的计量原则和标准。他将不确定性事项按发生概率分为低度、中度和高度不确定性事项。公司风险究其本质仍然是一种不确定性事项，该分类同样适用于风险披露。低度不确定性风险是指在会计上可以合理预估的风险。会计的稳健原则倡导尽可能少计资产和收益，从而使财务报表成为经过风险调整的报表。低度不确定性风险由会计要素的调整额来间接计量。中度不确定性风险的特征是导致风险的事项已经发生，但结果（财务后果或财务影响）还不确定。中度不确定性风险的揭示主要是作为一种或有事项在表外披露。其计量方法是对发生额区间和发生概率的最佳估计，如诉讼风险和环境风险。高度不确定性风险是一种尚未发生的未来事项。例如，政府取消所得税优惠可能对公司税后利润产生重大影响，公司负债比率过高可能引发财务风险等。按现有的财务报告框架，该类风险既无法在报表中确认，也没有在附注中披露。但该类风险决定了投资者对公司风险的总体评估，因而，该类风险的充分披露应引起政策制定者的充分重视。在现有的条件下，该类风险尚无法可靠计量，只能采用定性或定量的描述，描述的方法也因风险种类不同而不同。

对于来自宏观环境和行业中的风险（宏观环境中的技术风险除外）以及经营环节中的人力资源风险，一般采用定性化和定量化的绩效指标来描述，如市场份额、客户满意度、销售额、资产周转率和雇员满意度等。有时不同的风险会使用相同的绩效指标。

对于经营环节风险中的运营风险、部分信息风险（如公司信息系统设计）等，可通过评价公司的内部控制制度或流程图来描述；宏观环境中的技术风险和部分信息风险（软件、硬件部分），可由技术部门提供定量指标；对于财务风险，一般存在定量化的指标体系，例如，利率风险可以采用期限法、缺口法、风险收益法、统计模型和敏感风险、情景分析等方法来近似估计；信用风险可以采用信用机构评级来衡量；债务风险和现金流量风险可以用流动比率、速动比率、现金到期债务比率、经营活动产生的现金与项目支出比来考察；对于投资组合的市场风险，可以采用风险价值（VaR）方法、敏感分析等方法来计量。其中，风险价值方法要求长期可靠的数据以及软件、硬件条件，在我国企业中的推广尚需时日。高度不确定性风险尽管无法可靠计量，但应该让投资者大致把握风险的影响程度。普华永道（1999）将风险可能导致的结果分为四类：灾难性损失、致残性损失、重大损失和经常性的小损失。例如，电话的出现导致了发报机生产厂家的灾难性损失；位于高风险国家的投资可能因政治风险对母公司产生致残性损失；油价的持续上涨将导致航空公司的重大损失；而员工诉讼则是一种经常性的小损失。同一种风险对不同公司的影响也不一样。例如，本国货币的升值对以出口产品生产为主的公司可能造成重大损失，而对收支能平衡的进出口公司则只会产生一些小损失；对资产周转速度很慢的公司，高负债比率（尤其是短期贷款为主的情况下）可能意味着灾难，而对贸易公司则不然。

四、案例分析：平安银行 2012 年财务报告中的风险信息披露

2012 年平安银行在年报中披露了七种风险：信用风险、交易账户利率风险、银行账户

利率风险、汇率风险、流动性风险、操作风险和合规风险，而且都提出了相应的对策。

1. 信用风险

信用风险是指银行的借款人或交易对手不能按事先达成的协议履行义务而形成的风险。本行的信用风险主要来自于发放贷款和表外信贷业务等。风险应对措施为：

（1）完善组织管理，优化工作流程。本行进一步完善信用风险管理组织架构，包括设立统一管理的信贷政策委员会、成立信贷审批事后监督团队、扩大区域信贷管理部门职能等，全面履行资产质量管理和督导职能；建立信贷月度检视例会制度，定期检视全行信贷运营、组合管理、同业对标、不良控制等方面的管理情况及问题，督导各项风险管控措施的有效落实；全面梳理信贷政策制度和流程，显著提高了管理流程的严密性和工作质量。

（2）加强信贷组合管理，不断优化信贷结构。本行在深入调研的基础上，根据经济金融形势和宏观调控政策的变化以及监管部门的监管要求，制定了2012年度信贷政策指引，引导分支机构不断优化信贷结构；同时，继续倡导“绿色信贷”文化，积极支持授信企业节能减排和发展低碳经济项目，严格控制高污染、高耗能行业和产能过剩行业信贷投放。

（3）加强合规监管，确保信贷操作规程得到严格执行。本行认真贯彻落实“三个办法一个指引”，按季检查执行情况，确保贷款发放与支付等操作环节的合规性；持续开展重点业务领域滚动检查和各类授信业务专项检查，并跟踪落实整改完成情况；加强信贷合规监管，对不合规事项进行持续跟踪并督促落实整改；推进部门内部控制检查体系、内控评价项目实施，确保信贷制度和流程得到严格执行并切实发挥作用。

（4）加大信贷风险监测预警力度，提升风险早期预警及快速反应能力。本行进一步完善授信风险监测预警管理体系，加强授信风险监测；积极应对信贷环境变化，定期分析信贷风险形势和动态，前瞻性地采取风险控制措施；建立问题授信优化管理机制，加快问题授信优化进度，防范形成不良贷款；对突发授信风险事件，实施资产保全快速介入机制，总分行联动，快速控制和化解风险。

（5）加强重点领域风险防范，防范大额授信风险。本行严格落实监管部门有关政府融资平台贷款的风险监管要求，通过信贷分类管理、严控总量和新增、深化存量整改等措施，继续推进平台贷款风险化解工作；对房地产贷款，继续贯彻落实差别化住房信贷政策，对开发企业实行名单制管理，同时加强风险监测和风险排查力度，强化房地产贷款风险管理；坚守授信集中度红线，加强集团客户统一授信管理，有效防范信贷集中度风险。

（6）加大不良贷款清收处置力度，强化不良资产责任追究。对不良资产，及时移交资产保全部门进行专业化集中处置，实行动态监测和分类管理，一户一策制定清收策略，积极探索创新处置方式或途径，提高不良资产清收效率；进一步完善“红、黄、蓝牌”处罚系列制度，对信贷不良贷款责任进行逐笔认定，对授信不合规、不尽职行为进行处罚，营造诚实守信、遵章守纪、尽职尽责的信贷文化。

（7）加强信贷队伍建设，提升信贷管理水平。本行根据业务发展情况和管理要求，采取措施持续充实信贷管理骨干，逐步建立专业信贷管理人员队伍；推行分行信用风险等级管理办法，进一步加强对分支机构风险管理工作的考核和评级，并与存贷比、授权和人员配置等挂钩；打造全新的信贷培训体系，通过线上自学、视频和现场培训相结合的多渠道培训方式，加强对各级信贷人员的培训考试、资格认定，提升风险管理水平。

2. 交易账户利率风险

交易账户利率风险源于市场利率变化导致交易账户利率产品价格变动，进而造成对银行当期损益的影响。

本行管理交易账户利率风险的主要对策是采用利率敏感性限额、每日和月度止损限额等确保利率产品市值波动风险在银行可承担的范围内。

3. 银行账户利率风险

银行账户利率风险源于生息资产和付息负债的到期日或合同重定价日的不匹配。本行的生息资产和付息负债主要以人民币计价，人民银行对基础银行的人民币贷款利率的下限和人民币存款利率的上限作出规定。

本行定期监测利率敏感性缺口，分析资产和负债重新定价特征等指标，并且借助资产负债管理系统对利率风险进行情景分析，主要通过调整资产和负债定价结构管理利率风险。本行定期召开资产负债管理委员会会议，根据对未来宏观经济状况和人民银行基准利率政策的分析，适时适当调整资产和负债的结构，管理利率风险。

4. 汇率风险

汇率风险主要包括外币资产和外币负债之间币种结构不平衡产生的外汇敞口和由外汇衍生交易所产生的外汇敞口因汇率的不利变动而蒙受损失的风险。本行面临的汇率风险主要源自本行持有的非人民币计价的贷款和垫款、资金投资以及存款等；本行对各种货币头寸设定限额，每日监测货币头寸规模，并且使用对冲策略将其头寸控制在设定的限额内。

5. 流动性风险

流动性风险是指商业银行无法以合理成本或者无法及时获得充足资金，以满足业务发展需要或偿付到期债务以及其他支付义务的风险。风险应对策略为：

(1) 本行高度重视流动性风险管理，综合运用多种监管手段，建立健全全行流动性风险管理体系，有效识别、计量、监测和控制流动性风险，维持充足的流动性水平以满足各种资金需求和应对不利的市场状况。

(2) 为有效监控管理流动性风险，本行重视资金来源和运用的多样化，始终保持着较高比例的流动性资产。按日监控资金来源与资金运用情况、存贷款规模以及快速资金比例。同时，在运用多种流动性风险管理标准指标时，采用将预测结果与压力测试相结合的方式，对未来流动性风险水平进行预估，并针对特定情况提出相应解决方案。

(3) 本行董事会和管理层非常重视流动性风险管理。截至报告期末，本行流动性充裕，重要的流动性指标均达到或高于监管要求；各项存款及各项贷款稳步增长，继续保持一定比例的流动性较好的资产规模。根据1个月内可筹资能力指标——快速资金比例，本行一直维持适当的快速资金敞口。根据每月进行的快速资金比例压力测试，本行的流动性状况可以满足潜在流动性危机所产生的大量存款流失情况。

6. 操作风险

操作风险是指由不完善或有问题的内部程序、员工和信息科技系统，以及外部事件造成损失的风险。2012年，本行围绕“新资本协议达标实施准备”及“提升全行操作风险管理能力”两大工作目标，借新资本协议实施项目契机，并总结以往在操作风险管理方面的成功经验，全面推进最佳操作风险管控模式构建，推动操作风险集中、规范、专业化管理。具体措施如下：

（1）完善全行操作风险管理专业架构与专业队伍，强化“事前、事中、事后”三道防线，全面落实全行操作风险的专业、集中管理。

（2）启动《巴塞尔新资本协议》（新监管标准）操作风险项目，辅以外部咨询力量，全面升级全行操作风险管理体系，推动操作风险与控制自我评估（RCSA）机制的建立和试行，推进操作风险事件及损失数据收集与报告机制的优化及试行，进一步强化关键风险指标（KRI）管理机制，形成了KRI指标体系框架。

（3）持续深化DCFC（内部控制检查体系）机制执行效率、效果，突出重点业务领域、重要风险点的监控，强化内控手段的执行力。

（4）推进总账核对机制完善，统筹搭建全行总账核对管理架构，理顺账务核对管理分工，实现全科目、全系统账务监控，提升对账务风险的防控。

（5）组织开展全行重点业务领域的风险检查、检视与动态评估，完善重点业务领域的操作风险控制。

（6）切实加强稽核建设，不断完善稽核制度体系，充实稽核力量，加强对稽核队伍的培训；同时加大稽核力度，开展突击审计及滚动检查，深化操作风险第三道防线管控能力。

（7）优化“红、黄、蓝牌”处罚机制及制度，规范案件责任追究工作，并严格执行，牢固树立全行员工的守法合规意识，有效提升按规操作和操作风险管控的执行力。

（8）深入开展操作风险文化建设，通过多种形式的培训宣导活动，塑造良好的操作风险管理文化，使“操作风险管理人人有责”理念逐步深入人心。

7. 合规风险

本行持续完善务实、高效的合规管理组织架构，总行、各区域和分行均成立了案防合规委员会，总行和各分行均设立合规管理部门、配备专职合规管理人员，区域设置了专职案防合规督导岗。总行合规部定期向董事会审计委员会、监事会和高级管理层报告工作，构建了较完善的案件防控、合规、内控的组织管理体系。2012年本行继续推动“红、黄、蓝牌”处罚制度体系、企业内控自评项目（C-SOX）、风险热图、全行重点业务领域风险滚动检查等最佳银行战略项目的实施，全面梳理重点业务流程的风险点和控制措施，加强事前的风险防范、事中的风险监测和事后的违规行为问责，提升了全行的内控管理水平和风险防范能力。同时，有序、有效地实施了新政策法规的跟踪落实、新产品与新业务合规风险的识别与控制、合规评审、区域与分行案防合规督导、不规范经营行为专项治理、制度清理、银行职场使用排查与规范、“啄木鸟”行动、反洗钱等各项合规风险识别和管理活动，将合规风险管理融入各项经营管理活动的全过程。重视合规文化培训与宣导教育工作，开展了形式多样、参与度高、互动性强的合规宣导教育与培训，组织了“万人千天合规行”等案件防控宣导与合规文化建设活动，在全行营造了浓厚的合规文化氛围，并取得了积极成效。

本章小结

本章阐述了关于企业财务报告风险管理的六个问题。第一，阐述了企业财务报告风险的概念、特点与类型；第二，分析了治理层面财务报告风险的识别与控制，并以万科的正面案例进行说明；第三，分析了经营层面财务报告风险的识别与控制，并以 A 公司为案例进行说明；第四，分析了财务报告编制风险的识别与控制，并以三泰恒业集团为例进行说明；第五，分析了财务报告信息披露风险的识别与控制，同样以三泰恒业集团为例进行说明；第六，阐述了年度财务报告中风险信息的披露。

习　题

常宝股份（002478. SZ）在其 2010 年年报中披露了以下财务报告风险，请根据本章的内容，提出控制该财务报告风险的对策。

财务预测报告所依据假设的不确定性使公司存在盈利预测的不确定性风险。公司 2010 年度盈利预测报告已经江苏公证天业会计师事务所有限公司审核，并出具了“苏公 W［2010］E1211 号”《审核报告》。发行人 2010 年预计全年实现营业收入为 275724. 61 万元，较 2009 年增加 27. 16%，归属于母公司所有者的净利润为 17586. 68 万元，较 2009 年减少 8. 77%。公司盈利预测报告是管理层在盈利预测基本假设的基础上恰当编制的。由于所依据的各种假设具有不确定性，实际经营成果可能与预测性财务信息存在一定差异，因而投资者在进行投资决策时应谨慎使用。

第十一章

衍生品风险管理

风险管理是企业管理中的一项最重要的任务，金融市场总是希望能引进新产品来满足需求，不论需求是实际的还是概念性的。

衍生品是改变企业风险敞口的工具。通过运用衍生品，企业可以去除一部分不必要的风险敞口，甚至可以将风险敞口转换为不同的形式。仅当收益能降低风险时，投资个体才会选择风险证券。企业通常总是寻求减少它们风险的方法。套期保值是指企业运用衍生品减少它们风险敞口的行为。套期保值方法通过在金融市场的一种或多种交易来抵消企业的风险，如项目风险。衍生品也可用于增加企业的风险敞口。当这种情况发生时，企业在某些作为其衍生品标的的经济变量上进行投机。例如，假设企业购买了一种在利率上升时将提高价值的衍生品，且没有采取手段来抵消利率变动的风险，那么，企业就是在利率将上升且衍生品头寸将盈利这种结果上进行投机。

随着美国次贷危机引发的金融风暴对实体经济影响的不断深入，2008 年至今，全球经济始终处于风雨飘摇之中。为应对外部环境的巨大不确定性，国内企业纷纷采用衍生工具来管理风险。但由于各种原因，不少企业不仅未达到避险目的，甚至还造成巨额亏损。例如，某航空公司2008 年燃油套期保值业务公允价值变动损失为62. 55 亿元，占总亏损额的82%。从整体上看，国内企业近年来在与国外交易对手进行衍生品交易中损失巨大。应该总结失败的教训，通过衍生品交易来更好地管理企业的业务与财务风险，并将衍生品交易本身的风险控制在企业可承受的范围内。远期、期货、互换、期权等衍生品，不管如何复杂，都只是一个金融工具。不管企业从事衍生品交易的损失有多大，恐怕都不能归咎于工具本身。问题不在于该不该使用工具，而在于如何根据实际情况选择适当的工具并正确地加以使用。国内企业在从事衍生品交易时，应当坚守避险的目的。

第一节　衍生品风险管理概述

一、衍生品风险的概念

金融衍生工具是在债券、股票、汇率等金融工具的基础上衍生而来的，根据股价、利率、汇率等基础金融工具的未来行情趋势，采取支付少量保证金或权利金，签订跨期合同或互换不同金融工具等交易形式的新型金融工具。金融衍生工具是金融市场创新的结果，也是各种新兴交易手段和科技现代化的反映，更是企业规避金融风险的一个主要手段。金融衍生工具是一把双刃剑。一方面，它规避了金融衍生品市场的价格风险，降低了筹资成本，提高了资本市场的流动性，促进了金融业的发展；另一方面，如果企业使用不当，则极易引发灾难性事件。总之，衍生工具的良好运用，在企业财务风险管理中发挥着极为重要的作用。

衍生品风险是指衍生金融工具的不确定性。严格地说，衍生金融工具的风险属于动态风险。衍生金融工具风险管理要贯穿衍生品业务的全过程。

衍生品主要有四种：远期、期货、互换和期权。企业既可以运用这几种工具来进行套期保值、套利，也可以用来进行投机。

首先，企业可以利用远期或期货、互换或期权等衍生品进行套期保值。例如，2013 年 1 月汇率约为 1 美元 =6.27 元人民币。如 A 公司预计 3 个月后会发生两笔重要业务：一是有 1 亿元人民币到账；二是要支付国外某公司 1000 万美元的货款。若 A 公司担心人民币会贬值，希望通过衍生品交易来锁定汇率，那么 A 公司就可以 1:6.27 左右的价格买入 1000 万美元外汇期货。等到交割日（即 3 个月后），如果汇率变为 1 美元 =6.37 元人民币，则 A 公司就从期货市场获利 100 万元[（6.37－6.27）×1000 万元]，但现货市场需要 6.37 元人民币才能兑换 1 美元，买入 1000 万美元需要支付 6370 万元人民币，损失也是 100 万元。两者相抵，不赔不赚。反之，如果汇率变为 1 美元 =6.17 元人民币，则 A 公司在期货市场损失 100 万元[（6.27－6.17）×1000 万元]，但在现货市场上，A 公司兑换 1000 万美元只需 6170 万元人民币即可，获利 100 万元，正好与损失的 100 万元对冲。无论汇率如何变化，A 公司总是以 6270 万元人民币兑换了 1000 万美元。

其次，企业也可以利用衍生品进行套利或投机。例如，索罗斯在 1997 年亚洲金融危机中就大赚了一笔。具体的投资操作策略为：①利用即期外汇交易在现货市场上进行投机。例如，从当地银行贷款或离岸市场融资获取足够的弱币（泰铢），在现货市场上猛烈抛售换取外币（美元或日元），引起市场对该货币的贬值预期，从而引起恐慌性的跟风抛售，待其贬值以后再从即期外汇市场以低价回购该货币偿还贷款。②利用远期外汇交易在远期外汇市场进行投机。例如，向当地银行购买大量远期合约，卖空远期弱币（泰铢），银行为了规避风险会设法轧平货币头寸，即在现货市场上售出弱币换取外币，也会引起如上的效应。待该货币贬值后，投机者（索罗斯）可以用到期日相同、金额相同的多头远期合约作对冲，或到期时在现货市场以外币换取该货币进行交割。③利用外汇期货和期权交易进行冲击，手段与远期外汇交易类似。④利用货币当局干预进行投机。例如，当货币当局（泰国）遇到大量抛售本币时，为了维持汇率稳定（泰铢与美元挂钩），将会入市干预，吸纳被抛售的本币，同时提高本币的短期贷款利率以提高投机者的投机成本。这两种做法都会抬高本币的利率。而投机者预期利率会大幅上升，可以利用利率互换合约，以固定利率换取浮动利率获利。但是，如果企业判断失误，或操控能力不强，利用衍生品进行投机反而会“偷鸡不成蚀把米”，甚至会给投机企业以毁灭性的打击。

二、衍生品风险的类型

1. 市场风险

市场风险又称价格风险，是指衍生品价格对衍生品使用者发生不利逆向变动而带来的价格风险。它突出地表现在投机交易中。从理论上说，无论衍生品的价格如何变动，衍生品与其基础资产的损益相抵，不应当存在市场风险。但是，在实际操作上，完全的风险对冲很难实现。同时，金融衍生市场与基础资产市场在价格变动上是互动的，并且衍生市场对基础市场异常敏感。在完全放开的利率、汇率、股票指数的基础上，金融衍生品交易的价格波动是没有限度的。金融衍生品价格的波动往往导致利率、汇率、股票指数的暴涨或暴跌。这种涨跌将带来金融衍生交易的巨大风险，甚至导致金融衍生市场的崩溃。当衍生品价格的变动与其基础性金融产品价格的变动并不完全成比例时，在存在对冲缺口时，就会进一步导致风险头寸的扩大，进而引致巨大的风险。市场风险是导致许多衍生品交易亏损破产的直接原因。

2. 信用风险

信用风险又称违约风险，是指由衍生品合约的某一方当事人违约所引起的风险。它主要表现在场外交易市场上。在场外交易市场中，由于交易对手是分散的、信息是不对称的，并且信用风险是时间和基础资产价格这两个变量的函数，而许多基础资产价格的变化是随机的过程，因此，衍生品的信用风险比传统的信用风险更复杂，并且更难以观察和预测，随时可能发生。

3. 流动性风险

流动性风险是指市场业务量不足或因受到震荡发生故障，金融衍生品交易者不能在合理的时间内获得市场价格，不能轧平或冲销其头寸而面临无法平仓，只能等待执行最终交割的风险。金融衍生品作为创新的金融工具，其流动性风险是很大的。尤其是较新的产品，问世时间不长，参与交易者少，市场深度不够，一旦市场发生大的波动，往往找不到交易对手。与场内交易市场相比，场外衍生品更具流动性风险。因为这些产品一般为大客户度身定制，更加难以在市场上转让。

4. 营运风险

营运风险是指在衍生品交易和结算过程中，由于缺乏内部控制，交易程序不健全，价格变动反应不及时或错误预测行情，计算机网络系统发生故障等原因造成的风险。通常营运风险被分为两类：一类是由于内部监管体系不完善，经营管理上出现漏洞，工作流程不合理等，使交易决策出现人为的或非人为的失误而带来的风险；另一类是由于各种偶发性事故或自然灾害，如计算机系统故障、通信系统瘫痪、地震、火灾、工作人员的差错等给衍生品交易者造成损失的可能性。它们在本质上属于管理问题，并在无意状态下引发市场敞口风险和信用风险，要矫正这些问题往往会导致损失。

5. 法律风险

法律风险是指金融衍生品合约的条款在法律上有缺陷，不具备法律效力而无法履约，或者由于税制、破产制度方面的改变等法律上的原因而带来的风险。法律风险在金融衍生品交易中可能经常出现。这是因为，金融衍生品是新的金融工具，而且层出不穷，产生纠纷时，常常会出现无法可依和无先例可循的情况。加之大量的金融衍生品交易是全球化的，真正要对其实施有效监管，必须由各国货币当局参与对金融衍生品的法律管辖和国际协调。

三、衍生品风险的特征

衍生品在运作时多采用财务杠杆方式，即采用缴纳保证金的方式进入市场交易。这样市场的参与者只需动用少量现金，即可控制现金量巨大的交易合约。期货交易的保证金和期权交易中的期权费即是这一种情况。财务杠杆作用无疑可显著提高现金利用率和经济效益，但是另一方面也不可避免地会带来巨大风险。衍生品风险具有以下特征：

1. 发生的突然性

一方面，由于衍生品交易是表外业务项目，不在资产负债表内体现，信息的不对称、不充分，使直接市场参与者评估对手承担的相关风险变得更加困难；另一方面，衍生品具有高度技术性、复杂性的特点，使得既定的会计制度在反映交易边界、评价风险、确认市场价值、披露财务事项等方面明显缺乏标准和能力，进而使监管当局更不能及时对金融衍生品的潜在风险进行充分了解、反应和有效管理。因此，衍生品风险的爆发具有突发性。

2. 具有强烈的扩张效应

衍生品的发展打破了衍生产品同基础性产品之间以及各国金融体系之间的传统界限，从而将衍生产品的风险传播到全球金融体系的每一个角落。一方面，衍生品市场与货币市场、外汇市场、股票市场等基础资产市场紧密联系，使得它们之间具有强烈的相互联动作用，一个市场体系发生金融动荡，另一个市场体系就可能很快被蔓延和波及，使得危机的扩散力度和演变形式加剧；另一方面，金融衍生品交易在国际范围进行，更由于现代信息技术的日新月异，发展到使得大部分市场参与者以及各国货币当局来不及反应的程度，导致衍生品的风险极易传染开去，诱发大范围甚至全球的金融危机。此外，由于衍生品技术性强、交易程序复杂、定价难度大等特点，只有拥有充足资本和专业技术人才的大型机构才能参与其中，导致信用风险相对集中在这些为数不多的机构上，造成一家机构的突然倒闭或无履约，就会在整个衍生品市场上引起一连串违约事件而导致金融体系的崩溃。

3. 造成的损失额巨大

衍生品的交易多采用杠杆交易方式，参与者只需少量甚至不用现金调拨，即可进行数额巨大的交易。加之衍生品的虚拟性特征，使很多原本拥有雄厚资本的机构因为衍生品的不当使用而接连亏损甚至倒闭。迄今主要衍生品交易亏损事件很多，交易亏损额巨大。例如，巴林银行亏损 8.6 亿英镑，日本住友商社亏损26 亿美元，中航油亏损 5.54 亿美元。

4. 极大的流动性风险

衍生品种类繁多，可以根据客户所要求的时间、金额、杠杆比率、价格风险级别等参数进行设计，使其达到充分保值避险等目的。但是，由此也造成这些衍生品难以在市场上转让，流动性风险极大。

5. 风险的复杂性

衍生品把基础商品、利率、汇率、期限、合约规格等予以各种组合、分解，复合出来的衍生产品日趋艰涩、精致，不但使业外人士如坠云里雾中，就是专业人士也经常看不懂。近年来一系列衍生品灾难产生的一个重要原因，就是对衍生品的特性缺乏深层了解，无法对交易过程进行有效监督和管理，因而运作风险在所难免。

四、衍生品风险的识别

进行衍生品风险管理首先要对风险进行识别，判断金融工具交易活动中各种损失的可能性，估计可能损失的程度，它是衍生品风险管理决策的基础。衍生品风险识别的步骤如下：

（1）识别衍生品风险的类型

1）价格风险。通常有三种价格风险：①货币风险。它是指金融工具的价值因外汇汇率变化而波动的风险。②利率风险。它是指金融工具的价值因市场利率变动而波动的风险。③市场风险。它是指金融工具的价值因市场价格变化而波动的风险。

2）信用风险。它是指金融工具的一方不能履行责任，导致另一方发生融资损失的风险。

3）流动风险。它是指企业在筹资过程中遇到困难，从而不能履行与金融工具有关的承诺的风险，即为偿付与金融工具有关的承付款而筹资时可能遇到困难的风险。流动风险可能因不能尽快以接近其公允价值的价格出售金融资产而导致。

4）现金流量风险。它是指与货币性金融工具相关的未来现金流量金额波动的风险。

（2）分析各种影响因素。分析哪些项目存在衍生品风险，受何种衍生品风险的影响；分析各种资产或负债受到衍生品风险影响的程度。通过对影响因素的分析，管理者就能够决定哪些项目需要加强衍生品风险管理，并根据不同的风险制订不同的管理方案，以取得最经济、最有效的结果。

（3）分析衍生品风险的成因。通过对风险成因的诊断，就可以分清哪些风险可以规避，哪些风险可以分散，哪些风险可以减轻，从而作出相应的决策。

五、衍生品风险的评估

识别风险后，接下来要对风险的大小进行衡量，确定各种衍生品风险的相对损失及紧迫程度，并对未来可能发生及其变化的趋势作出分析和推断，为决策提供根据。进行衍生品风险的衡量和预测，可以通过制定模型等进行。衍生品风险评估应注意以下几点：

（1）衍生品风险仅限于资金融通领域。由于衍生品风险是风险的一种特例，因而它只存在和发生于特定的金融领域，即资金融通领域。从本质上看，金融期货、期权和互换的风险皆是因资金融通而产生的。

（2）衍生品风险的存在与产生具有可变性。一是由于现代通信技术与电子技术的发展，使以前很难发生或不可能发生的金融风险，现在在几秒钟之内即可发生；二是由于金融投资者识别和控制期货价格风险、外汇汇价风险等的能力增强，他们能采取有效措施降低风险发生的可能性或降低已发生风险的损失程度。

（3）衍生品风险的影响范围广、损失金额巨大。衍生品风险虽然仅限于金融领域，但由于金融活动本身往往直接与生产和流通领域相联系，而且有时还部分地涉及分配领域与消费领域，所以一旦发生衍生品风险，其波及的范围就会覆盖社会再生产的所有环节。与风险覆盖的范围相联系，衍生品风险所带来损失的金额是十分巨大的。

六、衍生品风险的控制

面对不确定性日益增加的外部环境，国内企业应适度、谨慎、积极地使用衍生品工具来管理风险，为企业的持续健康发展提供有力支撑。金融衍生品风险管理是指经济主体通过对金融衍生品风险的分析，选择相应的手段，以最小的成本努力消除或减轻现金流动中不确定因素的消极影响，以达到最优目标的过程。企业在使用衍生工具管理风险时，应当坚守避险目的、熟悉产品特征、保持交易弹性、重视小概率事件、建立并完善相应的决策和风险管理机制。

（一）抑制投机冲动，坚守避险目的

企业的价值主要取决于业务的持续发展，即盈利能力。对非金融企业而言，应当坚持以现货生产和经营作为盈利的主要来源，衍生工具的运用只是为了管理资产、负债，以及现金流量变动的风险。如果企业本末倒置，以投机为目的从事衍生品交易，则其内含的风险可能失控。

企业从事衍生品交易的目的是对冲风险还是投机，可以从套保方向、套保规模、交易品种以及套保时间等综合分析后加以判断。国资委李伟（2006）认为，非金融企业从事衍生品交易的目的应该是避险而不是作为盈利手段。中航油、国储铜等事件的教训是，它们希望通过承担衍生品风险而谋求丰厚利润，却忘记了用衍生品套期保值的初衷，忘记了自己的主业。

例如，中航油新加坡公司2003年3月28日开始涉及期权交易，最初仅涉及200万桶石油并小有收获。初尝衍生品交易甜头后，作为航油需求一方又卖出了大量看涨期权。2004年1月、6月和9月三次挪盘，交易量和风险成倍扩大，由于对油价走势判断失误，最终落得5.5亿美元的巨额亏损，迫使公司寻求破产保护。

又如，中信泰富有限公司2008年10月发布公告称：公司持有的杠杆式外汇合约令集团亏损（已变现的亏损）8亿多港币，导致集团须接取的最高总金额为94.4亿澳元。公司2008年年报披露，除税后的杠杆式外汇合约亏损146.32亿港币。中信泰富当时对澳元的需要约为30亿，但其签订的杠杆式外汇合约涉及澳元总金额94亿多，按合约须购入的澳元远超过项目所需，名为套期保值，实为投机性交易。并且，中信泰富杠杆式外汇期权合约实质是盈利有限，亏损没有锁定的合约。该公告称：每份澳元累计目标可赎回远期合约当达到其规定本公司可收取的最高利润（幅度介乎150万~700万美元）便须终止，但亏损并没有类似终止的机制。

（二）了解产品特点，评估企业的风险可承受度

企业在运用衍生工具时，应当充分了解产品的特点，整体评估各种市场情境下衍生品交易可能带来的收益和风险，并确定将这种风险控制在企业的可承受范围内。

例如，某航空公司公开披露的信息显示，公司签订的期权合约是三方组合期权，主要包括三种期权：①买入看涨期权，即航空公司以较高的约定价（如2008年半年报中提到的每桶150美元）在未来规定的时间从对手方购买定量的油，行权日时航空公司有权选择是否购买，对手方必须接受；②卖出看跌期权，即航空公司以较低的约定价（如2008年半年报中提到的每桶62.35美元）在未来规定的时间从对手方购买定量的油，行权日时对手方有权选择是否卖油，航空公司必须接受；③卖出看涨期权，即航空公司以更高的约定价（如2008年半年报中提到的每桶200美元）在未来规定的时间向对手方卖定量的油，行权日时对手方有权选择是否买油，航空公司必须接受。根据航空公司管理层的解释，企业卖出看跌期权是为了抵消买入看涨期权所需的昂贵成本。实际上，航空公司的这种结构性期权安排存在着巨大的风险敞口，买入的看涨期权价格有封顶，即超过行权价一定程度时，对手方有权中止合约；但在价格下跌到行权价时，由于卖出的看跌期权是2倍甚至大于2倍，企业需向对手方支付超过2倍的价差亏损。尽管航空公司时至今日仍然认为其衍生品交易在套期保值内（其套保比例未超过用油量的35%），套期保值的浮亏可用现货成本的降低来弥补，但残酷的现实是：航空公司2008年年报披露其航油套期合约公允价值变动损失62.55亿元，公司已资不抵债。

（三）保持重组弹性，动态控制交易风险

企业在进行衍生品交易时，有必要建立科学的决策程序和止损机制，并根据市场环境的变化，综合利用各种衍生金融工具对风险进行动态管理，应时而变。

例如，美国西南航空公司2007年年报显示，公司已经对2008年消耗航油的70%进行套保，其平均成本仅为51美元每桶。西南航空在签订衍生品合同时，注意长期和短期合约相结合，并综合利用买入看涨期权、上下限结构期权和固定价格的互换合约等衍生工具。公司的套期合同一般覆盖70%多的航油用量。2008年下半年油价下降时，公司及时决策，通过销售固定价格互换合约大幅降低2009年及以后各年航油套期头寸的决策。筹足其套保合约后，航油的套保比例迅速从85%降低到10%左右。2009年年初油价开始上升后，公司又通过买入看涨期权重建2009年和2010年的航油套期头寸，以使公司免遭受油价大幅上升的风险。调整后，衍生合同可覆盖2009年2季度50%的用油量，将油价锁定为每桶66美元。西南航空的衍生品交易策略，至少有两点值得我国航空企业借鉴：①综合运用套期工具。除选择了结构性期权套期工具外，西南航空还综合利用了购入看涨期权和固定价格的互换合约等工具，并在2009年1季度通过套期合约的调整，将其油价锁定在每桶66美元。②航油套期合约的长短期搭配和动态管理。西南航空在选择套期合同时，注重合同期间的长短期搭配，并且在油价急剧下跌和上升时选择卖出或买入不同的金融工具来动态管理油价变动的风险。

（四）重视小概率事件，合理确定企业的风险承受度

企业在从事衍生品交易时，应充分考虑和评估出现小概率事件和系统性风险时企业的风险承受能力。几十年不遇的经济衰退、剧烈变动的原油价格和BDI指数、史无前例的低利率和宽松货币政策，都属于小概率事件。目前这种状况能持续多久，什么时候出现反转，都不可能准确预测。企业在衍生品交易合约中应给自己留有余地，否则就不能根据外部环境的变化及时调整自己的风险管理策略，难以承受小概率事件突然反转带来的风险，从而影响企业的生存和发展。

例如，某公司为了锁定租入船动力成本，其所属干散货船公司前期购入了一定数量的远期运费协议（FFA）。2008年由于运价大幅下降，FFA产生浮动亏损，公司2008年年报披露：FFA的公允价值变动及结算产生损失金额为52.18亿元，抵减已结算并计入投资收益的盈利10.98亿元后，净损失额为41.2亿元。

（五）建立和完善衍生品交易的决策和风险管理机制

对一些企业而言，衍生品交易的成败直接关系企业的经营绩效，甚至影响到企业的生存与发展。因此，企业的决策层必须高度重视衍生品交易，建立和完善衍生品交易的决策和风险管理机制。对于大型国有企业集团来说，也应加强对子公司的管理，以防止子公司从事衍生品交易而造成风险失控。企业还应建立和完善衍生品交易的内控机制。例如，将衍生品交易纳入预算管理；制定衍生品交易的风险管理制度或手册，明确规定相关管理部门和人员的职责；建立规范的授权审批制度，明确授权程序及授权额度，在人员职责发生变更时，应及时中止授权或重新授权等。

例如，中信泰富在2008年10月20日发表的主席声明中称：审核委员会对外汇合同进行了独立调查。审核委员会调查后认为，集团财务董事未遵守集团对冲风险政策，而在进行此等外汇交易前，未按公司的一贯规定事先取得主席的批准，因此超越了其职权限度。集团财务总监没有在集团监督系统下尽其应有的把关职责，特别是没有将此等不寻常的对冲交易上报提请主席关注。董事会决定采取以下行动：集团财务董事及财务总监提出辞呈，同时公司聘请了永道会计师事务所研究改良集团内部监控制度。

（六）适度、谨慎、积极地参与金融衍生品交易

随着全球经济一体化进程的加快，我国企业的原材料采购、产品销售、企业融资等已进入国际市场，对海外资源和市场的依赖度逐步提高。在国际市场面临重大波动的情况下，如果不能利用衍生工具管理相关的价格波动，单独靠生产或销售来控制成本，企业可能难以在市场竞争中生存下去。

当然，衍生品交易蕴涵着巨大风险，企业必须谨慎应对。对于国有企业衍生品交易的亏损情况，政府监管部门早有察觉。2008 年，国资委要求央企自查上报衍生品交易的头寸和亏损情况，并于2009 年3 月24 日紧急印发了《关于进一步加强中央企业金融衍生品业务监管的通知》；2009 年1 月，审计署对一些央企的衍生品交易进行了重点核查；2009 年，财政部也发布了《关于当前应对金融危机加强企业财务管理的若干意见》，要求企业审慎从事套期保值等金融衍生品投资，健全企业内部金融衍生品投资控制制度，完善管理和决策程序，杜绝金融衍生品投机行为。

监督、提示风险是必需的，也是必要的。但随着企业世界经济的一体化，外部环境的不确定性增加，我国的金融市场仍然需要加快发展，衍生工具应该更多地被企业所认识、运用。只有这样，企业的风险才能够得到有效管理，优秀的企业也才能更好地利用工具、更好地经营。

（七）加强立法，为金融衍生品发展创造良好的制度环境

应制定和完善有关金融产品创新的法律。金融衍生品本身就是一个不断创新的工具。创新是生命力所在，是其不断发展壮大的前提。新产品创新能提供新机会，提供新的交易手段，产生新的盈利模式，因而能促进交易量的持续增长。制定有关衍生金融产品风险管理的法律，能使风险管理主体的职责分工，以及管理程序、规则的制定都受到相应的法律约束和指引。针对不同种类的金融衍生品应分别制定相应的法律法规，强化各类规范的协调性和可操作性，为金融衍生品的发展创造良好的法律政策环境。

（八）建立完善的风险监管制度与监管体系

金融衍生品的风险监管包括内部监管和外部监管两个部分。

（1）内部监管。内部监管是交易主体自身建立的风险管理体系。市场交易主体应整合现有内部控制资源，统筹制定金融衍生品市场风险的识别、计量、监测和报告程序；加强内部控制，严格控制交易程序，将操作权、结算权、监管权分开，要有严格的、层次分明的业务授权，加大对越权交易的处罚力度；设立专门的风险管理和监管部门，对交易人员的交易进行记录、确认、市值试算，评价、度量和防范在金融衍生品交易过程中面临的各种风险，逐步采用最新的市场风险管理技术及相应模型，对风险进行持续监控，提高管控能力。

（2）外部监管。外部监管是通过三个层次的联合监管体系对衍生品的风险进行防范和控制的：①国内证券监管机构，这也是最高层次的风险管理组织。证券监管机构风险监管的内容主要体现在制度建设方面，目的是通过严格的市场监管，形成公开、公平、公正的市场环境。证券监管机构风险监管的重点主要在于市场参与主体“重收益轻风险”的非理性本能，以及市场信息不对称、市场操纵、欺诈客户等市场缺陷，以强化市场参与者的风险意识，提高市场信息的透明度，遏制市场违规行为，保护投资者的利益。②作为最基层的管理机构——交易所和行业自律组织之间的联合监管。它们所扮演的特殊角色能够对参与市场交易的各参与者发挥明显的影响作用，使交易者的市场行为受到有效的约束和规范。③跨国的联合监管。这是由国内主要的监管部门与其他国家和国际组织合作，共同设计和制定对金融衍生品交易的跨国监管机制和规则，防止风险在主权管辖范围以外的生成和传递。

国外金融衍生工具市场已经逐步形成了一套比较完善的风险管理制度，如表 11-1 所示。

表 11-1　国外企业金融衍生工具风险管理

内　容	条件或主要内容	说　明
有序市场机制的形成	前提：对风险处理的能力要强	必须深刻认识风险管理的重要性，风险管理关系市场命运，是市场兴衰的决定性因素
	稳定的市场制度	
	公正的市场交易	
	规范的市场运作	
	完善的投资者合法权益保障	
会员的严格管理	资产的严格控制	不看会员的注册资本有多少，而看其是否拥有与其交易部位相适应的流动现金数额，这是监督会员的依据
	保证金的管理	大致有两种做法：净额保证金办法和总额保证金办法。前者使用较为普遍
	结算会员基金的实行	目的是让制造风险者集体承担市场风险，推行结算会员基金有利于增加结算保证能力，严格会员管理
结算制度的完善	设计结算制度	以利于风险的防范、规避和控制为根本出发点
	维护保证金、每日结算、财务稽核和财务保证之间的内在联系，注意提高结算系统整合抗险能力	结算运作系统不仅有利于分层控制，减缓风险积累程度，对于提高结算系统的整体抗险能力也十分有效
结算机构的合理设置	基本特征：直接介入交易，充当买卖双方结算的对手，并承担结算风险和财务保证	构成有效的结算制度，防止亏损的累积
		通过财务稽核，及时察觉运营和财务上的漏洞
		为财务安全提供保障
		有利于对市场风险进行水平控制
法制化管理的实行	系统风险仅靠金融衍生工具市场加强管理是难以解决的，还必须强化法制化管理	世界各国发展金融衍生工具市场较普遍地采取了市场自律同政府监管相结合的制度措施，并且纳入了法制化轨道
	金融衍生工具市场必须按照自律原则组织起来	

（九）针对不同风险，采用不同的微观管理方法

1. 市场风险的管理

对超过交易主体所能承受的风险总规模的市场风险部分，采取对冲措施或头寸充足的方法进行“自我保护”。越来越多的市场参与者采用风险价值（VaR）法来度量市场风险，机构可以建立相应的模型，将估价的市场风险与实际的市场风险进行比较，以便修改模型。还要设立与风险计量方法相应的市场风险限额，分配到业务单位和不同人员。

2. 信用风险的管理

首先，市场交易主体需要根据交易对手的信用级别，确定每一交易对手的信用限额，对同信用级别的交易对手，尽量减少与每一家的交易量，这样就使信用风险得以分散，从而降低信用风险的总额；其次，还可以通过如要求交易对手提供抵押、保证、信用证、支付保证金等各种方法，进一步增加信用保障。

3. 流动性风险的管理

最主要的是控制参与流动性较低的产品的交易量，对这类产品，需要使用能够长期占用的现金。现金流动性风险管理，主要是对现金流动缺口实行额度控制，从而保证现金流入与流出的平衡。

4. 营运风险的管理

对于自然灾害或者事故所造成的营运风险，主要的管理方法是通过人身保险和财产保险等方式转嫁出去；对于经营上的漏洞和失误造成的风险，则应通过减少交易员操作失误，选择恰当的管理模式，采用正确的会计处理方法，加强风险警戒等措施来进行有效管理。此外，还应该加强基础设施的建设，培养和配备精通衍生品交易、能够迅速处理业务的人才以及相应的优良系统。

（十）加强财务信息披露

对衍生金融工具较多的企业来说，可增加其金融资产和金融负债的内容。如果衍生金融工具交易额占企业营业额较大的比重，也可以将资产和负债项目改变，分为金融资产和非金融资产、金融负债和非金融负债。同时，编制一些特殊的满足衍生金融工具信息使用者需求的报表，如“金融工具表”“综合收益表”。另外，还可以计提衍生金融工具风险准备金，采用表外注释和风险价值（VaR）法对金融衍生工具进行表外披露。表外披露的具体内容包括会计核算所采用的方法和政策、与衍生金融工具相关的风险等。

七、案例分析：中化公司的金融衍生品操作风险管理㊀

1. 组织结构情况

根据《中化公司资金集中管理规定》，未经集团公司授权，各子公司不得进行金融产品或金融衍生产品（如股票、债券、基金等有价证券，利率汇率掉期等）的投资。集团公司根据集团面临的整体利汇率风险状况，统筹安排、统一操作。由于大量的金融衍生品操作在境外市场完成，因此，中化香港（集团）有限公司（简称“中化港”）在集团公司资金管理部的统筹安排下，从事利汇率金融衍生品操作，以对集团公司在经营过程中面临的外汇与利率风险进行管理。

集团公司资金管理部负责整个集团利汇率风险管理，直接对集团公司总会计师及总裁负责。管理内容包括：集团公司利汇率风险分析、方案研究、操作指令下达、业务记录、操作流程制定、操作后市场风险监控；资金管理部内设资金分析与产品团队，配备金融专业人员负责上述工作，直接对资金管理部总经理负责。中化港资金部为集团内部进行利汇率风险管

㊀ 资料来源：蒋承宏．中化集团三大金融风险管理问题研究［D］．厦门：厦门大学，2009．

理的操作平台，负责执行各项交易指令、账户管理，掌握账务处理及文本流转等工作，配备专人进行管理，直接对集团公司资金管理部总经理负责。

2. 内控机制建设

首先，明确授权及分工（见图 11-1）。为控制风险、明确责任、强化监控，公司制定操作授权及分工如下：交易授权人：集团公司总会计师；交易执行人：集团公司资金管理部交易员；交易确认人：集团公司资金管理部总经理；交易正本文件签字人：集团公司总会计师及资金管理部总经理；交易监控、记账人：集团公司资金管理部中台及中化港财务；交易清算监控：集团资金管理部总经理及中化港财务总监。

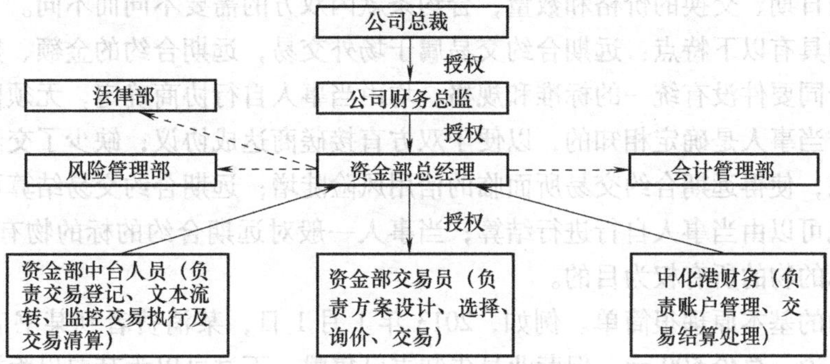

图 11-1　中化公司操作风险管理授权及分工

其次，决策机制及执行机制。集团公司总会计师经总裁授权为公司利汇率风险管理总负责人，集团公司资金管理部为具体责任部门，负责前期的利汇率风险分析、方案设计、信息收集、市场分析，后期的交易监控、动态管理、制度完善等工作，提供决策支持；任何利汇率操作方案须经公司总会计师或者总裁批准，资金管理部严格按照批复决定执行；中化港财务部配合执行交易，根据集团公司资金管理部的指令负责处理交易清算和各项手续办理。

在整个流程中，集团公司处于主导地位，并按照决策、监控与执行相分离，前、中、后台相分离的原则进行分工，明确了各部门的职责，建立制衡约束机制。集团公司风险管理部采取定期的报表制度和不定期的抽查监控金融衍生品的操作风险；集团公司法律部负责审核金融衍生品交易协议书以及各项交易文件，防范法律风险；集团公司会计管理部负责检查金融衍生品交易的账务处理，防范清算风险；在资金管理部内部，也严格实行交易员与中台监控人员的分离。交易人员负责交易方案的设计、选择和操作，而中台监控人员负责交易台账管理和交易清算，互不交叉，直接向资金管理部总经理汇报，防范交易员的操作风险。同时，中台监控人员负责每日跟踪市场变化，根据当日利汇率收盘价格更新所持有仓位的浮盈/浮亏情况，每个月月末对交易风险进行整体评估，每三个月向公司领导提交具体评估报告。

总结：管理操作风险的最佳方法就是严格遵循授权、分权、制衡的原则。从市场观测与研究、方案的确定与上报、交易的执行与清算到市场追踪与产品市值观测，均应按照一定的工作制度与流程严格执行，务必过滤掉任何可能导致“暗箱操作”之类的风险因素，再辅以先进高效的信息交易系统和专业的操作人员，可以有效地抑制操作风险的发生。

第二节　远期合约风险管理

一、远期合约风险概述

远期合约是指交易双方约定在未来某一日以约定价格买进或卖出一定数量的标的物（如大豆、铜等实物商品，或股票指数、债券指数、外汇等金融商品）的合约。其主要有远期现货合约、远期利率协议、远期外汇合约、远期股票合约等。远期合约规定了将来交换的资产、交换的日期、交换的价格和数量，合约条款因双方的需要不同而不同。

远期合约具有以下特点：远期合约交易属于场外交易，远期合约的金额、数量、交割日期和方式等合同要件没有统一的标准和规格，均由当事人自行协商确定，无须监管机构批准或认可；双方当事人是确定相知的，以便于双方直接磋商达成协议；缺少了交易所和结算机构提供的担保，使得远期合约交易所面临的信用风险陡增；远期合约交易结算可以通过结算机构进行，也可以由当事人自行进行结算；当事人一般对远期合约的标的物有真实的需要，交易以得到标的物的所有权为目的。

远期合约的基本原理很简单。例如，2013 年 1 月 1 日，某消费者到某书店想购买一套金庸的武侠小说，总价 500 元。但营业员告知书已售罄，不过可以为其向出版社订购。如果该消费者当时同意接到书店通知后即付款提书，他就相当于购买了一个远期合约；他在书到货时付款提书，也就是远期中的进行交割。这里的关键有两点：一是通过远期交易你可以避免书价上涨的风险，但是如果日后书价下跌，该消费无法享受到这一好处；二是远期不是期权，买卖双方都有义务履行合约。

金融远期合约要相对复杂一些。例如，远期利率协议（FRA）是指交易双方约定在未来某一日，交换协议期间内一定名义本金基础上分别以合同利率和参考利率计算的利息的金融远期合约。买方支付以合同利率计算的利息，卖方支付以参考利率计算的利息。其考虑利率应为经中国人民银行授权的全国银行间同业拆借中心等机构发布的银行间市场具有基准性质的市场利率或中国人民银行公布的基准利率，具体由交易双方共同约定。交易者通过买入远期利率协议，可以将其在未来某一时间的借款利率预先固定，以对冲未来利率上升的风险；客户通过卖出远期利率协议，可以将其在未来某一时间的投资利率预先确定，以对冲未来利率下降的风险。

新闻摘录：中信银行达成国内首笔人民币远期利率协议。2007 年 11 月 1 日，中信银行与另一家机构达成了一笔人民币远期利率协议，这是自中国人民银行公布《远期利率协议业务管理规定》后国内发生的首笔远期利率协议，标志着继人民币利率互换之后，中国人民银行推出一种新的利率衍生工具正式登陆我国金融市场。该交易金额为 2 亿元人民币，参考利率是三个月 Shibor（上海银行间同业拆借利率），标的为三个月后的三个月利率。中信银行表示，将继续发挥中信银行在资本市场领域的传统优势，继续密切关注市场最新动态，加大产品创新力度，从而切实为客户在利率风险管理方面提供优质的产品和服务。

二、远期合约风险的识别、评估与控制

【例 11-1】　某人签订了 1 年以后购买 10 年期零息债券的远期合约。债券的面值为 1000

美元，1 年期及 11 年期即期利率分别为 5% 和 9%。

（1）远期合约的价格是多少？

（2）假设 1 年期及 11 年期即期利率出人意料地下调了 2 个百分点，该远期合约的新价格为多少？

答：（1）无持有成本和边际收益资产的远期价格 = S_0（1 + R），11 年后，某人将收到等于债券面值的 1000 美元，而且 11 年期即期利率为 9%，所以，债券的当期价格 = 1000 美元/1.09^{11} = 387.53 美元。由于远期合约使得债券价格延迟一年，所以适合于远期定价公式的利率是一年期即期利率 5%，远期价格 = 387.53 美元 × 1.05 = 406.91 美元。

（2）如果 1 年期和 11 年期即期利率都发生了 2 个百分点的非预期性下降，对债券定价时适宜的利率就是 7%，适合于远期定价公式的利率就是 3%。考虑了这些变化后，则债券的新价格 = 1000 美元/1.07^{11} = 475.09 美元，新的远期合约的价格 = 475.09 美元 × 1.03 = 489.35 美元。

三、远期合约在风险管理中的运用

（一）远期合约运用于解除对资产价格变动的顾虑

现在，签订远期合约时大多没有任何现金交易，远期合约对双方来说只是一种不可撤销的、具有法律约束力的承诺，即一方承诺卖出一笔资产，而另一方则承诺买入这笔资产，买卖双方自由约定这笔资产的交割时间、交割价格和交割地点。如果远期价格高于即期价格，此时的市场被描述为正向市场；如果远期价格低于即期价格，此时的市场被描述为反向市场。人们可以用远期合约来消除对资产价格变动的忧虑。

例如，张三想在一年后购置住房，可又担心一年后的房价会上涨；如果现在买房，一是拿不出这么多资金，二是买了也要闲置浪费。张三为此纠结：现在没有能力买房，可一年后买又担心房价上涨，会让自己为购房多打几年工。

李四一年后要移居海外，现在正住着的一套房子需要在一年后出售。假定李四住着的这套房子现价是 100 万元，他担心一年后的房价会下跌，可如果现在卖房自己就没有住处。李四也在纠结：房子现在住着不能卖，可一年后卖又担心房价会下跌，使自己的资产缩水。

这时，张三就可以与李四达成一份远期合约。双方约定一年后交割房产，交割价格为 105 万元。之所以要比即期价格多出 5 万元，是因为假定把这套房子现在卖掉，然后把 100 万元卖房款存入银行，一年的利息为 5 万元，也就是弥补卖房者的利息损失。

如果一年后房价涨到 120 万元，张三就因远期合约而节省了 120 万元 - 105 万元 = 15 万元；如果一年后房价跌到 80 万元，李四就因远期合约而避免了 105 万元 - 80 万元 = 25 万元的损失。张三的获利就是李四的损失，而李四的获利就是张三的损失。

（二）远期合约运用于外汇买卖风险管理

由于远期合约从签订到交割期间没有现金流，很容易逃避机构内部和政府的监管，因此，它被广泛运用在外汇买卖上。一笔外汇的远期合约清算后，马上再按即期价格卖掉，如果押对了赌注，那真是“天上掉馅饼”，无本万利。

例如，A 机构持有欧元，由于某种原因，不想现在抛售这笔资产，可又担心继续持有欧元会贬值。这时，A 机构就可以用远期合约把欧元卖掉。但 A 机构能卖掉欧元必须有一个前提，就是有 B 机构认为欧元会升值，想现在用较低的远期价格购买欧元，待将来升值时再卖出，通过低价买高价卖发笔横财。

2012 年 12 月 17 日，1 欧元兑换 1.32 美元。A 机构和 B 机构此时就可以达成远期合约：B 机构一年后向 A 机构购买 5000 万欧元，远期价格为 1.33 美元。如果到清算日，欧元价格贬到了 1 欧元兑换 1.13 美元，A 机构就避免了（1.33 - 1.13）×5000 万美元 = 1000 万美元的损失；如果到清算日，欧元价格涨到了 1 欧元兑换 1.55 美元，B 机构就赚取了 (1.55 - 1.33)×5000 万美元 = 1100 万美元。

有人把远期合约用于风险对冲，可更多的人把远期合约用于投机套利。如果 B 机构在一年后确实需要这笔欧元，那就通过远期合约对冲了汇率变化的风险；如果其一年后根本就不需要这笔欧元，而是购买以后立即卖掉，那就完全是一种“赌欧元升值”的投机行为了。

从以上分析看，远期合约就是“零和游戏”，有人赚，必有人赔，风险依然存在，只是谁也不想把风险留在自己手里，于是设法通过远期合约推给下家。只要风险存在，不管发明什么金融工具，都不会消除风险，风险总是要有人承担的。

第三节　期权风险管理

一、期权风险概述

期权是指买方向卖方支付一定数量的费用后，拥有的在未来某一段时间内或未来某一特定日期以约定的价格向卖方购买或出售一定数量的特定标的物的权利。期权有以下要点：

（1）执行价格。执行价格是指期权的买方行权时双方事先约定的标的物买卖价格。

（2）期权费。期权费是指期权的买方支付给卖方期权的价格，即买方为获得一种权利而不是义务而支付的代价。

（3）看涨期权和看跌期权。看涨期权是指在期权合约有效期内按执行价格买进一定数量标的物的权利；看跌期权是指卖出标的物的权利。例如，2009 年 1 月 1 日，A 公司买入一个看涨期权，标的物是铜期货，执行价格为 1850 美元/t。A 公司支付期权费用 5 美元；B 公司卖出这个权利，收取期权费用 5 美元。2 月 1 日，铜期货价上涨至 1905 美元/t，看涨期权的价格涨至 55 美元，则 A 公司可以行权，即按 1850 美元/t 的价格从 B 公司手中买入铜期货，获利 50 美元。如果铜价下跌，即铜期货市价低于敲定价格 1850 美元/t，A 公司就会放弃这个权利，只损失 5 美元期权费，B 公司则净赚 5 美元。再以铜期货为标的物来说明看跌期权。仍假定 A 公司于 2009 年 1 月 1 日买入一个铜期货的看跌期权，执行价格为 1750 美元/t，A 公司买入这个权利，付出 5 美元；B 公司卖出这个权利，收入 5 美元。2 月 1 日，铜价跌至 1695 美元/t，看跌期权的价格涨至 55 美元。此时，A 公司可以行使权利，即按 1695 美元/t 的市价从市场上买入铜，而以 1750 美元/t 的价格卖给 B 公司，B 公司必须接受，则 A 公司从中获利 50 美元。当然，如果铜期货的价格没有下跌，则 A 公司损失 5 美元的期权费。

（4）欧式期权和美式期权。欧式期权是指只有在合约到期日才被允许执行的期权，它在大部分场外交易中被采用；美式期权是指可以在成立后有效期内的任何一天被执行的期权，它多在场内交易中被采用。

企业有时需要通过买入卖出远期、认购期权或认股期权等的组合式安排，才能满足经营需要或实现避险目的。例如，国内某通信工程建设公司在国外竞标某项目，若竞标成功，该企业在6个月内可取得1亿美元的收入。假定现行的美元对人民币的汇率为1美元=6.8元人民币，在此外汇汇率下，该项目有利可图。但如果人民币升值，美元对人民币汇率变为1美元=6元人民币，则该项目亏损。为避免外汇汇率变动的风险，该公司可以在外汇远期看空，以固定汇率（假定为1美元=6.8元人民币）卖出1亿美元，以确保一旦竞标成功，该项目的利润能够得以保持。但是，如果竞标失败，并且美元对人民币汇率已经上市为1美元=6元人民币，则该公司损失巨大，它必须以1美元=6元人民币的汇率在外汇市场上买入1亿美元，再以1美元=6.8元人民币的价格卖出，损失8000万元人民币。为避免这种风险，该公司可以买入一个认股期权，约定在6个月内可以按1美元=6元人民币的汇率买进1亿美元。如果竞标成功，且美元对人民币汇率变为1美元=6元人民币，则该公司不用行使认购权，该项目取得的1亿美元可以通过远期合约转换成6.8亿元人民币。如果竞标失败，且美元对人民币汇率变为1美元=6元人民币，则该公司可以行使认购权，以1美元=6元人民币的汇率买进1亿美元，以履行远期合约。这样，无论项目的竞标是否成功，该公司都可以锁定风险，其损失则是购买的期权费。

二、期权风险的识别、评估与控制

期权是一种不对称的合同。所谓不对称，是针对期权所特有的风险和收益机制而言的。正因为权利和义务的不对称，所以期权的风险要分别由买卖双方来进行管理。如同金融期货交易一样，期权交易的首要风险是市场风险，而且在市场风险方面，合同卖方承担的风险要大于合同买方。

期权市场中的四种期权工具可以进一步降低交易者的市场风险。这四种期权工具是：买入看涨期权、卖出看涨期权、买入看跌期权和卖出看跌期权。通常，在行情看涨时，采取买入看涨期权或卖出看跌期权的做法；而在行情看跌时，则采取卖出看涨期权或买入看跌期权的做法。就市场风险而言，合同购买者支付的期权费的大小也是衡量风险的一个重要方面。

除市场风险外，期权交易通常也是在严密的市场组织体系中进行的，所以其信用风险和流动风险都较小。但是，由于期权交易的运作远比金融期货交易复杂，且期权费要通过特定的估价模型计算，所以期权的操作风险、道德风险以及新兴期权的法律风险都相对较大。

奇异期权实质是利用常规期权构造的，比常规期权（标准的欧式或美式期权）更复杂的衍生证券。比如，其执行价格不是一个确定的数字，而是一段时间内的平均资产价格的期权；或者是在期权有效期内，如果资产价格超过一个界限，期权就作废等。大多数奇异期权都是在场外交易的，往往由金融机构根据客户的具体需求开发出来，其灵活性和多样性是常规期权所不能比拟的。但相应的，奇异期权的定价和保值往往更加困难，对模型设定正确与否的依赖性比较强，合约中潜在的风险通常比较模糊，很容易导致非预期的损失。无论是用标的资产进行保值，还是用相应的期权进行保值，都需要较高的操纵技巧。

【例11-2】　如果一家公司认购了猪腩的期权作为套期保值策略，那么在猪腩价格波动时，该公司会面临什么样的风险？

答：买进看涨期权赋予企业购买猪腩的权利，因此，它必须是猪腩的消费者。虽然猪腩价格上涨对消费者不利，但这种风险被看涨期权的收益抵消了；如果猪腩价格下降，消费者能够享受到更低的成本，而看涨期权到期将一文不值。

【例 11-3】 为何对债券的看跌期权实质上等同于对利率的看涨期权？

答：债券看跌期权给予持有人以执行价格卖出债券的权利。如果债券价格下跌，看跌期权持有人获利。由于债券价格和利率的运动方向相反，如果某债券价格下跌使持有人盈利，他也会因利率上升而盈利。因此，利率看涨期权从实质上说完全等同于债券价格看跌期权。

【例 11-4】 假设一个金融经理人以 35 美元/桶的行权价购买了 50000 桶原油的认购期权，同时他又以同样的行权价卖出 50000 桶原油的看跌期权。当原油价格分别为 30 美元、32 美元、35 美元、38 美元和 40 美元时，该经理人的盈亏分别为多少？根据其盈亏的变化，你观察到什么现象？

答：看涨期权是金融经理人在未来以 35 美元/桶的价格购买石油期货合约的权利。如果石油价格上升到 35 美元/桶之上，金融经理人将会行使这项权利。卖出看跌期权使金融经理承担了未来以 35 美元/桶的价格买入原油期货合约的义务。如果石油价格跌破 35 美元/桶，看跌期权持有人将行使期权赋予他的权利。每桶收益如表 11-2 所示，收益状况与执行价格为 35 美元/桶的远期合约完全一致。

表 11-2 不同远期价格下的每桶收益 （单位：美元）

石油远期价格	30	32	35	38	40
看涨期权价值	0	0	0	3	5
看跌期权价值	−5	−3	0	0	0
总价值	−5	−3	0	3	5

三、期权在企业外汇风险管理中的应用[⊖]

在外汇风险管理中，套期保值的基本做法是：分析未来汇率变动方向与幅度；确认以外币表示的预期现金流量；明确企业面临的风险及其大小；设计避险方案，合理选择避险工具，让两种走势相反的风险相互制约，从而达到保值的目的。在实务中，可以根据实际情况设计不同的套期保值策略。这里仅以特定的案例说明不同策略对企业的影响。

（一）VIA POMINI 公司风险对冲策略比较

2003 年 5 月，宣化钢铁集团有限责任公司（简称宣钢）拟筹建一套 75 万 t 棒材生产线，项目总投资 2.5 亿元人民币，其中进口设备由意大利的 VIA POMINI 公司提供，交货时间 6 个月，报价币种为欧元。为规避欧元升值风险，宣钢按签约当日汇买、汇卖中间价将欧元报价的设备兑换为 500 万美元，锁定了进口付款成本。与宣钢简单的风险规避策略不同，VIA POMINI 公司首先根据风险管理要求，确定该项设备出口收入的目标值为 428 万欧元。根据欧元对美元汇率预期和避险成本的要求，公司先后考虑了三种风险对冲策略。

策略一：远期外汇合约套期保值。自从 1999 年欧元问世以来，欧元对美元的长期汇率走出了一个明显的“V”字形，直到 2003 年年初才开始大幅回升。VIA POMIN 公司的财务主管认为，随着欧洲经济的迅速复苏，欧元对美元的汇率将继续上扬，如果在未来的 6 个月内欧元对美元的汇率大幅上升，到时以美元计价的出口货款折成欧元后将无法弥补其出口成

⊖ 资料来源：http：//www.doc88.com/p-572886494930.html.

本。因此，最简单的避险策略就是通过远期外汇买卖立即锁定成本，即公司与银行签订6个月的买欧元卖美元的远期合约，签约时6个月远期汇率的报价为1欧元 = 1.128美元。6个月后公司将收到的500万美元货款按远期合约交割，收到443.26万欧元。这一策略的实质是“锁定”汇率，使公司的应收款成为一种确定性收入，但同时也无法分享到期日若欧元下跌可能带来的好处。

策略二：外汇期权合约套期保值。根据对欧元对美元汇率走势的分析，该公司财务主管认为，在未来6个月内，由于经济的不确定性，欧元升值与贬值的可能性都存在。为此，公司考虑买入一个标准的欧式外汇期权：欧元买权和美元卖权，期限为6个月，执行价格为1欧元 = 1.15美元，期权费为每1美元收取0.01778欧元。这样既能锁定欧元上涨的风险，又能分享欧元下跌的好处。这一策略对公司的影响取决于期权到期时汇率的变化情况。如果6个月后欧元对美元的汇率高于1欧元 = 1.15美元，该公司执行期权，按1欧元 = 1.15美元的汇率买欧元卖美元，收到434.78万欧元，扣除期权费8.89万欧元（假设不考虑期权费的时间价值），该项出口的净收入为425.89万欧元。由于期权费较高，最终得到的收入低于目标值428万欧元，因此，这一方案在经济上是不可行的。

策略三：敲出期权与远期外汇合约组合。为解决期权费过高的问题，VIA POMINI公司转而选择了一个执行价格为1欧元 = 1.15美元的敲出期权，即在原先标准期权的基础上增加障碍汇率1欧元 = 1.1美元。如果在期权到期日前市场即期汇率从未跌至该障碍汇率，期权合约得以履约；否则，期权合约自动取消。这一敲出期权的期权费为每1美元收取0.0126欧元，比标准的期权费低29%，从而降低了避险成本。与此同时，VIA POMINI公司与银行签订了一份远期合约，当欧元的即期汇率跌至1欧元 = 1.1美元时，要求卖出远期美元，从而保证在期权失效时公司能够对其风险暴露进行抵补。这一组合策略对公司的影响如下：第一，在6个月内，如果汇率始终高于1欧元 = 1.15美元，那么这项敲出期权就与标准期权一样。VIA POMINI公司在到期日执行期权，收到434.78万欧元，扣除期权费6.3万欧元，最低可以收到428.48万欧元。这一数额大于公司要求的目标值水平。第二，在6个月内，如果欧元对美元汇率介于1.1～1.15之间，期权处于无价或虚值状态。期权到期时，VIA POMINI公司可按即期汇率买欧元卖美元。第三，在6个月内，如果汇率降至1欧元 = 1.1美元，该期权自动失效。VIA POMINI公司随即与银行签订一份买欧元卖美元的远期合约，重新锁定汇率风险。假设这一情况发生在3个月之后，且3个月远期汇率为1欧元 = 1.092美元，通过远期市场保值，可获得的净收入为457.86万欧元，考虑到期权保险费后的净收入为451.56万欧元，比该公司最初考虑的只使用远期合约的策略要多收入8.3万欧元。

VIA OMINI公司在选择期权策略时主要考虑了两个因素：①买入敲出期权相对于标准的看涨期权能节约多少期权费？②一旦市场汇率降到障碍价格或障碍价格以下，期权自动失效时，公司是否准备重新锁定风险？所需要的成本是多少？无论选择哪一种期权策略，对市场走势的判断都是非常重要的。在该例中，买入敲出期权通常是基于这样的市场预期：当美元对欧元汇率升到1.15时，欧元将继续走强；当美元对欧元汇率跌至1.1时，欧元将继续下跌。即使汇率达到1欧元 = 1.1美元，期权自动失效，公司也能在更低的价位锁定风险。当然对市场的判断也可能失误，最坏的情况是欧元对美元汇率下跌至1.1后又向上反弹，这样公司不仅失去了期权，还将在更高的价位面临风险。为防止这种情况发生，VIA POMINI公司又购买了一份远期外汇合约，重新锁定了风险。

（二）A公司通过“区间远期外汇买卖”规避风险方案

A公司是浙江省一家从事外贸服装生产加工的民营企业，出口收入的币种主要为欧元，签订合同到销售回款的周期约为3个月。2005年3月初，A公司与欧洲客户签订了一批服装供货合同，当时的汇率为1欧元=1.33美元，由于未采取避险措施，当公司6月份收回欧元货款时，汇率下跌为1欧元=1.23美元，账面损失超过7%。2005年7月末，A公司与进口商签订一笔新的供货合同，签约时的市场即期汇率为1欧元=1.2115美元。根据汇率走势分析，A公司的避险要求是：①避险比率高于60%；②避险成本为零；③汇率最低锁定水平为1欧元=1.205美元。据此，上海浦发银行为A公司设计了“区间远期外汇买卖”避险方案。这一方案的实质是通过买入、卖出各1个期限相同、行权价格（汇率）不同的看涨、看跌期权，将未来汇率锁定在一个区间内。由于两种期权费相互抵消，从而达到了“零成本”避险目标。

根据避险条款和合约到期时的即期汇率，公司可采取不同的避险策略：①如果到期日的即期汇率低于或等于汇率区间下限1欧元=1.205美元，A公司可按照该下限，以200万欧元为名义本金，卖欧元买美元；②如果到期日的即期汇率处于汇率区间内，A公司可按照交割日的即期汇率，卖欧元买美元，买卖金额由企业自行确定；③如果到期日的即期汇率高于或等于汇率区间上限1欧元=1.235美元，A公司必须按汇率区间上限，以300万欧元为名义本金，卖欧元买美元。

在交易执行的3个月内，欧元在小幅反弹后又步入下跌趋势，在交割日当天汇率跌至1欧元=1.1950美元。根据交易中的相关条款，A公司按1欧元=1.205美元的汇率卖出了200万欧元，避险净收益为20000美元。

这一避险方案的特点是将欧元对美元汇率锁定在一个区间内，企业在获得一定的汇率保护水平之外，还有一定的空间获取欧元升值的好处，且无任何避险费用支出。这一产品的避险比率为67%（200万欧元/300万欧元），无期权费且满足企业“零成本”的要求。但这一产品两端交易的名义本金不匹配，“卖出欧元买权”的风险敞口大于“买入欧元卖权”的风险敞口，一旦欧元走强，企业将付出较大的成本。

在外汇风险管理中，利用衍生品进行套期保值是以两个相反的头寸互相制约。如果有一个“多头头寸”，就要设法产生一个“空头头寸”，反之亦然。在这里，“多头头寸”可以是一个应收账款，或一个期货、期权的买入合约；而“空头头寸”可以是一个应付账款，或一个期货、期权的卖出合约。相对来说，在市场确定的情况下，远期合约是价格比较便宜的套期保值方式，但也失去了汇率有利变动带来的好处；期权合约在规避风险的同时又可以保留应有的利益，这一特点使其成为企业规避风险的更为合理的套期保值方式。

这一规避风险方案中，期权组合的相关参数如表11-3所示，期权到期日美元损益如图11-2所示。

表11-3 期权组合的相关参数

期权	交易方向	期权类型	名义本金/欧元	期限/月	行权价格
期权1	A公司买入欧元卖权	欧元看涨美元看跌	2000000	3	1欧元=1.205美元
期权2	A公司卖出欧元买权	欧元看涨美元看跌	2000000	3	1欧元=1.235美元

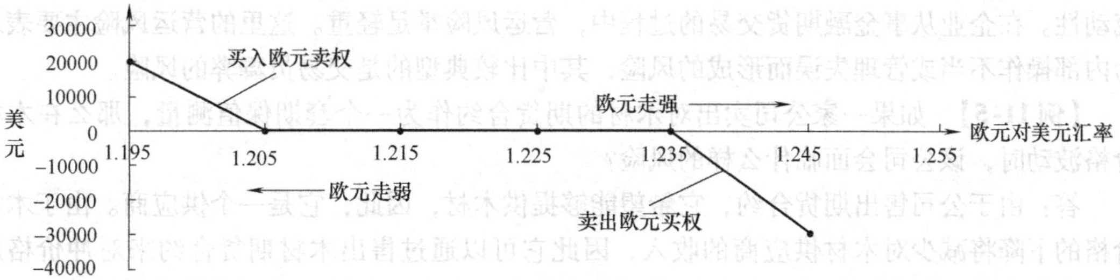

图 11-2　期权到期日美元损益

第四节　期货风险管理

一、期货风险概述

期货合约是指由买卖双方在有组织的交易所内以公开竞价的方式达成的，分别向对方承诺在合约规定的未来某时间按约定价格买进或卖出一定数量的某种资产的书面标准化协议，是远期合约的进化物或标准形态。

期货合约的特征是：它是高度标准化的合约；它由期货交易所设计、经期货主管部门批准后方可交易；它是场内交易；特殊的保证金制度和结算制度的建立；它具有双向性；其目的一般不在于实物或金融证券的交割，而在于通过期货市场上特有的对冲操作来避免现货市场上的价格风险或赚取风险利润。

期货合约一方面吸引套期保值者利用期货市场买卖合约，锁定成本，规避因现货市场的商品价格波动风险而可能造成的损失；另一方面吸引投机者进行风险投资交易，增加市场流动性。

期货就是标准化的远期。期货合约是标准合约，具有特定合约条款格式，通常在交易所大厅交易，且有保证金制度，风险相对较小。期货分为商品期货和金融期货。商品期货又分工业品（金属商品与能源商品）、农产品和其他商品等。金融期货主要是传统的金融商品，如股指、利率、汇率等。国内的期货交易所主要有上海期货交易所、郑州商品交易所、大连商品交易所。

上海期货交易所于 1998 年由上海金属交易所、上海商品交易所和上海粮油交易所三所合并而成，其主要上市交易品种有铜、铝和天然胶。郑州商品交易所于 1993 年成立，是我国第一个从事以粮油交易为主，逐步开展其他商品期货交易的场所，其前身是中国郑州粮食批发市场，主要上市交易品种有小麦、优质强筋小麦。大连商品交易所于 1993 年 11 月成立，主要上市交易品种有大豆、豆粕。

二、期货风险的识别、评估与控制

金融期货是一种完全不同于金融现货的交易方式，两者相比较，前者具有独特的保证金制度、结算制度和数量限额制度。由于金融期货主要是在场内交易的，各交易所完善的保证金制度、结算制度和数量限额制度，使得金融期货交易的信用风险相对较小。至于流动风险，在正常的交易过程中也基本上不存在，因为交易所的主要功能之一就是确保交易对象的流动性。在企业从事金融期货交易的过程中，营运风险举足轻重。这里的营运风险主要表现为内部操作不当或管理失误而形成的风险，其中比较典型的是交易员舞弊的风险。

【例11-5】 如果一家公司卖出对木材的期货合约作为一个套期保值测量，那么在木材价格波动时，该公司会面临什么样的风险？

答：由于公司售出期货合约，它希望能够提供木材，因此，它是一个供应商。由于木材价格的下降将减少对木材供应商的收入，因此它可以通过售出木材期货合约来对冲价格风险。木材期货空头头寸的收益正好抵消了在现货市场上由于木材价格下降带来的损失。

【例11-6】 A公司是一家大型石油生产商，希望能对冲石油价格下跌带来的风险，因为这是该公司的主要收入来源。该公司应该怎样做？至少举出两个理由说明为什么它不可能完全对冲掉油价波动带来的风险。

答：A公司可能因为石油价格下降而遭受损失，所以应该卖出原油期货合约。该公司可能无法完全对冲掉价格风险，因为它需要对冲的石油量与标准化期货合约的标的额不匹配，或者这些期货合约的交割日期不能满足公司的要求。此外，该公司可能生产的是不同于期货合约规定等级的原油。

【例11-7】 如果一家美国公司出口物资到日本，它应该如何利用期货合约来对冲日元的汇率风险？它应该买进还是卖出日元期货合约？期货合约中设定汇率的方式是否重要？

答：风险就在于美元将相对于日元升值，这样在未来收到的日元支付款项兑换成美元就比原来少些。这意味着日元兑换美元汇率下降，公司应卖出日元期货合约。期货合约中关于汇率设定方式的规定将影响是哪种货币在升值的计算。

【例11-8】 对于下列情况，描述可能采用的以期货合约进行套期保值的策略。如果你认为交叉对冲是合适的，请给出你如此选择的理由。

（1）一家公用能源提供商担心成本上升。

（2）一家糖果制造商担心成本上升。

（3）一家种植玉米的农民担心今年的收成将达到全国范围内创纪录的高水平。

（4）一家胶片制造商担心成本上升。

（5）一家天然气生产商认为今年市场上将出现超额供给。

（6）一家银行所有的收入均源于长期、固定利率的住宅抵押贷款。

（7）一只股票共同基金投资于大型绩优蓝筹股，而且担心股票市场下跌。

（8）一家瑞士军刀的美国进口商将在6个月内以瑞士法郎支付其订单。

（9）一家建筑设备的美国出口商已同意出售一批起重机给德国的一家建筑公司。3个月后，该美国公司将收到对方支付的欧元。

答：（1）购买石油和天然气的期货合约，因为这些可能是提供商的主要资源成本。如果这是一家燃煤发电厂，那么可以通过出售天然气期货合约来进行交叉对冲。因为市场上煤炭和天然气的价格存在某种程度上的负相关关系，煤和天然气在某种程度上互为替代品。

（2）购买糖和可可期货合约，因为这些可能是糖果制造商的主要原材料。

（3）卖出玉米期货合约，由于创纪录的丰收意味着低的玉米价格。

（4）买入白银和铂金期货合约，因为它们是生产摄影器材所需的主要原材料。

（5）卖出天然气期货合约，因为市场上供应过剩意味着低价格。

（6）假设银行不会在二级市场上转售按揭贷款组合，那么买入债券期货合约。

(7) 卖出股票指数期货合约，选择同基金中股票组合联系最紧密的指数，如标准普尔100 指数或包括大盘蓝筹股的主要市场指数。

(8) 买入瑞士法郎期货合约，因为风险在于未来 6 个月中美元将相对于瑞士法郎贬值，这意味着瑞士法郎对美元汇率的上升。

(9) 卖出欧元期货合约，因为风险在于未来 3 个月中美元将相对欧元升值，这意味着欧元对美元汇率的下降。

【例 11-9】 K 是一名日本学生，他计划在美国待一年。他预计 8 个月后抵达美国。他担心在未来的 8 个月内日元相对美元贬值，所以希望买入外汇期货以对冲这一风险。该学生应该怎样进行套期保值呢？

答：如果在未来 8 个月中日元相对美元贬值，该学生就会蒙受损失。日元相对美元贬值导致美元对日元汇率下降。由于汇率下降会使该学生蒙受损失，所以他应该持有美元对日元的期货合约空头以对冲风险。

【例 11-10】 已知期货合约的初始价格是 1435 美元/t，每份标的是 10t。假设你于 2006 年 3 月 7 日以收盘价买了一份 2006 年 5 月到期的可可期货合约，如果合约到期时可可价格为 1402 美元/t，你将盈利还是亏损？

答：合约初始价值 = 1435 美元/t × 10t = 14350 美元，合约到期价值 = 1402 美元/t × 10t = 14020 美元，所以持有这份期货合约的损失 = 14350 美元 − 14020 美元 = 330 美元。

【例 11-11】 假设某期货合约规定的初始价格为 10.107 美元/oz，每份合约标的是 5000oz。假设你于 2006 年 3 月 7 日以收盘价卖出 5 份 2006 年 5 月到期的白银期货合约，如果合约到期时白银价格为 11.15 美元/oz，你将盈利还是亏损？

答：合约初始价值 = 10.107 美元/oz × 5000oz = 50535 美元，合约头寸价值 = 11.15 美元/oz × 5000oz = 55750 美元，由于这是一个空头头寸，所以净损失 = 5 ×（55750 美元 − 50535 美元）= 26075 美元。

【例 11-12】 你买入 10 份黄金期货合约，初始结算价 480 美元/oz，每份合同标的为 100oz 黄金。在随后的 4 个交易日内，金价分别变为 473 美元/oz、479 美元/oz、482 美元/oz 及 486 美元/oz。计算每日交易结束后的现金流，并计算出你在整个交易时段结束后的总盈亏。

答：买入期货合约时，合约初始价值 = 10 × 100oz × 480 美元/oz = 480000 美元。

第一天收盘时，合约价值 = 10 × 100oz × 473 美元/oz = 473000 美元；现金流 = 473000 美元 − 480000 美元 = −7000 美元。

第二天收盘时，合约价值 = 10 × 100oz × 479 美元/oz = 479000 美元；现金流 = 479000 美元 − 473000 美元 = 6000 美元。

第三天收盘时，合约价值 = 10 × 100oz × 482 美元/oz = 482000 美元；现金流 = 482000 美元 − 479000 美元 = 3000 美元。

第四天收盘时，合约价值 = 10 × 100oz × 486 美元/oz = 486000 美元；现金流 = 486000 美元 − 482000 美元 = 4000 美元。

所以，总盈亏 = 486000 美元 − 480000 美元 = 6000 美元。

【例 11-13】 假设今天是 2006 年 3 月 7 日，你所在的公司生产谷类早餐，并且将在 2006 年 5 月需要 75000BU 玉米为即将举行的促销活动作准备。你想在今天锁定你的成本，因为你担心玉米价格在今天到5月间有可能上升。已知2006年5月期货的执行价格为2.305美元/BU。

(1) 你怎么利用玉米的期货合约来对冲风险？根据当天的收盘价，你可以锁定什么价位？

(2) 假设5月的玉米价格是2.46美元/BU，你的期货头寸盈亏是多少？请解释你在玉米期货市场中的头寸是如何帮助你消除玉米价格波动风险的。

答：(1) 由于担心玉米价格上涨，所以你要买入5月到期的期货合约。由于每份合约标的为5000BU，你需要购买的合约数=75000BU/5000BU=15（份）。这样，你就把2006年5月份玉米价格有效地锁定在了合约的执行价2.305美元/BU，或者说锁定了75000BU玉米总价格15×2.305美元/BU×5000BU=172875美元。

(2) 如果合约到期时玉米价格为2.46美元/BU，则期货合约头寸的价值=2.46美元/BU×5000BU×15=184500美元，不考虑交易成本，期货合约头寸收益=184500美元-172875美元=11625美元。尽管从3月份开始玉米价格上升，导致公司成本上升了11625美元，但是期货合约带来的收益抵消了成本的上升。

三、从四大风险案例看海外股指期货的双刃性[⊖]

股指期货是应股票市场的避险需求而发展起来的，但作为以规避和锁定标的产品风险为目的的金融衍生产品，其自身风险巨大。国信证券最新研究报告在分析海外四大风险案例后指出，只要使用恰当，股指期货可以充分发挥避险、套利的能力，反之也可能成为全球金融危机的罪魁祸首。

案例一：1987年美国股灾。1987年10月19日，道琼斯工业指数在几个小时之内暴跌了22.62%，为1929年10月大危机崩盘时的2倍。建立在计算机交易平台之上的股指期货程序交易，以及信用经济条件下的投资组合保险等保值、避险策略，在不经意中给已到达崩盘临界点的市场雪上加霜，由此引发了市场信心的崩溃，导致了此次股市大灾难的发生。纽约证券交易所之后对该事件总结了三点：一是对于运用复杂的定价理论进行套利等投资的程序交易者和投资组合保险者来说，波动仅仅是用来衡量标准风险的价格易变性的统计量度；二是在程序化和投资组合保险中常用的指数套利策略与市场的短期波动关系方面，这种投资策略都会加剧市场短期波动的投资者心理预期；三是尤其以股指期货为代表的金融衍生工具的复杂性与专业性，是打击投资者信心、抑制市场效率并放大市场波动的主因。

案例二：经营风险——1995年巴林银行倒闭案。1995年2月27日，有着223年历史、在全球范围内管理着270多亿英镑资产的英国巴林银行宣告破产。从风险管理角度考察，巴林银行是在股指期货交易经营风险管理方面出现了严重问题，才会导致交易人员的错误被不断放大并最终影响到企业整体的安危。随着股指期货及相应衍生产品的推出、股指期货海外上市以及混业经营格局的行程，金融监管思路也需随之调整：必须以跨市场、分产品监管取代割裂市场、分部门监管。由此给包括股指期货在内的金融体系风险控制带来了深刻变化。

案例三：宏观经济风险——1998年中国香港金融保卫战。1997年下半年，索罗斯在对

⊖ 资料来源：http://finance.qq.com/a/20100304/001298.htm.

东南亚发起了连番狙击后，开始有计划地向中国香港特别行政区股市及期市发动冲击，恒生指数曾一度暴跌。香港特别行政区政府高调入市反操纵行为，彻底打破了国际游资佯攻汇市，实攻股市、期市以获得暴利的图谋。此次金融保卫战中，股指期货发挥了投资组合核心的作用。国际游资正是充分利用了股指期货保证金的杠杆效应，大幅提升了攻击金融市场的收益预期。股指期货这一金融衍生工具在政府干预市场的投资组合中也处于核心的地位，以股指期货为获利设计方向的组合干预策略，最终化解了香港特别行政区所面临的巨大宏观经济风险。

案例四；股指期货救市——2008 年次贷危机。因次级抵押贷款机构破产、投资基金被迫关闭、股市剧烈震荡引发的 2008 年次贷危机，使全球主要金融市场出现流动性不足危机。股指期货在次贷危机中通过套期保值和套利机制减缓了现货市场的抛售压力和市场冲击，抑制了股票价格的波动幅度；通过价格发现机制形成远期价格，扭转市场预期；同时通过增加市场的流动性，减轻投资者的恐慌情绪。在“雷曼兄弟事件”引发股灾之际，作为全球股指期货交易量最大的芝加哥商品交易所，其 S&P500 股指期货日成交量和未平仓合约规模大幅度攀升，比平时增长了 2 倍多，交易量甚至接近平时的 4 倍，为规避股票市场系统性风险提供了有效的途径和机制。股指期货成交量明显放大，超过了现货市场的成交量，双向交易的机制成为股票市场的均衡力量，修正了市场的非理性波动，使股票风险被有效地转移，为市场提供了风险出口，将大波动化为小波动，实现了市场的稳定。

第五节　互换风险管理

一、互换风险概述

互换也称掉期，是指交易双方约定在未来某一时间相互交换某种资产的合约。互换合约是远期合约的一种延伸。互换包括：利率互换、货币互换、商品互换。互换的特征为：它属于场外交易，合约内容由各方当事人协商确定，是非标准合约，更具风险性和灵活性；它属于诺成性合同，双方互付权利义务，并且将来取得或履行；其实质是一种债务转让，是与货币、利率相关的债务的交换；其目的在于利用双方的比较优势来套汇或套利，降低长期资本的成本，以及在资产负债管理中防范利率或汇率风险；它属于表外业务，不会引起资产负债表内业务的变化，却可以为商业银行带来业务收入或减少风险。

互换产生的原因包括：回避因利率、汇率变动可能造成的风险损失；通过利率和货币的互换来降低筹资成本；冲破当事人之间因资本市场、货币市场的差异以及各国外汇管制法规所造成的壁垒，以开拓更为广阔的筹资途径。

互换在其业务发生时就对交易双方都有利，即合同双方都可以通过互换来降低筹资成本、转移价格风险、调整资产和负债的货币结构等。但这并不意味着互换没有风险。互换涉及的风险主要有市场风险、信用风险、流动风险、兑换风险、差额风险和替代风险等，其中兑换风险、差额风险和替代风险是互换交易所特有的风险。

（一）利率互换风险

利率互换是指双方同意在未来的一定期限内根据同种货币的同样的名义本金交换现金流，其中一方的现金流根据浮动利率计算，而另一方的现金流根据约定利率计算。利率互换反映出交易双方对未来利率的不同预期。人民币利率互换交易是指交易双方约定在未来的一定期限内，根据约定数量的人民币本金交换现金流的行为，其中一方的现金流根据浮动利率计算，另一方的现金流根据固定利率计算。互换交易的参考利率应为经中国人民银行授权全国银行间同业拆借中心发布的全国银行间债券市场具有基准性质的市场利率和中国人民银行发布的一年期定期储蓄存款利率等。

利率互换之所以会发生，是因为存在两个前提条件：①存在品质差异。这是利率双方因信用等级不一而存在筹资成本差异。信用等级高的一方，筹资成本低于信用等级较低的一方，即前者筹资时要支付的利率会低于后者，而且前者易筹到固定利率的现金，后者往往要从短期浮动利率市场上筹资。②存在相反的筹资意向。信用等级较高的一方，尽管它在发行固定利率或浮动利率债券时，都需要支付利率，但它希望或宁愿支付浮动利率；而信用等级较低的一方，尽管都需要支付较高的利率，但它希望或宁愿支付固定利率。这样双方以某种形式沟通后就达成协议，进行利率互换，其结果是信用等级高的以低于 LIBOR 的成本获得现金，而信用等级低的也可以较低的利率筹措到现金。

利率互换是一种常用的债务保值工具，用于管理中长期利率风险。客户通过利率互换交易，可以将一种利率形式的资产或负债转换为另一种利率形式的资产或负债。一般来说，当利率看涨时，将浮动利率债务转换为固定利率较为理想；而当利率看跌时，将固定利率转换为浮动利率较好。通过以上操作从而达到规避利率风险、降低债务成本的目的，同时还可以固定边际利润，便于债务管理。

利率互换反映出交易双方对未来利率的不同预期。例如，A 公司希望固定借款成本，以与其固定的收益配比就可以购买 FRA，这样日后利率上升时，公司在 FRA 上所获得的收益将抵消因利率上升而导致的成本增加。B 公司若希望固定其未来现金的收益，则可以出售 FRA，这样日后利率下降时，公司在 FRA 上可以获得收益。当然，A、B 两公司在回避利率风险的同时，也锁定了收益。

新闻摘录：人民币试点利率互换，国开行光大 50 亿大单生效。[㊀]2006 年 2 月 9 日，央行发布《中国人民银行关于开展人民币利率互换交易试点有关事宜的通知》，明确了开展人民币利率互换交易试点的有关事项。同日，国家开发银行与中国光大银行于 2005 年 10 月 10 日初步达成的人民币利率互换协议自动生效。协议的名义本金为 50 亿元人民币、期限 10 年，光大银行支付固定利率，开发银行支付浮动利率。此前，中国银行与铁道部也初步签署了人民币利率互换的协议。实际上，利率互换一般并不伴随本金的交换，最常见的是在固定利率与浮动利率之间进行转换。投资者通过利率互换交易可以将浮动利率形式的资产或负债，转换为固定利率形式的资产或负债，从而达到规避利率风险、进行资产负债管理的目的。以开发银行与光大银行为例，通过利率互换，解决了双方资产负债错配问题。开发银行由于发放的贷款期限较长，一般采用浮动利率，这就要求负债方必须有浮动利率来匹配。而目前开发银行的负债一部分为浮动利率，一部分为固定利率。开发银行通过与光大银行互换 50 亿元名义本金，支付的是浮动利率，这样与浮动利率的贷款相匹配；与此相对，光大银行由于要发放固定利率贷款，要求负债方的利率也是固定的，但目前银行负债利率却是变动

㊀ 资料来源：《21 世纪经济报道》，2006 年 2 月 13 日。

的，通过利率互换，光大银行支付固定利率，就可以与固定利率贷款相匹配，从而将利率风险通过互换交易化解掉。据有关部门统计，截至2005年5月底，我国债券市场存量已达6.03万亿元，其中固定利率债券金额约4万亿元。其中的66%左右，在商业银行资产负债表上形成了利率错配，积聚了巨大的利率风险。以固定利率债券的平均持续期4.4年测算，利率每上升1%，其投资市值将损失1200亿元。近期，人民币市场预期再度高升，投资者大都希望购买浮动利率债券，以享受利率再度攀升的好处；而发行体则担心利率上升，不愿发行浮息债券，而希望通过发行定息债券，锁定当前较低的利率水平。简单的利率互换就可以轻松地解决以上矛盾。对利率互换的宏观效应，央行通知也作出了分析，在宏观上对提高债券市场流动性，形成高效统一的债券市场，打通债券市场、货币市场、贷款市场和个人消费信贷市场之间的价格联系，提高债券收益率曲线的效率；完善货币政策传导机制，对提高中央银行的金融宏观调控能力产生积极推动作用。

【例11-14】 ABC公司和XYZ公司都需要筹集现金来改善它们工厂的生产设施。ABC公司在债券市场上是一家公认的有着优良信用评级的企业，它能够以11%的固定利率或LIBOR+1%的固定利率或LIBOR+3%的浮动利率借入现金。XYZ公司是一家新开办的公司，没有较强的信用记录，它可以以10%的固定利率或LIBOR+3%的浮动利润借入资金。

（1）ABC公司和XYZ公司有没有机会通过利率互换合约而获得收益？

（2）假设你刚刚被聘请到一家银行作互换合约市场交易员，你的老板给你看了客户ABC公司和XYZ公司的借款利率信息。请描述你如何能够通过利率互换合约使两家公司都获得额外收益。

答：（1）借入固定利率现金时，XYZ公司相对于ABC公司有比较优势；而ABC公司在借入浮动利率现金时有比较优势。因为在固定利率债券市场上，ABC公司和XYZ公司的利差只有1%，而在浮动利率债券市场上它们的利差有2%，所以通过固定利率和浮动利率的互换合约有可能产生3%的总收益。

（2）如果互换合约市场交易商必须收取可得收益中的2%，那么只有1%的可得收益留给ABC公司和XYZ公司。在实际的互换市场中，由于互换收益的分配是可以谈判的，所以任何形式的分配都是可行的。可能的分配方式是ABC公司和XYZ公司各得0.5%。

（二）货币互换风险

货币互换是指以一种货币的本金和固定利率与另一货币的等价本金和固定利息进行交换。换句话说，就是两笔金额相同、期限相同、计算利率方法相同但货币不同的债务现金之间的调换，实际中也进行不同利息额的货币调换。货币互换双方互换的是货币，它们之间各自的债权债务关系并没有改变。货币互换的条件包括存在品质加码差异、相反的筹资意愿以及对汇率风险的防范。

货币互换是包括交换利率支付在内的两种货币之间的交易，一般持续至少一年。首先，从合约开始，按一定即期汇率进行本金的交易；其次，在合约有效期内，按照既定的日期进行一系列的交换利率支付，例如在固定对固定利率的货币互换汇总，双方在合约到期后，双方按合约规定的本金数量和相应的固定利率交换利率支付；最后，当合约到期后，双方按初始的即期汇率交换回本金数额。一般地，货币互换通过做市商作为中介人来实现双方委托人的交易，以规避双方的信用风险。做市商从中赚取一个差价，称为互换利率或互换差价。

货币互换是一种常见的债务保值工具，主要用来控制中长期汇率风险，把以一种外汇计价的债务或资产转换为以另一种外汇计价的债务或资产，达到规避汇率风险、降低筹资成本的目的。

（三）商品互换风险

商品互换是指交易双方为了管理商品的价格风险，同意交换与商品价格有关的现金流。

二、互换风险的识别

参与互换活动的当事人面临的风险主要有两类：信用风险和市场风险。信用风险是互换的价值对一方当事人有利的时候，对手违约使其可能蒙受的损失；市场风险来源于汇率、利率变动，使得对一方当事人来说互换价值变成负数的可能性。市场风险可以套期保值，信用风险则不能。

互换参与者还会遇到国家风险和结算风险。国家风险是指由于某个国家发生战争或政变，使该国的对手不履约，或因某国实施外汇管制，从而无法得到对手资金的风险。结算风险是因为交易双方在资金的支付时间上存在差异而导致的风险，如迟付的一方银行倒闭或汇率在短时间内大幅波动。

互换风险的成因主要有以下几个方面：①经济因素。这主要是利率和汇率的变动，是导致互换市场风险的最主要的原因。②政治因素。如国家政治体制的变化、政权的更迭、政变等，这类国际政治事件往往会造成金融市场价格的大幅波动。③运作因素。如过分投机操作、内部协调失当、交易知识缺乏等。④其他因素。如社会因素、自然因素等。

导致互换风险的因素并不是孤立的，如经济的变化达到一定的程度时，促使政治事件的发生、政权的更替而带来经济政策的变化等。对此，分析互换风险时，要对复杂的国际环境进行综合研究，预测互换风险的变化趋势。

互换交易是用来管理外汇风险的主要且最有效的金融工具之一，但是，互换交易本身却也存在着风险，其中包括价格风险、信用风险和结算风险等。

三、互换风险的评估

互换风险的评估是管理和防范互换风险的一个重要环节，因为只有对互换的风险有正确的估计，才能根据自己的资金状况和风险承受能力妥善地安排互换，并在执行过程中根据市场情况的变化不断调整自己的预期，有针对性地防止风险的扩大，最大限度地减小风险。

（一）利率互换市场风险的评估

互换的市场风险值可以分为两个部分：实际敞口和辅助敞口。在交易双方的收付时间和次数相互匹配时，即双方在同一日支付且支付次数相等时，互换的实际敞口就是互换在测定日的市场价值，在数量上等于互换的逐日盯市价值。辅助敞口建立在潜在利率远期移动上，是预期的剩余交易期间市场风险的最大值。辅助敞口的计算需借助于模型。建立模型时，首先要考虑两个因素：可能的远期利率或汇率和置换成本。置换成本是当对手将来违约时己方要支付的互换价值，即在该时点（$T+1$）进行互换和在原时点（T）进行互换的差。假设在 $T+1$ 时点上的利率比 T 时点要高，对固定利率支付者来说，差额就是正的。为建立一个预测利率的模型，引用股票期权和债券定价中常用的统计和数学模型——马尔可夫过程（它认为只有现在的价格与将来的估计有关）。实际运用的是它的离散时间随机模型，假设利率是连续波动的，但是有特定的时间间隔，比如每次互换利息的支付日。预计利率上下移动并考虑这种变动的概率，假设利率始终朝有损于互换风险的方向移动，即利率变动使辅助敞口不断增加，达到100%的变动概率。

（二）货币互换市场风险的评估

货币互换市场风险的评估与利率互换非常相似。市场风险在数值上为实际敞口和辅助敞口之和。实际敞口为合约汇率与测定日汇率之差与名义本金额的乘积；辅助敞口的计算方法与利率互换市场风险的计算方法相同，但需以汇率的历史波动性代替利率的历史波动性。因为汇率的波动性大，通常，货币互换市场风险要比利率互换市场风险大得多。另外，货币互换的支付次数和期间如果不相匹配，也有相应的风险，即己方已付或应收未收部分的风险。

（三）其他风险的评估

利率互换一般不存在本金交换的问题，其风险虽然可分为几种险别，但只是根据风险的来源划分的，从数量上看，市场风险之外的风险最终都要归结到市场风险上来，也就是说，信用风险、国家风险和结算风险变成实际的损失时，损失的数量就是由此时的市场利率决定的。因此可以说，利率互换风险的值就是其市场风险值，利率互换的最大风险就是其市场风险的最大值。货币互换通常都存在本金的交换，因此存在本金的结算风险，在数量上就是本金的数值，而信用风险、国家风险都可归结到市场风险和本金的结算风险中。因此，货币互换的最大风险为其市场风险和本金之和。

另外，巴塞尔银行监管委员会在1988年发布的《巴塞尔协议》中，提出用一种风险权重法来计算包括互换在内的金融工具的风险。此方法要求首先根据合约的市场价值计算其置换成本，按照合约到期日的长短，对应不同的系数来计算合约的风险。值得注意的是，该讨论试图计量互换对手违约的风险，而实际上市场上并没有多少违约事件发生，部分原因是互换通常在不易失败的质量高的对手之间进行，也可以理解为因互换存在的时间尚短，还没明足够的机会充分暴露其违约的特征。

价格风险是指互换交易的最终用户在应该成交时而来不及成交，或者刚刚成交市场价格就发生了急剧变化而产生的风险；还有一种情况是存在于中介人的价格风险，即由于竞争的加剧，现在大多数中介人一般是同互换交易的某一最终用户先达成一个互换协议，而在互换尚未完成之前，或者已做了一部分套期保值交易，市场的利率或汇率已发生了变化，那样该中介人必定会承受价格变动的风险。在不同时区的结算中心交割一笔货币交换，会使互换的某一方承受结算风险。当交易一方按照合同的交割时间履行义务时，而交易另一方由于某种疏漏（非信用原因产生），或者是划账通信线路略有问题，或者是划款指令中遗漏某项内容而使交易的一方在同一天收不到互换的冲抵资金时，就产生了由结算引起的风险。

【例11-15】假设一家公司与交易商进行一笔固定利率换浮动利率的互换合约交易。请描述互换合约交易中现金是如何流入流出的。

答：作为互换合约的一部分，该公司以固定利率借款，从交易商那里获得固定利率支付，同时向交易商支付浮动利率，所以公司的净头寸情况实际是以浮动利率借款。

【例11-16】2004年5月，一家食品及相关产品的分销商——Sysco公司宣布，它已经签署了一项利率互换合约。该利率互换合约有效地将该公司1亿美元、4.6%的固定利率债券转换成以6个月LIBOR-52基点浮息债券。为什么该公司要使用互换协议？换而言之，既然发行一个固定利率债券再通过利率互换合约将其转换为浮息债券的作用等同于发行浮息债券，为什么该公司不直接发行浮息债券？

答：该公司认为固定利率加互换的利率更低。换句话说，通过发行固定利率债券然后再签署一份互换合约，比直接发行浮动利率债券更加具有吸引力。

四、互换风险的控制

互换风险控制的目的是尽可能地减小风险的数额和防止风险变成实际的损失，它贯穿于互换业务的整个期间。

（1）努力争取利率和汇率预测的准确性。因影响利率和汇率的因素繁多、市场状况瞬息万变，平常影响较小的因素在某种特定的情况下可能会变成主要的因素而影响甚大。因此，市场的实际状况常常不能满足某一模型的全部假设条件，导致该模型预测失败。所以需要运用多种不同的方法对利率和汇率进行预测，并对不同的预测值进行比较分析。目前可以用于利率和汇率预测的方法主要有两类：一类为定性预测法，包括权数评分法、期货推测法、主观预测法等；另一类是定量分析法，包括模型分析法、曲线分析法等。

（2）缔结对冲互换抵消风险。这是中介人规避互换风险的一种极为有效的方法。如果流入量和流出量完全匹配，中介人可以取得利差或手续费作为收入，并可达到完全保值的目的。但如果支付日期、重置日期或浮动利率指数匹配不当，就会缩小套期保值的范围。

（3）选择差额结算。在互换合约的执行过程中，人们常常选择差额结算的方法来规避风险。所谓差额结算，就是在实际发生结算时，对手之间不需按固定利率和浮动利率的利息总额相互支付款项，而只需支付差额部分。当固定利率大于浮动利率时，固定利率支付者支付两种利率差与名义本金额的乘积；当固定利率小于浮动利率时，浮动利率支付者要付出利息差额给对方。无疑，利息差额通常比固定或浮动利率与名义本金额的乘积要小得多，风险也相应减小。

（4）运用互换衍生产品管理和防范风险。互换发展至今，陆续出现了许多新的品种，包括互换期货、互换期权、信用违约互换等。运用这些新的品种，可以对互换的风险加以控制。

（5）设置抵押或担保。交易的一方提供适当的资产（通常是政府公债或具有市场性的抵押资产）作为抵押，得以防范不履约的风险。资产抵押有两种基本方法：①较弱的交易对手在互换交易之初提供抵押资产给较强的一方，稍后再增加抵押的资产，以涵盖互换交易的新增价值；②相互提供抵押担保，即在互换交易进行之初，双方互相提供抵押的资产，当互换交易的价值有明显变动或交易一方的信用有明显恶化时，则调整抵押的资产。为弥补信用等级较低的不足，交易的一方或双方还可以寻找实力雄厚、信用良好的伙伴为自己提供担保，可以起到和资产抵押相同的功效。

（6）保险。保险可以使互换当事人在遭遇对方不履约的情况时，得以当时的互换交易价格来重置一笔新的交易，但要根据所承担的风险缴纳一定的保险费用。很多投资银行原本规定互换交易对手必须属于AAA的信用等级，但保险可以使上述限制得以回避，使交易的规模和对手的数目增加很多。而且，保险的代价远低于AAA级银行的交易限制（尤其AAA级银行的数量正不断减少）。

五、案例分析：互换交易在电力及电力相关市场中的应用[1]

在现实的电力市场中，电力供需双方在需要避险的电量数额上完全匹配的情况是极少见的，而且就算完全匹配，也不一定相互知晓。对这类问题的解决自然应借助于引入新的市场参与者——交易中介。中介可以是电力交易中心、电力投资公司，甚至普通的商业银行。中介致力于使互换交易合约更容易获得、流动性更强、信用度更高、运作更规范。同时，中介从与供求双方分别进行的、通常是名义电量不相等的互换中获得中介服务费。一个典型的通过中介的电力商品价格互换交易结构如图 11-3 所示。

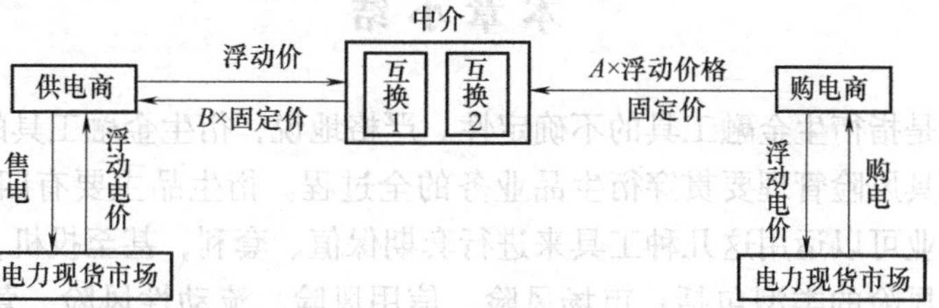

图 11-3　通过中介的电力商品价格互换交易结构

其中，A 和 B 通常是小于 1 但非常接近 1 的系数，中介借此获得了服务费。对一个交易量足够大的中介而言，其在每一笔交易中所持有的互换交易净头寸通常可以与其他互换交易寻求对冲。虽然最终的敞口头寸通常是不可避免的，但该头寸引致的风险还可以通过期货操作、套期保值、期权等来避险。而专业的中介机构从事这些避险操作，显然比一般客户更加具备优势。除了基于一定电量的电力价格互换，互换在与电力相关的市场中也可以有拓展应用。比如，火电发电企业和电煤生产企业之间存在的问题，是当前我国能源市场的热点问题。煤炭市场和电能市场面临各自的供给和需求特征，其价格形成机制差异很大，充满矛盾和风险，严重时甚至因影响电厂生产而使矛盾急剧扩大。此矛盾的解决可以借助于互换交易：火电发电企业同煤炭企业之间基于煤电价格联动机制，可以尝试建立起与电力价格指数密切相关的电煤供应合同；而面对由此带来的价格波动风险，煤炭公司又可以通过中介用互换交易来管理。这样不但使双方的经济联系更为市场化，也更具稳定性。

例如，某火电厂在未来 3 年内每月需生产用煤 20 万 t，基准上网电价 0.2 元/kW·h，基准煤价 200 元/t。此间电力上网价格和煤价预期均有可能出现大幅波动，这是不利于企业运营与财务管理的。为了避免价格波动的风险，双方同意在 3 年期间按照基于上网电价数据和基准电价计算形成的系数结算浮动煤价，结算周期为 1 个月。若某月内电价平均水平较高或较低，计算系数为 1.2 或 0.8，则电厂按照 240 元/t 或 160 元/t 结算给煤炭公司。这样，事实上火电厂锁定了企业的相对利润；而煤炭公司进一步与中介把这一浮动煤价互换交易成某一固定煤价，如 195 元/t。在这笔交易中，中介收取服务费，同时面临每月 20 万 t 煤的浮动价格敞口风险。但具有专业优势、信息优势的中介完全可以通过与其他互换对手（如其他电厂或愿意以电价指数为基础进行互换的客户）进行新的互换交易，或通过期货等其他手段管理该风险。这一交易的结构如图 11-4 所示，它实际上是图 11-3 中标准互换交易的组合与拓展。

---

[1] 资料来源：方军，等．互换交易在电力价格风险管理中的应用研究［J］．中国管理科学，2005（1）．

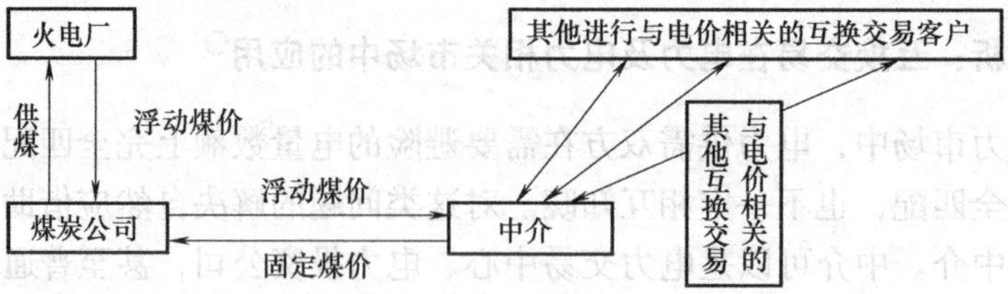

图11-4　与电价相关的电煤价格的固定价格对浮动价格互换交易结果

本章小结

衍生品风险是指衍生金融工具的不确定性。严格地说，衍生金融工具的风险属于动态风险。衍生金融工具风险管理要贯穿衍生品业务的全过程。衍生品主要有四种：远期、期货、互换和期权。企业可以运用这几种工具来进行套期保值、套利，甚至投机，但它们本身也存在风险。衍生品风险的类型包括：市场风险、信用风险、流动性风险、营运风险和法律风险。衍生品风险的特征包括：发生的突然性；具有强烈的扩张效应；造成的损失额巨大；极大的流动性风险；风险的复杂性。

衍生品风险的识别：识别衍生品风险的类型；分析各种影响因素；分析衍生品风险的成因。衍生品风险的评估：衍生品风险仅限于资金融通领域；衍生品风险的存在与产生具有可变性；衍生品风险影响范围广、损失额巨大。衍生品风险的控制：抑制投机冲动，坚守避险目的；了解产品特点，评估企业的风险承受度；保持重组弹性，动态控制交易风险；重视小概率事件，合理确定企业的风险承受度；建立和完善衍生品市场的决策和风险管理机制；适度、谨慎、积极地参与金融衍生品交易；加强立法，为金融衍生品发展创造良好的制度环境；建立完善的监管制度与监管体系；针对不同风险，采用不同的微观管理方法；加强财务信息披露。

远期合约是指交易双方约定在未来某一日以约定价格买进或卖出一定数量的标的物的合约。远期合约具有以下特点：远期合约交易属于场外交易，远期合约的金额、数量、交割日期和方式等合同要件没有统一的标准和规格，均由当事人自行协商确定，无须监管机构批准或认可；双方当事人是确定相知的，以便于双方直接磋商达成协议；缺少了交易所和结算机构提供的担保，使得远期合约交易所面临的信用风险陡增；远期合约交易结算可以通过结算机构进行，也可以由当事人自行进行结算；当事人一般对远期合约的标的物有真实的需要，交易以得到标的物的所有权为目的。

期权是指买方向卖方支付一定数量的费用后，拥有的在未来某一段时间内或未来某一特定日期以约定的价格向卖方购买或出售一定数量的特定标的物的权利。

期货合约是指由买卖双方在有组织的交易所内以公开竞价的方式达成的，分别向对方承诺在合约规定的未来某时间按约定价格买进或卖出一定数量的某种资产的书面标准化协议，是远期合约的进化物或标准形态。

互换也称掉期，是指交易双方约定在未来某一时间相互交换某种资产的合约。互换合约是远期合约的一种延伸。互换包括：利率互换、货币互换、商品互换。互换的特征为：它属于场外交易，合约内容由各方当事人协商确定，是非标准合约，更具风险性和灵活性；它属于诺成性合同，双方互付权利义务，并且于将来取得或履行；其实质是一种债务转让，是与货币、利率相关的债务的交换；其目的在于利用双方的比较优势来套汇或套利，降低长期资本的成本，以及在资产负债管理中防范利率或汇率风险；它属于表外业务，不会引起资产负债表内业务的变化，却可以为商业银行带来业务收入或减少风险。

习　题

1. 鲁泰 A（000726. SZ）在其 2011 年年报中披露了其持仓的衍生品存在以下风险：①法律法规风险。公司开展衍生品交易必须遵守国家相关的法律法规及交易所的规则，并明确约定与银行之间的权利义务关系。②信用风险和流动性风险。公司所开展的衍生品交易业务都是通过与银行签订合同进行的，合同到期后可以按合约价格和汇率走势选择按期交割或展期。只要公司能够保证按期交割或展期，就不会有违约风险。③操作风险。不完善的内部流程、员工、系统以及外部事件也会导致公司在套期保值过程中承担风险。其主要包括：员工风险、流程风险、系统风险和外部风险。④市场风险远期结汇业务是公司最重要的衍生品交易，金额大、期限相对较长。在远期结汇操作中，如果合约到期前，人民币在当前基础上大幅度贬值，则公司所签订的远期结汇合约将会出现较大额的亏损。根据这些风险，企业分别提出了以下对策：①公司认真学习掌握法律法规和市场规则，制定衍生品交易管理制度，加强合规检查，严格遵守法律、法规等相关规定和公司的内控管理制度。②公司开展衍生品投资业务，履行了相关的审批程序，符合国家相关法律、法规与《公司章程》《鲁泰公司衍生品交易管理制度》，以及公司 2011 年 3 月 14 日召开的 2011 年度第一次临时股东大会批准的《2011 年度衍生品交易计划》的有关规定。并履行了相关信息披露义务。③公司制定有严格的授权审批制度和比较完善的监督机制，确定了关于衍生品交易的业务部门、操作流程及审批流程制度，可以有效地降低操作风险。④当前人民币面临较大的升值压力，在公司所持合约到期前，人民币单向大幅度贬值的可能性不大。根据目前各家银行的报价，一年内人民币呈升值趋势，对于公司所签订的远期合约将会产生公允价值变动收益。一汽轿车（000800. SZ）在其 2009 年年报中也披露了持仓的衍生品存在的风险：公司衍生品持仓的风险主要源于交易操作、方案选择及外汇市场汇率的变动。其年报中披露的应对措施为：针对可能存在的风险，公司遵照相关法律法规的规定，制定了相应的外汇管理制度；配备专职人员从事外汇保值业务，防范信用风险，谨慎选择保值方案；针对外汇市场汇率波动，作好汇率趋势预测，作好仓位控制；密切跟踪汇率变化情况，做好风险防范工作。请根据本章所学内容和鲁泰 A 采取的风险应对措施，你认为一汽轿车还有其他应对措施吗？

2. 荣盛石化（002493. SZ）在其 2011 年年报中披露了期货风险：原油、PTA 等作为期货品种，金融属性对行业影响较大。PTA 作为期货品种，价格同时也受期货市场的影响，其金融属性特点不断显现，已不是行业的供需情况能完全左右的。企业同时提出了以下对策：公司在不断加强风险管理，加强对宏观经济、大宗商品期货的运行趋势研究，及时发现问题，作好风险提示，合理调节生产与销售；公司具有产业链优势，部分产品自用，外销商品量也采用合同销售的模式，能有效消化 PTA 波动带来的风险。从 PTA 在建项目的进度情况看，上半年 PTA 供应仍然紧张，这将有利于 PTA 企业的定价权。请对荣盛石化采取的期货风险应对措施作出补充。

3. 弘业股份（600128. SH）作为商业经纪与代理业上市公司，在其 2011 年年报中披露了期货行业风险：在单一业务模式制约下，期货行业的盈利空间日渐窘迫，行业发展已面临转变增长模式的关键点。同时，在混业经营趋势下，各类金融机构正以前所未有的速度和规模介入，行业竞争日趋激烈。期货市场连续三年的高速发展开始放缓，整个行业进入调整期，公司期货业务的发展可能会受到影响。企业同时披露了以下对策：目前，弘业期货正积极探索业务发展新模式，做精、做强期货经纪业务；加大市场研究力度，提高公司竞争软实力；同时，公司已更名为“江苏弘业期货有限公司”，并获准开展期货投资咨询业务，为抓住行业调整期的发展机遇、开展多元化金融业务作好了准备。请对弘业股份采取的期货行业风险对策进行补充。

第十二章

金融环境风险管理

企业金融环境风险管理已成为现代企业管理日益重要的组成部分。作为具备国际视野、在世界经济舞台上大展宏图的企业，应利用有效的金融环境风险管理策略和工具，对其进行主动管理，规避金融风险、降低财务成本。本章主要介绍两种金融环境风险管理：利率风险管理和汇率风险管理。

第一节 利率风险管理

一、利率风险概述

利率风险是指市场利率变动的不确定性给风险敞口持有者造成损失的可能性。巴塞尔银行监管委员会在1997年发布的《利率风险管理原则》中将利率风险定义为：利率变化使风险敞口持有者的实际收益与预期收益或实际成本与预期成本发生背离，使其实际收益低于预期收益，或实际成本高于预期成本，从而使其遭受失的可能性。利率风险是采用浮动利率制度国家金融市场的参与者经常需要面对的问题。利率风险会影响很多企业，包括借款人和投资者。利率变化通过现金成本影响借款人，它对资本密集型行业或部门的影响尤其明显。

二、利率风险的识别

利率风险有若干来源：利率水平的变化（绝对利率风险）、收益率曲线形状的变化（收益率曲线风险）、风险敞口与风险管理战略之间的不匹配（基差风险）。绝对风险（Delta风险）是由对标的资产或指数变化的风险敞口导致的风险。它是由利率发生方向性变动（或升或降）的可能性所导致的风险。由于绝对利率风险易于观察，而且可能影响企业盈利能力，因此大多数企业都在风险评估中对其实施监控。从借款人角度看，利率上升可能会提高项目成本，或改变融资或战略方案；从投资人或贷款人角度看，利率下降可能会在投资相等的情况下降低利息收入，或使持有的投资仅获得较低回报。在其他条件相同时，久期越长，利率的影响越大。对绝对利率风险进行套期保值最常用的方法，是将资产和负债的久期匹配起来，或者用固定利率借款或投资来取代浮动利率借款或投资。另一种套期保值方法是使用远期利率协议、互换协议，以及利率上、下限期权即封顶保底期权等工具。基差风险是与套期保值工具和标的资产或证券的相关程度相联系的风险。企业可以针对不同的风险情况，利用三种方法来防范利率风险的出现：利用远期利率协议控制短期利率风险、使用利率互换控制长期利率风险、采用债券期货灵活规范控制利率风险。

利率风险受很多因素影响：

（1）资金的供求状况。在市场经济条件下，作为金融市场上的商品“价格”——利率，受供求规律的制约。当资金供不应求时，供求双方竞争的结果将促使利率上升；当供大于求时，竞争的结果必然导致利率下降。

（2）经济状况。经济增长将增加企业的资金需求以满足新的投资和消费的需要；反之，当经济衰退时，由于潜在借款者的信用风险高，银行和其他投资者给企业贷款的意愿就很低。

（3）对经济形势的预期。当市场对通货膨胀率的预期或经济增长的预期将要发生变化时，利率一般也会随之变化。当预期通货膨胀率较高或宏观经济增长较快时，利率会随之提高；当预期通货膨胀率较低或宏观经济增长较慢时，利率也会随之降低。

（4）政府的货币政策。一国货币在外汇市场的价值即汇率，与该种货币投资所能获得的利率水平是紧密联系的。为了使得投资者增加继续持有本国货币的意愿，政府需要提高利率。政府通过公开市场操作、调整准备金率和基准利率等货币政策来控制货币供给量，进而影响市场利率水平。

三、利率风险的评估

公司对于融入的资金，可以通过构建系统性的方法来识别和量化利率风险暴露。具体而言，企业针对每一种货币，可以建立现存和预期的风险暴露组合。首先，企业需要确认借款总额以及浮动利率与固定利率情况下分别的借款金额。通过组合，量化不同货币、不同期限下企业利润对利率波动的敏感性。

例如，表 12-1 可以用来量化利率上升或下降所产生的风险暴露。某公司有 4700 万美元的固定利率借款和 5500 万美元的浮动利率借款。如果利率下降 1%，公司对它的固定利率借款仍然支付不变的利率，机会损失为 47 万美元，但是它将从浮动利率借款中节省 55 万美元的利息支出，因此公司净利得为 8 万美元。但是第三年年末，公司的固定利率借款预计为 9000 万美元，与 3000 万美元的浮动利率借款相比，将会有更多的由于利率下降所产生的风险暴露。

表 12-1　利率风险暴露量化及借款期限状况分析　　（单位：百万美元）

利率风险暴露量化：	固定利率借款			浮动利率借款	借款总额
	现有的	预期的	小计		
当前	47	0	47	55	102
第一年年末	44	0	44	55	99
第二年年末	40	54	94	30	124
第三年年末	40	50	90	30	120
第四年年末	40	50	90	30	120
第五年年末	0	50	50	30	80

（续）

利率风险暴露量化的借款期限状况分析：		
	固定利率借款	浮动利率借款
第一年到期	3（期限6个月）	
第二年到期	4（期限1年）	25
第三年到期		15
第四年到期		10
第五年到期	40（期限5年）	

四、利率风险的控制

1. 利率风险管理原则

利率风险管理就是对利率风险的特性以及影响因素进行识别和测定，设计和选择减少或防止损失发生的处理方案，以最小成本达到风险管理的最佳效果。企业在进行利率风险管理过程中，一般遵循以下原则：①保值原则。企业进行利率金融产品交易的目的不是投机，而是保值，是为了确保企业的正常经营收益或投资收益。因此，防范措施的选择应当坚决以保值为目标，杜绝投机行为。另外，企业也应当避免不闻不问、采取“以不变应万变”的消极态度。各种防范措施的选择与操作都应当以保障经营目标实现为目的。②成本原则。防范措施都有一定的成本，企业需要根据自身的风险偏好与能够承受的风险程度，在风险与成本之间取得平衡；在选择防范措施中，尽可能地选择成本较低的措施。③适合原则。各个企业的具体情况不一致，对利率风险的承受能力也不一致，因此，各企业应当全面考虑自身的情况，如业务情况、谈判地位情况、资金情况、外部资源获取情况等，选择适合自己的防范措施。

2. 利率风险管理模式

在实践中，利率掉期是企业管理利率风险主要运用的金融工具，而利率掉期总的来说有两种形式：一种是简单的固定利率掉期；另一种是结构性利率掉期。前者是掉期方案的基础形式，即将浮动利率转换为固定利率，从而达到锁定资金成本的目的，但在利率上升期，市场固定利率往往远高于浮动利率，意味着交易前期公司需要支付较大金额，而且如果未来利率上升幅度有限，公司将面临保值成本过高的风险。结构性利率掉期产品则是公司根据自身对未来利率走势的判断，加入各种结构、个性化的反映自身对利率走势的观点，进行形式多样的利率互换方式，从而达到节省财务费用、降低资金成本目的。但是，如果公司对利率走势判断出现重大偏差，或者不注重后期跟踪管理，其产品本身就会存在较大风险。不同企业面临利率风险时，大致会有三种做法：第一类企业选择不对冲，任凭市场变化，其理由是利率的波动难以预测，相关的利率掉期产品本身风险大，会给企业带来新的风险；第二类企业对利率市场不作判断，选择完全采取固定利率，或者通过利率掉期，将浮动利率固定下来，以达到完全锁定利息成本、锁定风险的目的；第三类企业则基于对利率市场的判断和企业对利率风险的承受范围，选择符合自己预期的利率掉期产品，同时根据市场的变化，不断调整债务结构和利率产品结构，以达到降低成本、锁定风险的目的。第一类企业虽然目前在发展中国家还大量存在，但越来越多的企业逐渐理解了利率风险管理的必要性。第二类企业通常是一些进入高风险市场的企业，这类企业希望尽可能地降低非经营风险，比如利率风险、汇率风险，以获取稳定的利润。实践表明，国际上先进的企业更倾向于第三类管理方式，即选择合适的时机、合适的产品，动态地进行利率风险管理。

3. 动态组合管理原则

企业在操作实践中应根据债务的规模和期限，在充分研究分析利率市场变化趋势及各种利率掉期工具的基础上，形成动态的、组合的利率风险管理思路，即利用不同利率掉期产品的特性，建立起由不同利率掉期产品构成的利率掉期组合，并根据市场状况的变化对掉期组合进行动态管理，以达到在控制风险的基础上降低成本的目的。组合管理意味着企业资金管理人员综合分析企业资产负债结构、债务整体的币种、期限结构，同时考虑各类金融产品的效果与风险，从而提出整体的保值方案，形成最优的产品组合，追求企业整体的风险与收益平衡，而不仅仅是针对某一笔债务进行保值。动态管理意味着在操作利率掉期产品后继续跟踪分析利率走势和波动情况，根据市场变化和产品的市值变化及时调整产品组合，而不是机械地等待到期交割。动态组合掉期模式符合利率掉期市场的特点。不同的利率掉期产品有着不同目的与作用，公司对利率掉期产品的选择均是建立在对当前判断的基础上的。而利率掉期市场总是随着市场经济环境的变化，在波动中延续趋势，因而分析研究的准确度也随着期限的延长而降低。另外，由于诸多突发性事件无法预测，未来利率实际走势常常偏离当前预期，向上或向下的可能性都存在，这就使得单一产品的运用总是存在一定的风险性。因此，降低利率风险最有效的途径就是建立掉期产品组合，随时关注市场动态，不断更新对未来的判断，在市场波动中对掉期产品进行动态管理。动态组合掉期模式有利于充分发挥不同掉期产品的作用并实现优势互补。在利率上升过程中，选择结构性掉期产品虽然能使公司在操作前期获取贴息、降低财务费用，但如果对利率走势判断错误，则存在较大的风险；固定利率掉期方案虽然锁定了利率，但前期掉期成本增加，如果后期利率温和上扬，则意味着公司需要支出大量额外费用，存在保值成本过高的风险。如果将两种产品结合起来，在后期实际利率高于目前市场预期急剧上扬的情况下，固定利率掉期不仅对债务起到较好的保值作用，也对结构性掉期产品起到较好的风险对冲作用；而如果后期利率低于目前市场预期温和上升，公司整体利率风险降低，可以通过结构性掉期产品安全收取贴息收入，弥补固定利率掉期平盘止损的成本。

4. 利率风险免疫

它是指通过选择资产和负债的组合，使资产和负债受到利率变动的影响相互抵消，以实现在整个资产和负债的组合价值不变。根据久期模型，在利率变动幅度较小时，可以忽略凸性缺口的影响，调整资产和负债的期限结构，使资产和负债的久期相等，即久期缺口为零，可以实现利率风险免疫的目的；在利率变动幅度较大时，凸性缺口会影响风险免疫的效果，应在调整资产和负债的期限结构，使久期缺口为零的情况下，最大化凸性缺口，从而使利率风险免疫管理达到最佳效果。

5. 对利率进行套期保值

例如，一家公司发行了大量的1年期债券。当其到期时，该公司将根据市场利率发行新的债券。目前的利率条件比较有吸引力，而且该公司担心明年的利率上涨。在这种情况下，该公司可以采取套期保值策略。该公司希望锁定目前的低利率，或者至少对利率风险进行对冲，又希望保留利率真的下降时获利的可能性。前者可以通过出售债券期货合约实现，后者可以通过购买债券看跌期权或利率看涨期权实现。

6. 利用远期利率协议控制短期利率风险

控制短期利率风险的一个重要手段就是远期利率协议，它可以达到完善市场避险功能、促进利率市场化进程的目的。远期利率协议就是指企业与银行双方约定在未来的某一个日期，交换协议期间内一定名义本金基础上分别以合同利率和参考利率计算的利息的金融合约。它可以刺激现金面紧张时期现金的流通性和活跃程度。企业可以提前签订利率远期协议，以约定的利率进行融资，锁定融资成本。远期利率协议的优点就在于在远期利率协议存续期间内，能够保护借款人免受利率出现不利变动的影响，因为双方已根据协议商定好利率。远期利率协议的缺点在于通常只面向大额贷款，而且一年以上的远期利率协议很难达成。远期利率协议是一种场外交易形式，因此它的交易金额、交割日期等都不受限制，没有保证金，无须本金交割，且利率实行差额结算。使用远期利率协议是需要条件的，它需要企业对未来的利率变动进行套期保值且持有大量外汇现金。企业采用买入远期利率协议，预先锁定未来某一时期内的借款利率，以对冲未来利率上升的风险；企业还可以通过卖出远期利率协议，预先锁定未来某一时间内的投资利率，从而对冲未来利率下降的风险。企业能否通过远期利率协议来规避利率波动的风险，很大程度依赖于企业现金管理者能否对利率作出正确的判断。

7. 使用利率掉期控制长期利率风险

利率互换又称利率掉期，是指债务人根据国际资本市场利率走势，通过运用利率互换，将自身的固定利率债务转换为浮动利率债务，或将浮动利率债务转换为固定利率债务的操作。通过利率互换交易，企业可以将一种利率形式的资产或负债转换为另一种利率形式的资产或负债。在实际交易中，利率掉期一般不作债务本金的交换，而且在利息支付过程中也只支付两者抵消以后的差额。它用于管理中长期利率风险，是一种常用的债务保值工具。通常，当利率看涨时，将浮动利率转换成固定利率较为理想；而当利率看跌时，将固定利率转换为浮动利率较好，这样就可以达到规避利率风险和降低债务成本的目的。利率有多种形式，在这些形式中，任何两种不同的形式都可以通过利率掉期进行相互转换。在日常转换中，最常见的利率掉期是固定与浮动利率之间进行转换。这种利率掉期的形式十分灵活，它的可用范围也比较广泛，适用于已有债务和新借债务等。

8. 采用债务期货灵活规范控制利率风险

债券期货是利率期货的一种，是以债券类证券为标的物的期货合约。债券期货可以规避银行利率波动所引起的证券价格变动风险。债券期货的种类繁多，有多种分类方法。利率波动让金融市场上的借贷双方都面临利率风险，特别是越来越多持有国家债券的投资企业，急需回避风险套期保值的工具。为了控制利率风险，减少利率波动的影响，利率期货应运而生。根据债券期货价格与实际利率的关系，企业可以灵活规范利率风险。通常，债券期货价格与实际利率呈反方向变动，且两者变动幅度相同：利率越高，债券期货价格越低；利率越低，债券期货价格越高。当利率上升时，投资企业可以买入利率期货；反之，卖出利率期货。也就是“低买高卖”，从而达到防范利率风险的效果。

五、案例分析：中化公司的利率风险管理[⊖]

（一）结构性掉期产品方案一

2004年年初，中国中化集团公司（简称中化公司）处于快速发展期，借入大量美元，由于当时美元利率处于历史低位，公司选择了浮动利率方式。但是公司资金管理人员注意到，美国经济从2003年下半年出现了较为强劲的复苏态势，市场上对美元利率上升有强烈的预期。当时6个月LIBOR为1.6%，而5年期的掉期利率为4.5%，利率曲线陡峭。

公司希望通过利率掉期产品降低由于升息而带来的财务费用增加的风险，但公司同时判断当前利率掉期市场升息预期过度，掉期利率明显偏高，希望通过结构性掉期产品降低未来的财务费用。经过研究，公司初步选择如下方案：金额：x美元；期限：5年；公司约定支付：6个月LIBOR－2.3%；公司约定收取：6个月LIBOR×n/N，n为每个利息交换期实际6个月LIBOR低于约定利率的天数，N为每个利息交换期的实际天数；交换方式：每6个月交换一次；约定利率：第一年4%，第二年5%，第三年6%，第四年7%，第五年7.5%。

公司资金管理人员对该方案进行了收益与风险分析：在每个利息交换期内，如果6个月LIBOR均低于约定利率，公司每年都可以降低2.3%的财务费用支出；但是，在每个利息交换期内，随着6个月LIBOR高于约定利率的天数增加，公司收益降低、风险增加，如果每天的6个月LIBOR都高于约定利率，公司除支付借款利息，还将额外增加6个月LIBOR－2.3%的财务费用。

通过分析，公司形成了以下判断：首先，该方案以降低财务费用为基本出发点；其次，该方案符合公司对未来利率走势的基本判断，即利率处于上升周期，但当前掉期市场预期过度；最后，公司认为可以对上述方案进行适度调整，以降低产品本身的风险。经过调整后的方案为：金额：x美元；期限：5年；公司约定支付：6个月LIBOR－1.7%；公司约定收取：6个月LIBOR×n/N，n为每个利息交换期实际6个月LIBOR低于约定利率的天数，N为每个利息交换期的实际天数；交换方式：每6个月交换一次；约定利率：第一年6%，第二年至第五年为7.5%；提前终止权：从第二年起，银行有权提前终止该方案。

公司最终于2004年上半年操作了调整后方案，实际操作效果是：6个月后，短期利率如期温和上升，但是利率市场对于升息预期回落，掉期利率回落；交易银行行使提前终止权，终止该方案；公司获取1.7%的掉期收益，基本抵消了增加的利息费用，达到了预期目的。

（二）结构性掉期产品方案二——利率掉期期权

2004年下半年，美联储开始了温和的加息周期，短期利率持续上升，但是市场关于升息的预期回落，当时6个月LIBOR从年初的1.6%上升到2.3%，而5年期掉期利率却从4.5%回落至3.7%。此时，公司对利率走势的判断是：本轮升息周期尚未结束，短期利率仍将稳步上升；掉期利率随着市场的预期上下反复，但总体趋势向上；当前掉期市场波动很大，掉期期权价值凸现；掉期期权的执行价格从中长期来看是公司可以接受的水平。基于上

⊖ 资料来源：蒋承宏．中化集团三大金融风险管理问题研究［D］．厦门：厦门大学，2009.

述判断，公司操作了出售利率掉期期权方案：金额：x美元；期限：6个月；公司权利：收取期权费；公司义务：期权到期时，如果5年期掉期利率低于执行价格，公司按照执行价格进行浮动利率换固定利率掉期；执行价格：3.5%；当时5年期掉期利率：3.8%；当时6个月LIBOR：2.3%。

公司的基本考虑是：如果6个月后，5年期掉期利率高于3.5%，期权终止，公司收取的期权费可进一步降低利息费用；如果6个月后，5年期掉期利率低于3.5%，银行将执行期权，意味着公司将按照3.5%将浮动利率换为固定利率，从中长期来看，是公司可以接受的利率水平。该方案的实际效果是：6个月后，市场掉期利率高于执行价格，公司收取的期权费抵消了部分利率上升增加的财务费用。

（三）结构性掉期产品方案三——“滚雪球”方案

2005年，利率市场发生了变化，从2004年6月到目前，美联储已连续5次加息，联邦基金利率从1%升到2.25%，6个月LIBOR为2.95%，5年期掉期利率为4.05%。此时，市场普遍认为美国经济复苏良好，通胀压力较小，短期利率仍在较低水平，仍有进一步上涨空间。升息周期经过一年后，市场对加息预期进一步回落，普遍认为未来加息将维持温和态势。在这种情况下，公司对利率走势的观点为：美元短期利率仍将上升，会从目前水平升至正常水平后维持较长时间；掉期利率总体趋势向上，但存在反复的可能；公司希望能享受当前的低利率好处，同时希望降低因未来利率上升而增加的财务费用；公司同时也希望在掉期利率低位锁定利率。公司开始考虑“滚雪球”方案：金额：x美元；期限：8年；公司约定收取：6个月LIBOR；公司约定支付：第一年2.9%，第二年上一期固定利率+取大值[0，3%−6个月LIBOR]，第三年上一期固定利率+取大值[0，3.1%−6个月LIBOR]，第四年上一期固定利率+取大值[0，3.2%−6个月LIBOR]，第五年上一期固定利率+取大值[0，3.3%−6个月LIBOR]，第六年至第八年上一期固定利率+取大值[0，3.5%−6个月LIBOR]。

在该方案中，如果6个月LIBOR高于固定利率2.9%，公司第一年内收取掉期收益；未来如果6个月LIBOR高于每年的利率下限，公司始终将利率锁定在2.9%。但是该方案的风险在于未来出现降息情况，6个月LIBOR低于每年利率下限，公司额外增加掉期费用；而且该方案通过杠杆效应放大了市场波动风险。公司理解该方案的风险与收益，同时认为可以将债务规模与该方案操作规模设定在一定比例，进行组合管理。在组合中，如果6个月LIBOR及掉期利率保持上升趋势，掉期不仅获取每期的利率互换收益，而且其市值同时增加，公司可选择继续持有或平盘获利；如果发生美联储开始降息的小概率事件，6个月LIBOR与掉期利率均下降，掉期方案亏损，但公司的美元债务可享受低利率的好处。公司通过这一组合可以实现低成本锁定利率风险的目的。后来的实际操作效果也符合公司的预期：短期利率与掉期利率如市场所预期稳步上升，公司得以将利率锁定在2.9%的较低水平上，大幅降低了财务费用支出。另外，由于在随后的一年中，公司提前偿还了部分美元债务，同时该方案的市值出现较大盈利，公司选择了将部分掉期平盘，一方面保持组合的比例，继续保持避险产品与实盘的匹配，另一方面实现了平盘收益。

总结：利率风险管理的首要任务是辨明当前利率变动的趋向，讲究“顺势而为”才能保证风险管理的成功；其次，要结合公司风险敞口的实盘，以严格的套期保值，将公司财务成本锁定在一个能接受的限度内为目的，绝不可抱有套取暴利的心态；最后，应遵循组合管理分散风险、动态管理及时滤出风险的管理原则，死抱某个方案不放是不够科学的，尤其是在进入结构性利率掉期市场进行操作时，务必要保持谨慎的市场敬畏心理，敏感地应对市场的每一个微小举动。

第二节　汇率风险管理

一国外贸依存度的提高，说明该国企业的进出口业务增加。对中国企业来说，无论是从事进口业务还是出口业务，或是两者兼而有之，人民币汇率变动的影响已经越来越大。特别是“汇改”之后，在人民币对美元大幅升值的情况下，始于2007年的全球金融危机更是使中国出口企业遭受重创，不少沿海企业甚至破产倒闭。因此，对于具有进出口业务的中国企业来说，应该高度关注汇率变动的风险，提升汇率风险的管理能力，为企业的可持续发展提供保证。

一、汇率风险概述

汇率就是将一国货币兑换成另一国货币的比率。汇率的标价方式有两种：直接标价法和间接标价法。直接标价法是用若干数量的本币来表示一定单位的外币，汇率涨跌以本币数额的变化来表示。如果外币折算为本币的数额上升，表示本币贬值。间接标价法是用若干数量的外币来表示一定单位的本币，如1元人民币 =1/6.82美元，汇率涨跌用外币数额变动来表示。目前，除了美国、英国、澳大利亚等少数国家外，其他国家（包括中国）都采用直接标价法。

汇率制度有两种：固定汇率制和浮动汇率制。2005年7月21日，中国人民银行宣布，即日起放弃单一钉住美元的人民币汇率政策，实行以市场供求为基础、参考一篮子货币进行调节、有管理的浮动汇率制度。总之，人民币升值对进口比重大、外债规模大的企业是长期利好，而对以出口为主，外币资产高的企业冲击较大。在企业的风险管理过程中，人民币升值的有利影响是一种机遇，应纳入战略制定和实施流程中；不利影响是一种风险，需要通过评估后确定相应的管理策略，并设计有效的内控政策和程序来加以有效管理。

汇率风险也称外汇风险或外汇暴露，是指一定时期的国际经济交易当中，以外币计价的资产与负债，由于汇率波动而引起其价值涨跌的可能性。汇率风险的结果是不确定的，可能使交易主体遭受损失或获得收益。汇率风险取决于汇率波动的规律和规模，越是无规律、波动性越强，汇率风险越大。例12-1说明了汇率波动程度对汇率风险的影响。

【例12-1】 国内一家公司分别借入125万美元与105万欧元贷款，2014年1月美元对人民币和欧元对人民币的汇率分别是6.12和8.37，期限都是两年。根据过去6个月历史数据显示：美元对人民币平均汇率为6.20，汇率在6.15~6.25之间波动；欧元对人民币平均汇率是8.30，汇率在8.20~8.45之间波动。首先，以当前的汇率计算两笔贷款均为1000万元人民币，但由于汇率变动，两年以后偿还贷款的人民币金额将会高于或低于1000万元人民币；其次，根据历史数据，该公司的欧元贷款的货币敞口风险一般都大于美元贷款的货币敞口风险；最后，由于欧元汇率波动更大，两年后用人民币偿还欧元贷款的成本会高于美元贷款成本。该案例分析如表12-2所示。

表 12-2 汇率波动案例 （单位：元）

	美元对人民币	欧元对人民币
汇率波动范围	0.10	0.25
平均汇率	6.20	8.30
汇率波动比率	6.1%	3.01%

二、汇率风险的成因

1. 汇率风险出现的根本原因

汇率风险出现的根本原因是国际汇率制度的改革与选择。汇率风险是一定时期的国际经济交易当中，以外币计价的资产与负债，由于汇率波动而引起其价值涨跌的可能性。这就说明汇率风险的主要原因就在于汇率的波动，而汇率的波动虽受众多经济金融因素的影响，但其根本原因是受国际汇率制度选择的制约。汇率制度是指国家货币当局对本国汇率变动方式所作的安排或规定。汇率制度在汇率的确定、汇率的变动等方面都有具体规定，因此，汇率制度对各国汇率的决定有重大影响。按照国际惯例，汇率制度一般可分为以下三类：①固定汇率制。固定汇率是指货币比价基本固定的汇率制度，包括金本位制下的固定汇率制和布雷顿森林体系下的固定汇率制。②浮动汇率制。浮动汇率制是指在纸币流通制度下，允许汇率主要由外汇市场供求关系调节的汇率制度。在布雷顿森林体系瓦解之后，它成为主导地位的汇率制度。③钉住汇率制。钉住汇率制是指一国使本币同某外国货币或一篮子货币保持固定比价的汇率制度。一篮子货币是指由多种国家货币按特定的权数组成的货币单位。比如，我国香港实行港元钉住美元的联系汇率制度，一旦美元对港元的比价变动超过一定区间，香港金融管理局就会入市买卖港元使比价保持在既定的区间内。目前，浮动汇率制度占据主导地位使得国际货币汇率变动十分剧烈，随着国际资金流动的飞速发展，许多汇率波动甚至演化为货币危机，真正使汇率风险成为威胁一国经济安全和企业经营稳健的重要因素。

2. 影响汇率风险的宏观因素

影响汇率风险的宏观经济因素主要有以下四种：

（1）经济增长率。一般而言，一国货币的汇率变动反映了该国经济增长的情况。高经济增长率会推动本国货币汇率上升，而低经济增长率会造成本国货币汇率的下跌。经济增长率是预测汇率走势的中长期因素。一国的经济增长是由国民生产总值的增长来衡量的。一国国民生产总值大幅增长，国内消费能力增强、投资需求旺盛，经济逐渐出现过热情况，此时，该国中央银行就有可能提高利率、紧缩货币供应量，抑制可能出现的通货膨胀。由于经济增长及利率上升，增强了该国货币的吸引力，该国货币供不应求，汇率上升；反之，经济的负增长将会导致该国汇率下跌。但是，经济增长对汇率走势的影响是复杂的，这与一国的商品劳务进出口、资本流动情况等息息相关：①若一国出口不变，且该国经济增长是内需型增长，则国民收入的增长使得国内的需求水平提高，将增加该国进口，从而导致经常项目逆差，有可能使本币汇率下跌。②若一国经济增长是出口导向型增长，则出口增长会弥补进口的增加，使净出口持续增长，并吸引外资流入，这种模式可能使本币汇率看涨。③一国经济增长快，意味着劳动生产率提高较快、成本降低，该国产品的竞争能力提高，有利于增加出口，抑制进口。同时，较高的经济增长率使得该国货币在外汇市场上被看好，因而该国货币汇率也有上升趋势。若再考虑资本流动，汇率变化更为复杂。总之，从长期来看，经济实力强、劳动生产率高，该国货币会看涨；反之，该国货币汇率将下跌。

(2) 通货膨胀率。它是影响汇率走势的一个重要因素。通货膨胀既直接关系一国货币本身实际代表的价值量，也关系到一国商品的对外竞争能力，以及人们对外汇市场的心理预期。根据相对购买力平价论，若一国通货膨胀率高于他国，则会使得该国本币汇率下跌，反之，则本币汇率上升。通货膨胀对汇率走势的影响不会直接表现出来，而是通过国际收支调整间接地发挥作用：①通货膨胀提高了一国商品劳务的外币价格，削弱其国际竞争力，影响贸易收支、劳务收支乃至影响国际收支的平衡，进而影响汇率走势；②通货膨胀还会降低一国实际利率，阻碍资本流入，刺激资本外流；③通货膨胀通过人们对物价、利率、汇率的预期心理、投机心理，影响市场外汇供求关系，进而影响汇率走势。通货膨胀对汇率走势的影响时滞较长，要经历几个月的时间才会反映出来。但是，其对汇率的影响是持久的。

(3) 国际收支差额。国际收支状况是影响汇率走势的直接和重要因素，尤其是国际收支中经常项目的顺逆差，对汇率走势影响特别大。国际收支是一国对外经济活动的综合反映，国际收支的差额是一国外汇需求和供给的直接体现。一国的国际收支通常包括经常项目和资本项目。一国的国际收支出现顺差，会引起外国对顺差国货币需求的增加和外国货币供给的增加，从而使得顺差国汇率上升；反之，一国的国际收支出现逆差，则会使得该国汇率下跌。

(4) 利率。利率是影响汇率走势的短期因素。利率高低直接影响金融资产的供求。一国的利率上升，可能导致国际资本流入，对该国货币需求增加，从而引起本币汇率上升；反之，一国的利率下降，将会使得该国货币汇率下跌。利率的国际间差异造成国际资本的流动，从而引起汇率波动，但是，一国国际资本的流动情况可能会遏制利率对汇率的影响。同时，影响投资者的是实际利率而不是名义利率，只有实际利率的高企才会使得国际资本的流入和本币汇率的上升。

除了这些基本经济因素外，汇率的波动还受央行干预与调整、政治与新闻影响、市场预期与投机等多种因素的影响。

三、汇率风险的分类

1. 交易风险

交易风险也称交易结算风险，是指在运用外币计价的交易中，由于外币和本币之间以及外币和外币之间汇率的变动，使交易者蒙受损失的可能性。交易风险主要表现在以下几方面：①在商品或劳务的进出口业务中，从合同的签订到货款的结算这一期间外汇汇率变化所产生的风险。这是交易风险中最典型的例子。例如，2013 年 1 月，中国 A 汽车公司出口到美国，合同计价货币是美元，金额为 2000 万美元，期限为 6 个月。订立贸易合同时的汇率为 1 美元 =6. 27 元人民币。按照此时汇率，该批货款折合人民币 12540 万元。6 个月后美方收到汽车并支付货款 2000 万美元，但市场的即期汇率为 1 美元 =6. 17 元人民币，A 汽车公司因为美元贬值收到的货款折合人民币只有 12340 万元，损失 200 万元。若美元升值，则 A 汽车公司有意外收益的人民币。这 2000 万美元就是 A 汽车公司的外汇风险敞口。②在以外币计价的国际信贷中，债权债务未清偿之前所存在的风险。③待履行的远期外汇合约一方，在该合约到期时，由于汇率变化，交易一方可能要付出更多的货币去兑换所需外汇。

④以外币为面值发行债券的风险。⑤其他用外币计价的应收资产和应付债务的风险。

2. 经济风险

经济风险又称经营风险，是指意料之外的汇率波动引起公司或企业未来一段时期的收益或现金流量变化的一种潜在风险。经济风险不同于交易风险，后者侧重于进出口、借贷之间没有联系的一笔独立交易，由于汇率意料不到的变化而引起该笔交易结果的变化；而前者侧重于企业全局，是从企业整体来预测将来一定时期内所发生的现金流量变化。因此，经济风险不是来源于会计程序，而是来源于经济分析。经济风险能否避免在很大程度上取决于企业的预测能力。经济风险不仅影响企业在国内的经济行为和效益，也直接影响涉外经营收益或投资收益。经济风险和交易风险是企业面临的最主要风险。

3. 转换风险

转换风险又称会计风险或折算风险，是指由于汇率变化而引起海外资产和负债价值的变化。虽然企业在跨国经营、统一编制财务报表时，需要将一种或几种货币计价的资产和负债合并到一种基本货币上，但在这一过程中，该企业的资金并不发生转移。例如，中国某公司在美国的子公司往来账户余额为100万美元。2013年年初时1美元=6.27元人民币，该公司在美国的子公司账户余额为200万美元。年末时人民币升值，美元贬值，1美元=6.17元人民币，那么年末时，美国子公司账户余额折合人民币只有1234万元，美元余额价值降低了20万元人民币。根据会计制度规定，这笔损失可记在中国母公司收益的损失上。转换风险表现的方式较多，主要有三类：①存量转换风险。它是指企业在海外持有和销售的库存，在汇率变化时，其相应价值和成本转换成母公司所在地货币时发生变化的可能性。②固定资产转换风险。它是指企业购置、折旧和更新资产时，由于汇率变化产生的风险。③长期债务转换风险。它是指各种未偿还的长期借款由于汇率变化产生的风险。

汇率风险的基本类型如表12-3所示。

表12-3 汇率风险的基本类型

风险类型	基本说明	存在的领域	风险多发的时段
交易风险	主要是外汇银行负担的外汇买卖业务风险	银行及一般企业	用外币进行借款或贷款以及伴随外币借款、贷款而进行外汇交易时
经济风险	企业预期财务收益因汇率变化可能受到的损失	银行及一般企业	汇率政策调整时
转换风险	当企业进行会计处理和外币债权、债务决算时，就会出现怎样用本国货币进行评价的问题	一般企业	办理决算时，评价债券、债务因所适用的汇率不同，会产生账面上损益的差异

四、汇率风险的识别

如果人民币对美元的汇率能基本保持不变，或者变动幅度非常小，风险无关紧要，则从成本效益角度出发，企业不必对汇率的交易风险加以过多关注。汇率风险管理的第一步就是汇率风险的识别（或事件确认），即对影响人民币汇率变动的主要因素进行较深入详细的考察，初步确认汇率变动的方向及范围。影响汇率变动的因素有很多种，总体而言，一国经济实力的变化和宏观经济政策的选择是决定汇率长期发展趋势的根本原因。

(1) 经济增长速度。它是预测汇率变动的中长期因素。通常，高经济增长速度会推动本国货币升值，反之亦然。

(2) 国际收支差额。它是汇率变动的直接影响因素。从货币供给和需求角度看，当一国出现贸易顺差时，世界货币市场上对该国的货币需求量增加，当该国的货币供给量一定的情况下，货币升值将成为供不应求的最终结果；反之，当一国处于贸易逆差的情况下，货币贬值将可能出现。我国当前的人民币升值的压力就主要来自国际收支顺差局面的持续出现。

(3) 利率水平。它是影响汇率走势的短期因素。假设本国加息，则本国货币收益增加，吸引他国资本流入，本国货币需求膨胀，从而本国货币升值。

(4) 通货膨胀率。根据购买力平价理论，无论采用何种货币计价，相同的商品应当价值相等。倘若本国通货膨胀率高于其他国家，则该国货币购买力下降，购买相同商品需要付出更多货币，因此本国货币贬值。

(5) 预期。预期理论认为，当各国的实际利率相同时，远期汇率可以不偏不倚地预测出未来的即期汇率。虽然实务中以远期汇率预测即期汇率往往会有偏差，但仍然能够反映出即期汇率的大致走势。人民币不可交割远期汇率市场是境外最为活跃的人民币远期交易市场。

总之，这些影响因素之间的关系错综复杂，有时同时起作用，有时个别因素起作用，有时也会相互抵消。人民币升值的压力仍然很大，具有进出口业务的企业，应密切关注国际著名投资银行及政府权威机构发布的各种有关汇率变动方面的分析和研究报告。

五、汇率风险的评估

汇率风险的大小，不仅取决于人民币对美元升值这一不利事件发生的可能性，还需要根据事件发生后对企业经营的影响程度来加以考量。对于出口业务比重比较大的企业，可以运用风险图来评估汇率风险的大小。风险图为企业提供了一种风险排序的框架，它依据不利事件发生的可能性和影响两个维度，帮助企业评估汇率变动的大小。例如，B公司对3个月后人民币对美元、欧元的汇率变动幅度，以及对收益的影响进行了预测，并绘制出汇率变动风险（见图12-1）。该图清晰地表明了汇率变动的可能性及其相应的经济后果，B公司可以根据出口业务的规模、风险态度、利润水平等确立公司的风险承受度，并结合我国金融市场的发展情况，选择相应的管理策略。

影响 \ 可能性	高	低
高	3个月后人民币对美元汇率上升3%，利润损失3亿元	3个月后人民币对美元汇率上升5%，利润损失5亿元
低	3个月后人民币对欧元汇率上升1%，利润损失500万元	3个月后人民币对欧元汇率上升5%，利润损失2500万元

图12-1　汇率变动风险

对于企业来说，准确识别并衡量汇率风险是至关重要的。汇率风险是公司未了的债权、债务在汇率变动后进行外汇交割清算时出现的风险。其要点有三方面内容：一是汇率只有在波动中才产生风险；二是企业在经营中涉及不同币种；三是外币债权债务有未抵消的部分。我国大型企业集团，尤其是进出口企业，在日常经营中有大量的应收应付款，构成企业未来的现金流入量和流出量，这些现金流量往往由多种货币组成，在未来进行实际交割或收付时，不同货币的汇率波动就会造成现金流入量或流出量的货币价值发生波动，因此未来某一时点的净现金流量就会产生汇率风险，因此，现金流量分析是衡量汇率风险的关键步骤。未来净现金流量 = 未来现金流入量 - 未来现金流出量，未来现金流入量主要由自身承担汇率风险的出口业务形成的应收外汇账款与在手出口合同构成；未来现金流出量主要由自身承担汇率风险的进口业务形成的应付外汇账款与在手进口合同构成。其中，在手合同是指进出口合同已经签署，但是尚未出运执行，因而在账面上尚未形成应收或应付，但随着合同的执行终将带来实际的现金流入或流出。然而，在操作实际中，在手合同往往被忽视了。

另外，在考察汇率风险时，需要在签订合同时就区分该合同是否存在汇率风险。例如，在代理的进出口合同中，往往规定汇率风险由客户承担，因此，这部分现金流量就应该剔除。掌握了未来现金流量情况，企业就可以衡量某一时点的汇率风险。在某一时点上：应收外汇账款 + 在手出口合同 - 应付外汇账款 - 在手进口合同 = 汇率敞口风险金额。以上述汇率敞口风险金额为基数，然后设置汇率波动的不同情境，企业就可以计算衡量出汇率的波动对企业利润的影响程度，判断企业可以承受的汇率波动范围和临界点。但是，上述汇率敞口风险金额只是一个当前时点数，要衡量未来某一时点的汇率风险并采取相应的措施，还需要进一步分析未来多个时点的汇率敞口风险金额，这就需要建立外币资金的现金流量预测表，如表 12-4 所示。凭借现金流量预测情况，企业就能够以此为依据来选择相应的防范措施。现金流量的预测越准确，汇率风险衡量就越准确，防范措施的选择也就越能有的放矢。

表 12-4　外币资金的现金流量预测表　　（单位：万元）

	15 天内	1 个月内	3 个月内	6 个月内	6 个月以上
外汇账款流入					
外汇账款流出					
汇率敞口风险金额					

六、汇率风险的控制

1. 汇率风险管理的概念与基本思路

汇率风险管理就是对汇率风险的特性以及影响因素进行识别和测定，设计和选择减少或防止损失发生的处理方案，以最小成本达到风险管理的最佳效果。企业通常经过汇率预测、风险发现、方案的设计和选择、实施四个步骤对汇率风险进行管理，即结合企业资产负债结构对汇率形势进行分析，将会发现企业资产负债敞口所蕴藏的风险，进而与交易对手接洽，选择适合企业情况的金融衍生产品方案进行论证，向各主要交易对手询价后择优实施交易。企业在设计方案的过程中，不仅可以选择被动地规避风险，也可以主动地、有意识地利用风险，对经营模式和企业战略进行反向引导，从而使企业利润最大化。比如，从事进出口贸易的企业，在人民币加速升值的宏观形势下，面临进口业务受益和出口业务受损的情况。风险管理人员应及时向管理层提示这一风险：一方面可以操作避险产品对冲汇率风险；另一方面也可说明宏观形势，建议企业暂时改变经营模式，扩大进口业务而限制出口业务，将收益放到最大而亏损缩到最小，使得企业实现利润最大化的目标。

2. 汇率风险管理应树立正确的汇率风险管理观念

对于过去长期在计划经济体制下运行的大多数中国企业而言，外部金融环境是由政府决定的，而不是市场形成的，利率、汇率这些作为资金价格的要素是相对固定的，因此普遍缺失金融风险管理的观念。然而，随着我国经济改革开放的深入，金融环境正在发生根本性的变化。2005 年 7 月，央行开始施行更大幅度的有管理的人民币浮动汇率体制改革。利率的市场化和人民币的自由兑换，是我国金融市场改革的最终取向。金融市场的改革是稳步有序推进的，但趋势是明确的。国内企业必须尽快适应外部环境的变化，及时树立起正确的企业金融风险管理理念。2005 年人民币汇率形成机制改革打破了外贸公司固有的思维定势。过去较长时期内，人民币钉住美元，汇率一直稳定在 8. 2765 附近，很多外贸企业已经习以为常，大量出口业务计划或预算的编制和审核都以此为基础。此次人民币汇率制度改革之后，人民币汇率将更多由市场供求关系来决定，汇率波动的幅度将逐步拉宽，人民币汇率虽然现在仍有较强的升值压力，但并不排除相对贬值的可能，双向浮动是未来的必然趋势。因此，国内企业的当务之急就是改变以往的思维定势，培养汇率风险意识，树立市场化汇率观念。企业认识汇率风险首先需要观念上的转变。首先，企业应当认识到人民币汇率形成机制改变后，人民币汇率不再一成不变，但也可能不会再走出单边升降的态势，而可能会在一定区间内波动，有升有贬，在条件成熟后，会成为浮动汇率。对于从事进出口贸易业务的企业而言，未来的经营环境将更加复杂，除了传统的价格风险、客户资信风险外，汇率将成为新的风险点。因此，企业需要树立市场化汇率观念，并将其融入合同的签订、经营预算制定、审核以及经营业绩的考核评价中。银行推出的远期结售汇报价可以作为市场参考汇率，企业可以根据进出口业务预计的结售汇日期匹配相应的远期结售汇率编制预算。其次，在防范汇率风险的思路上，必须坚持保值原则。汇率的波动是一把双刃剑，既有损失的可能，也有收益的机会。众多的金融工具，尤其是金融衍生产品，既可以成为企业保值的工具，也可能成为投机的手段。保值还是搏利，什么是企业的经营目标？怎样来实现经营目标？这些是企业必须明确的问题。对于进出口企业而言，抓住市场机会，为客户提供一系列的附加值服务，通过自身经营的商品获取合理的利润，这是主要的经营目标。在实现经营目标的过程中，很多不确定因素会影响目标的实现。比如，经营商品价格波动引起的市场风险，客户的资信风险，自然灾害、意外事故以及包括利汇率波动在内的金融风险等。采取各种措施防范风险、保障经营目标的实现，应该成为企业的出发点。最后，从市场的发展规律看，市场越趋于成熟，风险与收益机会的共生特点表现得越为明显。防范风险将成为经营活动的常态，而利用金融工具锁定金融风险要支付对价，形成经常性的企业规避金融风险的正常成本支出。因此，支付合理的保值成本是必要的。企业必须重新认识经营风险，将金融风险与商品市场风险等同对待，建立规避金融风险的长效机制。

3. 对汇率的套期保值

目前，中国银行、中国进出口银行、交通银行、深圳发展银行、招商银行、浦发银行、民生银行等都推出了多种汇率风险管理产品，企业应依据自己的实际情况选择使用避险方案。银行提供的套期保值产品主要有：远期外汇交易、远期结售汇、货币互换、外汇期权和外汇掉期。①远期外汇交易。以四川长虹为例，该企业既有美元收入，又有日元负债，遂与中国银行绵阳分行签订远期外汇买卖委托书，委托中国银行绵阳分行在2008年6月5日，在远期汇率118.00的水平，为公司买入日元5亿元整，卖出美元。2008年6月5日，美元对日元汇率为1∶105.39，该合同为企业节省了50.70万美元，折合人民币352万元。②远期结售汇。某大型纺织出口企业为了锁定汇率成本，2002年12月与中国银行签订期限为10个月的800万美元远期结售汇协议，协议约定的汇率为8.1728。9月2日，收到货款后立即结汇，即期汇率为8.0787，企业因此获得收益人民币75.28万元。

4. 风险承受度和风险策略

风险承受度是指企业可接受的风险水平，取决于企业的风险态度和风险能力。风险态度和风险能力受到企业规模、组织结构和发展阶段的影响。企业采用何种风险管理策略与其风险承受度相关。例如，对于跨国公司和我国沿海地区本小利薄的服装出口企业，采取的管理策略可能有所不同。跨国公司经营多种产品，在多个国家和地区开设分支机构合资公司，拥有多种外币资产和负债，风险承受度较高，可能会采取风险接受或风险分散策略；而国内服装企业的风险承受度很低，一般会选择风险减少甚至风险回避策略。例如，服装企业选择出口转内销，以此回避汇率风险影响。

5. 剩余风险和风险策略

剩余风险是指采取风险管理策略后的风险。它有可能是管理策略无法应对的风险，也有可能是由于管理成本太高而被迫接受的风险。根据汇率风险大小采用不同管理策略的目的就是将剩余风险控制在风险承受范围内，并且与企业的风险偏好相一致。倘若剩余风险超出了企业的风险承受度，则企业应当考虑改进现有的风险策略或采用新的风险策略控制剩余风险。例如，C公司需要用美元购买原材料，为了锁定购买成本与收益，与银行签订300万美元的远期合约，以人民币对美元6个月远期汇率7.4561的价格买入美元。结果6个月后人民币对美元汇率跌至7.3136，按照合约买入的美元明显买贵了，损失人民币42.75万元。这一剩余风险使企业微薄的利润雪上加霜。此时，假定C公司的产品主要也是出口美国，则该公司可以考虑采取其他汇率风险管理策略。例如，采用将采购和销售同步的方法，直接用销售收回的外汇支付购买价款。

6. 成本与收益分析

四种风险管理策略的选择可以借助成本与收益分析工具。例如，D公司是大型出口企业，2013年1月签订了一份出口贸易合同，6个月后将收到货款200万美元，合同签订时1美元=6.27元人民币，6个月后预测为1美元=6.17元人民币。①风险接受。若企业选择风险接受策略，则完全承担汇率变动损失20万元[(6.27-6.17)×200万元]人民币。②风险回避。若企业选择风险回避策略，则不签订该份合同，而采用内销的方式销售货物。③风险减少。若企业选择风险减少策略，例如，采用出口押汇的方式融资避险，付给银行利息加手续费共计14万元人民币。④风险分担。若企业选择风险分担策略，与客户商议合同由人民币计价，D公司承担人民币贬值的风险，客户承担人民币升值的风险，则6个月后，企业仍收到1254万元（6.27×200万元）人民币的合同价款，因人民币升值而产生的汇兑损失由客户承担。这四种策略中，风险分担成本最低，企业可以将风险转嫁出去，但在目前人民币升值预期较高时，客户不会无条件地接受以人民币计价结算。由于汇率波动大，风险接受的成本也比较大。风险减少可以部分消除汇率风险的影响，但不能完全弥补汇兑损失。风险回避虽然是一种“零成本”的风险策略，但这种策略使企业放弃了参与对外经济活动的机会，不利于企业的发展和竞争力的提高。实务中，大多数企业会选择风险减少和风险分担的管理策略。

7. 提高价格

从理论上讲，人民币汇率上升，如果公司对外销售产品以美元结算，则相当于价格降低，公司可以提高产品价格而不致影响产品出口量。鉴于目前国际竞争激烈，“中国制造”往往依靠价格优势占据国际市场，短期提价策略只是权宜之计，提高产品的质量和附加值才是保持国际竞争力的根本所在。

8. 加速结汇

它是出口企业应对人民币升值风险的上佳选择。江苏省抽样调查显示，35.2%、11.7%的样本企业采用尽快结汇、提前收汇或预收款的方式应对升值对出口的压力。目前我国中小企业加快结汇的方法主要是贸易融资。贸易融资包括出口押汇、打包放款、票据贴现、福费廷等方式。这几种方式避险的原理基本相同，即抵押票据获得银行外币贷款，立即结汇，到期时以外币货款偿还贷款。还有些企业采取了提高前期预付款比例和提前回收尾款的方法来避险。出口企业缩短合同签订和货款支付的期限，收到外汇后尽早结汇，账户上尽量不保留外汇，是一种有效的防范汇率风险的方法。

9. 匹配收支（贸易平衡法）

企业每笔交易的应收应付货币完全平衡是不可能的，比较可行的做法是将现有的单一进出口贸易与加工贸易、易货贸易和转口贸易等多种贸易方式结合起来，尽量做到应收应付货款的基本平衡。这样，无论货币升值或贬值，企业都可以通过收支相抵基本消除汇率风险。例如，某企业的产品主要销往美国，部分原料也从国外进口，以美元计价。该企业3个月后有3000万美元的应收货款，为消除汇率风险，该企业同时签订了一份金额为3000万美元的原料进口合同，同时约定3个月后付款。当企业在同一时期既有进口又有出口业务，且两笔业务使用的计价货币相同、金额相同、收付期限相同时，则外汇现金的受险头寸可完全抵消。

10. 使用金融工具，规避外汇交易风险

在汇率风险中，交易风险是最基本的风险之一，它涉及的业务非常广，也是企业主要的防范对象。交易风险是指企业在进行跨国交易的过程中，未了结的债权债务在汇率变动后进行外汇交割清算时出现的风险。这些债权债务在汇率变动前已发生，但在汇率变动后才清算。汇率制度体系是外汇交易风险产生的直接原因，即交易日与结算日的汇率不同。因为使用不同的金融工具会造成不同的利弊，所以企业在运用相关金融工具避险时还应坚持审慎性原则。

使用金融工具方法如表12-5所示。

表 12-5 使用金融工具方法

方法	具体说明	具体做法
采用合约套期保值	通过金融市场上的有关操作，把各种外币储量均变为零，从而实现汇率交易风险的转移	货币市场套期保值、期货市场套期保值、期货合同套期保值和远期合同套期保值，方法不同，其所对应的成本和收益也有所不同
		在这些套期保值方法的选择上，要在尽量控制不利因素的同时，尽量保持有利风险因素可能带来的利润
采取一些有针对性的经营策略	可以使管理成本达到低于套期保值法的效果，因为重新考察企业经营的程序有助于使之更有效率	通过风险转移方法，在签订合同时采用有利的计价货币，如本币结算或出口合同使用硬货币计算、进口合同使用软货币计算
		使用价格调整法：出口企业在接受软货币计价时，将汇价损失计入出口商品价格中；出口企业在接受硬货币时，将汇价损失从出口商品价格中剔除，即压价保值
综合利用各种经营策略	可以使各种经营策略相辅相成，产生互补效果	在预测汇率将向某个方向变动时，选择提前或推迟结算
		建立再开票中心以管理国际汇率风险
		建立企业内部的净额支付系统，冲销企业内部子公司间的货币风险并降低企业内部现金转移的成本
		通过金融市场规避汇率风险
		针对具体情况，选择适合自己的经营策略以规避汇率风险

11. 合理利用结算方法，规避外汇折算风险

外汇折算风险不是实际交割时的实际损失，只是一种账面上的损益，但它能够影响企业资产负债报告的结果。企业应根据业务实际，在了解对方资信的情况下，慎重而灵活地选择适当的结算方法。只有这样，才能安全及时收汇，并防止出现外汇收入不能收回的风险。合理利用结算方法如表 12-6 所示。

表 12-6 合理利用结算方法

方法	具体说明
预付货款	针对卖方对买方不信任或买卖商品在国际市场特别抢手的情况，买方采用汇付货款的方式进行担保
使用赊销	商品发出后所有权发生了转移
	中间商拥有商品的所有权，承担向供应商付款的责任
	供货商随即拥有向中间商收款的权利，在供应商的财务上相应产生应收账款
	在货款未回收前，仅产生了债权，销售并未完成
	该法对进口企业有利而对出口企业不利
跟单信用证	分为即期跟单信用证和远期跟单信用证两种。即期跟单信用证结算方式最符合安全及时收汇的原则；远期跟单信用证结算方式收汇安全有保障，但不够及时，汇率发生波动的概率较高，从而削弱了收汇的安全性
	该法对出口企业有利而对进口企业不利
跟单托收	即附有商业票据的金融单据项下的托收。跟单托收是指出口企业发货后开立汇票并连同货运单据交托收行代为收款。其根据交付单据条件的不同，可分为付款交单和承兑交单

12. 灵活运用经营策略，规避经济风险

经济风险是指以外币发生的汇率变化使企业产品成本、价格等发生变化，从而导致企业未来经营收益增减的不确定性。经营风险不包括企业在正常经营中已经充分意料到并作出管理安排的正常汇率变动部分。另外，通过改变经营的策略和采取相应的融资政策，相关企业还可以抵消这种预期的经济风险。例如，企业可以采取的策略有：对应管理，即一笔交易发生后再进行一笔同币种、同金额、同期限且现金流向相反的交易，使汇率债权债务相对应并存。信用互换，即处于不同国家的两个企业互相将自己国家的货币借给对方一定的期限，期满后以借入货币归还。采用这种策略，企业必须找到一个与自己的币种、金额、期限都相匹配的公司。货币互换又称货币掉期，是指交易双方在某一期限内将一种一定数量的货币与另一种相当数量的货币进行交换。作为常用的债务保值工具，它可以实现两种外汇计价的债务或资产的转换，规避经济风险，降低企业成本，对企业中长期汇率风险进行防范和合理控制。

总之，企业只有积极挖掘自身的潜力，努力提高汇率避险能力，才能逐步完善规避汇率风险的能力。企业可以发挥主观能动性，充分提高汇率风险意识，不断转变经营理念，密切关注整个金融市场的变化，了解并逐步科学运用金融避险工具来防范、规避汇率风险。在企业内部管理中，应强化管理功能，将经营成本降低，在整个企业的生产经营中建立汇率风险防范机制，从整体上提高企业抗风险的能力，最大限度地降低汇率风险给企业带来的负面影响。

七、案例分析：中化公司的汇率风险管理㊀

中化公司在经营实践过程中，可以选择的防范人民币汇率风险的措施是多种多样的。总的说来，有自然对冲法、合同约定法、提前错后法、贸易融资法、借款法、金融工具法等。各种方法的适用范围不一样，成本也不同。

（1）自然对冲法。中化公司既有出口业务，又有进口业务，因此同时拥有外币现金流入与流出。公司应尽量匹配未来应收、应付外汇的币种、期限、金额，以达到内部抵消效果，这样无论未来汇率如何波动，都避免了汇率风险，而且没有额外的保值成本。当然，在实际操作中，由于大量进出口业务的发生时间以及收付款时间有很大的不确定性，完全的匹配与自然对冲很难做到，但企业应该尽可能予以匹配，并在此基础上选择其他措施作为补充。

（2）合同约定法。这种方法通常有两种形式，一是直接在合同中约定汇率风险由客户承担，二是对价格进行调整，即出口加价和进口压价，把汇率风险分摊到价格中去。以出口业务为例，如果预期人民币升值，可以将出口价格调整为：出口单价 = 出口商品原单价 ×（1 + 外币贬值率）。在这里，外币贬值率可以参考远期汇率。比如，2013 年 1 月美元对人民币即期汇率是 1 美元 = 6.11 元人民币，3 个月的远期汇率是 6.03，那么 3 个月期的外币贬值率就是 1.3% = 100% − 6.03/6.11 × 100%。

（3）提前错后法。企业针对外币收付款，可以在预测外币汇率走势的基础上，提前或

㊀ 资料来源：蒋承宏．中化集团三大金属风险管理问题研究［D］．厦门：厦门大学，2009.

者推迟收付有关款项来防范汇率风险。其基本原则是：在预测外币升值时，拥有外汇债权的企业选择推迟结汇，拥有外汇债务的企业提前付汇；相反，在预测本币升值时，拥有外汇债权的企业选择提前结汇，拥有外汇债务的企业推迟付汇。具体而言，对于出口商，如果预测本币升值，则设法提前结汇，以给进口商一定的优惠条件，促其提前付汇；如果预测外币升值，可以推迟交货，延迟收汇。对于进口商，如果预测本币升值，可以采取延迟付汇策略；如果预测外币升值，应提前付汇，可以考虑预付款。

（4）贸易融资法。在进出口贸易中，运用相应的资金融通方法，不仅可以加速企业资金周转，还可以有效地防范进出口贸易中的外汇风险。进出口押汇、福费廷、贴现是主要形式。出口押汇是在出口业务中，企业在货物出运，单据齐全后出口商向银行办理出口押汇，货款到账后偿还银行押汇贷款，如果预期人民币升值，企业可于押汇当日结汇。这实际上是出口商提前收汇：一方面，加快了资金周转；另一方面，汇率风险的受险期从收汇日缩短为议付日。另外，由于当前美元融资成本低于人民币融资成本，企业得以节约利息成本。但出口押汇的缺点在于企业只有当货物出运，单据齐全后方能办理，在手出口合同无法办理押汇。进口押汇是在进口业务中，进口商去银行办理进口押汇，支付外币货款，同时约定按押汇当日汇率向国内客户收取人民币，未来押汇贷款到期时，公司按照到期日汇率买汇偿还外币押汇贷款。如果押汇到期日，人民币升值，公司实现汇兑收益，但需要注意的是，在人民币贬值的情况下会出现汇兑损失。同样，由于当前美元融资成本低于人民币融资成本，企业可以节约利息成本。在人民币升值后，短期内不排除在未来某一时点相对贬值的可能性，因此，企业在办理进口押汇时的操作原则上，以对冲出口业务未结汇金额和满足自身资金需求为主，不鼓励投机人民币进一步升值而超量办理。福费廷是出口商将外国进口商承兑的远期汇票卖断给银行，提前取得货款，由于福费廷对出票人无追索权，在办理此业务后，出口商融通了资金，转嫁了进口商拒付的信用风险，同时也规避了汇率风险。但是，福费廷的成本也较其他融资方式高。

（5）借款法。有应收外汇款的出口商可以向银行借入外汇贷款，以未来的外汇收入偿还外汇贷款。与出口押汇类似，借款法可以起到融通资金、避免汇率风险的作用，对于企业来说更为灵活，如果在一定额度内循环使用，可解决出口业务在手合同汇率风险。但是，外汇贷款的银行审批相对较为严格。

（6）金融工具法。外汇远期、期权是外汇市场的基本金融工具。目前，我国相应的金融工具单一，比较成熟的只有远期结售汇，但随着人民币形成机制改革的进一步深入、外汇市场的逐步完善，相应的外汇金融工具也会逐一推出。与其他防范措施相比，金融产品，尤其是金融衍生产品较为复杂，而且容易演化为投机，因此企业应当格外谨慎操作。

案例一：国际并购的汇率风险管理

2004年年初，A公司开始了收购炼厂的谈判，9月中旬，公司签署了收购协议，10月底获得政府批准，收购程序的最后一步是通过12月底的债权人大会，资金交割日将在债权人大会上确定。收购金额6000余亿韩元，公司资金来源为美元，因此韩元升值将增加公司的收购成本。韩元汇率在2004年年初出现了小幅升值的趋势，到11月初，美元对韩元汇率由年初的1150升到1100附近。资金管理部于11月16日向公司管理层上报了美元对韩元汇率区间式保值方案，计划将汇率锁定在1090～1100区间内，保值金额为收购金额的40%。方案尚未得到公司领导批准时，韩元突如其来的大幅升值使原方案无法执行。

此时的韩元汇率走势很难判断，大幅升值后既可能出现大幅回调，也不排除以此为标志打开升值的通道，进一步大幅升值。18日下午，资金部紧急商讨对策，最后决定：首先，虽然收购和韩元的走势仍存在不确定性，但鉴于收购金额巨大，如果韩元再次出现大幅升值，将导致公司无法承受收购成本，因而，应当全额保值；其次，取消原方案，改成购买美式期权方案，通过以支付期权费400万美元的方式锁定收购成本以及保值成本，而且美式期权可以解决交割日不确定的问题。当天晚上，经公司领导紧急批准后，交易员连夜完成了交易，美元对韩元汇率锁定在1065。在随后的两个月中，债权人大会数次延期，而美元对韩元汇率继续保持了升势，资金部在期权到期前分批执行了期权，实现了保值效果，同时进一步操作了韩元远期，继续锁定收购成本。2005年2月初，债权人大会最终未能达成一致，收购失败。此时美元对韩元汇率为1020，公司因锁定了汇率，立即平盘，最终实现了1000余万美元的收益。

分析：跨国公司在国际化经营过程中，面临着无法回避的汇率风险。外汇市场风云变幻，主要币种波动剧烈。面对国际收购中的汇率风险，如果不加防范，会给企业带来沉重的财务负担，甚至导致企业倒闭。汇率风险管理是跨国集团公司资金管理部门日常工作的重要组成部分，而建立专业的交易员人才队伍、确定有效的决策机制并完善制衡的监控机制是进行金融风险管理的必要条件。在该案例中，如果公司不对汇率风险进行有效管理，将导致收购成本大幅上升，超出公司的承受能力。当美元对韩元从1150升至1100时，公司收购成本从年初的5.22亿美元上升到5.45亿美元，增加了2300万美元；而当汇率升至1020时，公司的收购成本高达5.88亿美元，进一步增加了4300万美元；而2004年，公司全年的净利润为2亿美元。在汇率的保值过程中，公司以支付期权费的形式锁定了汇率，也是以确定的费用支付方式防范了汇率变动不确定的风险。在大额国际并购过程中，汇率保值成本的支出是必要的。

案例二：进口押汇与人民币NDF的结合运用

人民币NDF（Non-Deliverable Forward）即人民币无本金远期，是以人民币汇价为计算标准的远期外汇合约，根据约定汇率与到期当天人民币挂牌汇率差额换算为美元后交割，无须交换本金。该产品属于境外离岸市场人民币相关的衍生产品的其中一种，也是其中最活跃的一种产品。由于人民币不能自由兑换，所以人民币NDF是市场参与者用以对冲人民币风险的主要工具。通过这种合约，对人民币远期汇率进行交易可以不必持人民币进行结算，而用国际上主要的可兑换货币报价、交割。

某公司3个月后进口付汇1000万美元，2013年1月，1美元=6.27元人民币，人民币NDF 3个月报价为6.22，该公司与对家按此报价成交。3个月后，如果到期日人民币挂牌汇率为6.29，则公司交割收入1000万美元×(6.29-6.22)/6.29=11.1万美元；如果到期日人民币挂牌汇率为6.19，则公司交割支出1000万美元×(6.22-6.19)/6.19=4.8万美元。而进口押汇是在进口业务中，进口商去银行办理进口押汇，由银行代进口商向出口商支付外币货款，同时约定按押汇当日汇率向国内客户收取人民币，未来押汇贷款到期时，公司按照到期日汇率买汇偿还外币押汇贷款。在该例中，公司3个月后进口付汇1000万美元，2013年1月1美元=6.27元人民币，公司办理进口押汇，向客户收取人民币6270万元人民币，3个月后公司按到期日汇率购汇偿还押汇贷款，如果人民币升值至6.19，公司获取升值受益80万元人民币，折合美元12.9万美元；如果人民币贬值至6.29，公司则出现汇兑损失20

万元人民币，折合美元3.18万美元。无论3个月后人民币汇率如何变动，公司可以实现无风险套期保值收益：当到期汇率为6.29时，公司获取NDF收益11.1万美元，进口押汇汇兑损失为3.18万美元，公司净收益为7.92万美元；当到期汇率为6.19时，公司NDF损失为4.8万美元，进口押汇汇兑收益为12.9万美元，公司净收益为8.1万美元。

中化公司在进口业务中办理了大量的进口押汇作为融资来源，并结合人民币NDF进行了操作，即公司在办理进口押汇的同时，在市场上同等金额操作人民币NDF，买入远期美元。

分析：进口押汇是一种公司常见的融资方式，人民币NDF则是金融市场上普遍采用的金融衍生产品。孤立地分析，两者并不相关，但是当公司针对进口业务将两种方式有机结合起来时，却起到了很好的对冲效果。尤其是在2003—2006年，由于美元利率远低于人民币利率，进口押汇成为公司低成本融资的重要手段。另外，在此期间，人民币升值预期高企，NDF市场报价十分有利于公司购买远期美元，通过操作NDF，公司锁定了理想的远期交割汇率，而且即使出现人民币对美元贬值的情况，由于进口押汇和NDF的对冲效果，也使公司实现无风险收益。因此，公司在进行汇率风险管理时，并不是简单地运用一种金融衍生产品，而是需要对业务进行全面综合的分析，发现可能存在的对冲机会，并抓住机会灵活运用。

总结：从以上两个案例可以看出，汇率风险管理应当遵循汇率预测、风险别、方案制订与论证、方案执行四个步骤。在对汇率进行风险管理的过程中，操作人员要以灵活的思维和应变能力，在变幻不定的市场中发现汇率变动的趋向；并本着套期保值的原则制订管理方案，选择管理工具，将风险控制的要求放在最重要的位置。必要时，可以组织境内外操作主体相互配合、境内外各类金融产品搭配使用，以实现最优的管理效果。

本章小结

利率风险是指市场利率变动的不确定性给风险敞口持有者造成损失的可能性。利率风险有若干来源：利率水平的变化、收益率曲线形状的变化、风险敞口与风险管理战略之间的不匹配。公司对于融入的资金，可以通过构建系统性的方法来识别和量化利率风险暴露。利率风险管理的措施包括：遵守利率风险管理原则；符合利率风险管理模式；对利率进行套期保值；利用远期利率协议控制短期利率风险；使用利率掉期控制长期利率风险；采用债务期货灵活规范控制利率风险。

汇率风险是指在一定时期的国际经济交易当中，以外币计价的资产与负债，由于汇率波动而引起其价值涨跌的可能性。汇率风险的结果是不确定的，可能使交易主体遭受损失或获得收益。汇率风险取决于汇率波动的规律和规模，越是无规律、波动性越强，汇率风险越大。汇率风险需要识别：经济增长速度、国际收支差额、利率水平、通货膨胀率、预期等。汇率风险的大小，不仅取决于人民币对美元升值这一不利事件发生的可能性，还需要根据事件发生后对企业经营的影响程度来加以考量。对于出口业务比重比较大的企业，可以运用风险图来评估汇率风险的大小。汇率风险控制的措施包括：树立正确的汇率风险管理观念；对汇率进行套期保值；评估风险承受度后再采取风险策略；成本与收益分析；提高价格；加速结汇；匹配收支；使用金融工具，规避外汇交易风险；合理利用结算方法，规避外汇折算风险；灵活运用经营策略，规避经济风险。

习　题

1. 中兴通讯（000063. SZ）在其2011年年报中披露了其面临的利率风险：随着集团借贷规模的不断增加，国家借贷利率的波动将直接使集团所承担的利息总额发生变动，进而影响集团的盈利能力。但年报没有提出应对措施。请为中兴通讯的利率风险提出应对措施。

2. 怡亚通（002183. SZ）在其2011年年报中披露了其面临的利率风险：固定利率和浮动利率的带息金融工具分别使公司面临公允价值利率风险及现金流量利率风险。企业同时提出了以下对策：公司已订立利率掉期合同，建立了适当的固定和浮动利率风险组合，以符合本公司的利率政策。请对怡亚通采取的利率风险对策进行评价和补充。

3. 深高速（600548. SH）在其2011年年报中披露了其面临的利率风险：报告期内，人民币仍处于加息周期，同时，受银行信贷规模紧缩影响，获取低于基准利率的优惠条件的难度也在加大，这使得集团财务成本面临较大的上升压力。企业同时披露了如下对策：年内公司采取了以下措施降低利率风险：①在继续利用委托贷款、外币贷款等低利率融资方式的同时，加大资本市场直接融资工具的运用。②发行中长期债券，降低及锁定成本。公司于2011年发行5年期15亿元的公司债券，其利率较同期银行贷款基准利率低约11%。③通过与银行积极协调，争取到部分项目贷款仍按优惠利率执行。④针对库存现金规模增加的实际情况，安排不同期限结构的存款，在保证资金安全性和灵活性的基础上，提高资金收益。请对深高速采取的利率风险应对措施进行评价。

4. 海通证券（600837. SH）在其2011年年报中披露了其面临的利率风险：利率风险是指因市场利率变动而导致的风险，公司资产中有关利率风险的部分主要包括货币性存款、债券投资等。2011年债券市场跌宕起伏，受到CPI高位运行以及多次上调商业银行存款准备金率和加息等因素的影响。但海通证券没有提出针对性措施，请根据所学知识对其风险应对措施进行补充。

5. 广深铁路（601333. SH）在其2011年年报中披露了利率风险：公司短期内不需要使用的资金以活期或定期储蓄的形式存于商业银行，且没有采用任何有市场风险的方式进行交易。若相关利率发生较大波动，将对公司的经营业绩产生一定影响。同时，公司持有应付债券。应付债券的利率固定，将使公司面临公允价值的利率风险。请提出广深铁路可以采取的利率风险应对措施。

6. 盐田港（000088. SZ）在其2011年年报中披露了汇率风险：公司参股的盐田国际（一、二期）业务采用港币计价并以港币作为记账本位币，汇率变动将对本公司的长期股权投资及投资收益产生一定影响。企业同时披露的应对措施为：公司将继续加强与码头公司的沟通协调，尽量减少相关影响。请对盐田港采取的汇率风险应对措施进行补充。

7. 国际实业（000159. SZ）在其2011年年报中披露了汇率风险：国际经济形势的变化直接影响着汇率的变动，对公司进出口贸易业务有直接的影响。企业同时披露了如下对策：公司将认真研究宏观经济政策，跟踪汇率行情变动，采取灵活的购销措施，根据汇率和市场情况确定进出口量，同时可采取适合的结算方式，最大限度降低风险。请对国际实业采取的汇率风险应对措施进行评价和补充。

8. 得润电子（002055. SZ）在其2009年年报中披露了汇率风险：由于公司目前全力推进的高端连接器主要为国际连接器厂商提供产品服务，预计会给公司带来一定的汇率损失。企业同时披露了如下对策：公司将通过保理、远期应收账款权益买断等方式来降低汇率风险。请对得润电子采取的汇率风险应对措施进行评价和补充。

9. 瑞泰科技（002066. SZ）在其2009年年报中披露了汇率风险：公司国际市场开发力度的增加，必须面对人民币升值及汇率变动风险。企业同时披露了如下对策：公司继续提升产品的技术附加值和品质，争取产品更大的利润空间；向金融机构预先锁定结汇汇率，减少结汇损失。请根据所学知识对汇率风险采取的应对措施进行评价和补充。

10. 獐子岛（002069. SZ）在其2009年年报中披露了汇率风险：人民币币值波动直接影响公司的出口业务盈利。公司水产加工品出口规模较大，经营模式包括自产原料加工、外购原材料加工和来进料加工出口。人民币币值波动和国际市场产品价格波动将会影响公司出口业务的盈利能力。企业同时披露了如下对策：①依据公司出口业务的地区布局以及外汇市场行情，优化结汇方式和结算币种，优化结售汇时机；②积极拓展国际市场，优化出口业务区域布局，以分散化方式降低风险。请对獐子岛采取的汇率风险应对措施进行评价和补充。

11. 苏州固锝（002079. SZ）在其2009年年报中披露了汇率风险：人民币升值的国际压力以及贸易摩擦日益增加，令中国工业产品出口加工短期内很难有根本性的改观。在汇率行情变动较大的情况下，当预期人民币升值幅度超过实际幅度时，银行远期结售汇汇率可能低于合同到期即期汇率，造成公司汇兑损失；当预期人民币贬值幅度超过实际幅度时，银行远期售汇汇率可能高于合同到期即期汇率，造成公司汇兑损失；如果境内、外两个市场的汇率差异不大，境外无本金远期购汇业务的对冲功能可能失效。企业同时披露了如下对策：公司业务部门会采用银行远期结售汇汇率向客户报价，以便确定订单后，公司能够以对客户报价汇率进行锁定；当汇率发生巨幅波动时，如果远期结售汇汇率已经远低于对客户报价汇率，公司会提出要求，与客户协商。请对苏州固锝采取的汇率风险应对措施进行评价和补充。

12. 海鸥卫浴（002084. SZ）在其2009年年报中披露了汇率风险：人民币升值及汇率变动风险。公司产品出口主要以美元和欧元结算，辅以部分人民币、英镑及其他货币，其中2008年人民币对美元升值6.88%，对欧元升值10.43%，2009年人民币对主要结算货币的汇率仍存在升值及波动风险。企业同时披露了如下对策，除已与客户议定的汇率调价机制外，公司将采取以下主要应对措施：①继续提升产品的技术附加值和品质，争取更大的利润空间；②预售远期外汇，向金融机构预先锁定结汇汇率，减少结汇损失；③加快资金回笼速度，要求客户提前付汇。请对海鸥卫浴采取的汇率风险应对措施进行评价和补充。

参考文献

[1] 宋常. 财务风险防范 [M]. 北京：中信出版社，2012.
[2] 马军红. 总经理防范财务风险的66种方法 [M]. 北京：人民邮电出版社，2011.
[3] 杨小舟. 中国企业的财务风险管理 [M]. 北京：经济科学出版社，2010.
[4] 李三喜. 3C框架——全面财务风险管理手册及应用 [M]. 北京：中国市场出版社，2007.
[5] 卡伦 A 霍契. 财务风险管理最佳实务 [M]. 孙庆红，译. 北京：经济科学出版社，2006.
[6] 中国注册会计师协会. 财务成本管理 [M]. 北京：中国财政经济出版社，2012.
[7] 罗斯，等. 公司理财 [M]. 吴世农，等译. 北京：机械工业出版社，2009.
[8] 财政部企业司. 企业财务风险管理 [M]. 北京：经济科学出版社，2004.
[9] 张继德. 集团企业财务风险管理 [M]. 北京：经济科学出版社，2008.
[10] 杜安国. 扫清风险绊脚石——企业风险管理案例分析 [M]. 上海：立信会计出版社，2009.